Ullstein

ÜBER DAS BUCH UND DIE AUTORIN:

»Furchtbar einfach, wird gemacht!« lautete die Devise seit jeher im Hause von Sell. Diese Maxime galt auch für die 1923 geborene Sibylle Augusta Sophia, die 1971 Pastor Martin Niemöller heiratete. In der Obhut von Anna, der wendischen Kinderfrau und ungekrönten Haushaltskönigin der Familie, die so schaurig-schöne Geschichten aus dem Spreewald zu erzählen weiß, wachsen Sibylle und ihr drei Jahre jüngerer Bruder heran. Der Vater, Schatullverwalter Kaiser Wilhelms II., reist von Amts wegen häufig von Berlin zu dessen niederländischem Exilsitz »Haus Doorn«. Kaum daß sie schreiben kann, beschließt Sibylle, den Kaiser zu ihrem Briefpatenonkel zu machen und schickt ihm »per Du« und mit der schlichten Anrede »Lieber Kaiser!« ihren ersten, von Fehlern und Tintenklecksen strotzenden Brief – der Auftakt einer über die Jahre währenden Korrespondenz, denn der Kaiser hat an dem »kleinen Affen« einen Narren gefressen.

Das politische Klima verdüstert sich aber zusehends. Im Frühsommer 1933 wird »Onkel Mirko«, ein Regimegegner, von der Gestapo abgeholt. Der Nachbar und Freund des Vaters, Pastor Martin Niemöller, gerät 1937 als »persönlicher Gefangener« Hitlers ins Konzentrationslager. Am 25. Juli 1944 wird auch Ulrich Freiherr von Sell, einer der Männer des 20. Juli, von der Gestapo abgeholt ...

Die Erinnerungen der Sibylle Niemoeller-von Sell, mit Charme und Esprit erzählt, sind ein Zeitzeugnis von hohem Rang – und ein Lesevergnügen der besonderen Art. Die Autorin lebt heute in Wiesbaden und New York.

»Mit seiner bemerkenswerten Mischung aus Humor, Zartheit und Aufrichtigkeit stellt dieses Buch ein Zeitdokument dar, aus dem viele Leser eine Menge über das Versagen, über Herausforderungen und verzweifelte Hoffnungen einer Generation erfahren können.«

Elie Wiesel

Sibylle
Niemoeller-von Sell

»Furchtbar einfach, wird gemacht!«

Erinnerungen

Ullstein

ein Ullstein Buch
Ullstein Buch Nr. 23241
im Verlag Ullstein GmbH,
Frankfurt/M – Berlin

Ungekürzte,
durchgesehene Ausgabe
Mit 27 Abbildungen

Umschlagentwurf:
Peter Albers
Unter Verwendung eines
Fotos aus dem Privatbesitz
der Autorin

Printed in Germany 1994
Druck und Verarbeitung:
Ebner Ulm
ISBN 3 548 23241 8

März 1994
Gedruckt auf alterungsbeständigem
Papier mit chlorfrei
gebleichtem Zellstoff

Die Deutsche Bibliothek –
CIP-Einheitsaufnahme

Niemoeller-von Sell, Sibylle:
»Furchtbar einfach, wird gemacht!«:
Erinnerungen / Sibylle Niemoeller-von Sell. –
Ungekürzte und durchges. Ausg. –
Berlin; Frankfurt/M: Ullstein, 1994
(Ullstein-Buch; Nr. 23241)
ISBN 3-548-23241-8
NE: GT

Inhalt

Dieses Buch widme ich meinem Sohn Ulrich Marcus im Gedenken an meinen Vater, meine Mutter, Martin Niemöller und an alle, die in dunkelsten Tagen durch Mut, Tapferkeit und Standfestigkeit bewiesen haben, daß Widerstand gegen das Böse möglich war. Mein besonderer Dank gilt Elie Wiesel, ohne den diese Erinnerungen niemals geschrieben worden wären.

Man bot mich an wie sauer Bier

»So, meine sieße kleine Zumpelguste, das ’ier his die Marie hund bei der bleibste, die Hanna ’at ’eut keine Zeit fier hihr Goldchen.«

Mit diesen Worten packte mich die Anna wie ein Bündel Mangelwäsche auf den Arm der Marie. Und weil die Marie die Schwester von der Anna war, wanderte ich lediglich von einem Spreewaldbusen zum anderen Spreewaldbusen. Die Aktion war als eine Art Überraschungsangriff vor sich gegangen, so daß ich vor Schreck vergaß, in mein mit Recht gefürchtetes Zetermordio auszubrechen. Und genau darauf hatte die Anna in weiser Voraussicht gesetzt, denn sie kannte ihr keineswegs lammfrommes Schäfchen.

Die Turbulenz des Umzugs von Potsam nach Berlin-Friedenau hatte den Einmarsch der Marie notwendig gemacht, deren einzige Aufgabe für die nächsten Tage darin bestehen sollte, mich aus dem Wege und bei Laune zu halten. Dieser Beschluß war einer Krisensitzung des Familienkomitees, bestehend aus der Anna, meinem Vater und meiner Mutter, gefolgt. Alle anderen in Frage kommenden Kandidaten wie die Großmutter und diverse Tanten hatten sehr schnell von der Liste gestrichen werden müssen. Schon die bloße Vorstellung, mich über eine kurze Frist beaufsichtigen zu müssen, hatte genügt, die Großmutter eine unaufschiebbare Reise vorschützen zu lassen, und auch die anderen hatten mit bevorstehenden heftigen Migräneanfällen, Beerdigungen und ähnlichen Zaunpfählen gewunken.

Um der Wahrheit die Ehre zu geben, es verfügte niemand

über die erforderlichen Nerven, mich auch nur über einen sehr begrenzten Zeitraum hinweg zu ertragen. Wer mich kannte, der besaß ein ausreichendes Maß an Phantasie, um sich die Folgen einer solchen guten Tat auszumalen. Sogar der berühmte Sack Flöhe wurde da zitiert, den man lieber hüten wollte als mich.

Man bot mich an wie sauer Bier.

Kurzentschlossen schlug daher die Anna ihre Schwester Marie vor, und diese machte sich ebenso unverzüglich wie glückstrahlend über die willkommene Unterbrechung ihres eintönigen Alltages aus dem Spreewalddorf bei Cottbus auf den Weg nach Potsdam. Das war am Ende der zwanziger Jahre weder ein bequemes noch ein besonders schnelles Unternehmen.

Zunächst einmal stieg sie auf dem kleinen Dorfbahnhof in das Spreewaldbähnchen, das einmal am Tage den zwischen Burg und Cottbus wohnenden Spreewäldern Gelegenheit bot, ohne die sonst übliche Stocherkahnfahrt mühelos die umliegenden Orte zu Lande zu erreichen. Von einer schwarzen Dampflokomotive gezogen, schlängelte sich das Züglein schnaufend und bimmelnd von einem Dorfbahnhof zum anderen. Nicht selten mußte es, von schrillen Pfeiftönen begleitet, auf freier Strecke zu einem jähen Halt gebracht werden, falls da eine Kuh auf den Geleisen ihren Mittagsschlaf hielt. Dann kam es wohl vor, daß der Zugführer mitreisende Bauern zu tatkräftiger Hilfe aufforderte.

In jedem der kleinen Waggons gab es einen eisernen Ofen mit einer Bank rings herum und einem Ofenrohr, das oben aus dem Wagendach ragte. Im Winter stand dann ein Korb voller dicker Holzscheite bereit, mit denen die Fahrgäste selbst für die nötige Wärme sorgten.

Das waren noch gemütliche Zeiten. Einer kannte nicht nur den anderen, viele Familien waren miteinander verwandt oder verschwägert. Gänse, Enten, Hühner und gelegentlich auch Ferkel, tot oder lebendig, wurden da transportiert, und bei der Gelegenheit machten alle wissenswerten Neuigkeiten auch ohne Zeitung und Rundfunk ihre Runde.

In der Kreisstadt Cottbus war die Reise für das Spreewaldbähnchen zu Ende. Die Marie bestieg mitsamt ihrer Reisetasche und dem Proviantkorb, in dem sich Brot, Leinöl, runzlige Äpfel und ein paar Gurken befanden, den Personenzug nach Berlin. Tüchtiges Reisefieber hatte sie, denn ein solcher Ausflug in die große Welt ward ihr höchst selten beschert. Je weiter es auf des Deutschen Reiches Hauptstadt zuging, um so öfter machten neu Hinzugestiegene einander auf die Tracht, welche sie trug, aufmerksam. Vorsichtshalber hatte sie die gewaltige Haube aufbehalten, die durch ihre Dimensionen allein schon für einen gewissen Sicherheitsabstand zwischen ihr und den Mitreisenden sorgte. Vorsicht war die Mutter der Porzellankiste, denn den Menschen in der Stadt war ja bekanntlich doch nicht so zu trauen wie denen auf dem Lande.

Die Vierte Klasse war nach dem Kriege abgeschafft worden, so fuhr die Marie dritter Güte: Holzklasse! Der Bummelzug hatte es nicht eilig, und nach vielen Stunden und sehr häufigen Aufenthalten auf kleinen und kleinsten Stationen stand sie dann schließlich mit der Tasche und dem erheblich leichter gewordenen Proviantkorb auf dem großen Bahnhof mitten in Berlin.

Von dort aus ging die Dampfeisenbahn bis Potsdam und nach eines langen Tages Reise, zuletzt mit der »Elektrischen«, war sie endlich am Ziel angelangt: in jenem Hause in der Neuen Königstraße, in dem ich das Licht der Welt erblickt hatte. Von viel Licht konnte allerdings kaum die Rede sein, denn alle Fenster der düsteren Wohnung wiesen erbarmungslos nach Norden.

Ich hatte den Stellungswechsel von einem Arm zum anderen besser überstanden, als man dies zu hoffen gewagt hatte. Offenbar schien ich der Ansicht zu sein, daß die Marie und die Anna eine Art von Zwillingsgeschöpfen waren. Ihre Sprache klang ähnlich, und sie trugen die gleiche Tracht, den schweren faltigen Tuchrock, der von einer Generation auf die andere vererbt wurde und dem ein leichter Modergeruch entströmte. Bei der Marie kam da noch ein Duft von Heu, Stroh und Kaninchenstall dazu, während bei der Anna dieser Hauch durch den von Hefeklößen mit Pflaumenmus, Gänseschmalz mit Grieben und sehr, sehr vielen Zwiebeln ersetzt wurde.

Die Schwestern verständigten sich untereinander in der Sprache ihrer Heimat: wendisch. Was den Vorteil hatte, daß sie von Außenstehenden nicht verstanden wurden.

Mit der deutschen Sprache stand die Anna und mehr noch die Marie auf ewigem Kriegsfuß. Zwar hatten die beiden Mädchen die gesetzlich verordneten Jahre in der Dorfschule abgesessen und besaßen elementare Kenntnisse in deutscher Grammatik und Orthographie, aber mit der Aussprache gab es gewisse Schwierigkeiten. Da war zum Beispiel das »h«, das stets dort hinzugefügt wurde, wo es nicht hingehörte, um weggelassen zu werden, wo man es hätte aussprechen sollen. Der Kampf mit den Um- und Doppellauten, wie »ö«, »ü« und »eu« war aufgegeben worden. Das »ö« wurde zum »e«, »ü« zum »i«, aus dem »eu« wurde »ei«.

Und damit basta!

Nun also war es soweit. Man kehrte Potsdam den Rücken.

Ströme von Tränen über diesen Abschied wurden von keinem der am Umzug Beteiligten vergossen. Denn in Berlin-Friedenau konnte alles eigentlich nur besser werden. Vor allem was die Wohnung anbetraf. Auf dem Kohlenhof hinter dem schäbigen Potsdamer Mietshaus aus der Gründerzeit hatte sich stets eine Anzahl wohlgenährter und unverschämter Ratten getummelt, die sogar, so behauptete die Anna, meinem Kinderwagen oft bedenklich nahe gekommen waren, wenn dieser sich mit mir auf dem kleinen Altan hinter dem Haus befand. Sie sei dann jedesmal mit dem Besen auf die Biester losgegangen.

Das gehörte mit zum Ambiente, denn diese feuchte und ziemlich desolate Nordwohnung mit Ofenheizung war meinen frischgetrauten Eltern einst vom Wohnungsamt zugewiesen worden. Etwas Besseres wäre schwer zu haben und schon gar nicht zu bezahlen gewesen.

Meine Mutter hatte den größten Teil des Krieges mit der Nummer eins lungenkrank in einem Schwarzwaldsanatorium verbracht. Die Kosten dafür übernahmen hochstehende Freunde des ersten Ehemannes, Erich Freiherr von Hornstein, der siegesgewiß auf seinem Schimmel dem Feind entgegen in den Krieg gezogen war. Mitten ins Herz hatte ihn die Kugel getroffen, und auch das Pferd hatte das Gemetzel nicht überlebt.

Diesen fürchterlichen Schicksalsschlag hatte die junge Frau nicht nur hinzunehmen, man erwartete von ihr obendrein, daß sie sich zu allem Unglück auch noch wie eine stolze Kriegerwitwe benahm. Zumal die Nachricht vom Heldentode des lustigen Gardeoffiziers der Ehefrau mit den herrlichen rotblonden Locken von ihrer Majestät, der Kaiserin Auguste Viktoria, höchstpersönlich überbracht worden war. Das war doch schließlich bei aller Trauer eine hohe, nein, die höchste Ehre.

Deren Kutsche hatte an einem Augusttage des Jahres 1914 vor der Tür der Potsdamer Wohnung gehalten, der die in schwarz gehüllte Botschafterin des Todes höchstpersönlich entstiegen war. Die Schreckensnachricht selbst zu überbringen, hatte sich Auguste Viktoria zur Aufgabe gemacht, wenn es sich bei den Gefallenen um Offiziere des Ersten Garderegimentes handelte.

Wer die schwarze Kutsche mit den kaiserlichen Insignien

und den verhängten Fenstern in diesen Tagen durch die Stadt fahren sah, der wußte, was die Glocke wieder einmal geschlagen hatte. Die schreckliche Glocke des Krieges.

Und dabei hatte dieses Jahrhundert ebenso schön und vielversprechend wie obendrein noch ruhmreich begonnen. »Blühe, deutsches Vaterland!«, so hatte man begeistert und aus vollem Herzen gesungen.

Oben ohne geht nicht!

Der Vater der jungen Kriegerwitwe war als Regimentskommandeur vor und nach der Jahrhundertwende innerhalb des Reiches ziemlich weit herumgekommen. Stationiert in Karlsruhe und Brieg in Schlesien und davor im deutsch-elsässischen Colmar, wo als fünftes von sieben Kindern meine Mutter auf die Welt kam. Mit sieben Kindern galt man in jenen Tagen noch nicht einmal als ausgesprochen kinderreich. Besonders wenn bedacht wurde, daß der Vater dieser sieben Kinder selbst zweiundzwanzig Geschwister besaß oder besessen hatte. Allerdings muß man der Wahrheit die Ehre geben und erklärend hinzufügen, daß es sich infolge von Witwen- beziehungsweise Witwerschaften und Wiederverheiratungen um »meine«, »deine« und »unsere« Kinder handelte.

Sehr unterhaltsame, zum Teil aber ins Reich der Legende zu verweisende Geschichten gab es da, die innerhalb der Familie mit großem Vergnügen in stets neuen Variationen die Runde machten. Eine nicht so recht glaubwürdige unter ihnen handelte von dem jüngsten Kind, das man beim Saubermachen im Herbst zerquetscht hinter dem Flügel gefunden haben will. Sein Verschwinden nach dem Frühjahrsputz war gar nicht bemerkt worden.

Im reifen Alter von bereits zweiunddreißig Jahren hatte

Konrad Louis Eduard von Brauchitsch die erst neunzehnjährige Helene von Korn-Rudelsdorf heimgeführt. Deren Vater hatte stolz einst den ihm von höchster Stelle angetragenen Adel für sich persönlich abgelehnt, jedoch für die Töchter angenommen. Mit einem »von« vor dem Nachnamen waren sie wesentlich leichter an den Mann, unter eine standesgemäße Haube und vom elterlichen Geldbeutel herunterzubringen.

Um ihre Einwilligung zu dieser Heirat hatte man Helene nicht besonders eindringlich ersucht. Dem stattlichen rotblonden Offizier aus einer glänzenden Familie mit zwar wenig oder keinem Vermögen, dafür aber einer zweifellos sensationellen Karriere einen Korb zu geben, wäre der gehorsamen höheren Tochter nicht einmal im Traum eingefallen.

Elf Monate nach der Hochzeit kam das erste Kind: ein Junge. Er mußte mit einem Kaiserschnitt geholt werden – und der Arzt legte das für tot gehaltene Baby auf einem Korbstuhl ab. Als man es später aufnahm, entdeckte man auf seiner Kehrseite das eingedrückte Muster des geflochtenen Stuhlbodens. Tot allerdings war es nicht, es begann zu atmen und blieb allen Diagnosen zum Trotz munter am Leben. Allerdings nahm der Arzt den Ehemann ins Gebet und machte ihm klar, daß ein zweites Kind wahrscheinlich den Tod der jungen Frau bedeuten würde. Ihr Herz wollte ihm gar nicht gefallen.

Was zur Folge hatte, daß innerhalb von neun Jahren sieben Kinder kamen. Helene und die Kinder überlebten zwar, aber die Gesundheit der Mutter war so angegriffen, daß sie vorzeitig gealtert und verbraucht mit noch nicht neunundvierzig Jahren das Zeitliche segnen sollte.

Meine Mutter kam als fünftes Kind und dritte Tochter auf die Welt, und als sie heranwuchs, schenkte niemand den Klagen des kleinen, rotblond gelockten Mädchens über häufig auftretende Kopfschmerzen besondere Beachtung. Sie solle sich zusammennehmen, hieß es, und auf »Ich kann nicht!« erfolgte immer und immer wieder die stereotype Anweisung: »Furchtbar einfach, wird gemacht!«

Die Erziehung der Kinder lag in den bewährten Händen der ebenso winzigen wie eisernen und höchst energischen Frieda Hahn. Die fackelte nicht lange. Bei dieser Anzahl von Kindern hätte sie auch viel zu tun gehabt, wenn sie auf alle Wünsche oder Klagen des einzelnen hätte eingehen sollen.

Ihre Auffassung vom Leben drückte ein kleines Lied aus, das sie den Kindern beibrachte:

Zufriedenheit, fromme Heiterkeit,
sind die goldnen Sterne der Lebenszeit.
Wer sie nicht versteht – dran vorübergeht,
hat nicht gelebt für die Ewigkeit.

Zum Haushalt gehörte ebenfalls ein Dackel namens Kaschperle, der sehr ungern spazierenging. Für derartige Exkursionen, so fand er, waren seine krummen Beine zu kurz, und »Furchtbar einfach, wird gemacht!« ging ihn nun wirklich nichts an. Er hatte aber, um des lieben Friedens willen, einen Modus gefunden, wie er es allen recht machen konnte, indem er zunächst über den obligatorischen täglichen Ausgang mit Kind und Kegel Begeisterung vortäuschte, eifrig mitzockelte, dann aber nach genau zwei Minuten in irgendeinem Hauseingang verschwand. Dort lauerte er so lange, bis die von Frieda angeführte Schar an ihm vorübergezogen war und die Gefahr, zwangsweise an die Leine genommen zu werden, gebannt schien.

Dann begab er sich in aller Ruhe nach Hause zurück, kletterte in eines der Kinderbetten und mache es sich unter dem Plumeau gemütlich. Leider ging seine Hoffnung, dort unentdeckt zu bleiben, nie in Erfüllung, denn er hatte die Rechnung stets ohne seinen Schwanz gemacht. Bei Rückkehr der Kinder fing dieser nämlich ohne sein Zutun an, vor lauter Freude heftig zu wedeln, worauf das Plumeau ins Wackeln geriet und man den Sünder aus dem Bett warf. Bis zum nächsten Mal!

Das Familienoberhaupt hatte es im Laufe der Jahre zum General gebracht, und als solcher hätte er noch viele Jahre des Kommandierens vor sich gehabt, wenn da nicht etwas dazwischengekommen wäre, was seiner militärischen Laufbahn ein vorzeitiges, um nicht zu sagen lächerliches Ende bereitete.

Anläßlich einer Jagd hatte ein wohl reichlich kurzsichtiger Schütze den edlen Kopf des Kommandeurs offensichtlich für einen Hasen gehalten und eine Ladung Schrot darauf abgefeuert, was zwar zu keinen lebensgefährlichen Verletzungen führte, aber dennoch eine Katastrophe nach sich zog. Es stellte sich nämlich heraus, daß der auf eine so unwürdige Art Blessierte fürderhin nicht mehr in der Lage war, einen Helm auf seinem mißhandelten Haupte zu ertragen. Alle Schrotkörner hatte man ihm leider nicht zu entfernen vermocht, und die verbliebenen steckten unter der Kopfhaut. Ein Tragen der obligaten Pickelhaube war damit unmöglich, und ohne diese war ein preußischer General ebenso undenkbar wie eine Dame der Gesellschaft ohne Korsett.

Und so versetzte man den noch lange nicht pensionsreifen Fünfziger in den vorzeitigen Ruhestand. Die hilflose Wut darüber bekam vornehmlich die an dem Unglück völlig unschuldige Familie zu spüren.

Die Pension war bescheiden, und da waren drei Töchter, die es zunächst bei Hofe einzuführen galt und dann ebenso wohlsituiert wie standesgemäß an den Mann zu bringen. Um das Erreichen dieses Ziels zu fördern, zog die Familie nach Potsdam, wo die Eliteregimenter lagen und die Aussichten auf eine »gute Partie« entsprechend stiegen.

Die beiden ältesten Söhne taten bereits im Militär ihre Pflicht und lagen dem Vater nicht mehr auf der Tasche, während das Nesthäkchen, der aus der Art geschlagene, weil aus unerfindlichen Gründen schwarzgelockte Eberhard, noch die Schule besuchte. Wo die schwarzen Locken herkamen, war und blieb ein Rätsel. Ein echter Vertreter der Familie hatte groß und rotblond-germanisch auszusehen. Einem Ondit zufolge war dem Eberhardchen auf der Straße in Karlsruhe sogar das Wort »Judebüble« nachgerufen worden. Was der Vater zähneknirschend zur Kenntnis nahm. Denn Juden, die gab es in seiner Familie nicht, es hatte sie auch nicht zu geben, solange er noch etwas zu sagen hatte.

Es würde sie aber geben! Und zwar schon ziemlich bald. Nur er selbst sollte es nicht mehr erleben.

Nicht erspart blieb ihm hingegen eine andere Überraschung, die das Eberhardchen für die Eltern in petto hatte. Nach dem glänzend bestandenen Abitur informierte sie der Sohn, daß er nicht daran dächte, Offizier zu werden. Vielmehr wolle er an der Universität studieren und sein Studium als Diplomingenieur abschließen. Diese Mitteilung schlug ein wie eine Bombe. So etwas war noch nie dagewesen. Kein Offizier? Es war, als hätte er den Wunsch kundgetan, Nachtwächter bei der Wach- und Schließgesellschaft zu werden. Die Schande war in etwa die gleiche. Die zweite Bombe, die er für die Familie noch auf Lager hatte, ließ er erst zu einem Zeitpunkt hochgehen, an dem sich die Eltern längst unter dem märkischen Rasen befanden.

Das Dreimäderlhaus wurde leider sehr bald zum Zweimäderlhaus, als sich die wunderschöne und künstlerisch hochbegabte jüngste Schwester nach einem kurzen Typhuskrankenlager von der Welt und der untröstlichen Familie verabschiedete. Sie war nur vierzehn Jahre alt geworden. Ebenfalls verabschiedet hatte sich das letzte, das siebente Kind, das von allen zärtlich geliebte Helmuthchen. Innerhalb von Stunden, noch dazu in Abwesenheit der Eltern, raffte ihn die Diphtherie hinweg.

Der ältesten Schwester, wegen ihrer nicht existierenden

weiblichen Rundungen »das Plättbrett« genannt, gelang immerhin der, wie es zunächst schien, große Wurf. Zwar war der Bräutigam nicht von Adel, aber doch sehr, sehr begütert. Auf geheimnisvolle Weise jedoch nahmen bereits in den ersten Ehejahren die Güter rapide ab und verwandelten sich irgendwie in Schulden, für die aufzukommen sich die Familie auf die Dauer nicht in der Lage sah.

Blieb noch Augusta, die mittlere. Nach einem Jahr in Fräulein Friedländers Töchterpensionat in Genf war sie in die Potsdamer Wohnung zurückgekehrt. Dort lebte sie fortan mit Bruder Eberhard und den Eltern, der etwas schwatzhaften und gewohnheitsmäßig lamentierenden Mutter und dem zwangspensionierten Vater mit dem rötlich-grau gesprenkelten Bart. Infolge der ihm aufgezwungenen Untätigkeit hatte der General a.D. von Brauchitsch an Leibesfülle gewaltig zugenommen, und was er da vor sich hertrug, konnte selbst bei allem Wohlwollen kaum mehr als Embonpoint bezeichnet werden. Das einzige Wesen im Haushalt, das sich vor dem immer schwieriger werdenden bulligen Hausherrn nicht fürchtete, war die vierschrötige und durch nichts zu erschütternde Köchin Minna Plinke aus Berlin-Oberschöneweide. Zusammen mit dem Burschen des Generals außer Dienst versorgte sie den preußisch-sparsamen Haushalt.

Regelmäßig einmal pro Woche kochte sie ihrem »Herrn General« dessen Lieblingsgericht: Linsensuppe, in der ein gebratener Hering zu schwimmen hatte. Die kurz geratene Frau Minna mußte sich auf die Zehenspitzen stellen, um ihm von hinten die große, weiße, gestärkte Serviette vorzubinden. Zum Essen trank er schweren roten Wein, von dem er, wenn er in Laune war, mitunter die Kinder nippen ließ.

Die Serviette durfte übrigens in seiner Gegenwart niemals als eine solche bezeichnet werden. »Mundtuch« hatte man zu sagen, und das abscheuliche französische Fremdwort »Sauce« war durch »Beiguß« zu ersetzen. Der Hausherr gehörte nämlich einer Gesellschaft an, die es sich zur Aufgabe gemacht hatte, die schöne deutsche Sprache von fremden, vornehmlich französischen »Eindringlingen« zu reinigen.

Leider ließ diese Gesellschaft es nicht bei der Sprache bewenden, für deren Säuberung der General solch ausgeprägtes Interesse zeigte. Und so blieb nicht aus, daß die einschlägigen Rassetheorien des Comte de Gobineau, eines gewissen Houston Stewart Chamberlain sowie des »Hofpredigers« Adolf Stöcker sogar bei ihm auf ein gewisses Maß an Gegenliebe stießen.

Persönlich kannte er zwar keine Juden, aber etwas Unangenehmes *mußte* an ihnen dran sein, der Meinung waren *alle*. Und *alle* konnten schließlich nicht unrecht haben. Vor allem eine Kapazität wie Heinrich von Treitschke, der gesagt hatte: »Die Juden sind Deutschlands Unglück!« Was soviel hieß wie: »Die Religion ist einerlei – die Rasse ist die Schweinerei.«

Um der Gerechtigkeit willen muß aber erwähnt werden, daß die restliche Familie seine Überzeugungen in dieser Hinsicht nicht teilte.

Zu seinem Glück brauchte es der rassereinheitsbesessene Konrad von Brauchitsch jedenfalls nicht mehr zu erleben, daß sein geliebtes, aus unerklärlichen Gründen nicht rotblond, sondern schwarzgelockt auf die Welt gekommenes Eberhardchen nach dem »Nachtwächterstudium« die wunderschöne und gleichfalls dunkellockige Maria heimführte, deren nicht unbedingt germanische Vorfahren aus Mainz stammten. Was dem Eberhard und seinen Nachkommen einen Platz im »Semi-Gotha« sicherte. Dort befand er sich dann in Gesellschaft meiner Mutter, denn ihr als Held auf dem Felde der Ehre gefallener erster Ehemann, der Freiherr von Hornstein, hatte eine jüdische Großmutter gehabt.

Gewissenhaft und schonungslos rechnete der »Semi-Gotha«, ein Ableger des »Adelskalenders«, mit all den Angehörigen des Hoch- und Briefadels ab, die sich nicht entblödet hatten, ihr »edles germanisches Blut« mit dem »artfremden« der »jüdischen Rasse« zu vermischen. Und eine andere Rasse waren die Juden doch nun einmal, das war ja jetzt endlich erwiesen! Ein Houston Stewart Chamberlain mußte darüber schließlich Bescheid wissen.

Artvergessene Mitglieder des Adels auf diese Weise an den Pranger zu stellen, lag jedenfalls durchaus in der Absicht des in München ansässigen Kyffhäuserbundes, der es nun jedem, der lesen konnte, ermöglichte, sich im »Aristokratisch-Jüdischen Almanach« oder im »Semi-Gotha« über einschlägige Verfehlungen von Standesgenossen ausreichend zu informieren.

Meist war der Grund für diese Verbindungen zwischen blaublütigen Christen und jüdischen Frauen ein sehr prosaischer: Geldmangel auf seiten des Adels. Wobei natürlich Liebesheiraten nicht ausgeschlossen werden konnten. Im übrigen ging selbstverständlich der Gang zum Taufbecken der Hochzeit voraus. Aus dem Blümchen oder Reizchen wurde eine Luise oder Katharina, und auf diese Weise hatten dann die Nachkommen zwei christliche Elternteile vorzuweisen. Ob sie »arisch« waren, das interessierte damals noch herzlich wenig.

Eheschließungen zwischen jüdischen Männern und christlichen Frauen waren seltener. Und den noch viel selteneren Schritt des Übertrittes vom christlichen zum mosaischen Glauben würde sich in der Familie der schönen Augusta viele Jahre später nur ein einziges Familienmitglied erlauben. Und das ersuchte die tieferschütterte Sippe nicht erst vorher um deren gütige Erlaubnis. Was zu einer »Ausstoßung« aus der Familie führte. Darin hatte man schon einige Übung.

Eine Tatsache aber war nicht wegzuleugnen: Der »Semi-Gotha« sowie der »Christlich-Jüdische Almanach« erfüllten dann nur wenige Jahrzehnte später einen Zweck, den sich seine Autoren, so schlimm sie waren, doch wohl nicht in seiner vollen Tragweite ausgemalt hatten.

Oder vielleicht doch?

Lesen konnte ja der fürchterliche Mann mit der Gardinentolle und dem Bürstenbart und auch seine Spießgesellen, der sich dann anmaßte, zu bestimmen, wer denn Jude und wer Arier war.

Von der bloßen Zurkenntnisnahme der jüdischen, der artfremden Versippung, vom Kyffhäuser-Verlag mundgerecht serviert, bis zu den entsprechenden Maßnahmen zur Säuberung »germanischen« Blutes war es nur ein beängstigend kurzer, jedoch entscheidender Schritt auf dem Wege nach Auschwitz.

Das elfte Gebot – und immer nur rechts herum

Noch aber schrieb man das Ende des ersten Jahrzehnts im 20. Jahrhundert, und die zweite Tocher möglichst vorteilhaft an den Mann zu bringen schien im Moment wichtiger als alles andere.

Der erste Hofball stand bevor, an dem die schöne Augusta von Brauchitsch den Majestäten vorgestellt werden sollte. Das war zwar für die Familie eine Selbstverständlichkeit, trotzdem blieb es die höchste Ehre, die nur noch von den damit verbundenen Kosten übertroffen wurde. Das Ballkleid erforderte viele Meter teurer Stoffe, und um sie zu einem Traum von Samt, Seide und Spitze zu verarbeiten, reichten weder die Kenntnisse noch die Fähigkeiten der Hausschneiderin aus. Die einmalige Anschaffung des Ballgewandes riß ein gewaltiges Loch in die Familienkasse. Aber schließlich würde sich diese Investition wohl auch auszahlen – möglichst schon in der ersten Ballsaison.

Das fertige Produkt war in der Tat atemberaubend. Und dann endlich kam der Abend, an dem Augusta Ottilie Helene mit artigem Lächeln zwischen den stolzen Eltern dem Kaiserpaar vorgestellt wurde. Die rotblonden Locken hatte man ihr nach der Mode der Zeit auf dem Kopf ballonartig zusammengebauscht. Der Hofknicks, immer wieder geübt, gelang scheinbar mühelos. Ihre natürliche Schönheit soll angeblich ein Lächeln auf die sonst so ernsten Züge der Kaiserin gezaubert haben, während der zweite Wilhelm, der noch im Thronesglanz die hohe Wonne genoß, Liebling des Volkes zu sein, wenn man den Worten der Nationalhymne Glauben schenken konnte, mit der ringgeschmückten rechten Hand seinen Schnurrbart zwirbelnd in Position brachte.

Das zu kurz geratene linke Ärmchen mit der ebenfalls kostbar beringten Hand hielt er gewohnheitsmäßig auf dem Rükken verborgen. So, wie man es ihm von klein auf beigebracht hatte. Diese fürchterlich nutzlose Hand, die für viel mehr als nur eine schwer überschattete Kindheit verantwortlich sein sollte.

Freundlich betrachtete er mit seinen wasserblauen Augen die junge Schönheit, der nur der Umgang mit ihrer meterlangen, eigens für diese Gelegenheit ausgeliehenen Schleppe einige Schwierigkeiten bereitete. Bei soviel Liebreiz wäre es ja wohl gelacht, wenn sich nicht auf der Stelle einer seiner stattlichsten, womöglich auch betuchtesten Offiziere fände, um sie ins Eheglück zu entführen. Er selbst würde es sich nicht nehmen lassen, da vielleicht ein wenig Amor zu spielen? Famose Idee!

Die Frage, wer an diesem Abend nun das schönste Mädchen gewesen sei, erübrigte sich: Die Augusta hatte, und zwar konkurrenzlos, den Vogel abgeschossen. Das mußte selbst die eigene Mutter, wenn auch mit gut gespielter Bescheidenheit, höchst erleichtert konstatieren.

Kein Mensch dachte auch nur im entferntesten an die

Möglichkeit eines bevorstehenden Krieges. Den Mittelpunkt nicht nur des gesellschaftlichen Lebens, sondern der Potsdamer Welt überhaupt bildeten folglich nach wie vor die Hofbälle. Etwas Wichtigeres gab es nicht.

Lorgnonbewaffnet und mit Argusaugen beobachtete bei jedem der folgenden glanzvollen Ereignisse die Generalin vom »Drachenfels« aus, wie ihre schöne Tochter die jungen und durchaus in Frage kommenden Offiziere gnadenlos um den kleinen Finger wickelte.

Aber auch »Nicht-in-Frage-Kommende« waren da unter den Tänzern, wie zum Beispiel die zukünftigen Könige von Griechenland und Bulgarien, kaiserliche und königliche Hoheiten. Nicht wenige waren Mitglieder des Ersten Garderegiments zu Fuß. Mit ihnen zu tanzen war üblich und statthaft, ein Mehr jedoch konnte zu Schwierigkeiten führen, die auch angesichts gebrochener Herzen nicht haltmachten.

Denn das elfte Gebot lautete nun einmal: »Du sollst nur eine Ebenbürtige heiraten!« Und das bedeutete auch, daß zukünftige Könige nur eine Prinzessin heimzuführen hatten. Die Engländer allerdings, die hatten ihre eigenen und sicher menschlicheren Bedingungen: Eine zukünftige Kronprinzessin durfte nicht geschieden und nicht katholisch sein. Aber englische Zustände wollte man in Preußen nicht haben. Deshalb führte hier auch eine nicht standesgemäße Verbindung zu Komplikationen, die man sich in ihren Konsequenzen lieber nicht ausdenken mochte.

Also bitte in der eigenen »Kiste« bleiben!

Getanzt wurde auf Deibel komm raus. Bloß nicht aus Versehen oder etwa mit Absicht links herum tanzen. Nur immer rechts, rechts, rechts herum! »Fräulein, könn' Sie linksrum tanzen?« Diesen Ohrwurm aus der Gesangsposse »Autoliebchen« pfiffen damals die Spatzen von den Dächern. Und drinnen im Saale wachte mit Adlerblick der Haushofmeister über die strikte Einhaltung des gegenteiligen Gebotes.

Auch wer jeweils am Thron vorbeitanzen durfte, bestimmte dieser Allgewaltige, und dann hatte ein Mädchen liebreizend und bescheiden auszusehen und sich keineswegs links herum schwenken zu lassen. Das hätte eine ganz ernste Verwarnung nach sich gezogen. In flottem Tempo und mit Schwung mußte getanzt werden. Das liebte Seine Majestät! Aber nur rechts herum!

In einem Punkte war sich Augusta mit ihrer Mutter durchaus einig. Es galt, so schnell als möglich den »Richtigen« für sie zu finden. Das Leben zu Hause wurde mit jedem Tage durch die zunehmende Verschrobenheit des Vaters unerträglicher. Nur eine Verlobung konnte eine schnelle Lösung des Problems bringen. Über eventuelle Probleme einer Ehe zerbrach sich die Augusta nicht den Kopf. Das würde sich dann schon alles finden.

Einen Traum hatte auch die geplagte Mutter, und in dem kam ein kleines, weinumranktes Häuschen draußen im Grünen vor. Aber in dieser heimlichen Traumvorstellung, die sich nie erfüllen sollte, war für den schwierigen Gatten kein Platz vorgesehen.

Bereits während des ersten Ballwinters fielen die Würfel. *Er* war aus bester, wenn auch leider katholischer Familie. Kam, sah, tanzte und siegte. Mit Geld und Gut war Erich Freiherr von Hornstein zwar nicht reich gesegnet, aber er war Offizier im Ersten Garderegiment und von vorwiegend uradeliger Abkunft, wenn man von einer jüdischen Großmutter absah, die nicht nur Geld, sondern Schönheit in die Familie gebracht hatte.

Einer seiner Ururgroßväter hatte Lord Nelson geheißen, womit auch Lady Hamilton zu seinen Ahnen zählte. Er besaß begüterte und einflußreiche Freunde in den allerhöchsten Kreisen. Die würden schon im Notfall dafür sorgen, daß das junge Paar nicht hungern mußte.

Denn standesgemäß leben, das war nach wie vor selbstverständlich. Man war es seiner »Kiste« einfach schuldig. Schließlich mußte man im neugegründeten Haushalt ja immer darauf gefaßt sein, daß die Türglocke ging und draußen der Herzog von Coburg und Gotha oder ein anderes Mitglied der eigenen kaiserlichen oder einer ausländischen Herrscherfamilie stand. Sie alle waren ja auch Regimentskameraden! Sollte da vielleicht die junge Hausfrau in der Küchenschürze selbst die Tür öffnen?

Das passierte schon aus dem Grunde nie, weil die junge Frau keine Küchenschürze besaß. Dafür aber geschah etwas anderes. Als die reichlich übermütige Dame des Hauses ihrem Ehemann einmal ein hellblaues Schleifchen ins Haar gebunden hatte, ging plötzlich die Tür auf, und der künftige König der Griechen stand im Zimmer. Der wußte dann allerdings nicht so recht, was er sagen sollte.

Die Hochzeit hatte ein Jahr nach der Verlobung stattgefunden, und nach weiteren vierzehn Monaten trompetete Wilhelm der Zweite und Letzte, daß er nun keine Parteien mehr zu kennen wünsche, sondern nur noch Deutsche.

»Und nun wollen wir sie dreschen!«

Vierzehn Monate vor Kriegsbeginn war ein entzückendes kleines Mädchen, Erika, zur Welt gekommen, dessen so lustiger und junger Vater in den ersten Kriegstagen fiel. Kurz danach stand dann eines Tages das reichlich überforderte Herz der Generalin still. Worauf vor Schreck deren Mann jener Schlag traf, der ihn sprachlich verstummen ließ. Nur noch röchelnd und gurgelnd vermochte er der Umgebung seinen Willen mitzuteilen. Versorgt wurde er auch weiterhin von der unermüdlichen Minna Plinke aus Oberschöneweide.

Der dreiundzwanzig Jahre jungen Witwe Augusta war über Nacht das Lachen vergangen, und weil ihr nichts anderes übrigblieb, nahm sie den Witwenschleier. Zwei Jahre hatte man sich von Kopf bis Fuß in Schwarz zu hüllen.

Spezialisiert auf diese traurige Art der Garderobe hatte

sich in Berlin ein Geschäft, das in jenen Tagen florierte: Otto Webers Trauermagazin. Da wurde den Witwen alles verpaßt, was ihnen die strengen Sitten vorschrieben. Inklusive der sogenannten Witwenschneppe, jener Kopfbedeckung, deren spitzes Vorderteil bis tief in die Stirn ragte. Was der Augusta das Aussehen eines kleinen, verhungerten Vogels verlieh. In jenen Tagen waren die Potsdamer Straßen voll von diesen sonderbaren riesigen Schleiereulen.

Zwischen dem eigenen Elend und dem fürchterlich röchelnden Vater hin und her jagend (Furchtbar einfach, wurde gemacht!), hungrig und verzweifelt wie sie war, hatte ein Husten angefangen, der nicht mehr weggehen wollte. Bis dann eines schönen Tages eine Krankheit diagnostiziert wurde, die man hinter der vorgehaltenen Hand als Schwindsucht bezeichnete.

Und durch diese Krankheit mit dem schrecklichen Namen erübrigte sich nun auch die Hatz nach einem passenden Broterwerb, der helfen sollte, sie und das Kind über die Runden zu bekommen. Bei Hofe, das wußte Augusta, hatte man sie als Hofdame in Erwägung gezogen. Die Oberhofmeisterin allerdings, die hatte die Stirn leicht gefurcht. Man hatte da so Gerüchte gehört. Nein, mit der Moral war natürlich alles in Ordnung. Aber ein loses Mundwerk hatte die Augusta halt. Würde sie sich in das starre Korsett des Hoflebens einfügen können? Das war doch etwas reichlich riskant!

Durch die Krankheit war sie nun jeder Entscheidung enthoben. Schnelle Hilfe tat nun not, und die wurde der jungen Frau von wohlhabenden Freunden des Ehemannes angeboten, die das Kind zu sich nahmen und dafür sorgten, daß Augusta in einem Lungensanatorium im Schwarzwald einigermaßen standesgemäß untergebracht wurde.

Ihr Aufkommen wurde allgemein bezweifelt. Aber mit dieser Spekulation hatte man die Rechnung ohne die Patientin gemacht.

Im Schwarzwaldsanatorium hatte dann irgendwann eine Korrespondenz zwischen der langsam, aber stetig genesenden Witwe und einem jungen Hauptmann namens Ulrich Freiherr von Sell begonnen. Von Bett zu Bett sozusagen, denn der junge Offizier lag mit einer schweren Kopfverwundung in einem Feldlazarett. Auch er hatte sich einst unter ihren Tänzern befunden, aber irgendwie war ihr sein tiefer Ernst nie ganz geheuer gewesen.

Eines Tages war der Krieg zu Ende und verloren, und dem Austausch von Briefen folgte ziemlich bald das ein oder andere Zusammensein, die Verlobung und auf diese eine im bescheidenen Rahmen gehaltene Hochzeit. Bescheiden nicht nur wegen fehlender Geldmittel, sondern vor allem deshalb auch, weil es sich bei der Braut schließlich um eine Kriegswitwe handelte.

Zum Kummer meiner späteren Großmutter väterlicherseits über die drei den Heldentod gestorbenen Söhne kam nun noch der Umstand, daß der einzig ihr Verbliebene eine Witwe heiratete, zugegebenermaßen aus erstklassiger Familie, die ihren Stammbaum fast bis zu Karl dem Großen dokumentieren konnte. Aber, aber, aber! Aber sie war eben doch »nur«, wenn auch nicht durch eigenes Verschulden, eine Witwe und keine reine Jungfrau – mit ihrem Kind sozusagen eine Art angebissener Apfel.

Der neue Schwiegervater der Augusta, der kleine Generalmajor im Ruhestand mit dem Seehundschnauzbart, von seiner Gattin um ein paar königliche Zentimeter überragt, wurde von dieser mit »Mannchen« betitelt.

Mannchen, so stellte sich nach der Katastrophe des verlorenen Krieges sehr bald heraus, würde seiner Frau keine Stütze in ihrem schweren Leid mehr sein können. Es war, als habe er beschlossen, die ihm unverständlich gewordene Welt des verlorenen Krieges, in der für drei seiner Söhne und auch für seinen Kaiser kein Platz mehr war, einfach nicht mehr zur

Kenntnis zu nehmen. Nach und nach hörte er auf zu sprechen, und man brachte ihn schließlich in einem Sanatorium im nahe gelegenen Babelsberg unter, wo er noch einige Zeit in seiner eigenen Traumwelt, hoffentlich umgeben vom Geist seiner drei toten Söhne, vor sich hindämmerte.

Eines Tages, sechs Monate vor der Geburt des ersten Enkelkindes, hörte er auf zu atmen.

Eine Spreewald-Perle namens Anna

Das frischverheiratete Paar zog in die Neue Königstraße und teilte sehr bald die zugewiesene Wohnung mit der Anna aus Werben im Spreewald. Dank eines unglaublichen Glücksfalles war man ihrer habhaft geworden.

Irgendwie hatte die junge Frau mit der kleinen Kerbe vorn an ihrer Nase – vererbtes Merkmal der mütterlichen Familie – Witterung von dem bevorstehenden Stellungswechsel der Anna bekommen. Rasch und bevor noch jemand anderes zuschlagen konnte, hatte sie sich das Juwel geschnappt, nach dem sich sehr viel begüterte Familien alle zehn Finger geleckt hätten. »Rasch« war überhaupt ihre Devise. Was man nicht rasch tat, das konnte man ebensogut sein lassen.

Gab es denn so viel Dusel? Ein Mädchen aus dem Spreewald, dazu noch eines in Tracht! Das hob den Status einer jeden Familie. Zwar war man arm, aber dieses Los teilte man zu dieser Zeit mit fast allen anständigen Leuten. Nur war auch in dieser kargen Nachkriegszeit auch das ärmlichste adelige Leben ohne Dienstboten einfach undenkbar. Folglich waren diese eben noch etwas ärmer als die Herrschaften. Es war alles relativ, und dieser Zustand wurde von beiden Seiten als völlig normal empfunden.

Geboren und aufgewachsen war die Anna vor der Jahrhundertwende mitten im Herzen des damaligen deutschen Reiches, im Spreewald, jener Enklave, wo sich der slawisch-sorbische Stamm der Wenden seit Hunderten von Jahren seine Eigenständigkeit bewahrt hatte, wo noch die Spreewaldtracht getragen wurde und man sich untereinander der wendischen Sprache bediente, die allerdings zu Annas Kinderzeit als Schriftsprache schon nicht mehr existierte. Weder der Herr Lehrer noch der Herr Pfarrer konnten wendisch schreiben, denn es gab keine Bücher in dieser Sprache.

Wobei zu erwähnen wäre, daß der Herr Pfarrer natürlich evangelisch war, denn der Stamm, dem die Anna angehörte, war schon vor vielen Jahrhunderten erst zum Christentum, und später zum Glauben Martin Luthers übergetreten. Sicher nicht ganz freiwillig.

Auch wenn die Anna also gehorsam an den ihrem Volk befohlenen Gott glaubte – schließlich war sie getauft und konfirmiert worden –, so hatte sie doch im sicheren Hintergrund noch ihre alten heidnischen Privatgottheiten, denen in wichtigen Fragen mehr Kompetenz zuzutrauen war und auf die sie in Notfällen vertrauensvoll zurückgriff. Auch mit Gespenstern sowie allen möglichen Geistern von Verstorbenen pflegte sie einen regen Verkehr. Was übrigens der Herr Pfarrer nicht unbedingt zu wissen brauchte.

Der Vater von der Anna war Kätner. Er besaß ein winziges Anwesen im Dorfe, nannte ein Schwein, ein paar Schafe sowie diverse Enten, Hühner, Gänse und Karnickel sein eigen. Ansonsten verdingte er sich beim Gutsherrn als Tagelöhner und erhielt von ihm die nötigen Naturalien. Bares Geld war so gut wie unbekannt.

Auf den Feldern wurden Flachs, Futterrüben, Kartoffeln und die im ganzen Land berühmten Spreewaldgurken angebaut. Mehr brauchte man zum Leben nicht.

»Leinöl und Quark macht die Spreewälder stark!«

Das Tuch für die Trachtenröcke, den Stoff für Blusen, Schürzen, Kopf- und Vorstecktücher bezog man aus den Webereien der Umgegend. Früher hatten die Frauen noch selbst zu Hause gesponnen und gewebt. Die Schafe, die sich auch die Ärmsten unter den Dorfbewohnern hielten, lieferten die Wolle sowohl für Strickjacken und Westen als auch für die traditionellen schwarzen Kniestrümpfe der Frauen und Mädchen und die Socken der Männer. Im Winter trug man Holzpantinen, Klotzen genannt. Im Sommer wurde barfuß gelaufen. Lederschuhe galten als höchster Luxus und wurden allenfalls zu Fahrten in die Stadt oder zum Kirchgang angezogen, falls man welche besaß. Die Anna jedenfalls hatte ihr erstes eigenes Paar Lederschuhe von ihrer Patin, der Tante Meike, geschenkt bekommen, die ihr auch die Stellung als Dienstmädchen in Potsdam verschaffen sollte.

Auf dem Lande hatte es sich schon vor der Jahrhundertwende unter den Dorfbewohnern eingebürgert, daß sich jeweils die Älteste unter den Töchtern, falls man das Pech hatte, mehrere von ihnen zu besitzen, bei Herrschaften in der Stadt verdingte. Meist blieb dann die Jüngste als Magd ohne Lohn daheim, die den Eltern für die Arbeit in Haus, Garten und Stall so lange zur Verfügung stand, bis sie das Glück hatte zu heiraten, oder auch nicht. Im letzteren Falle fristete sie ihr Leben als unbezahlte Arbeitskraft bis zum seligen Ende der Eltern oder dem eigenen.

Die Anna war die Ältere der beiden Töchter von Fritz und Anna Troppa, und bis zu ihrem vierzehnten Lebensjahr hatte sie alles mit der zwei Jahre jüngeren Marie geteilt, sogar das Bett und auch die Prügel, mit denen der Vater sich Respekt verschaffte. Von anderen Erziehungsmethoden wußte er nichts und hätte auch nicht viel von ihnen gehalten.

Der herrschenden heimatlichen Sitte folgend, siezten die Töchter selbstverständlich beide Eltern. Sie mit du anzureden hätte damals als eine nicht vorstellbare Dreistigkeit gegolten und wäre dementsprechend geahndet worden.

Nachdem die Anna ihre vom Staat verordneten acht Jahre in der Dorfschule abgesessen hatte, erhob sich die Frage, ob man sie als die Kräftigere der beiden nicht zu Hause lassen und lieber die Marie in Stellung schicken sollte. Diese Frage löste sich jedoch von selbst, und zwar durch das schicksalhafte Eingreifen der Patentante Meike.

Die Tante hatte in ihrer Jugend das Schicksal vieler Mädchen geteilt. Sie hatte das Pech gehabt, ein uneheliches Kind zur Welt zu bringen, und man munkelte, daß der Vater des Sprößlings unter den adeligen Herrschaften des Gutes zu suchen war. Herausgekommen ist die Wahrheit jedoch nie, denn die einzige, die darüber hätte Auskunft geben können, war Meike selbst, und die schwieg sich aus. Sie packte ihre Habseligkeiten in den Schließkorb und verdingte sich in Potsdam bei einer reichen Potsdamer Familie, wo sie statt des eigenen Söhnchens, das bei ihren Eltern zurückblieb, den eben geborenen Nachkommen des Hauses an die Brust legte. So war das eben damals.

Wenn ein Mädchen das Pech hatte, schwanger zu werden, und zwar nicht vom Heiligen Geist, so mußten die Eltern früher oder später von der Schande erfahren. Dann kam es nicht selten vor, daß der Vater die Tochter halb totprügelte. Damit war die Sache dann mehr oder weniger ausgestanden.

Der Bankert wurde entweder von der Familie aufgezogen oder in Pflege gegeben, und die leichtsinnige Tochter verdingte sich eben als Dienstmädchen in der Stadt. Falls ihr zur Abwechslung das Glück hold war, bekam sie sogar einen guten Posten als Amme und damit quasi eine Art von würdevollem Status. Das war bei der Tante Meike der Fall gewesen. Ihre Herrschaft hat sie jedenfalls nicht gewechselt. Man war gut zu ihr, wußte sie zu schätzen und gab ihr später die

Möglichkeit, sich im Laufe der Jahre bis zur Beschließerin emporzuarbeiten.

Mit Sicherheit hätte sie einem beschaulichen und sorgenfreien Lebensabend entgegensehen können, wenn nicht etwas Schreckliches dazwischengekommen wäre. Eines schönen Tages nämlich steckte sie in der im Souterrain gelegenen Küche des herrschaftlichen Potsdamer Hauses den Kopf in den Schacht des Speiseaufzuges, um zu erforschen, wo sich der so lange aufhielt. Und genau in diesem Moment kam jener, der sich zwischenzeitlich wohl irgendwie verklemmt hatte, mit Höllentempo angesaust.

Auf dem Potsdamer Friedhof, nahe der Familiengruft ihrer untröstlichen Arbeitgeber, wurde sie mit fast herrschaftlichen Ehren zu Grabe getragen. Hinter ihrem blumengeschmückten Sarge wanderte der halbe Spreewald. Unter den Leidtragenden fehlte natürlich auch die Anna nicht, die damals schon ein gutes Dutzend Dienstjahre auf dem Buckel hatte. Und sie kam bei diesem Ereignis voll auf ihre Kosten.

So irgend möglich, ließ sie niemals eine derartige Beerdigung aus. Wo sonst hatte man denn Gelegenheit, so viele alte Bekannte aus der alten Heimat zu treffen? Und wo sonst konnte man seinen Gefühlen, seinen Tränen schöner und hemmungsloser freien Lauf lassen, als auf dem Friedhof? Doch allenfalls nur noch im Lichtspielhaus, während der Vorführung eines der wundervollen Stummfilme, die das Leben so herzbewegend darstellten, wie es wirklich war. Dieser festen Überzeugung war zumindest die Anna.

Von ihrem stark ausgeprägten Hang zum Dramatischen sollte ich später reichlich profitieren, und die Speiseaufzugstragödie der Tante Meike stand im Erzählrepertoire jahrelang konkurrenzlos an erster Stelle. Ich sorgte schon dafür, daß sie mir wieder und immer wieder ins Ohr geraunt wurde, stets mit neuen, kleinen und grauenhaften Details ausgeschmückt, die meine ohnehin gefährlich lebhafte Phantasie über alle Gebühr zusätzlich anreicherten. Aber davon, wie von so vielem, erfuhren meine Eltern natürlich kein Sterbenswort.

Die Anna konnte schweigen und ich auch.

Im Jahre 1902 war die damals natürlich noch quicklebendige Tante Meike eines Tages im Häuschen der alten Troppas erschienen und hatte ihnen von einer eben frei gewordenen, für die vierzehnjährige Anna maßgeschneiderten Stellung bei einer alteingesessenen Adelsfamilie in Potsdam vorgeschwärmt, deren Köchin eine gute Freundin von ihr war. Kräftig und gesund sollte das gesuchte Mädchen sein, so lauteten die einzigen Bedingungen. Ehrlich, treu und fleißig, das verstand sich von selbst. Und der Anna, die sowieso nicht gefragt worden wäre, war es recht, zumal ihr das Leben in dem kleinen Nest ohnehin reichte.

Das Abenteuer Stadt lockte!

Vom zweiten Küchenmädchen im Hause des Majors von Strehlow avancierte sie bald zum ersten Küchenmädchen. Danach stand eigentlich dem steilen Aufstieg der Anna auf der Dienstbotenleiter nichts mehr im Wege. Geradezu prädestiniert schien sie für selbständiges Arbeiten. Hinzu kam, sie sah ungemein stattlich aus und in ihrer vollen Tracht sogar unwiderstehlich. Im Laufe der Jahre hatte sie sich außerdem ein bescheiden wirkendes Lächeln eingeübt, das dem Hausherrn sowie der Hausfrau so recht ans Herz rührte.

Was für ein nettes, ordentliches Mädchen! Das sollten alle denken – und die meisten fielen auch prompt auf ihre zur Schau getragene biedere Treuherzigkeit herein.

Vom Küchenmädchen zur Zweitköchin bis zur Hauptköchin war es jeweils nur ein kurzer Schritt gewesen. Und dann kam auf einmal der dämliche Krieg, und zu kochen gab es nach dem zweiten Kriegsjahr nicht mehr sehr viel. Das schmerzte die Anna. Sie hatte gelernt, große Diners auszurichten, und es darin sogar zu einer gewissen Meisterschaft gebracht. Damit war es nun aus, denn in den Kohlrübenwintern gehörten Festtafeln der Vergangenheit an. Ade, ihr Hirschrücken und Rehkeulen mit Cumberlandsauce, ihr Fasanen und Schnepfen mitsamt dem beliebten Schnepfendreck. Passé auch der Weinreis mit dem unvergleichlichen Sektchaudeau und all die herrlichen Soufflés, die ihr garantiert nie zusammenfielen.

Natürlich gab es Haushalte, in denen alle Delikatessen vorhanden waren, aber diese Häuser waren wiederum für die Anna nicht vorhanden. Für Neureiche war sie viel zu vornehm. Ihre hervorragenden Manieren hatte sie sich mit viel Anpassungsvermögen von ihrer Herrschaft und den feinen Gästen aus hohen und höchsten Kreisen abgeguckt. Und was den Adel anbetrifft, so konnte ihr niemand etwas vormachen. Ihr hatte man nicht zu erklären brauchen, daß jeder Freiherr ein Baron ist, aber nicht jeder Baron ein Freiherr. Mit Rang und Namen war der Anna so leicht nicht mehr zu imponieren.

Bei Kriegsende, und dies ließ sich nun einmal nicht verheimlichen, war sie über dreißig Jahre alt. Und damit eine alte Jungfer. Das ertrug sie mit Fassung, vor allem, wenn sie an das Leben ihrer Eltern dachte. Was sollte sie mit Männern? Nichts »hals Härger« machten die!

Hübsch im eigentlichen Sinne war sie nicht, aber auch nicht häßlich. Die hohen Backenknochen und die niedrige Stirn unter dem mit den Jahren breiter werdenden Mittelscheitel wiesen sie als geradezu klassisches Exemplar einer Slawin aus. Was aber die wenigsten bei ihr vermuteten, war ein wacher Verstand.

Auffallend hingegen in ihrem Tatarengesicht waren jedoch zweifellos die Augen, Steppenaugen, sonderbar hell und durchdringend, denen nichts entging. Auch nicht im Dunkeln, so schien es wenigstens.

Die Anna war nicht nur ein heller Kopf, sondern hatte bisweilen auch einen eigenen Kopf. Als die Waffen endgültig schwiegen, machte ihre Herrschaft damit überraschende Bekanntschaft. In der ganz selbstverständlichen Annahme, sie werde mitgehen, informierte man sie eines schönen Tages vom bevorstehenden Umzug auf das Landgut der Familie. Dort würde man besser leben können als in der vom Krieg ausgepowerten Stadt Potsdam.

Landleben? Die Anna rollte die Augen. Du großer wendischer Gott, das kannst Du doch nicht wollen? Das Leben auf dem Dorfe kannte sie wahrlich ja zur Genüge, und infolgedessen kam ein solcher Ortswechsel für sie unter keinen Umständen in Frage. Eine Leibeigene war sie, Gott sei Dank, nun mal nicht!

Daß sie nicht auf der Straße landen würde, war ihr klar, dazu stand sie in den für sie interessanten Kreisen längst viel zu hoch im Kurs. Und sie behielt recht: Es hagelte Angebote! Das hohe Roß, auf das sie sich gesetzt hatte, erlaubte ihr daher, einfach nein zu sagen, wenn es sich zum Beispiel bei der Offerte um einen Haushalt mit mehreren Kindern (Gören, rotzfreche Bande!) handelte, oder um eine Villa mit vier Stockwerken (War sie wohl verrückt, da dauernd die Treppen zu laufen?).

Ihre Rechnung sollte aufgehen. Und zwar an dem Tage, da eine schöne junge Dame, die ihr natürlich schon lange bekannt war, ihr vorschlug, als »Mädchen für alles« in den neugegründeten Haushalt in der Neuen Königstraße zu kommen. Eine goldene Nase war da nicht zu verdienen. Das war der Anna auf Anhieb klar. Aber sie überlegte auch weiter. Die Frau Baronin von Sell sah nicht aus, als interessierte sie sich besonders für Haushaltsdinge. Folglich würde sie sich da auch nicht einmischen, denn das konnte die Anna auf den Tod nicht ausstehen. Sie würde also leichtes Spiel haben, das eigentliche Zepter zu schwingen. Alles war damit nur eine Frage der Zeit.

Schreiende Bälger waren erfreulicherweise auch nicht vorhanden. Die Tochter aus der ersten Ehe der Frau Baronin war ja meist bei den Großeltern. Also warum eigentlich nicht? Wer wagt, der gewinnt, wisperte die eigene Spielernatur ihr zu.

Kurz nachdem man sich einig geworden war, kreuzte vor dem heruntergekommenen Potsdamer Mietshaus in einer Art Triumphmarsch die Anna in voller Reisemontur nebst Sonntagshaube auf, was ihr ein kriegerisches Aussehen verlieh. In respektvoller Entfernung folgte ihr ein schnauzbärtiger Dienstmann, der auf einem Schubkarren den obligaten Schließkorb mit dem Umzugsgut vor sich her balancierte.

Den deponierte er dann in ihrem neuen Reich krachend mitten auf dem Fußboden.

Hier war sie nun und hier blieb sie! Ihre Stube, so stellte sie befriedigt fest, war nicht viel kleiner und auch nicht wesentlich schäbiger als die drei anderen »herrschaftlichen« Gemächer.

Vom ersten Tage an beließ sie die junge Frau Baronin in der trügerischen Meinung, daß sie als Hausfrau in der Neuen Königstraße das Sagen habe.

Der ernste und so gemessene Herr Baron genoß Annas höchste Wertschätzung, denn er war ein wirklich vornehmer Mann und zudem immer freundlich und ausgesucht höflich zu ihr. Und dabei hatte auch er in dieser schrecklichen Nachkriegszeit wahrlich kein leichtes Leben.

»Herr Leutnant, kenn' Se mir?«

Der tragische Ausdruck, mit dem die tiefliegenden graugrünen Augen Ulrich von Sells behaftet waren, stammte nicht erst aus dem Kriege. Das Leid in seinem Leben hatte viel früher begonnen. Spätestens an dem Tage, als man den für sein Alter kleinen und schmächtigen Jungen in das Kadettencorps zu Berlin-Lichterfelde steckte.

Der Vater, das besagte Mannchen mit dem Seehundsbart und den damals noch vergnügten, wässerig-blauen Schweinsäuglein, hatte es bis zum Generalmajor gebracht. Dessen eigener Vater, fast genau fünf Jahre nach dem Tode des Großen Friedrich zur Welt gekommen, hatte als General der Infanterie und als Großherzoglich Mecklenburg-Schwerinscher Oberkammerherr mehr als nur seine Pflicht getan. Wofür er von seinem Herrn und Meister, dem Großherzog von Mecklenburg-Schwerin, den erblichen Freiherrntitel verliehen bekam. Leider hatte der Herzog in der Eile vergessen, den treuen Diener mit einem Gut zu bedenken. Dieses Versäumnis wirkte sich auf die Söhne, das Mannchen und dessen älteren Bruder Friedrich, betrüblich aus, denn beiden blieb nichts anderes übrig, als die Militärlaufbahn einzuschlagen. Friedrich brachte es zum Obristen, Wilhelm, das Mannchen, einen Schritt weiter.

Von seinen Freunden als eingefleischter Junggeselle bezeichnet, hatte der fast Vierzigjährige die um zwanzig Jahre jüngere Hedwig von Rosenstiel aus Marienwalde heimgeführt. Auf der westpreußischen Domäne stand der Familienvater vor der harten Aufgabe, drei Töchter an den Mann bringen zu müssen, die von der Familie als »die Kluge«, »die Schöne« und »die Gute« bezeichnet wurden.

Hedwig war mit Sicherheit weder die »Kluge« noch die »Gute«, sondern »die Schöne«. Sie überragte ihr Mannchen um mehr als einige Zentimeter und blickte aus ihrer stolzen Höhe etwas mitleidig auf den fröhlichen kleinen Gemahl mit der immer röter werdenden Knollennase hinunter. Die Ehe hatte ihr, die aus einer schlicht briefgeadelten Familie stammte, nicht nur den begehrten Titel einer Freifrau und Generalin, sondern auch vier stattliche und vielversprechende Söhne beschert.

Kaum hatten die Knaben lesen und schreiben gelernt, wanderten sie, einer nach dem anderen, ins Kadettencorps.

Meinen Vater traf dieses fürchterliche Los, als er eben acht Jahre alt geworden war. Da half kein Flehen, da nützten keine Tränen. Wovon sollte denn ein Generalmajor eine standesgemäße Erziehung seiner Kinder bezahlen? Im Kadettencorps war die Ausbildung für Offizierssprößlinge unentgeltlich, und deswegen wurde nicht lange gefragt und gefackelt.

Schließlich war es doch eine Ehre!

In den Anstalten, hinter deren Mauern die kleinen Jungen verschwanden, herrschte Zucht, Ordnung und absoluter Gehorsam. Alles andere war von zweitrangiger Bedeutung. Gefühle waren Luxusgegenstände, die gleichsam auf jener Kammer abzugeben waren, in der der Kadett seine Uniformstücke empfing.

»Erst einmal habt ihr gehorchen zu lernen!« Das bekamen alle tagtäglich zu hören. »Nur wer parieren gelernt hat, der darf auch befehlen!« Die Hierarchie war von brutaler Menschenverachtung geprägt. Sensible Naturen, zu denen auch mein Vater gehörte, durchliefen die Hölle auf Erden.

Auf der untersten Stufe der Machtleiter stand der Stubenälteste, dessen Launen und Willkür die Kadetten in dem ihm unterstellten Schlafsaal auf Gedeih und Verderb ausgeliefert waren. Zweifellos gab es auch unter ihnen solche, die ihr Amt fair und gerecht versahen und den ihnen anvertrauten Schäflein brüderlich zur Seite standen.

Aber das Glück, einen solchen Stubenältesten zu haben, ward meinem Vater in Berlin-Lichterfelde sowie später im holsteinischen Plön, wo die Söhne des Kaisers erzogen wurden, nur höchst selten beschieden. Was Kadavergehorsam, Radfahrertum und der damit einhergehende Sadismus bedeuteten, wurde dem armen Kleinen sehr schnell klar.

Keine Gemeinheit wurde ausgelassen, und in dem Kind reiften immer wieder Selbstmordpläne. So fand der Neunjährige eines Abends seine Uniform, die er am folgenden Morgen zur jährlichen Kaiserparade anzulegen hatte, mit abgeschnitten Knöpfen im Spind. Ein Racheakt? Wenn ja, wofür? Nach dem Täter oder dem Grund zu forschen, wäre sinnlos gewesen. So saß er die halbe Nacht beim Schein einer verbotenen Kerze und nähte unter strömenden Tränen einen Knopf nach dem anderen wieder an, um ja den Beginn dieses größten Ereignisses im Kadettenleben nicht zu versäumen. Die drakonischen Strafmaßnahmen für ein solches Vergehen wagte er sich nicht einmal vorzustellen.

Während er mit Nadel und Faden hantierte, hörte er, wie ein kleiner Kamerad aus dem Ostpreußischen im Halbschlaf murmelte: »Ä-i, wä-i – ich frä-i mich ja so auf die Kä-iserparade!«

Beim Schwimmunterricht in der Badeanstalt dükerte man ihn so lange, bis er das Bewußtsein verlor. Aber alle Torturen waren nichts gegen eine Prozedur, die an Roheit und Grausamkeit kaum überboten werden konnte.

Hatte ein Delinquent sich irgend eine Unbotmäßigkeit zuschulden kommen lassen, wurde er auf der Stube an einem Stuhl festgebunden. Vorsichtshalber standen zwei Kadetten an der Tür Schmiere, und dann zwang man das unglückliche Opfer, ein Stück Speck zu verschlucken, das an einem Faden befestigt worden war. Kaum war der Speck nach vielem Würgen im Magen angelangt, zog man ihn wieder hoch und setzte das Spiel so lange fort, bis der Kadett mehr tot als lebendig nur noch grüne Galle spuckte. Die empfindsame Seele meines Vaters erlitt einen nicht mehr reparablen Sprung.

Zweimal im Jahre gab es Ferien, von denen die erste Hälfte damit verbracht wurde, die Schrecken der Kadettenanstalt irgendwie zu verdrängen. Und dann nahm bereits mit jedem Tag, der verging, wieder die Angst vor der Rückkehr zu.

Da müsse man eben durch, meinte Mutter Hedwig lapidar, das forme den Menschen. Der Sohn hat es ihr nie verziehen.

Auch Mannchen hörte auf diesem Ohr nicht sehr gut. Und außerdem gab es ja nun mal keine Alternative. Jedenfalls nicht für Angehörige »seiner Kiste«.

Aufgrund der Erfahrungen, die er im Corps machen mußte, war in meinem Vater der Wunsch gar nicht erst aufgekommen, dereinst als Stabsoffizier an den Fäden der Geschichte mitzuziehen. Die ihm vorgezeichnete Militärlaufbahn seiner Ahnen gedachte er auf keinen Fall einzuschlagen. Als bitter empfand er es daher, daß er auf der Kadettenanstalt kein Abitur machen konnte, das die Möglichkeit eines anschließenden Universitätsstudiums eröffnet hätte. Der Redlichkeit halber sei gesagt, daß die intellektuellen Fähigkeiten des Kadetten sehr wohl erkannt und gefördert wurden. Man steckte ihn in die sogenannte Selekta, ein Seminar für besonders Begabte; dort wurde die künftige Elite für den Generalstabsnachwuchs herangebildet.

Als der eben achtzehnjährige frischgebackene Leutnant zum ersten Male Unter den Linden spazierte, baute sich vor ihm ein Berliner Schusterjunge auf und fragte: »Herr Leutnant, Herr Leutnant – kenn' Se mir?« Obwohl erfreut über die Aufmerksamkeit, mußte die Antwort dennoch leider nein lauten. Worauf der Bengel schrie: »Ick Ihn' ooch nich!« und kreischend vor Lachen das Weite suchte.

Über diese Begebenheit konnte mein Vater sich noch Jahre später köstlich amüsieren.

Mit hervorragenden Noten absolvierte der etwas zu ernste junge Mann die Kriegsakademie und begann, unter Umgehung der sonst üblichen Anfängerpöstchen, seine Diplomatenkarriere als persönlicher Adjutant des damaligen Reichskanzlers von Bethmann Hollweg. Und ehe er es sich versah, war er mitten drin in der großen Weltpolitik.

So war er es, der seinen Dienstherrn auf der letzten Auslandsreise begleitete, die dieser nach Rußland unternahm. Mitnichten war es ein Sonderzug, in dem der Regierungschef mit seinem kleinen und durchaus bescheidenen Stab die weite Reise unternahm. An den fahrplanmäßigen Eisenbahnzug nach Sankt Petersburg wurde, getreu der guten alten preußischen Sparsamkeit, ein Salonwagen angehängt. Und das war's dann auch.

Dieser Hang zur Frugalität wurde vom letzten Wilhelm nur sehr bedingt geteilt. Jedenfalls, was seine ganz persönlichen Lebensgewohnheiten betraf. Er zeigte sich zum Beispiel gern in immer wieder neuen Uniformen – mitunter geradezu theatralisch anmutenden Verkleidungen –, und wenn man der Fama Glauben schenken durfte, so zog er sich oft ein halbes Dutzend Mal am Tage um.

Am 1. August 1914 erklärte Deutschland Rußland den Krieg, und der jugendliche Adjutant des Reichskanzlers war es gewesen, der eigenhändig die Kriegserklärung an den Zaren aller Reußen dem deutschen Kaiser zur Unterschrift vorzulegen hatte. Nur zwei Tage vergingen bis zur Kriegserklärung an den Erzfeind Frankreich; am 4. August trat England in den Krieg ein.

»Dreschen wollen wir sie!« hatte der Kaiser geschrien, und vier Jahre lang wurde gedroschen. Der blutige Krieg forderte die Blüte der europäischen Jugend. Allerdings sollte sich zum Erstaunen der meisten Deutschen herausstellen, daß sie es letztendlich waren, die Dresche bezogen. Zum Trost wurde die Schuld dafür der feindlichen Übermacht in die Schuhe geschoben, denn die deutschen Armeen waren selbstredend nach wie vor im Felde unbesiegt.

Wahrscheinlich waren ja auch die Juden wieder einmal in diese unverdiente Niederlage verstrickt? Und natürlich die Sozis und die Anarchisten und die Kommunisten!

Und als alles verloren war, da hatte der Kaiser sich selbst nebst seinen Schäflein in Holland ins trockene gebracht. Keinen seiner Söhne hatte er verloren.

Aber drei der vier Söhne von Hedwig und ihrem Mannchen, die freudig in den Krieg gezogen waren, um die deutsche Ehre zu verteidigen, blieben auf dem Felde eben dieser Ehre.

Der Älteste versank als Kaiserlicher Kapitänleutnant und Navigationsoffizier mit seinem Schiff, der »Breslau«, im Ägäischen Meer. Was vom dritten Sohn, Adolf, nach der Schlacht von Ypern noch übrig war, das überführte man nach Potsdam. Dort liegt er nun auf dem Bornstedter Friedhof, gleichsam stellvertretend für die Brüder.

Alle Brüder.

Der Jüngste, der immer zu Streichen aufgelegte Wilhelm, starb in französischer Gefangenschaft an seiner in der Marneschlacht erhaltenen Verwundung. Man beließ ihn dort, wo er in die Erde gelegt worden war.

Er war immer der Ausgelassenste von den Vieren gewesen und hatte für sein Leben gern die Mutter damit geschockt, daß er einen ganzen Satz rülpsen konnte: »In Uppsala gibt es die besten Lachse!« Das machte ihm so leicht keiner nach.

Die hochgewachsene Mutter der Heldensöhne war bei jeder Todesnachricht ein wenig kleiner geworden. So, als habe sie sich vergeblich zu ducken versucht, um den Schlägen auszuweichen. Die Trauer über die unfaßbaren Schicksalsschläge hatte sie förmlich schrumpfen lassen.

Mit Glück überlebt hatte nur der zweite Sohn. Die letzten Kriegsmonate verbrachte er mit einer schrecklichen Schrapnellwunde an der linken Schläfe in Feldlazaretten, wo man ihn unter primitivsten Verhältnissen immer wieder operierte. Als er dann endlich nach Hause entlassen wurde, gab es seine Brüder nicht mehr, die Mutter war vom Schmerz wie versteinert, und der kleine, einst so fröhliche Vater nahm die Welt, die ihm dies angetan hatte, nicht mehr wahr.

Für Ulrich von Sell war eine glänzende Karriere zu Ende gegangen, noch ehe sie richtig begonnen hatte. Der einstige Kanzler von Bethmann Hollweg hatte sich auf sein Gut

Hohenfinow in der Mark zurückgezogen und konnte ihm nun nicht mehr helfen. Die meisten Freunde waren gefallen, und Güter waren keine vorhanden, auf die man sich hätte zurückziehen können. Das einzige unverlierbare Kapital des Heimkehrers steckte in seinem Kopf, der jetzt eine schlecht verheilte tiefe Narbe über dem linken Ohr aufwies.

Weil ihm nichts anderes übrigblieb, tat er, was Millionen seiner Landsleute taten, er reihte sich in das inzwischen unübersehbar gewordene graue Heer der Arbeitslosen ein.

Finanziell mußten die frisch vermählten Eheleute sich mächtig nach der Decke strecken, denn sonderlich viel sich auf die hohe Kante zu legen, hatte mein Vater als Hauptmann nicht vermocht, und auch die Anna werkelte nicht nur für Gotteslohn.

Wahres Schönheitsempfinden, lecker belohnt

Nach diversen fehlgeschlagenen Versuchen meines Vaters, eine auch nur halbwegs akzeptable Arbeit zu bekommen, geschah so etwas wie ein Wunder. Sein ehemaliger Fahrer im Felde, Bruno Cassirer, hatte irgendwie von der trostlosen Lage des von ihm heißverehrten ehemaligen Chefs Wind bekommen und stellte ihn ohne großes Federlesen prompt in seiner Berliner Kabelfabrik an. Dort lernte mein Vater sozusagen von der Pike auf das Geschäftsleben kennen. Und er enttäuschte seinen Wohltäter nicht.

Die in der Fabrik erworbenen Kenntnisse kamen ihm auch in der nächsten Stellung bei einem großen Berliner Bankhaus zugute, wo er schließlich bis zur Position eines Direktors aufstieg. Zu seinem eigenen Erstaunen hatte er sein Talent für Finanzwirtschaft entdeckt. Und dieses Talent sollte ihm auch sehr bald jenen Posten einbringen, welcher das Leben der kleinen Familie von Grund auf verändern würde.

Auch daheim bahnte sich Einschneidendes an, und den Braten, den die Anna da roch, paßte gar nicht in ihr Konzept. Ein Schreihals in der Wohnung? Windeln, die natürlich sie zu waschen hatte? Auf der anderen Seite – der arme Herr Baron, der alle seine Brüder verloren hatte und oft so traurig war. Sie beschloß also, das einzige zu tun, was ihr übrig blieb: abzuwarten. Genau wie meine sehr gespannten Eltern auch.

Meine Mutter sah noch so jung aus, daß ihr ein Kerl mit Schiebermütze auf der Straße nachrief: »Na Frollein – ooch schon verlobt?« Da war sie im neunten Monat gewesen.

Und dann kam der Tag, eigentlich war es ja die Nacht, in der die Anna aus den Händen des noch in letzter Minute herbeigeeilten Doktors *ihr* Kind entgegennahm. Der jungen Frau hatte man, so lange es eben ging, die schreckliche Wahrheit über mich vorenthalten.

Und die war, daß es sich bei mir nicht um den eigentlich ganz selbstverständlichen Stammhalter handelte.

Kaum, daß mein Vater den ersten Schock verwunden hatte, soll er übrigens ein sehr vergnügtes Gesicht aufgesetzt haben. Denn eines Mädchens, so konstatierte er wohl eingedenk der Kriegserfahrungen, konnte man ihn im Falle eines Falles weniger leicht berauben.

Das Schlimmste stand allerdings noch bevor: Wie in aller Welt sollte man diese Katastrophe der Großmutter beibringen? Darüber, wie sie die Neuigkeit aufgenommen hat, bestehen keine glaubhaften Berichte. Ihre Begeisterung soll sich aber in Grenzen gehalten haben. Ihrer festen Überzeugung nach lag die Schuld zweifellos bei der Schwiegertochter, dem angebissenen Apfel. Eine Jungfrau hätte gewußt, was sie der Familie schuldig war, und einen Knaben zur Welt gebracht.

Nach ihren schrecklichen Verlusten doch kein unbilliges Ansinnen?

Wer aber nun wirklich auf wunderbare Weise als Jungfrau zum Kinde gelangte, war die Anna. Ein eigenes Kind, das ihr zum mindesten die Mutter nicht wesentlich streitig machen würde.

Die Weichen zwischen Großmutter und Enkelin wurden in dem Moment gestellt, als sie sich mit dem ihr eigenen süßsauren Lächeln zum ersten Mal über das Körbchen beugte. Ich reagierte ganz normal und brach in ein mörderisches Geschrei aus. Was wiederum die Anna veranlaßte, durch ein unheilverkündendes Grollen tief aus dem Spreewaldbusen anzuzeigen, daß sie den Besuch für beendet ansah.

Ich war ein Flaschenkind, denn meiner Mutter hatte der Schreck nicht nur Sprache, sondern auch die Milch verschlagen. Mir war es einerlei.

»Ja Serska som, a Serska budu, a Serska nemje wistanu!« sang die Anna mir triumphierend ins Ohr. Und das bedeutete auf deutsch soviel wie: »Ich bin eine Wendin und bleibe eine Wendin, und darauf bin ich stolz.« Ganz leise setzte sie dann jedesmal dazu: »Tisse Serska!« Was wiederum hieß, daß auch ich ein kleiner Wendensprößling sei.

Die Anna beschloß, von nun an die Menschen in zwei Kategorien einzuteilen. Zur ersten gehörten alle diejenigen, welche beim bloßen Anblick des glatzköpfigen, etwas spillerigen Geschöpfes auf ihren Armen oder im Kinderwagen in ein wahres Lobgeheul über die einmalige Schönheit des Kindes ausbrachen. In die zweite, weit zahlreichere, stufte die Anna meine Großmutter sowie sämtliche Tanten ein, die, kaum daß sie meiner ansichtig wurden, ihr Gesicht mühsam in mitleidige Falten legten. Hatte das Kind nicht abnorm abstehende Ohren? Würde sich das wohl geben? Und seine Glatze?

Die Eltern waren wirklich beklagenswert dran.

Aufmerksam registrierte die Anna alle Reaktionen, die

mich betrafen. So durften dann alle, die mich gelobt hatten, beim nächsten Besuch mit besonders saftigen Hefeklößen, dem frischesten Streuselkuchen oder anderen kulinarischen Aufmerksamkeiten rechnen. Die anderen hingegen empfahl sie mit Nachdruck den zuständigen wendischen Rachegottheiten.

Da mit meinem Erscheinen als Mädchen allgemein nicht gerechnet worden war, hatte auch die Wahl eines für mich passenden Vornamens gar nicht erst zur Diskussion gestanden. Eine höfliche Anfrage der zuständigen Meldebehörde war einige Tage nach meiner Geburt eingetroffen, was denn nun eigentlich wäre? Sollte das Kind etwa namenlos bleiben?

Das wäre nämlich im Gesetz nicht vorgesehen.

Also bitte!

Langsam wurde die Sache etwas peinlich. »Margotchen soll sie heißen«, schlug meine Mutter vor. »Margotchen kommt überhaupt nicht in Frage«, konterte mein gleichberechtigter Vater. Sehr, sehr unangenehme Erinnerungen verband er mit eben diesem Namen.

»Margotchen hätte das nie getan!«, so hatte einst der stereotype Vorwurf seiner und der drei Brüder Gouvernante gelautet, wenn diese in ihrer Verzweiflung über die ungezogenen Rangen nicht mehr ein und aus wußte. Margotchen war der Name des offenbar feenhaft artigen Kindes in ihrer vorigen Familie gewesen. Allerdings hatte es sich dabei auch um eine regelrechte kleine Prinzessin gehandelt.

Man einigte sich dann schließlich auf drei Vornamen. Den ersten, Sybilla, verdankte ich der jungen Prinzessin von Coburg-Gotha, der späteren Kronprinzessin von Schweden. Es folgte Augusta, und der letzte Name, Sophia, hatte ebenfalls mit Schweden zu tun, wenn auch nur indirekt.

Sophie-Charlotte hieß nämlich die einzige Cousine meines Vaters, die unverheiratet gebliebene Tochter des Obristen

Friedrich-Franz, Bruder des vor einigen Monaten verstorbenen Mannchens. Sie lebte im fernen Schweden.

Weder eine Jugendverfehlung noch eine andere dunkle Skandalaffäre und schon gar keine Heirat hatten einst das einzige Kind des preußischen Offiziers bewogen, Deutschland zu verlassen und in einem Lande sein Glück auf eigene Faust zu versuchen, in dem schon vor der Jahrhundertwende die Frauen Rechte besaßen, von denen eine Potsdamerin nur träumen konnte.

Daheim wären ihr als Berufe wohl nicht viel mehr als der einer Gouvernante, Kindergärtnerin oder Diakonisse offengestanden, bestenfalls hätte sie es zur Bibliothekarin oder Lehrerin in einem adeligen Pensionat bringen können. Aber diese Aussichten besaßen indes keinerlei Anziehungskraft für die emanzipierte Tante. Zwar strebte sie keineswegs nach unerreichbaren Höhen, aber frei wollte sie leben und mit Schreiben ihr Brot verdienen dürfen.

So geschah es, daß aus der Tochter aus preußisch-adeligem Hause eine schwedische Journalistin wurde. Und später dann meine Patentante, deren erster Roman auch in Deutschland verlegt wurde. Er machte dann etwas verstohlen die Runde im Verwandtenkreise. »Etwas sehr frei, ziemlich gewagt, nicht wahr?« lauteten die Kommentare.

Aber nach »zufälligen«, glühend erhofften Ähnlichkeiten mit lebenden Personen suchte die liebe Familie leider vergebens. Sophie-Charlotte hatte niemanden für interessant genug befunden, um literarisch von ihr verewigt zu werden. Und das war eigentlich auch ein bißchen unerhört!

Schweden war ja gottlob weit genug vom Schuß, um mit der Peinlichkeit, eine schriftstellernde Verwandte zu haben, nicht täglich direkt vor der Haustür konfrontiert zu werden.

Über den Vorschlag der Patenschaft für mich war sie sehr begeistert und reiste extra zur Taufe von Schweden nach Potsdam.

Angetapert hingegen kamen – bis auf noch eine löbliche Ausnahme – die übrigen Paten. Sie hatten allesamt gut und gern die sechzig überschritten: die beste Garantie dafür, daß sie bei meiner Konfirmation ihr Amt dann nicht mehr auszuüben brauchten, weil ihnen in diesem hohen Alter ein Kommen nun wahrlich nicht mehr zugemutet werden konnte.

Was den Kohl auch nicht wesentlich fetter machte, denn mit Geschenken waren sie durch die Bank eher zurückhaltend. Von der Tante Sophie-Charlotte und dem Onkel August, einem ehemaligen Regimentskameraden meines Vaters, abgesehen.

Außer ihren Adels- und Ehrentiteln besaßen sie ja selbst nicht mehr viel. Und von dem wenigen sich um eines Mädchens willen zu trennen, dazu fehlte ihnen wohl auch die rechte Einstellung.

Mal abwarten, vielleicht kam eines Tages doch noch ein Junge!

Später, ich muß wohl sieben Jahre alt gewesen sein, sollte ich mir dann auf eigene Faust einen etwas spendableren und dazu noch sehr originellen Patenonkel zulegen, von dem noch ausführlich die Rede sein wird.

Im Gegensatz zu dem Heer der Arbeitslosen hätte mein Vater mittlerweile ein an sich zufriedenstellendes Auskommen gehabt, wenn das Geld nicht jeden Tag weniger wert gewesen wäre. Seufzend erinnerte sich die Anna beim täglichen Gang zum Kaufmann um die Ecke an die Zeiten, in denen sie den leeren Korb hin und den vollen zurückgetragen hatte. Jetzt war es umgekehrt: Der Korb mit den Geldscheinen in Millionen-, dann Milliardenhöhe war bald schwerer als der, mit dem sie heimkehrte.

Die steile Spirale der Inflation schien nach oben keine Grenze zu haben.

Und ihre Ersparnisse, die konnte sie nun auch in den Wind schreiben.

Dann aber kam ein Tag, an dem das Haushaltsgeld in Form der neuen Rentenmark doch wieder in normale Portemonnaies paßte. Und das Sparen fing wieder von neuem an.

Mich scherte alles, was außerhalb meiner kleinen Welt vorging, sehr wenig, solange ich mich auf dem Arm der Anna befand, die mich eigentlich nur dann ablegte, wenn die Umstände es unbedingt erforderlich machten. Sie sah es auch nicht gern, wenn andere Leute sich in die Erziehung ihres Kindes einmischten. Und das bezog sich auch auf meine Mutter. So kam es, daß ganz natürlicherweise wendische und nicht deutsche Laute zur eigentlichen Begleitmusik meiner ersten Monate und Jahre wurden.

»Nascha Mama newje / kake ehe zrehe / ehe zrehe Lumpate / atte schtrumpe tschumplate«, sang mir die Anna vor, ein wendisches Lied, das irgendwie von zerrissenen Strümpfen handelte. Wir beide liebten es ganz besonders.

Der Sturm auf die Glienicker Brücke

Ließ die Witterung es zu, so packte mich die Anna nachmittags in den Kinderwagen, um mit mir das Haus zum täglichen Spaziergang zu verlassen. Allerdings hatte sie sich vorher in einer Art Metamorphose vom Dienstboten zur hochherrschaftlichen Kinderfrau verwandelt, wobei das Anlegen der Ausgehtracht ebensoviel Zeit wie Geschicklichkeit erforderte.

Zunächst tauschte sie den Werktagsrock gegen einen reich gefältelten schwarzen Tuchrock mit einer grünen oder roten Borte am unteren Rande. Unter das angeschnittene Leibchen aus schwarzem Samt wurde die blütenweiße, leicht gestärkte Leinenbluse mit den kurzen Ärmeln gezogen und vor der Brust mit Nadeln zusammengesteckt.

Nach Knöpfen suchte man an der gesamten Garderobe der Anna vergeblich. Aus dem einfachen Grunde, weil diese bekanntlich Knopflöcher erforderten, durch welche böse Geister hinein- und womöglich nicht wieder hinausfuhren. Das wußten die alten Wenden schon vor Jahrhunderten und hatten daher Knöpfe schlichtweg verbannt.

Also nahm die Anna zu Beginn der Prozedur ein jedes Mal den Mund voller Stecknadeln mit bunten Köpfen, die nun eine nach der anderen ihren Platz in der Kleidung erhielten. Zusammengesteckt auf dem Busen wurde auch das bunte, zum Dreieck gefaltete Schultertuch. Die Werktagstücher waren gewöhnlich aus geblümtem Baumwolltuch, die für Sonntag aus bestickter Seide.

Dann kam die Schürze, die aus so vielen Metern Stoff wie ein Beduinenzelt bestand. Die langen Schürzenbänder warf sie erst nach hinten, ehe sie dann vorn auf dem Bauch zu einer Schleife gebunden wurden.

Die kurze, spenzerartige Jacke mit dem kleinen Schößchen, je nach Jahreszeit aus schwerem oder feinem Tuch, bildete den Abschluß. Einen Mantel sah die Tracht nicht vor, also hat die Anna in ihrem Leben niemals einen besessen.

Die schwarzen Kniestrümpfe schlossen mit der Länge des Rockes ab. Der reichte bis auf eine knappe Handbreit unter die Knie und gab die Sicht auf ihren ganzen Stolz, die wohlgeformten Beine, frei.

Kein Ausgang jedoch ohne die Haube. Sie war sozusagen das Markenzeichen, das nicht nur die Trägerin, sondern auch die Familie erst ins rechte Licht rückte, die sich ein solches Prachtexemplar leisten konnte. Die Anna jedenfalls trug die Haube wie einen Schlachthelm.

Wenn dann die Anna endlich mit ihrem Goldchen in seinem Gefährt auf der Straße stand, spähten ihre scharfen

Augen nach etwaigen Gefahren, möglichen Abenteuern oder nach Unterhaltungsmöglichkeiten aus. Letztere ließen meist nicht lange auf sich warten.

Da gab es andere kinderwagenschiebende Spreewälderinnen, die mit ihren Schützlingen unterwegs waren, von denen natürlich keiner es auch nur im entferntesten mit dem ihren an Schönheit und Intelligenz aufnehmen konnte. Direkt leid tun konnten der Anna diese häßlichen und dummen Geschöpfe. Hoffentlich merkten die Eltern nichts davon.

Und immer wieder geschah es, daß die eine oder andere Potsdamer Matrone an den Wagen trat, um sich nach meinem Wohlergehen zu erkundigen. Diese Gestalten glichen einander wie eine Schar Krähen in ihrer fast ostentativ zur Schau getragenen fadenscheinigen Schäbigkeit – anständige Leute trugen jetzt keine neuen Kleider.

Je nach der Natur der Bemerkungen über mich verhielt sich die Anna entweder abweisend, oder aber sie fletschte verbindlich die Zähne. In extremen Fällen deutete sie wohl auch ihren berühmten kleinen Knicks an, der die Herzen für sie erwärmte. Was für ein liebes Mädchen, dachten die so Geehrten dann.

Im Zweifelsfalle konnte es aber auch vorkommen, daß die Anna zum Abschied freundlich grinsend ein paar wendische Worte murmelte, mit Vorliebe drei ganz bestimmte, welche die damit Bedachten wohl für eine Art Dankeschön hielten. Damit unterlagen sie jedoch einem Irrtum, denn die genaue Übersetzung hätte nichts anderes als die Aufforderung des Götz von Berlichingen gezeitigt. Das Arsenal an wendischen Kraftausdrücken, das der Anna zur Verfügung stand, war schier unerschöpflich, wodurch auch ich schon ziemlich früh über einen beachtlichen Wortschatz in dieser Hinsicht verfügte. Was diese speziellen Kenntnisse anbetraf, schien es mir allerdings ratsam, mit ihnen meinen Eltern gegenüber tunlichst hinterm Berg zu halten.

Auf ausdrückliche Anweisung meiner Mutter hatte die Spazierfahrt mindestens einmal in der Woche in den Park des Glienicker Schlosses zu führen. Im Prinzip sprach da ja auch nichts dagegen, nur hatte die Geschichte für Anna leider einen Haken. Man konnte nämlich von Potsdam aus nur zum Park gelangen, wenn man vorher die Glienicker Brücke überquerte. Brücken aber waren die unerklärten Feinde der Anna. Wie übrigens auch Türme, Hünengräber, Wendeltreppen, Aufzüge, Zeppeline, Ballons und Flugzeuge waren sie Werke des Leibhaftigen! Von Brücken hielt sie speziell dann nichts, wenn diese über Wasser führten, denn das hatte ebenso wie Luft bekanntlich keine Balken.

Wer garantierte ihr denn, daß die Glienicker Brücke nicht ausgerechnet genau dann, wenn sie sich mit ihrem Schäfchen auf der Mitte befand, zusammenstürzen würde, um uns beide in den kalten Fluten der Havel zu begraben?

Höchste Vorsicht war mithin geboten!

Kaum tauchte die Brücke in ihrem Blickfeld auf, tat die Anna zweierlei. Zunächst einmal flehte sie den Beistand eines ihrer wendischen Privatgötter herbei, dann ging sie zum Angriff über. Mit der einen Hand raffte sie ihren Rock, so gut es ging, die andere umspannte fest den Griff des hochrädrigen Wagens, und los ging die wilde Jagd. Denn sie sagte sich mit Recht, daß, je schneller sie rannte, um so eher die Gefahr überwunden sein würde.

Harmlose Spaziergänger muß beim Anblick dieser Furie mit wehendem Rock und flatternden Haubenbändern der Atem gestockt haben. Kaum, daß ich sitzen konnte, hielt ich mich links und rechts im Wagen, der über das Kopfsteinpflaster rumpelte, fest und kreischte vor Wonne in den höchsten Tönen. Ein gewaltiger Stoßseufzer der Anna beendete endlich am anderen Ufer das erfolgreiche Unternehmen. Das allerdings auf dem Rückweg leider wiederholt werden mußte.

Zusammengebrochen ist die Brücke aber dann doch, und

zwar im Frühling des letzten Kriegsjahres 1945. Bei dieser Gelegenheit holte sie mit aller Gründlichkeit nach, was der Anna schon zwanzig Jahre vorher geschwant hatte. Von höheren Mächten heimgesucht, sank sie nach Bombentreffern in das Wasser der Havel.

Da lag sie nun, und als man sie dann mit vieler Mühe eines Tages wieder auf die Beine stellte, hatte sie an Wichtigkeit ungeheuer gewonnen. Denn sie war nun nicht mehr nur Brükke, sondern man hatte sie zur Grenze ernannt. Genau auf ihrer Mitte verlief die Trennungslinie zweier nicht sehr innig befreundeter Staaten, die kurz davor noch einer gewesen waren. Ordinäre Spaziergänger hatten nun nichts mehr auf ihr zu suchen. Fast genau fünfundvierzig Jahre lang diente sie dem Austausch von Spionen, der in unregelmäßigen Abständen auf ihr vorgenommen wurde. Meist in der Morgendämmerung und vor laufenden Fernsehkameras.

Gute und Böse, Gerechte und Ungerechte, je nach der Weltanschauungswarte, von der aus man sie betrachtete, wechselten die Seiten. Von Ost nach West und von West nach Ost. Aber dann passierte so etwas wie ein deutsches Wunder, und seitdem versieht die Brücke wieder ihren fast vergessenen Dienst als ganz gewöhnlicher, grün-grau angestrichener Havelübergang.

Mäxchen Spickaal – oder die wahre Blutrünstigkeit

Am Tage des Umzugs hatte man mich also der Marie anvertraut, die mir, dem dringenden Rat ihrer Schwester folgend, meinen Willen ließ. Sie erlaubte mir sogar, mein weißes Lieblingskleid mit den Rosenknospen für die Reise nach Berlin anzulegen, die wir beide mit der Elektrischen und der Eisenbahn zu unternehmen hatten. Es gelang mir auch, sie zu überreden, oben auf der Eisenbahnbrücke über dem Bahnhof den nächsten Zug abzuwarten, der dann prompt unter Ausstoß von gewaltigen schwärzlichen Rauchwolken unter uns durchschnaufte und im Nu mein schönes Gewand mit einem Grauschleier überzog. Das roch so richtig schön muffig, und ich verließ hochbefriedigt die Stadt meiner Geburt.

Meine Eltern befanden sich schon in der neuen Berliner Wohnung, und die Anna fuhr zur sehr geteilten Freude der Umzugsmänner im Möbelwagen mit. Die Haube auf dem Kopf, nahm sie auf dem Vordersitz Platz und gab während der Fahrt alle Kommandos, die sie für nötig hielt.

Das schwere Gefährt ratterte über die Brücke, noch ein letzter, triumphierender Blick der Anna auf ihre Erzfeindin – und Potsdam war Vergangenheit.

Die neue Wohnung lag im dritten Stock einer stillen Seitenstraße in Friedenau, einem keineswegs eleganten, aber durchaus gediegenen, um nicht zu sagen etwas spießigen Wohnviertel, das vom mittleren und gehobenen Beamtentum bevorzugt wurde. Das graue Mietshaus war, wie auch die meisten anderen in der Nachbarschaft, zur Gründerzeit erbaut worden, worauf die reiche, wenn auch nicht sehr stilechte Stukkatur an der vorderen Hauswand hinwies. Den Griechen nachempfundene, leicht bekleidete Athleten stemmten klassizistisch die Balkone, dazwischen dräuten etwas bröckelnde Adler.

Das Haus bestand, wie allgemein in Berliner Altbauten üblich, aus dem Vorder- und dem Hinterhaus. Dazwischen lagen unüberbrückbare Welten. Und dafür, daß die Bewohner der einen mit denen der anderen nichts zu tun bekamen, sorgte der dicke Hausmeister. Zur Warnung waren alle möglichen Schilder von ihm angebracht worden. Gleich im Eingang wies eines darauf hin, daß Lieferanten *nur* den Hintereingang zu benutzen hatten. Im Hof wurden die Mieter belehrt, daß Teppichklopfen *nur* nach Absprache und zu bestimmten Zeiten zu erfolgen habe. Müllkästen seien *nur* mit Sorgfalt und ohne Krach zu öffnen und zu schließen. Kinder, die es ja leider gab, hatten auf dem tristen Hof mit dem etwas kärglich geratenen Baum in der Mitte *weder* mit dem Rad zu fahren, *noch* zu rollen, oder Ball zu spielen.

Sie hatten sich, falls es sie unglücklicherweise überhaupt gab, am besten gar nicht zu zeigen.

Um alle diese Gebote und Verbote durchzusetzen, bediente sich der Hausmeister eines üblen kleinen Kollaborateurs in Gestalt einer heimtückischen Mixtur von Spitz und Dackel, die sehr gern und laut und lange bellte, denn Verbotsschilder für Hunde gab es nicht. Der Köter lauerte für sein Leben gern im Hauseingang und fuhr ahnungslosen Opfern kläffend zwischen die Beine. »Mutti«, das Ehegespons des Hausmeisters, kam ab und zu in Kamelhaarpampuschen aus ihrer Portierloge geschlurrt, um irgend etwas Verbotenem auf die Spur zu kommen. Das Vieh hatte sie mit kleinen Pullovern behäkelt, in denen es sich sehr großartig vorkam.

Unsere Wohnung war ziemlich geräumig. Sie besaß ein veritables »Berliner Zimmer«, das den vorderen Trakt mit dem hinteren verband. Es wurde als Eßzimmer genutzt. Von der großen dunklen Diele aus gingen der Salon meiner Mutter und das Herrenzimmer ab. Auch die Stube der Anna befand sich dort. Im hinteren Teil gab es dann außer der Küche, der Speisekammer und dem Bad ein zweites Mädchenzimmer, in das Hilde Kutz aus Marienwalde, dem Gut meines Großonkels, einzog. Sie war sechzehn Jahre alt, hatte eine lustige Stupsnase und krauses braunes Haar. Zwei Dienstboten mußte man jetzt schon haben. Einiges an Mehrarbeit würde doch anfallen.

Ich bekam mein eigenes Zimmer nach hinten hinaus, mit einem kleinen Balkon. Von dort warf ich jedesmal vom Arm der Anna in Zeitungspapier gewickelte Sechser auf den Hof hinunter, wenn der Leierkastenmann kam. Und der kam zweimal in der Woche. Offenbar galten alle diesbezüglichen hausmeisterlichen Verbote nicht für ihn. Leierkastenmänner hatte es in Potsdam nicht gegeben, und meine Begeisterung kannte keine Grenzen. Besonders der kleine Affe, der im karierten Anzug das Geld vom Boden aufhob und artig seine Mütze zog, hatte es mir angetan. Und die Anna vollführte mit mir nach den Melodien von Paul Lincke, Walter Kollo und Johann Strauß wilde Tänze.

Mein Vater war mittlerweile Direktor bei der Hamburger Handelsbank, deren Berliner Dependance mitten im Herzen der Reichshauptstadt lag, und die Zukunft sah eigentlich rosig aus. Das hieß, wenn man von der Politik absah. Da drohten, jedenfalls behauptete mein Vater das immer wieder, schwarze Wolken am Himmel.

Solange sie nicht meinen Privathimmel verdunkelten, waren sie mir ziemlich gleichgültig.

Für mich war mein Vater natürlich der herrlichste Mann der Welt, und wenn ich erst mal groß war, würde ich ihn und keinen anderen heiraten. Er war in der Tat mit seinem edlen, aristokratisch-schmalen Schädel eine außergewöhnlich schöne Erscheinung. Die unübersehbare Traurigkeit in seinen Augen war es wohl, die ihn für die Damenwelt unwiderstehlich machte und sogar fremde Frauen auf der Straße veranlaßte, sich nach ihm umzudrehen. In Uniform aufgewachsen, hatte er sich nach dem Kriege erst mühselig an Zivilkleidung gewöhnen müssen. Nun trug er maßgeschneiderte Anzüge von Truntz & Voss, elegante Kammgarnanzüge und kurze englische Jacken. Von deutscher Herrenmode mit langen Mänteln und weiten Schlackerhosen hielt er nicht viel. Er sah aus wie ein Lord, aber vermutlich hätte er auch in einem Kartoffelsack immer noch eine glänzende Figur abgegeben. Was immer er trug, der Offizier ließ sich jedenfalls nie verleugnen.

Und der Reiter. Vor dem Kriege hatte er als einer der vielversprechenden Turnierreiter gegolten, der mehr als einmal selbst den damaligen Kronprinzen ausgestochen hatte. Jener soll nicht besonders amüsiert gewesen sein, wenn es zum Beispiel in einem Zeitungsbericht hieß, der Freiherr von Sell sei »unvergleichlich viel besser« gewesen.

Obwohl es uns jetzt recht ordentlich ging, hielt mein Vater an einer alten, durch nichts zu erschütternden Gewohnheit fest. Allmorgendlich übergab ihm die Anna beim Fortgehen an der Tür ein kleines, unansehnliches Päckchen mit dem Proviant des Tages: zweimal ums Brot, mit Gänseschmalz oder Teewurst bestrichen. Am Abend dann förderte er aus seiner Tasche das sorgsam zusammengefaltete Stück Pergamentpapier zutage, das selbstverständlich so lange immer wieder verwendet wurde, bis aus ihm ein Fetzen geworden war. Das war preußische Sparsamkeit. In einem Restaurant das Mittagessen einzunehmen, hätte er für ungehörig gehalten. Das taten seiner Meinung nach nur Neureiche, aber »man« nicht! »Man« – das hieß wieder einmal: »Unsere Kiste!«

Und in diese Kiste war ich hineingeboren worden. Ob mir das nun recht war oder nicht.

Seitdem seine tägliche Fahrzeit ins Büro durch den Umzug nach Berlin erheblich kürzer geworden war, hatte mein Vater mehr Zeit für mich. Und wenn er abends am Schreibtisch saß, kletterte ich auf seinen Schoß, und ich genoß es, wenn er mich ganz ganz fest hielt.

Mein kleiner Finger paßte genau in die Vertiefung über seinem linken Ohr, die vom bösen, bösen Feind herrührte. Über der tiefen Verwundung war zwar eine dünne Haut gewachsen, darunter aber fühlte ich das Blut pulsieren. Das war irgendwie unheimlich.

So gut es ging, versuchte er meine Fragen, wie denn nun eigentlich der Krieg gewesen war, zu beantworten. Wie sah es in einem Schützengraben aus? Machten Kanonen furchtbaren Krach? Warum sei er denn nicht einfach weggelaufen? Hatte er auch jemanden totgeschossen? War er sehr mutig gewesen?

Oder hatte er auch manchmal geweint? Vor Angst?

Er räusperte sich umständlich: Ja, das habe er, und mit behutsamen Worten erklärte er, was ich zu verstehen vermochte. Der Krieg, das fühlte ich, der lebte in ihm weiter, die Hölle. Mit seiner heiseren Stimme schien er schließlich nur noch zu sich selbst zu sprechen. Was ahnte ich schon vom Reich des Todes, von dem da die Rede war? In dem die drei Brüder verschwunden waren, und zu dem niemand außer ihm Zugang hatte. Das Ausmaß seiner Trauer war zwar für mich nicht ermeßlich, aber ich fühlte instinktiv, daß er in solchen Momenten ganz allein war und ich ihm so deutlich wie möglich zeigen mußte, wie unendlich lieb ich ihn hatte.

Die Erinnerung an das Inferno verfolgte ihn für den Rest seines Lebens, sogar bis in den Schlaf hinein. Mindestens einmal in der Woche schrie er im Traum so laut, daß wir alle davon wach wurden. Auf seine markerschütternden Schreie folgte dann gewöhnlich ein Moment der Stille, und dann war nur noch die beruhigende Stimme meiner Mutter zu hören. Mitunter waren es ganze Sätze, die er schrie, und einer kehrte immer wieder: »Hilfe, Hilfe, sie holen mich!«

Jahrzehnte danach sollten wir die Gewißheit erhalten, daß sich diese Hilferufe nicht nur auf die Vergangenheit, sondern auf seine Zukunft und sein entsetzliches Ende bezogen haben müssen. Denn eines Tages, da »holten sie ihn«.

Und niemand brachte ihn jemals wieder.

Ich muß etwa zehn Jahre alt gewesen sein, als ich zu meiner Verwunderung erfuhr, daß in den Familien meiner Freundinnen die Väter nachts nicht schrien. Ich hatte das bis dahin für vollkommen normal gehalten.

Vielleicht waren es die Alpträume meines Vaters, die mich zu der Gewohnheit veranlaßt hatten, nachts im Schlaf aus dem Bett zu steigen und in der Wohnung herumzuwandern, bis mich jemand einfing und wieder ins Bett packte.

So erschien ich mehr als einmal im Salon, wenn sich dort noch Gäste aufhielten. Einige fanden das amüsierlich, mich im Nachthemd mit offenen Augen und doch schlafend herumgeistern zu sehen, andere wieder äußerten hinter der vorgehaltenen Hand die Meinung, daß diese Art von Verhalten doch aus dem Rahmen des Normalen fiele. Vielleicht sei ich ja mondsüchtig. Womöglich aber geriete ich der völlig verdrehten Tante Heilwig nach?

Anna pflegte denen dann den Vogel zu zeigen, hinter deren Rücken, versteht sich.

Mein Vater ging jedenfalls dazu über, mich mit weniger aufregenden Geschichten zu unterhalten, von Mäxchen Spickaal zum Beispiel, einer Berliner Type, die er eigens für mich erfunden hatte.

Vor allem sonntags morgens beglückte er mich mit immer neuen Episoden aus Mäxchens ziemlich ereignislosem Leben. Bei diesen Gelegenheiten hockte ich dann am Fußende seines Bettes.

An der Wand seines Schlafzimmers hing ein Bild, das bei mir immer ein leichtes Gruseln auslöste. Es stellte Christus mit der Dornenkrone dar, und je nach der Seite, von der man das Gesicht ansah, schlossen oder öffneten sich unendlich traurige Augen.

Irgendwann hatte Mäxchen Spickaal dann die Gnade, seinen Geist aufzugeben, ich selbst hatte ihm wohl, seiner überdrüssig, das Lebenslicht ausgeblasen. Seine an den Haaren herbeigezogenen Abenteuer konnten einfach nicht gegen all die spannenden Geschichten bestehen, die ich geboten bekam.

Die Hilde vertrug sich mit der Anna, und so gestattete ihr diese auch ab und zu das abendliche Vorlesen. Natürlich hatte ich eine Vorliebe für die Märchen der Gebrüder Grimm, die sich durch besondere Blutrünstigkeit auszeichneten. Und da gab es zum Glück eine reichliche Auswahl. Immer wieder entzückte mich das schreckliche, aber wohlverdiente Ende so mancher bösen Stiefmutter, die in einem mit Nägeln ausgeschlagenen Faß den Fluten eines reißenden Stromes entgegenrollte. Dagegen war nichts einzuwenden. »Schneewittchen« allerdings rangierte in meiner Wertschätzung ziemlich weit unten. Ich fand es eigentlich unbegreiflich, wie man gleich dreimal hintereinander auf die faulen Tricks der verkleideten Stiefmutter hereinfallen konnte, und war der Meinung, daß ihr mit dem vergifteten Apfel irgendwie recht geschah.

Über eine lange Zeitspanne hinweg blieb die Geschichte des Mädchens ohne Hände (in Annas Aussprache »das Mädchen hohne Ände«), die unumstrittene Nummer eins auf meiner Wunschliste. Ich hatte mir da eine Strategie zurechtgelegt, nach der es mir jedesmal glückte, die Stelle, an der dem Mädchen nun wirklich die Hände abgehackt wurden, zweimal vorlesen zu lassen. Und zwar täuschte ich genau im Moment der Hackaktion einen Hustenanfall vor und verlangte eine Wiederholung, bei der die Hilde dann meist in Schluchzen ausbrach. Später wuchsen dem Mädchen die Hände wunderbarerweise übrigens wieder an.

Eines Tages aber kam die Tante Gertrud zu Besuch, die Sozialfürsorgerin war und ihrer Ansicht nach etwas von Kinderpsychologie verstand. Sie war entsetzt über die Art der Literatur, die einem so kleinen, unendlich sensiblen Wesen wie mir da zugemutet wurde. Das wäre ja unvertretbar und müßte sofort abgestellt werden, bevor meine zarte Seele noch mehr Schaden nähme. Schließlich gäbe es doch die wunderschönen und feinsinnig erbaulichen Märchen von Hans Christian Andersen. Also verschwanden ungeachtet meines Protestgeschreis die Gebrüder Grimm vom Bücherregal, und der Däne nahm ihren Platz ein.

Zuerst war ich außer mir vor Wut und weigerte mich, die

»Prinzessin auf der Erbse« und dergleichen überhaupt anzuhören. Aber dann kam eine herrliche Überraschung, in Form der Geschichte vom Großen und Kleinen Klaus, die es an Blutrünstigkeit jederzeit mit dem handlosen Mädchen aufnehmen konnte. Die Art und Weise, mit der der Große Klaus seine Großmutter mittels gezielter Schläge mit einem Hackebeil vom Leben zum Tode beförderte, hatte was für sich, das nicht von der Hand zu weisen war. Auch in der »Schneekönigin« oder dem »Kleinen Mädchen mit den Schwefelhölzern« gab es Stellen, die der unverheirateten und daher kinderlosen Tante wohl entgangen waren. Das machte sich jetzt bemerkbar. Von uns jedenfalls sollte sie über ihren verhängnisvollen Irrtum nicht aufgeklärt werden. Die Hilde und die Anna schwiegen sich mit mir darüber aus.

Die Schlacht von Friedenau

Nach wie vor verbrachte ich den größten Teil meines Lebens auf dem Schoß oder dem Arm der Anna. Kaum daß ich in der Küche war, die ich sowieso höchst selten verließ, raffte sie mich vom Boden auf und erklärte, ich müsse unbedingt etwas essen. Allerdings war es mir verwehrt, mich mit Leinöl und Quark anzufreunden, mochten diese den Spreewälder auch noch so stark machen. Am liebsten aß ich die unvergleichlichen Brotkanten, von der Anna über dem Daumen abgeschnitten, mit Gänseschmalz und Grieben. Oder Hefeklöße, die sie auf Vorrat herstellte, weil sie genau wie Kartoffelpuffer am zweiten oder dritten Tage ihrer maßgeblichen Meinung nach noch viel besser schmeckten.

»Hiß nur tichtich, Goldchen, wer nich hißt, der wächst hauch nich!« Am Essen kann es mit Sicherheit nicht gelegen haben, daß ich nur ganz langsam wuchs. Haare immerhin hatte ich ja nun, aber leider etwas dürftige. Meine wundervoll goldgelockte Mutter mit dem leichten Silberblick strich mir mitunter über den Kopf, und unüberhörbares Bedauern schwang in ihrer Stimme mit, wenn sie dann sagte: »Schade, mein Kind, du hast die schlichten Haare deiner Großmutter.«

Was sie genau damit meinte, verstand ich zwar nicht, aber es verhieß nichts Gutes, weil es zu sehr wie »schlecht« klang.

Womit ich nicht unrecht hatte. Später ließ sie mich immer wieder wissen, daß ich aller Voraussicht nach bei weitem nicht so schön werden würde wie sie. Ein Stich, der jedesmal schmerzte. Und was meine abfallenden Schultern anbetraf, da sollte ich mir doch mal gefälligst an meiner Cousine Gerlinde ein Beispiel nehmen. Bei der mache es ja richtig Spaß, hübsche Kleider zu kaufen. Aber bei mir?

Die Garderobe bekam ich – sozusagen als Quittung für mein mangelhaftes Äußeres – von der kleinen, ältlichen, etwas verwachsenen Philomena geschneidert, die, wie die Anna etwas verächtlich bemerkte, zu allem Überfluß auch noch katholisch war. Kein Wunder, denn sie stammte aus Polen. Zweimal im Jahr kam sie aus Potsdam angereist, um eine volle Woche zu flicken und zu stopfen, was im Laufe der Zeit so alles angefallen war. Leider war sie auch gehalten, meine Gewänder zu »kreieren«. Genug alte Klamotten hatten sich jeweils angesammelt, aus denen man noch »Kledage« für mich machen konnte. Meine Proteste gegen den grauenhaften Geschmack der Schneiderin verhallten ungehört. Ein Kind trug, was man ihm anzog, und zwar ohne zu murren. Furchtbar einfach, wurde gemacht! Arme Kinder wären froh.

Wenn es nach mir gegangen wäre, so hätte ich mit Freuden und ohne Zögern meine gesamte »Garderobe« sämtlichen armen Kindern geschenkt. Befremdlicherweise war aber keines von ihnen von dem Wunsch beseelt, mich deswegen zu kontaktieren.

Im Gegensatz zu mir war es der Anna vergönnt, »modisch« für Furore zu sorgen, indem sie kurz nach dem Umzug nach

Berlin ihre gesamten Hauben für werktags wie sonntags in große Schachteln packte und auf dem Hängeboden neben ihrem Schließkorb verstaute. Meine Eltern waren zunächst sprachlos, bekamen aber immerhin auf ihre fragenden Blicke hin die Antwort: »Die Leute starren 'ier himmer so!« Gegenteiliges Zureden nützte nichts.

Die Anna saß am längeren Hebel. Nicht nur, was die Hauben anging. Sie wußte um die Zauberwirkung der fürchterlichen Worte, die da lauteten: »Dann kindige hich!«

Ihre Unentbehrlichkeit wurde besonders offenkundig, als nach dem plötzlichen Weggang der Hilde ein Ersatz für diese eingestellt werden sollte. Hildes Mutter war ganz plötzlich verstorben, und man brauchte die älteste Tochter daheim, um die kleinen Geschwister zu versorgen. Das war ein herber Schlag, und die Hilde und ich weinten vor Verzweiflung um die Wette, bloß nützte es uns beiden herzlich wenig.

Was uns nun blühte, war eine Folge von Hausmädchen. Eine Grete kam und noch eine Grete, der eine Charlotte folgte. Die erste Grete wurde von plötzlichen Morgenübelkeiten heimgesucht, über deren Ursache die Anna eher Bescheid wußte als die Betroffene selbst. Die zweite Grete hatte einen Bräutigam, mit dem sie sich bei den Spaziergängen mit mir heimlich im Café traf. Auch die Schokolade, mit der man mich zu bestechen versuchte, hielt mich nicht vom Petzen ab. Deren Nachfolgerin Charlotte befiel das gleiche mysteriöse Leiden der Grete Nummer eins.

Das ging doch nicht mit rechten Dingen zu, spekulierten da bereits einige Mieter im Hause. Und man fing an, meinen Vater mit scheelen Blicken zu beargäugen. Sollte da etwa? Aber nein, so entschied man, doch nicht ein so durch und durch vornehmer Mann!

Diese Ansicht wurde von der Anna ohne jede Einschränkung geteilt.

Über dem 'Errn Baron hatte für sie höchstens noch Wilhelm der Zweite rangiert, zumindest bis dieser nach Holland ins Exil gegangen war.

Die Anna redete selbstverständlich die 'Errschaften nur in der dritten Person an. Eine direkte Anrede war für sie nicht vorstellbar. Titulierungen wie »Kaiserliche« oder »Königliche Hoheit«, »Euer Durchlaucht« und »Gnädigste Frau Gräfin« zergingen ihr förmlich auf der Zunge. Bürgerliche Zeitgenossen, die im Hause meiner Eltern absoluten Seltenheitswert besaßen, wurden hingegen von ihr mit kaum merklicher Herablassung per »Gnä' 'Err« oder »Gnä' Frau« angeredet, es sei denn, der Betreffende verfügte über den Titel »Exzellenz«, was den Makel der Bürgerlichkeit halbwegs wieder wettmachte. Aber doch nicht ganz!

Von der dritten Person ließ die Anna selbst in prekären Situationen nicht ab.

Zum Beispiel in jener Nacht mitten im Zweiten Weltkrieg, als die Bomben bereits fielen. Mein Vater hatte im zum Luftschutzkeller notdürftig umfunktionierten Keller des Dahlemer Hauses zu seinem Ärger bemerkt, daß er seine goldene Uhr im Schlafzimmer hatte liegenlassen. Um sie zu holen, versuchte er sich klammheimlich nach oben zu stehlen. Weit kam er allerdings nicht. Obwohl selbst halbtot vor Angst, einer zum äußersten gereizten Löwin ähnlicher denn je, die um ihr Junges kämpfte, warf sich die stahlhelmbewehrte Anna trotz des Gewichtes der drei vorsichtshalber übereinander gezogenen Röcke meinem Vater blitzschnell in den Weg und donnerte: »'Err Baron dirfen nicht – 'Err Baron kommen zu Schaden!«

Womit sich sein Plan von selbst erledigte. Eine solche Eskapade würde sich mein Vater fortan nie mehr erlauben.

Die ständigen Fliegerangriffe fand die Anna nicht nur »hibertrieben hund hunnötig«, sondern nahm sie auch ganz persönlich übel. Gegen Ende des vierten Kriegsjahres sah sie dann nicht mehr ein, warum ausgerechnet sie in der Reichshauptstadt darauf warten sollte, eine Bombe auf den Kopf zu bekommen.

Eines Nachts, die Sirenen hatten eben die Entwarnung verkündet, pfefferte sie den Stahlhelm in eine Ecke und schrie mit Stentorstimme, daß sie dies nun alles satt habe. Im Spreewald hätte sie schließlich ein »'Äuschen hund heinen Garten, und wer sollte denn da hiberaupt die Häpfel und die Birnen habnehmen? Der 'Itler vielleicht, hoder die Flieger? Die wirden sich 'iten!« Und auf die schwer herzkranke Marie, die nach dem Tode der Eltern zu allem Unglück noch für einen epileptischen Ehemann zu sorgen hatte, könne sie auch nicht zählen.

Auf alle diese Fragen wußten auch meine Eltern keine zufriedenstellenden Antworten.

Gleich am nächsten Morgen setzte die Anna ihren Vorsatz in die Tat um und zog mit dem, was sie tragen konnte, unter Hinterlassung des Schließkorbes, heim in ihr Dorf, wo man den am Spreewald gänzlich uninteressierten fliegenden Bösewichten aus sicherer Entfernung von unten mit der Faust drohen konnte.

Allerdings sollte der Abschied nicht von Ewigkeitsdauer sein. Denn kaum daß sie bei Kriegsende die einmarschierenden russischen Soldaten das Fürchten gelehrt hatte, erschien sie wieder bei »ihrer« Familie »zu Besuch«. Nur den innig geliebten und verehrten 'Errn Baron, den würde sie nicht wiedersehen.

»Dann gnade uns Gott«, hatte er einst gesagt, als man Hitler zum Reichskanzler wählte.

Für ihn hatte Gott keine Gnade vorgesehen.

Das Kriegsende hatte die Anna in ihrem Häuschen unversehrt überstanden, was wahrscheinlich nicht so ohne weiteres von denjenigen russischen Soldaten behauptet werden kann, die sich erdreisteten, ihr ungebetene Besuche abzustatten. Als die ersten Iwans sich gewaltsam Eingang bei ihr verschafften, um über ihre Vorräte herzufallen, hatte die Anna sie als Zielscheibe für ihre Einmachgläser benutzt und mit dem Nudelholz bedroht. Und dann war sie sogar mit der Mistforke den verdutzten Tartaren und Mongolen zu Leibe gerückt.

Noch ehe die auf so rabiate Weise Angegriffenen imstande waren, sich über diese wendische Ausgabe einer echten, aber reichlich ungastlichen Babuschka zu wundern, stellten beide Seiten erstaunt fest, daß man sich zumindest von der Sprache her schon mal ganz prächtig verstand.

Jedenfalls machten die Russkies von da an einen weiten Bogen um Annas Häuschen. Man war ja schließlich nicht lebensmüde.

Vorläufig aber wohnten die Anna und »ihre« Familie weiterhin in Friedenau, wo auf die Empfehlung der Tante Bertha hin eine gewisse Helene in die wieder einmal leergewordene Mädchenkammer neben der Küche einzog. Aus unerfindlichen Gründen war sie für mich vom ersten Tag an nur die »Helene mit de Semmelbeene«, und da diese aus dem Böhmerwald stammte, war sie der Anna von vornherein suspekt. Als eigentlicher Kardinalfehler erwies sich aber, daß man die Anna bei der Einstellung des Mädchens nicht konsultiert hatte. Und ein derart eklatanter Strategiefehler sollte sich bitter rächen.

Helene war der irrigen Meinung, daß die Herrschaften, die sie engagiert hatten, sie auch auf Dauer behalten würden. Die übergangene Anna jedoch ging zum totalen Krieg mit allen ihr zu Gebote stehenden Mitteln über.

Sie beschloß, einen Präzedenzfall zu schaffen. Und so kam es zu einem Drama besonderer Art, das sich in späteren Jahren, mit kleinen Varianten, noch einige Male, wenn auch in abgeschwächter Form, wiederholen sollte.

Die Katastrophe hatte sich langsam über mehrere Wochen hinweg angebahnt. Sichtbar wurde ihr Nahen durch die Unterlippe der täglich mürrischer werdenden Anna, die sich in einem geradezu beängstigendem Maße weiter und weiter nach außen kehrte.

Ein schweres Gewitter drohte sich zu entladen.

An dem Tage, da mit seinem Ausbruch zu rechnen war, hatte ich schon vorsichtshalber in Küchennähe herumgelungert, um mir dort im Falle, daß meine Rechnung aufging, ein Versteck zu sichern, von dem aus ich das Schauspiel würde beobachten können. Und richtig, nachdem ein mit unverhältnismäßiger Lautstärke geführter Streit akustisch von der Küche bis in ihren Salon vordrang, sah meine Mutter den Zeitpunkt für gekommen, einzuschreiten. Sie klappte den Klavierdeckel sehr nachdrücklich und vernehmlich zu.

Hoheitsvoll betrat sie den Thronsaal, Annas Küchenreich.

Der Vorhang hob sich über der Szene.

Die hellen Steppenaugen der Anna schossen bereits tödliche Blitze auf die Gegnerin ab, die sich unvorsichtigerweise noch zu schnippischen Bemerkungen hinreißen ließ. Und plötzlich stand nun meine Mutter in der Tür, die Verkörperung der Justitia, um dem Dienstbotengezänk kraft ihrer Autorität ein schnelles Ende zu setzen.

»Schließlich bin ich hier die Hausfrau«, begann sie, »und ich bitte mir aus . . .« Der Rest ging unbeachtet unter in der Schimpfkanonade der stimmgewaltigen Anna. Die Semmelbeinige schrumpfte zusehends, ihre Proteste wurden schwächer. Mit einer großartigen Geste der Rechten in Richtung der Gegnerin und dann wieder zurück zum eigenen Herzen unter dem empört wogenden Spreewaldbusen spielte die Anna ihren Trumpf aus: »Hentweder die hoder hich!«

Meine Mutter stand, wie vom Donner gerührt, und brachte keinen Ton mehr heraus.

»Hich kindige!«

Mit diesen Worten raffte die Anna mit einem kühnen Schwung den schweren Rock ihrer Tracht – leider war er zu kurz, um wirkungsvoll über dem Kopf zusammengeschlagen zu werden – und trampelte wie ein wütendes Nashorn aus der Küche. Laute Flüche in beiden Sprachen ausstoßend, strebte sie die Hintertreppe hinauf und dem Hängeboden zu, zerrte den Schließkorb die Stufen hinunter bis in ihr Zimmer. Der flog beinahe von allein. Und begann dort wahllos ihre Habseligkeiten hineinzuschleudern. Nicht zu viele wohlweislich, denn dann 'ätte sie ja hunnötige Harbeit mit dem Hauspacken gehabt.

Meiner Mutter fiel unterdessen in der Küche die undankbare Aufgabe zu, Helene davon zu überzeugen, daß sie überall besser aufgehoben sein würde als in der Nähe der zugegebenermaßen etwas diffizilen Kinderfrau. Nur, man könne diese eben leider, leider nicht entbehren. Eine Abfindung in Höhe eines weiteren Monatslohnes und ein glänzendes Zeugnis wären kein Problem bei einer sofortigen Trennung.

Anschließend verschanzte sich meine Mutter in ihrem Salon, wo man sie noch ziemlich lange und ein wenig zu laut mit hartem Anschlag Beethoven spielen hörte.

Immerhin war sie ja wohl die absolute und souveräne Herrin der Lage gewesen, die eine sehr heikle Situation mit Bravour gemeistert hatten. Wer wollte ihr das widerlegen? Alle Launen durfte man den Dienstboten ja nun wirklich nicht durchgehen lassen! So zumindest bekam mein Vater dann am Abend die Geschichte dargestellt.

Eine Weile noch war aus der Mädchenkammer dumpfes Geplärr zu vernehmen. Während dort die Verliererin der Schlacht von Friedenau nolens volens ans Packen ging, räumte die Anna genüßlich ihre Siebensachen wieder aus dem Korb. Auch die unsäglich scheußliche Holztafel mit Dürers betenden Händen, ein Geschenk meiner Großmutter, fand erneut ihren angestammten Platz über dem Bett. Der Korb wanderte auf den Boden zurück, und wir beide nahmen gemeinsam Besitz vom angestammten Küchenterrain.

Nach uns die Sintflut!

Mit einem Seufzer der Erleichterung kletterte ich, einen Hefekloß in der Hand, auf den mir zustehenden Schoß. Ein noch eben vernehmbares Schnaufen, ein letztes verebbendes Wogen des Busenkissens hinter mir kündeten von überstandener Gefahr.

»'Err Jeses, 'Err Jeses ... Hich sag' ja schon!«

Die Anna wischte sich mit einem Zipfel ihrer Schürze noch einmal über die Augen, ehe sie mir damit die Nase putzte, denn dazu war die Schürze ja schließlich da, wenn sie nicht gerade als Staubtuch oder Topflappen benötigt wurde.

Unsere kleine Welt war wieder in Ordnung.

Die Überraschungen reissen nicht ab

Auch wenn die Anna ihren ausgeprägten Hang zum Aberglauben gegebenenfalls energisch bestritt, so hatte sie mich doch ein wenig in dessen Geheimnisse eingeweiht. Also wußte ich, daß eine Überraschung zu erwarten stand, wenn einem die Handflächen oder die Nase juckten. Aber auch ohne diese Symptome hätte ich gemerkt, daß irgend etwas Mysteriöses im Busch war.

Das fing damit an, daß meine Mutter mitten am Tage sich des öfteren auf das Sofa legte. Weh schien ihr nichts zu tun. Im Gegenteil, sie war vergnügt, wurde immer rundlicher und spielte auf dem Klavier kaum noch Beethoven, dafür aber Kinderlieder, die ich mochte. Aber das Gefühl, daß sie etwas im Schilde führte, wurde ich nicht los.

Was mich noch wunderte, war, daß man begonnen hatte, das Fremdenzimmer umzuräumen. Selbst der Korbwagen, in dem ich einst in Potsdam gelegen hatte, war vom Boden heruntergeschafft worden. Sollte denn etwa ein Baby zu Besuch kommen? Das hätte mir noch gefehlt! Aus der Anna war nichts herauszubekommen. Die sagte immer nur: »Wart's ab, Schäfchen, wirst schon herleben!«

Das Rätsel löste sich dann eines Morgens: Die Katze war aus dem Sack. Mein Vater war zu mir ans Bett gekommen, hatte sich ausgiebig und auf die ihm eigene Art geräuspert, um mir danach mitzuteilen, daß ich ein Brüderchen bekommen hätte. Der Storch hätte es gebracht.

Daß er bereits wieder weitergeflogen war, fand ich allerdings schade, denn er hätte mich sehr viel mehr interessiert als das Baby. Nett fand ich aber, daß der Meister Adebar mir eine riesenhafte Wundertüte dagelassen hatte, aus der oben als erstes ein großer Wolf aus Schokolade zum Vorschein kam. Das versöhnte mich etwas mit seinem überstürzten Aufbruch.

Das Brüderchen war von bedauernswerter Häßlichkeit, was aber außer mir niemand zu bemerken schien. Dazu war es noch quittegelb, denn es hatte die Gelbsucht. Seine kleinen Hände hatte man ihm verbunden, damit es sich sein Gesichtchen nicht aufkratzen konnte.

Alle waren sehr, sehr glücklich. Mein Vater strahlte ob des Stammhalters, und meine Mutter blickte triumphierend drein, weil die Schwiegermutter ihr nun keine böse Absicht mehr unterstellen konnte: Sie hatte endlich ihre Pflicht getan. Die Anna wiederum freute sich vor allem für meine Mutter: Nun hatte die doch endlich ein eigenes Baby, denn daß ich *ihr* Kind war, stand außer Frage. In einem Anfall von Großzügigkeit beschloß die Anna, das Brüderchen meiner Mutter zum alleinigen Gebrauch zu überlassen. Meine Stiefschwester war ja schon bereits dreizehn und befand sich im Internat.

Mit der Zeit nahm das Baby, Gott sei Dank, menschlichere Züge an und legte nach und nach seine Gewohnheit ab, wie am Spieß zu schreien.

Am denkwürdigen Tag der Haustaufe zog sich eine Schar betagter, schwarzgewandeter Ehrengäste ziemlich mühsam am Treppengeländer bis zum dritten Stock hinauf, immer wieder auf den Absätzen verschnaufend. (Daß die aber auch so hoch wohnen mußten – und dann kein Aufzug!) Getreu der Devise: »Nur nicht verwöhnen, das macht den Bengel nur eitel«, hatten sie ansonsten allesamt nicht viel zu schleppen.

Mit einer Ausnahme waren die Paten vollzählig erschienen. Meine Großmutter, deren Lächeln beim Anblick des zweiten Enkelkindes auffallend weniger frostig ausgefallen war als beim ersten, hielt Hof. Unmittelbar nach ihr rangierten in der Hackordnung die Potsdamer Tanten, die prinzipiell nur als Dreiergespann auftraten: Tilly, Milly und Lilly. Der ältesten, der fetten Tilly, war der Kamm vor Stolz geschwollen, denn man hatte sie als Patin erkoren. Ihr Dreifachkinn führte über dem hohen Spitzenstehkragen eine Art von wabbelndem Eigenleben. Und die blubbernde Sprechweise erinnerte mich an die Truthähne auf dem Gut des Großonkels in Marienwalde. Nur schade, daß man sie nicht schlachten konnte. Mochten auch meine Locken zu wünschen übrig lassen, an krausen Gedanken mangelte es mir nicht.

Im Kreise der Paten glänzte nur deren prominentester durch Abwesenheit. Im Geiste allerdings war er zugegen. Sein fürstliches Geschenk war auf dem Gabentisch unübersehbar plaziert worden: eine riesige silberne Platte, mit eingraviertem »W« und der Kaiserkrone.

Nur selbst erscheinen, das konnte er leider nicht, denn deutschen Boden wollte er erst dann wieder betreten, wenn man ihn einlud, auf dem ihm seiner Meinung nach immer noch zustehenden Thron Platz zu nehmen.

Wilhelm der Zweite von Hohenzollern, der letzte deutsche Kaiser von Gottes Gnaden, hatte von der Geburt des Brüderchens erfahren und sich spontan als Patenonkel angeboten. Diese Neuigkeit schlug ein wie ein Blitz, und das sollte sie auch. Das war ja eine ungeheure Ehre, und die gerührten und überraschten Gäste ließen »Unseren Kaiser« in absentia viele Male mit »Hurra« hochleben, wobei einigen von ihnen vor lauter Rührung die blanken Tränen in die Augen schossen. Die Dankbarkeit meiner Eltern aber fand ihren Ausdruck in der Tatsache, daß sie dem Brüderchen zu seinen vier Vornamen auch noch den des hohen Paten aufbürdeten.

Die zweite Überraschung an diesem festlichen Tage hatte mein Vater sich bis zum Schluß aufgehoben.

Nach dem letzten Hurra auf »Seine Majestät« teilte er der ehrfürchtig lauschenden Gesellschaft mit, daß ihm vom Haus Doorn ein sehr, sehr ehrenvolles Angebot unterbreitet worden sei. In Kürze werde er daher seine Stellung bei der Bank aufgeben, um als Verwalter der privaten Schatulle Seiner Majestät in dessen Dienste zu treten. Zu seinen Obliegenheiten würde es künftig gehören, sich zusammen mit General von Dommes und einem kleinen Stab von Berlin aus um alle diesbezüglichen Belange zu kümmern.

Daß dies im Klartext bedeutete, daß meinem Vater damit eines der größten Vermögen im Lande anvertraut werden würde, war allen Anwesenden natürlich sonnenklar. Zu dieser Zeit verfügte der Kaiser über fünfundfünzig Millionen Reichsmark. Und das war kein Pappenstiel.

Ursprünglich war zwar sein gesamter Besitz nach der Flucht ins Exil konfisziert worden, aber so nach und nach hatte man ihm seinen rund 250 000 Morgen umfassenden Grund und Boden wieder zugesprochen. Dazu gehörten an die sechzig Schlösser und Burgen, Bergwerke und Immobilien von unschätzbarem Wert. Überdies schickte man ihm siebenundfünfzig Güterwagen mit Kostbarkeiten aus dem Familienbesitz dann noch in sein Doorner Exil nach, Gold, Silber und Porzellan, Schmuck, Gemälde, Skulpturen, Uniformen und sogar Autos. Ein Rätsel blieb, wie und wo er das alles in seinem nicht sehr geräumigen Domizil unterbrachte. Doorn war ein stattliches, nahe Utrecht gelegenes Herrenhaus mit fünfzehn Zimmern, das mit diversen Nebengebäuden, einem Park und Wiesen in einem Areal von nur einem Hektar lag. Sein neuer Besitzer hatte es für über eine Million holländische Gulden erworben.

Bereits seit den Tagen als Adjutant des Reichskanzlers von Bethmann Hollweg hatte Wilhelm den weiteren Werdegang meines Vaters interessiert verfolgt. Mehrere Male in den Nachkriegsjahren hatte ihn Seine Majestät nach Doorn gebeten und in finanziellen Angelegenheiten um Rat gefragt. Und schließlich war Wilhelm der Zweite zu der Überzeugung gelangt, daß niemand für eine derartige Vertrauensstellung besser geeignet war als der Baron von Sell.

Mein Vater wiederum hatte mit der Zusage nicht lange gezögert. Seine Stellung bei der Bank wurde zwar angemessen honoriert, aber Bank war eben Bank, und Hof war Hof, Exil hin, Exil her.

In Kürze würde nun mein Vater in der sogenannten Orangerie, einem der Nebengebäude des Herrenhauses in Doorn, sein neues Domizil für die Tage seiner Aufenthalte vor Ort beziehen.

Wie ich doch kein Schlossfräulein wurde

Irgendwann lernte das Brüderchen krabbeln und dann laufen. Es war nun kein Baby mehr, sondern ein regelrechter Knirps. Jedesmal, wenn er mich sah, schien sein kleines Gesicht mit den dicken Hängebäckchen vor Freude wie Kuchenteig auseinanderzufließen.

Und wie das Leben so manchmal spielt, avancierten wir quasi über Nacht zu stolzen und vielbeneideten Besitzern eines Schrebergartens ganz in der Nähe unserer Wohnung.

Komplett mit Laube und Bollerwagen, den der vorige Pächter in den Himmel nicht mehr mitnehmen konnte.

Auf der Straße hatte meine Mutter beobachtet, wie ein klappriges altes Männlein sich vergebens mühte, seinen schwer mit Holz beladenen Leiterwagen über den Bordstein zu hieven, und war ihm zur Hilfe gekommen. Weil sie so nett zu ihm gewesen war, revanchierte er sich mit einem Tip, der goldwert war: eben wäre der Garten neben dem seinen frei geworden.

Herrliche Zeiten brachen für uns Kinder an. Wir brauchten uns nicht länger mehr über die Hundekacke auf dem öffentlichen Spielplatz zu ärgern, und auch das ewige Gezänk mit irgendwelchen Gören, die uns mit Dreck bewarfen, hatte ein Ende. Zwei himmlische Sommer lang erntete ich eimerweise Knallbeeren. Einträchtig verwandelten das Brüderchen und ich den Sandkasten in die schönste Eierpampe, in der wir uns wälzen durften, ohne geschimpft zu werden.

Dann platzte plötzlich mitten in unser Idyll eine ganz gewaltige Neuigkeit.

Kaum hatte mein Vater sein Amt als kaiserlicher Schatullenverwalter angetreten, bekam er eine fürstliche Wohnung angeboten. Sie lag im obersten Stockwerk des »Niederländischen Palais« an der Prachtstraße Unter den Linden. Im Erdgeschoß befand sich die Hohenzollernsche Generalverwaltung und damit auch das Büro meines Vaters. Das Niederländische Palais war ein richtiges Schloß und gehörte dem Kaiser.

Der Gedanke, in ein Schloß zu ziehen, behagte mir ungemein, denn ich wurde dadurch ohne Frage zum Schloßfräulein. Doch daraus wurde nichts. Meine Mutter hatte nämlich etwas andere Vorstellungen.

Die Hohenzollern benahmen sich doch jetzt schon so, als gehöre ihnen mein Vater. Wie sollte das erst werden, wenn er mit dem im Hause befindlichen Büro zu jeder Zeit erreichbar, also immer verfügbar war? Das kam für sie überhaupt nicht in Frage. Und ihre Kinder? Sollten die vielleicht in einer Steinwüste aufwachsen? Auf dem Großstadtasphalt das Rollern und Radeln lernen?

Da wußte sie wahrlich was Besseres. Mit dem ihr eigenen Überredungstalent wickelte sie das Familienoberhaupt regelrecht ein. Und als sie fertig war, hatte sie ihren Mann davon überzeugt, daß der Gedanke und Wunsch, nun endlich außerhalb der lauten Stadt in einem Vorort ein Häuschen zu beziehen, einzig und allein von ihm selbst stammte.

Wenn es ihm recht sei, dann könne sie ja schon mal beginnen, nach etwas Geeignetem Ausschau zu halten. Daß sie dies längst getan hatte und auch schon fündig geworden war, brauchte sie ihm ja nicht unbedingt auf die Nase zu binden.

Und so wurden eben keine Schloßkinder aus uns, sondern wir zogen hinaus nach Dahlem, in ein richtiges schönes, von wildem Wein beranktes Reihenhaus. Der Rotdorn wuchs einem beinahe zum Fenster herein, und im Garten blühten Flieder und Goldregen um die Wette.

Was die Umzugstage anbelangt, war es natürlich bedauerlich, daß die Marie nicht mehr verfügbar war, der man uns Kinder hätte anvertrauen können. Also schickte man meinen Bruder zu seiner Potsdamer Großmutter, worüber der Dicke kreuzunglücklich war.

Verheult kam er dann auch aus Potsdam zurück und berichtete, es habe Klapse gesetzt, weil er ins Bett gepinkelt hatte. Was nach der Meinung meiner Mutter bei einem Dreijährigen ja wohl mal vorkommen durfte. Sie nahm die Gelegenheit wahr, die Schwiegermutter über ihre Rechte, speziell die nicht vorhandenen, nachdrücklich und ein für alle Male aufzuklären.

Aber als Großmutter müsse ihr doch schließlich erlaubt sein ...

Nein! Großmütter seien zum Verwöhnen da!

Aber ihren Jungens hätte sie früher auch ...

Ob das nun klar sei? Ja?

Die alte Baronin war daraufhin wochenlang pikiert, womit meine Mutter allerdings ganz gut leben konnte.

Auf wundersame Weise war es gelungen, auch mich anderweitig unterzubringen, bei jemandem, der mich noch nie zu Gesicht bekommen hatte. Bei der mutigen Versuchsperson handelte es sich um die kinderlose Ehefrau eines ehemaligen Kriegskameraden meines Vaters. Sie wohnte in Lichterfelde und hatte ebenso ahnungslos wie spontan ihre Hilfe angeboten. Das war natürlich eine riskante Sache, denn eine lange bestehende Freundschaft stand auf dem Spiel. Aber die Zwangslage, in der man sich befand, ließ keine andere Wahl. Man konnte mich in den fraglichen Tagen ja schlecht in der Badewanne einzementieren.

So richtete meine Mutter nachdrückliche und strenge Warnungen gezielt an meine Adresse. Ta-del-los habe ich mich aufzuführen, höflich, nett und gefällig! Wenn da etwa Klagen kämen, könnte ich mich jetzt schon auf die Konsequenzen freuen.

Den vernünftigsten Rat gab mir die sehr skeptische Anna mit auf den Weg, nachdem sie mir erst mit dem Schürzenzipfel über den Mund und dann sich selbst verstohlen über die Augen gefahren war: »Laß dir von der bloß nichts gefallen, Sießes!«

Vorsichtshalber war ich vor meinem Ausflug noch einer gründlichen Inspektion unterzogen und anschließend entschärft worden. Konfisziert wurde das Taschenmesser, dessen Herkunft meiner Mutter un-er-klär-lich war, sowie der vom Schreibtisch meines Vaters gemopste Kopierstift. Als ich in mein Zetermordio auszubrechen im Begriff war, trat die »neue Tante« in die Tür. Ein letzter, drohender Blick meiner Mutter, und die Protestschreie blieben mir im Halse stecken.

Die Übergabe erfolgte ohne nennenswerte Zwischenfälle.

In zwei Punkten allerdings war ich unerbittlich geblieben. In ein Kleid hatte ich mich nicht zwängen lassen. Ich beharrte bockbeinig auf meiner vor Schmutz krachenden Lederhose. Und daß mir eine Taftschleife wie ein Propeller oben auf dem Kopf in die Haare gespießt wurde, war für mich natürlich auch nicht in Frage gekommen.

In der Folgezeit hatte dann meine werte Familie viel zuviel mit dem Umzug zu tun, um meinetwegen Blut und Wasser zu schwitzen. Pünktlich nach drei Tagen wurde ich von Tante Ibchen wieder abgeliefert. Was sie zu berichten wußte, entsprach so gar nicht den gehegten Befürchtungen: Ich hatte offenbar weder Möbel angesägt noch Löcher in Tischdecken geschnitten oder kostbare Tapeten mit Gemälden verziert. Ich hatte auch meinen »Zustand« nicht vorgeführt, nicht gekotzt oder mir in die Hose gepinkelt.

Statt dessen schwärmte sie allen etwas von einer Art Musterkind vor und wie toll doch alles gewesen sei, der Besuch im Zoo, der Besuch im Zirkus, und wie ich dann während der Pause in der Tierschau unter dem Elefanten durchgewitscht sei, nein, das war ja so drollig. Lieb, freundlich und zutraulich sei ich gewesen, dabei so originell und witzig.

Meine Eltern nebst der Anna blickten völlig perplex drein und fragten sich offenbar allen Ernstes, von welchem Kind da eigentlich die Rede war.

Bevor Tante Ibchen uns dann verließ, rang sie meiner Mutter das Versprechen ab, mich schon in allernächster Zukunft wieder nach Lichterfelde zu schicken. Das war die Krönung des Ganzen.

Ich wußte nur eines: Im Gegensatz zum Dicken hatte ich

das große Los gezogen – bei dem Programm und der netten Tante kein Wunder.

Bedingt durch den Wohnsitz Dahlem, fuhr mein Vater nun also sechsmal in der Woche morgens mit der U-Bahn bis hinein ins Zentrum der Großstadt, was länger dauerte, als ihm eigentlich lieb war. Das einzig Vergnügliche waren die in den Wagen angebrachten Reklametafeln, mit ständig wechselnden Sprüchen. Dafür hatte er ein ausgesprochenes Faible.

So nötig wie die Braut zur Trauung
ist Bullrich Salz für die Verdauung!

informierte eines der Schilder. Ein anderes:

Ja schon Lucullus wurde bitterböse
wenn nicht Olio Sasso war die Mayonnaise.

Am Abend holte ihn meine Mutter für gewöhnlich an dem strohgedeckten kleinen Bahnhof mit dem schönen Fachwerk ab, der einem Bauernhaus nachempfunden war. Gute zehn Minuten Fußmarsch, und man war zu Hause.

Vorbei ging es am alten Dorfanger mit dem Kriegerdenkmal. An der Nordseite der alten Dorfaue lag das Herrenhaus der Domäne, im Süden die Schenke zum »Alten Dorfkrug«, der nicht nur so hieß, sondern es auch war.

Die kleine, aus Feldsteinen errichtete Kirche von Sankt Annen hatte schon über siebenhundert Jahre auf dem Bukkel. Zerstörung durch Brand und Kriegseinwirkung im Dreißigjährigen wie im Siebenjährigen Krieg hatte ihr offenbar nicht viel anhaben können. Gesäumt von einer Feldsteinmauer der romantische Friedhof mit stattlichen Bäumen und den ehrwürdigen Gräbern, die von der langen Geschichte Dahlems Zeugnis ablegten.

Kirche und Friedhof bildeten für die Anna den Hauptanziehungspunkt schlechthin. Sie schwelgte förmlich in Hochzeiten und Beerdigungen, zumal kein Weg daran vorbeiführte, wenn sie zum Markt ging. Gegenüber der Kirche, wo die Königin-Luise-Straße sich mit der Thielallee kreuzt, hatte man zwei Jahre zuvor ein neues Gemeindehaus errichtet.

Davor stand eine Statue von Johannes dem Teufel. So hatte jedenfalls ich den Namen verstanden.

Meine Eltern bogen hinter dem Friedhof dann rechts ein und überquerten den mit Linden bepflanzten Platz. Der trug den sprechenden Namen »Im Gehege« was auch für das dortige Gertraudenlyceum paßte. Weithin sichtbar war der Turm des nahe gelegenen Arndt-Gymnasiums. Was den Schulweg anbetraf, würden die Kinder es einmal sehr bequem haben. Mein Vater war, alles in allem, mit Dahlem sehr zufrieden. Und mit sich selbst, denn hier hinaus zu ziehen war seiner grandiosen Eingebung zu verdanken.

Was unserem äußerlich bescheidenem Reihenhaus, Am Hirschsprung, von außen nicht anzusehen war: es war sehr geräumig. Unten befanden sich der Salon meiner Mutter und das Eßzimmer sowie die Küche. Im ersten Stock hatte mein Vater sich sein Herrenzimmer eingerichtet, für das unten kein Platz war. Von den drei Schlafzimmern auf der Etage hatte man dem Dicken und mir das größte gegeben, es besaß einen Balkon, der zum Garten hinausging. Ganz oben gab es noch vier Mansarden und einen Hängeboden.

Wie schon in Friedenau blickten von den Wänden des Eßzimmers die Urgroßeltern – in Öl verewigt – aus ovalen Goldrahmen herab. Besonders eindrucksvoll der väterliche Urgroßpapa, der Vater des Mannchens. In voller Uniform, mit glänzenden Ordenssternen geschmückt und einem achtunggebietenden Schnauzbart sah er martialisch genug aus. Zu seiner Rechten mit kalten Augen die zweite Gattin, Charlotte von Hochstetter. Man wurde das Gefühl nicht los, daß das Mannchen und sein älterer Bruder Friedrich Franz bei ihrer Stiefmutter nicht sehr viel zu lachen gehabt hatten.

Im Treppenhaus wurden neben den Riedingers in ihren breiten Mahagonirahmen die Jagdtrophäen meines Vaters gespießt. Geweihe von Rot- und Damwild sowie Bocksgehörne mit den gräßlichen weißgebleichten Schädelteilen. Die brachte mein Vater von seinen Jagdausflügen, die er stets allein unternahm, mit nach Hause. Entweder aus Schwedt an der Oder oder auch aus dem ostpreußischen Rominten. Der Ausgang dieser Unternehmungen bestimmte jeweils mehr oder weniger seine Laune in den kommenden Monaten.

Das neue Domizil hatte im Prinzip auch Annas volle Zustimmung gefunden. Wenn nur nicht die vielen Treppen gewesen wären! Dreimaliges Klingeln galt dem Hausmädchen, mit sechsmaligem war sie gemeint, und dann hieß es, haste was kannste, die Treppe hochzujagen – glaubte die nerfeese Frau Baron' etwa, sie könnte fliegen? »'Err Jeses nee nich noch mal! Hich sag' ja schon!«

Die Küche war in Ordnung, wenn ihr Fenster auch leider zum Garten zeigte. Da entging ihr natürlich vieles von dem, was sich auf der Straße tat. Das mußte sie dann auf ihrem täglichen Gang zum Kaufmann an der Ecke der Königin-Luise-Straße versuchen nachzuholen. Oder auf dem Markt, der zweimal in der Woche in Dahlem-Dorf stattfand.

Der Kolonialwarenladen Im Gehege wurde von Frau Stemmler betrieben. Und von ihrem Mann. Der hieß aber zu meiner Verwunderung nicht Herr Stemmler, sondern Herr Bratke. Über derart schleierhafte Zusammenhänge wurde ich jedoch erst zu einem späteren Zeitpunkt aufgeklärt.

Die Domäne Dahlem lieferte ihre eigenen Produkte direkt ins Haus: Eier, Butter und die frische Milch. Der Milchwagen kam jeden Tag in gemächlichem Tempo, von einem dicken braunen Pferd gezogen, das seine Haltestellen schon auswendig kannte, bis vor die Tür gezuckelt. Schon von weitem hörte man die Glocke, die der Kutscher hoch oben auf dem Bock schwang. Dann öffneten sich wie auf Kommando alle Haustüren, und die Köchinnen oder andere dienstbare Geister nahmen die willkommene Gelegenheit zu einem Schwatz wahr, während der Milchmann die Kannen und Töpfe füllte, Butter einpackte und Eier abzählte. Auf dem Wagen gab es hinten einen Sitz, da konnten wir Kinder mit List und Tücke die ganze Strecke mitfahren. Dem phlegmatischen Pferd war das ganz egal, aber der Fahrer sah das nicht gern und drohte uns mit seiner langen Peitsche. Kriegen tat er uns deswegen noch lange nicht.

Im Sommer fuhr einmal in der Woche der Eiswagen vor und lieferte in langen tropfenden Stangen Eis für den hölzernen Kühlkasten an.

Mit einem Fahrrad nebst einer auf den Anhänger montierten Kiste machte der Drogist, Herr Orlowski, seine Aufwartung. Artig stand er in seinem weißen Mantel vor der Tür und nahm in militärisch strammer Haltung die Bestellungen entgegen. Schließlich war er alter Stahlhelmer und wußte, was sich gehörte. Mit der Annahme, mein Vater sei auch Angehöriger dieses Bundes der Frontsoldaten, befand er sich aber gehörig auf dem Holzweg. Vom Stahlhelm hielt dieser nun wirklich nichts. Meiner Mutter begegnete der Herr Orlowski selbstverständlich mit höchstem Respekt. Auch dann, wenn er, etwas verlegen, diskret die Gretchenfrage stellte: »Frau Baron', darf's noch 'ne Rolle sein?« Denn es handelte sich dabei eigentlich um einen irgendwie unaussprechlichen Gegenstand. Jedenfalls für eine Dame von Adel.

Später kam er motorisiert; er hatte sich eine dreirädrige Hitsche zusammengespart, auf die er unendlich stolz war.

Seinen Urlaub verbrachte er gern mit Frauchen in den bayerischen Alpen, aber dahin fuhr er natürlich nicht mit der Hitsche, sondern mit der Eisenbahn. Da wurden dann, fachmännisch mit Staffelei, Pinsel und Ölfarben, ganz naturgetreu »die Berje abjemalen«. Watzmann und Zugspitze befanden sich ebenso unter seinen Opfern wie der wunderschöne und romantische, aber leider bereits zu Tode gemalte Königsee. Sorgsam zusammengerollt, wurden die Kunstwerke dann nach Hause transportiert und nur einigen wenigen Bevorzugten gezeigt. Zu denen gehörten wir.

Einmal im Monat fuhr der Lumpensammler durch die Straßen und ließ ununterbrochen sein durchdringendes »Lumpen, Flaschen, Papier« hören. Auf dem offenen Pferdewagen türmte sich dann alles, was die Leute nicht mehr gebrauchen konnten. »Lumpen« klang bei ihm wie »Halumpen«, und da fühlte ich mich beim ersten Mal betroffen, denn ich hatte »Halunken« verstanden. Richtig zusammengezuckt war ich.

»Werter Herr Freifrau«

Zwei der vier Mansardenzimmer unseres Hauses dienten als Mädchenkammern, die anderen beiden waren für gelegentliche Gästeübernachtungen gedacht, doch hatte sich deren Existenz zu unserer aller Leidwesen wie ein Lauffeuer in der näheren und ferneren Verwandtschaft herumgesprochen. Die fiel nun in rascher Folge bei uns ein, machte Ferien in Dahlem und setzte oft wochenlang den Frieden des Hauses und die Laune der Anna aufs Spiel.

Mein Vater sollte noch oft Gelegenheit finden, verzweifelt die Hände zu ringen. »Deine Familie!« Diese Anklage war an die Adresse meiner Mutter gerichtet – denn nur ein Bruchteil der Eindringlinge kam auf das Konto seiner Sippe. Die hatte an sich gehalten und war eben nicht so unanständig fruchtbar gewesen.

»Mischpoke« nannte die Anna sie allesamt. In extremen Fällen setzte sie dann noch leise »verfluchtige!« dazu.

Die Großmutter, eigentlich niemals mit besonderem Enthusiasmus erwartet, stand in regelmäßigen Abständen, die schwarze Dohle an den dürftigen Dutt gespießt, als personifizierte Demut in Begleitung der Martha vor der Tür. Ihre bloße Gegenwart wirkte dennoch irgendwie anklagend, man begann sofort, sich schuldig zu führen. Die Martha war ihre in langen Dienstjahren ergraute Haushälterin; sie wurde von ihr als »Machta, meine treue Magd« bezeichnet und sollte der Anna zur Hand gehen. Ihr unverfälschtes Chemnitzer Sächsisch blieb ein Born der Freude für uns Kinder. »Wasdn' da zu gichern gäbe? Wadn' da so gomisch wäre?« Ihrer Meinung nach gab es weder dabei noch generell im Leben auch nur das geringste zu lachen.

Während ihres Aufenthaltes im »Kinderhaus« verbrachte die Großmutter mehr Zeit am Flügel, als der Atmosphäre im Hause zuträglich war. Zwar traktierte sie unsere Ohren weniger hart mit Beethoven als meine Mutter, dafür gab sie Brahms und Grieg den Vorzug. Sobald mein Vater das Haus betrat, hörte sie schlagartig auf zu spielen. Sie wußte, daß ihm ihre Art »nachzuklappen«, wie er es nannte, schwer auf die Nerven ging. Gleiches galt für ihren reichlichen Gebrauch der Pedale.

Zu Hause in Potsdam, da spielte sie immer mit Fräulein von Schmieterlöh vierhändig. Am Tage des Herrn, nach der Kirche! Und die monierte weder Nachklappen noch Pedale. Das hätte ihr als der unverheiratet Gebliebenen, deren Krone zudem zwei Zacken weniger als die eigene aufwies, auch kaum angestanden.

In der Potsdamer Adelsgesellschaft galt »die alte Baronin«, wie man sie nach der Heirat des Sohnes mit der »jungen Baronin« allgemein nannte, als ungemein fromm. Mein Vater bezeichnete sie schlicht als bigott. Jeden Sonntagvormittag ging sie mit ihren schlappenden Schuhen in die Heiliggeistkirche. Dem Pastor fehlte richtig etwas, wenn er ihren schwarzen flachen Schüsselhut nicht links in der dritten Reihe sah. Ihr Hang, ihm nach dem Gottesdienst ganz merkwürdige theologische Fragen zu stellen, war allerdings lästig, und so war er darauf bedacht, recht schnell aus der Sakristei zu entwischen.

Ausgerechnet jedesmal dann, wenn ich meine Großmutter besuchte, setzte sie eine hausgemachte Andacht an. Das war so ungefähr das Fürchterlichste, was sie mir antun konnte. Das Gesicht in fromme Falten gelegt, rief sie die Martha ins Wohnzimmer und lud sie ein, mit uns im Angesicht Gottes Platz zu nehmen. Denn im Gegensatz zu ihr kannte der ja keine Standesunterschiede.

Was folgte, war eine endlose Verzapfung von Bibelversen, der wir beiden wehrlos zum Opfer fielen. Zwischendurch wurde ausgiebig und langatmig gebetet, wobei meine Großmutter die Augen schloß. Der Ausdruck penetranter Unterwürfigkeit auf ihrem Gesicht vertiefte sich. Damit aber ließ sie es noch lange nicht bewenden. Sie bestand auf dem Absingen mindestens zweier Choräle mit *allen* Strophen.

Ich solle nur tüchtig mitsingen, dann freue sich der liebe Gott, und ich wolle doch sicher, daß er sich über den Gesang eines reinen Kindes freue? Ich dachte aber gar nicht daran, ihr oder dem lieben Gott den Gefallen zu tun, und wand mich wie ein Wurm vor Verlegenheit, weil ich mich so für sie genierte, wenn sie am Flügel saß und, sich selbst begleitend, mit hochsitzender Fistelstimme solo nachklappte. Das klang nun wirklich wie das Klagen einer Katze, der man intensiv auf den Schwanz getreten hatte.

Die Martha glotzte während dieser ganzen qualvollen Prozedur nur stumm und teilnahmslos in eine Ecke – die kannte ihre Pappenheimerin schon länger als ich, und zum Mitsingen war auch sie unter keinen Umständen zu bewegen. Darin fühlte ich mich absolut solidarisch mit ihr.

Hinter dem Dahlemer Haus lag ein schön eingewachsener Garten mit Obstbäumen, einer Schaukel für mich, einem Sandkasten für den Dicken und einer Wippe für uns beide. Die eigentliche Attraktion aber befand sich hinter der Gartenmauer: der Wirtschaftsgang. Von jedem der Gärten des gesamten Häuserblocks zweigten Türen zu ihm ab, weil dort die Müllkästen standen. Dieser Gang war ein Kinderparadies ganz eigener Art und Tummelplatz so ziemlich aller unter sechzehn. Vor allem die Müllkästen hatten es uns angetan. Ein Schwung Zeitungspapier und Streichhölzer genügten, um den übelriechenden Inhalt der Blechtonnen in Brand zu stecken. Was natürlich streng verboten war. Auch zum Versteckspielen waren die Dinger famos geeignet, vorausgesetzt, sie waren nicht ganz voll. Einmal allerdings hätte ich beinahe Pech gehabt. Ich war in einen der Müllkästen gekrochen und hatte den Deckel über mir zugeklappt, als plötzlich die Müllabfuhr erschien. Zügig und zielsicher schleppten mich zwei kräftige Kerle mit Lederschürzen bis zum Müllwagen, als das Geschrei des Dicken sie im letzten Moment am Auskippen hinderte. Lachen mußten sie dann aber doch.

Bei mir daheim zeigte man sich weniger amüsiert, denn mein »Gefängnis« hatte ich mit einer reichlichen Menge von Fischabfällen geteilt.

Ein Garten wie der unsere bedurfte natürlich ab und an gründlicher Pflege. Auf der Straße war meine Mutter seinerzeit an den Schrebergarten in Friedenau gekommen, und auf der Straße las sie nun einen Hilfsgärtner auf, einen Mann, der angeblich alles konnte. Eigentlich war es mehr ein Männchen mit einem käseweißen Gesicht, Blumenkohlohren und dem schlichten Namen Krause.

Auf der Straße habe er sie sozusagen angebettelt, der arme Mann, gab sie später zu. Sie hatte nun mal eben eine stark sozial geprägte Ader.

Bei uns Kindern führte sich der kahlgeschorene Krause erst mal gleich sehr gut ein, indem er ein Zelt für uns im Garten aufbaute. Stets in eine Art von blauem Sträflingskittel gekleidet, harkte er fortan die Kieswege, rupfte das Unkraut, zimmerte einen Unterstand für die Gartengeräte und machte sich überall nützlich. Nur die Anna mißtraute ihm gründlich! Der Gartenzwerg machte sich so unentbehrlich, daß meine Mutter ihm in einem Anfall von Leichtsinn für die Dauer unserer Abwesenheit während der Sommerferien die Schlüssel für Haus und Garten anvertraute. Nach der Rückkehr kamen uns die Zimmer irgendwie kahl vor.

Das meiste, was fehlte, stellte die Kripo dann in Herrn Krauses Bude sicher, die vor allem dank unserer Brücken und des Familiensilbers geschmackvoll und äußerst wohnlich gewirkt haben soll. Leider konnte er den Luxus hinter schwedischen Gardinen, wo er mit den Wärtern ein offenbar nicht unerwartetes Wiedersehen feierte, nicht mehr so richtig genießen.

Von einer einzigen schlechten Erfahrung dürfe man sich nicht entmutigen lassen, beharrte meine Mutter. Und so nahm bald darauf Otto Winkler den verwaisten Platz von Herrn Krause ein. Den hatte sie an einer Bushaltestelle aufgegabelt. Er blickte unendlich treuherzig drein, und an ihm war nun wirklich nichts auszusetzen. Leider stotterte er furchtbar und mußte jeden Satz mit einem mehrfachen Wiederholen der beiden Wörter »also eben« beginnen, um ihn einigermaßen verständlich zu Ende führen zu können. Diese gewaltige Ouvertüre stand bisweilen in einem krassen Mißverhältnis zu dem, was dann letztendlich rüberkam, etwa bei einem schlichten »Ja« oder einem »Nein«. In Haus und Garten verbrachte er jedoch auch stotternd wahre Wunder.

Durch die Vermittlung meiner Tante Gertrud, die seinerzeit an der Abschaffung der Grimmschen Märchen für mich maßgeblich beteiligt war, war meine Mutter obendrein an die Adresse der Familie eines Arbeitslosen mit dem klangvollen Namen Zappke im Arbeiterviertel Wedding geraten. Denen wollte sie nun tatkräftig Hilfe leisten. Der Mann, ein Altkommunist, lag mit einer offenen Lungentuberkulose in der elenden Kellerwohnung, die aus Stube und Küche bestand. Mit ihm hauste dort Frau Zappke und eine Kinderschar, die sich trotz oder wegen der Krankheit des Vaters jährlich um ein Haupt vermehrte. Sie schliefen buchstäblich über- und untereinander.

Von ihrem vierzehnten Lebensjahr an nahm die älteste Tochter Hildchen mit ihrer Mutter ein Kopf-an-Kopf-Rennen im Kinderkriegen auf. Über die jeweilige Vaterschaft war dann nur noch zu spekulieren.

Die beschwerliche Reise in den Wedding unternahm meine Mutter mit der U-Bahn und schleppte in großen Koffern alles, was sie unter Nachbarn und Freunden hatte auftreiben können, zu Zappkes. Kleider, Konserven, auch Geldspenden waren darunter. Als die Nazis kamen und goldene Berge versprachen, falls die Familie sich der »Bewegung« anschlösse, da schrie Anna Zappke den SA-Mann an: »Ick brauche keene Winterhilfe! Zu mir kommt de Freifrau!«

Zu Weihnachten kam dann per Post ein selbstgekrakelter Dankesbrief an die ganze Familie ihrer Wohltäterin mit der fabelhaften Anrede: »Werte Frau Freifrau – Werter Herr Freifrau!«

Mit uns zur gleichen Zeit war in Dahlem als neues Hausmädchen die Eva aus Pommern eingezogen. Sie erwies sich als absoluter Volltreffer und hatte Kinder für ihr Leben gern. Sogar mich. Der Dicke war in Evas Augen unwiderstehlich, und wenn sie sich unbeobachtet fühlte, griff sie sich den Kleinen und knutschte ihn nach allen Regeln der Kunst ab. Oft standen dann Tränen in ihren Augen.

Denn, was außer der Anna niemand wußte, und die hatte es ihr auf den Kopf zugesagt: Die Eva hatte im pommerschen Dorf ein Baby bei den Eltern zurückgelassen, nach dem sie sich krank sehnte. Aber auch für sie galten die gleichen ehernen Regeln wie für die Spreewälderinnen. Sie mußte in Stellung gehen, ob sie wollte oder nicht, denn der Kindesvater konnte sie nicht ehelichen, weil er schon verheiratet war.

Falls ich jemals auf den Dicken wegen seiner Kronprinzen-Rolle, die er innerhalb der Familie spielte, kindlich eifersüchtig gewesen sein sollte, so trug sich eines Tages etwas zu, was diesen Anwandlungen ein sofortiges Ende gesetzt hätte.

Auf dem Schoß meiner Mutter saß das Brüderchen, den weichen blonden Pagenkopf an ihre Brust gelehnt. Darüber hinweg strich sie mit der Hand und dem gleichen versonnenen Blick, wie seinerzeit bei mir, als sie die vernichtenden Worte raunte: »Du hast die schlichten Haare deiner Großmutter.« Nur der Text war diesmal ein anderer: »Mein garstiger kleiner Junge – den schönen Kopf deines Vaters hast du leider nicht.«

Das klang mir vertraut – den Ton kannte ich doch. Und nun begriff ich, daß der runde Kopf des Dicken in den Augen meiner Mutter ein mindestens ebenso schlimmer Makel war wie meine abstehenden Ohren, die abfallenden Schultern und die dürftigen Haare. Alles Unzulänglichkeiten, eigentlich doch unvereinbar mit der perfekten Schönheit der Eltern.

Von diesem Tage an behandelte ich meinen Bruder als das, was er war: mein Leidensgefährte, aus dem später sogar ein brauchbarer Spießgeselle wurde.

Wie man mit Speck angeblich Würmer fängt

An ein Ritual hatten wir Kinder uns gewöhnen müssen. Ein- bis zweimal im Monat hielt gegen Abend eine Droschke vor dem Haus, die unseren Vater entführte. Höflich wartete deren Chauffeur, bis sein Fahrgast mit dem kleinen eleganten Köfferchen die Treppe herunter gekommen war. Die Schirmmütze in der Hand, hielt er den Schlag auf. Der Vater winkte uns noch einmal zum Abschied zu. Wir wußten, daß er die ganze Nacht im Zug nach Holland verbringen würde, im Schlafwagen, um morgens frisch für den Kaiser zu sein.

Mit der Zeit hatte es sich eingebürgert, daß es immer der gleiche Taxifahrer war, der meinen Vater zur Bahn brachte.

Ein Dutzend Jahre später sollte eines Tages ein schwarzes Auto ganz langsam am Hause vorbeirollen, um an der nächsten Ecke zu halten. Die Gestapo legte nämlich keinen Wert darauf, daß die Nachbarn unbedingt Zeugen der Verhaftung des Mannes werden mußten, den sie da abholten und mitnahmen. Mein Vater ging aufrecht zwischen den beiden Männern in ihren langen Ledermänteln und stieg dann als erster in die Limousine ein.

Deren Fahrer drehte sich zu ihm um und flüsterte fast tonlos: »Herr Baron!« Dann stiegen die Schergen zu.

Die Zeiten, da er ihn mit seinem Taxi zum Lehrter Bahnhof kutschiert hatte, waren vorbei. Jetzt hieß es: Lehrter Straße 3 – und dort war das große Gefängnis.

Mein Vater war spätestens seit dem Ende des Krieges weder das, was man gemein unter einem überzeugten Monarchisten verstand, noch favorisierte er eine Wiedereinsetzung der Hohenzollern als regierende Dynastie. Aber irgendwo in seinem Herzen steckte eine tiefe Liebe zu dem einsamen Mann in Doorn, und er trug an der Bürde der Verantwortung, die er für seinen Herrn fühlte.

Dieser beschäftigte sich hauptsächlich mit zweierlei höchst intensiv.

Zunächst einmal mit dem Fällen und Zersägen von Bäumen. Zum Zeitpunkt der Einstellung meines Vaters als Schatullverwalter soll er ungefähr bei Stamm Nummer dreizehntausend angelangt gewesen sein. Das war mitnichten ein bösartiges Gerücht. Tatsache war aber auch, daß allmählich der natürlich gewachsene Vorrat für die Aktivitäten des kaiserlichen Holzfällers in seiner näheren und weiteren Umgebung sich dem Ende zuneigte. Rätselhaft blieb nur, warum sich niemand fand, der diesem sinnlosen Baumfrevel ein Ende setzte.

Auch, was Seine Majestät letztendlich mit dem Holz anfing, war nicht ganz zu ergründen. Fest steht nur, daß er von einem gewissen Zeitpunkt an, da die ganze Umgegend mit Kaminholz auf Jahrzehnte versorgt war, dazu überging, Baumscheiben mit seinem verschnörkelten »Wilhelm I. R.« zu verzieren und demjenigen zu verehren, der gerade in der Nähe war. Ob der nun Wert darauf legte oder nicht.

Nach dem fast völligen Kahlschlag des eigenen Parkes lamentierte er allerdings darüber, daß er nirgendwo mehr in Ruhe und ungesehen spazierengehen könne, weil man ihn von überall erspähe. Einen Zusammenhang von Ursache und Wirkung zu sehen gehörte offenbar nicht zu seinen Stärken.

Wer immer ihn besuchte, wurde morgens zum Holzsägen abkommandiert, ohne Rücksicht auf Rang, Namen und Alter des Gastes. Sich drücken ging nicht. Entschuldigungen stießen auf des Kaisers taube Ohren, da wurde er fuchsig.

Lediglich mein Vater erhielt einen Dispens. Das war aber allerdings auch das einzige Mal, daß seine Kopfverletzung doch für etwas gut war!

Die zweitliebste Beschäftigung des Hausherrn von Doorn bestand darin, sich unablässig auszumalen, wie schrecklich es seinem armen kaiserlosen Volk ohne ihn erging. Immer neue Pläne schmiedete er, die es ihm ermöglichen würden, auf dem ihm rechtmäßig zustehenden Thron wieder Platz zu nehmen. Schließlich und endlich war er ja Kaiser von Gottes und nicht von Volkes Gnaden. Vom Mitspracherecht des Volkes hielt er sowieso nichts, und mit Parlamentarismus solle man ihm bitte vom Leibe bleiben. Wo käme man denn da hin?

Meinem Vater fiel für die jeweiligen Zeiten seines Aufenthalts in Doorn die mühselige und höchst undankbare Aufgabe zu, den letzten deutschen Monarchen immer wieder aus seinen Phantasien in die rauhe Wirklichkeit zurückzuholen. Er wurde, wie es der Dichter Reinhold Schneider später in seinem Buch »Verhüllter Tag« ausdrücken sollte, zum treuesten, aber kritischsten Diener seines Herrn.

Der Kaiser und seine zweite Frau Hermine, die alle Welt mit »Majestät« anzureden hatte, führten in ihrem kleinen Scheinhofstaat eine Art Traumdasein voller unerfüllbarer Hoffnungen, natürlich nicht ohne die dazugehörigen Kabalen finsterster Art.

Kein noch so unrealistischer, ja geradezu an den Haaren herbeigezogener Plan, wieder an die Macht zu gelangen, den der labile Entthronte nicht in Erwägung gezogen hätte. Die Schranzen, mit denen er sich auch im Exil umgab, die ihm unablässig zum Munde redeten, waren für ihn genauso gefährlich wie die, denen er zu seiner Regierungszeit ein williges Ohr geliehen hatte.

Wenn auch, Gott sei Dank, nicht mehr so mächtig, als daß sie eine Weltkrise hätten auslösen können. So blieb ein Sturm immer nur ein Sturm im Wasserglas.

Keine der beiden mit Begeisterung betriebenen Tätigkeiten Seiner Majestät sollten jemals zu einem befriedigenden Ergebnis führen. Der Baumvorrat war eines Tages zu Ende, und »sein« Volk wollte ihn nicht mehr.

Das wollte jetzt einen ganz anderen, und den bekam es dann ja auch!

Kehrte mein Vater drei oder vier Tage später erschöpft, entmutigt und verärgert wieder nach Hause, schloß er sich meist mit meiner Mutter für eine ziemlich lange Weile in sein Zimmer ein. Wenn ich etwa heimlich mein Ohr an die Tür hielt, so hörte ich Wortfetzen, die ich nicht verstand: »Dann habe ich Kleist aber Bescheid gestoßen« ... »Ich sagte zur Kaiserin: ›Wenn Majestät das noch ein einziges Mal versuchen« ... »Raushaben wollen sie mich« ... »Es ist eine Schande« ... Und so weiter und so weiter.

Jedesmal, wenn er aus Doorn zurückkehrte, lauerten der Dicke und ich bereits am Fenster, bis endlich, endlich die Droschke vor der Tür hielt. Wir sahen zu, wie der Chauffeur mithalf, die Schätze aus dem fernen Holland ins Haus zu schleppen: im Frühjahr monströse Tulpensträuße in leuchtenden Farben, sonst Apfelsinen, Pampelmusen – nichts für Kinder! –, holländischen Kakao, Tee und Hopjes.

Aber das Kostbarste waren und blieben die »Kaiserbrote«, und die gehörten uns ganz allein. Englische kleine Sandwiches mit himmlischen und unerhört exotischen Belägen, zartem Hühnerfleisch, köstlichem Käse und rosa gebratenem Roastbeef. Die Kruste der schneeweißen Brotscheiben war sorgfältig entfernt worden, und wir aßen den von meinem Vater nie verzehrten Reiseproviant mit Ehrfurcht und kamen uns vor wie die Götter.

Der liebe gute Kaiser! Als ich noch klein war, stellte ich mir vor, wie er spät abends seinen Purpurmantel nebst Zepter und Krone abgelegt hatte, um sich in die Küche zum Koch zu begeben. Der war mir mit seiner hohen Mütze aus »Dornröschen« natürlich längst ein Begriff. Der Kaiser ließ es sich nicht nehmen, selbst darüber zu wachen, daß für *seinen* Baron der leckerste Proviant für die lange Reise nach Berlin hergerichtet wurde. Vielleicht legte er sogar selber mit Hand an? Aber das würde ich alles herausfinden, sobald ich schreiben gelernt hatte, und bestimmt würde sich der Kaiser über meine Post freuen.

Seit Ostern ging ich nun in die Schule. Gegen den erbitterten, aber zwecklosen Widerstand meiner Mutter hatte mich der Schularzt für ebenso schulreif wie gesund befunden. Sie hatte mich erst mit sieben Jahren schicken wollen, weil ich so klein und zart war. Schließlich hatte ich die Größe einer Vierjährigen, und mit der Gesundheit war es ja auch so eine Sache.

In der Tat war eines von uns beiden Kindern eigentlich immer krank oder wenigstens kränklich. Und dagegen kamen umschichtig Rhizinus oder Umschläge mit essigsaurer Tonerde zur Anwendung. Allenfalls noch Hustensaft. Auf jeden Fall wurde das Bett gehütet.

Außer den obligaten Kinderkrankheiten zeigten der Dicke und ich eine beängstigende Neigung zu Magenverstimmungen. Darüber, daß diese in direktem Zusammenhang mit der Tatsache standen, daß wir noch immer keinen elektrischen Kühlschrank besaßen, ging mir erst sehr viel später ein gewaltiges Licht auf. In den Augen der Anna gab es nämlich keine verdorbenen Lebensmittel. Wegwerfen war für sie in jedem Fall eine Sünde; Schimmel auf der Marmelade konnte man ohne weiteres unterrühren, anderes ließ sich mit einem schnellen Messerschnitt entfernen.

Da meine Mutter von studierten Ärzten und der Schulmedizin sehr wenig hielt, gab bei uns ein dubioser Gesundheitsapostel dem andern die Klinke in die Hand. Gemeinsam hatten sie, daß sie von Medizin nichts verstanden. Wohlweislich fanden deren Hausbesuche nur in Abwesenheit meines Vaters statt, denn der traute keinem dieser Quacksalber über den Weg.

Vor allem nicht seit der Geschichte mit der Wurmkur. Einer der obskuren »Naturheilkundigen« hatte die abenteuerliche Diagnose gestellt, daß der Grund allen Übels bei uns Kindern der sei, daß wir von Würmern befallen wären. Dagegen gäbe es allerdings ein sehr probates Mittel.

Am Abend im Bett sollte uns die Anna an einen Faden gebundene kleine Speckstücke in den Popo stecken. Auf Speck hätten die Würmer einen richtigen Heißhunger, die kämen dann gleich angestürzt. Und wenn man morgens den Faden wieder herauszog, wären wir mit einem Schlag alle Würmer los. Natürlich war die ganze schauerliche Prozedur für die Katz, schon aus dem einfachen Grunde, weil wir keine Würmer hatten. Irgendwie gelangte die Sache aber an die Ohren meines Vaters, und dem Quacksalber wurde prompt und sehr nachdrücklich das Haus verboten.

Ein ganz ernstes Gespräch mit meiner Mutter war fällig geworden. Überfällig – weil leider ziemlich erfolglos. Auf den nächsten »Heilpraktiker« würde sie doch wieder hereinfallen, und wir waren dann erneut wieder die armen Opfer.

Die Schule, die kam mir jetzt gerade recht zupaß, ganz im Gegensatz zum Dicken, der deswegen heulte, denn nun war er einen Teil des Tages sich selbst überlassen. Oder wurde in den Kindergarten geschickt, was für ihn noch schlimmer war.

Natürlich waren wir viel zu vornehm, als daß eine öffentliche »Volks«schule für mich auch nur zur Diskussion hätte stehen können. Diese Überzeugung wurde auch von der standesbewußten Anna von Herzen geteilt. Ihr Goldchen konnte ja womöglich Läuse, Milben und furchtbare Ausdrücke im Umgang mit Portierskindern aufschnappen.

Was blieb also anderes übrig, als selbst eine Schule aufzumachen? Ein gutes Dutzend Dahlemer Eltern engagierte für den eigenen elitären Nachwuchs einen qualifizierten und lizensierten Lehrer, der eigentlich gerade in den Ruhestand versetzt worden war. Aber je nun, die Pension des Herrn Mayer aus Steglitz war nicht eben üppig!

Das Klassenzimmer war insofern eine Kuriosität, als es sich mitten zwischen Kuh- und Schweineställen auf dem Gelände der Domäne Dahlem befand.

Dorthin gelangte man durch das Gutshoftor. Links lag das alte Milchhäuschen, das genau wie die Annenkirche und die Mauer des Friedhofs aus Feldsteinen erbaut worden war.

In einem Gebäude unbekannter vorheriger Nutzung, das gerade genug Platz für eine einzige Schulstube bot, brachte uns nun der altgediente Pädagoge mit dem mild-behäbigen Äußeren, den goldenen Kneifer auf der Nase, das ABC sowie das kleine und das große Einmaleins bei.

Und Schönschrift, natürlich Sütterlin, die wir auf der Tafel mit dem Griffel übten, der an einer Schnur hing und beim Schreiben so gräßlich quietschte, daß ich jedesmal eine Gänsehaut bekam.

Im Klassenschrank ruhte der Rohrstock. Nur ab und zu machte der Allerwerteste eines Schülers damit dezent Bekanntschaft, nachdem der Betreffende etwas umständlich über Herrn Mayers runde Knie drapiert worden war. Den Stock hielt er eher wie den Bogen eines Cellos, und die Schläge, die er sanft applizierte, taten überhaupt nicht weh. Worauf es dem Lehrer ankam, war der Abschreckungseffekt, der aus der demütigenden Haltung resultierte, die der Delinquent vor aller Augen einnahm. Und davon versprach der Erzieher sich wiederum eine gewisse heilsame Wirkung. Ein richtiges Zuschlagen hätte ihn mit den Eltern in Schwierigkeiten gebracht. Und das konnte er sich nicht leisten. So ein hervorragend leichter Posten würde ihm nie und nirgends wieder beschert werden. Außerdem hatte er ein viel zu weiches Herz.

In den Pausen strolchten wir, nicht unbedingt zur ungetrübten Freude des Gutshofpersonals, durch die Ställe und stellten soviel Unheil wie nur irgend möglich an. Dabei gingen mir die Brüder aus Schweden, Lars und Bengt Rothstein, mit leuchtendem Beispiel voran. Hühner fangen machte einen Mordsspaß; wir drehten sie so lange im Kreise herum, bis sie endlich völlig desorientiert und wie betrunken herumtorkelten. Doch dieses harmlose Spielchen verging mir nachhaltig beim Anblick eines soeben geschlachteten Huhnes, das ohne Kopf quer über den Hof direkt auf uns zurannte. Noch lange verfolgte mich dieses grauenhafte Schauspiel bis in meine Träume.

Hähnchen aß ich zwar für mein Leben gern, aber daß die mal gelebt hatten, das hatte ich mir bis dahin doch nicht klargemacht.

Neugeborene Kälbchen wurden bewundert, die man dann

nach einiger Zeit auf einem Lastwagen fortbrachte. Wohin denn? Ach, war die Antwort, da sollten wir uns mal keine Sorgen machen, die kämen jetzt in so eine Art von Ferienheim, um tüchtig zuzunehmen. Die Mütter muhten sich die Seele aus dem Leib, mir schien es, als weinten sie richtige dicke Tränen. Vor allem meine Lieblingskuh, die den Namen »Vanille« trug und ohne mich eigentlich gar nicht leben konnte, wie ich mir gern einbildete.

Bei den Schweinen sahen wir dann Dinge, die wir noch nicht hätten sehen sollen. Kein Wunder, daß die so hießen. Pfui Deibel noch mal!

Davon erzählten wir tunlichst zu Hause nichts. Nur im engsten Freundeskreis wurden ziemlich gewagte Spekulationen darüber angestellt, was die Schweine da miteinander so trieben.

Daß es allmählich Zeit für mich werde, den Kindergottesdienst zu besuchen, war eine »Drohung«, die bestand, seit wir nach Dahlem gezogen waren.

Seit neuestem war ich Mitglied der Zwergenmannschaft im »Berliner Hockeyclub« und riesig stolz darüber, auch wenn ich kaum groß genug war, um den Schläger zu handhaben. Die Spiele gegen andere Vereinsmannschaften wurden ausschließlich an Sonntagvormittagen ausgetragen, und daß dies meinem Vater wegen des gleichzeitig stattfindenden Kindergottesdienstes keineswegs recht war, schwante mir durchaus.

An einem Junisonntag, die Sonne lachte regelrecht vom Himmel, schickte ich mich daher auf Zehenspitzen an, in meinem rot-blauen Clubdreß das Haus unauffällig zu verlassen. Unser Gegner waren die »Zehlendorfer Wespen«, und ich sollte erstmalig probeweise als Torwart eingesetzt werden. Unter dem Arm trug ich den Schläger.

Plötzlich vernahm ich die Stimme meines Vaters: »Wooooo willst du denn hin?« Meine Antwort wartete er gar nicht erst ab, griff mich beim Schlafittchen und dirigierte mich mitleidslos in mein Zimmer zurück. »Du ziehst dich *sofort* um und gehst dann in den Kindergottesdienst!« Maulen und Zetern konnte ich mir sparen, und um mich wie leblos auf den Boden fallen zu lassen, war ich zu groß. Ich war ein Kind, und ein Kind hatte zu parieren. Furchtbar einfach war das!

Da stand ich nun als verhinderte Torsteherin und mußte es zulassen, von der Eva den Hockeydreß vom Leib gezogen zu bekommen. Leider wurde bei dieser Gelegenheit auch noch festgestellt, daß ich geradezu sagenhaft schmutzig war, und so landete ich unfahrplanmäßig in der Badewanne. Da glücklicherweise niemand verfügbar war, der mich hätte abschrubben können, bediente ich mich der von mir entwickelten und sehr wirkungsvollen Methode des »Sauberwerdens«. Ich ließ erst mich und dann die Seife in das warme Wasser gleiten. Dann rührte ich zwanzig Minuten lang keinen Finger. Als die Seife matschig und das Wasser schön trübe geworden war, stieg ich vorsichtig heraus und trocknete mich ab. Das Handtuch und ich hatten anschließend eines gemeinsam: Wir hatten beide die Farbe gewechselt.

Mein Vater selbst hatte es sich nicht nehmen lassen, mich der Gemeindetante an der Kirchenpforte abzuliefern, die mich sofort in eine Reihe anderer Kinder setzte. Zur Begrüßung steckte ich ihnen erst mal die Zunge heraus.

Den alten Pfarrer kannte ich bereits, und ihn mochte ich. Während des letzten Weihnachtsgottesdienstes hatte der Dicke plötzlich ganz ungeduldig und laut in die Stille gerufen: »Wann kommt denn das große Halleluja?« Alle hatten sich etwas konsterniert nach ihm umgedreht, aber der Pfarrer hatte gelacht. Das fand ich nett von ihm.

An diesem Sonntag nun stand er nicht allein am Altar. »Kinder, ich möchte euch euren neuen Pfarrer vorstellen«, eröffnete er uns und fuhr erklärend fort, daß er nun alt sei und sich in seinen wohlverdienten Ruhestand zurückziehen werde.

Der Neue, der irgendwie meinem Vater ähnlich sah, gefiel mir auf Anhieb. Er erzählte uns Kindern von sich, und daß er im Krieg Kommandant eines Unterseebootes gewesen sei, also ein richtiger Kapitän. Die Schilderung, wie es auf so einem U-Boot zuging, fand ich richtig spannend. Als er erwähnte, er habe sechs Kinder, ging ich erst mal davon aus, daß die wohl nicht für mich als Spielkameraden in Frage kämen. Bestimmt waren die unerträglich artig. Diese Annahme allerdings sollte sich ganz rasch als gewaltiger Irrtum entpuppen.

Die Vorstellungen der braunen Müllkutscherbrigade beginnen

An den kommenden Sonntagen besuchte ich mit ziemlicher Regelmäßigkeit den Kindergottesdienst in der Annenkirche. Anfänglich steckte Druck von daheim dahinter, doch das gab sich. So ungern ich das auch zugab, ich begann gern und immer öfter freiwillig dahin zu gehen. Der neue Pfarrer hatte es mir irgendwie angetan, und ehe ich es mich recht versah, schwärmte ich für ihn.

Und so ließ ich mich nun auch häufiger im Pfarrhaus sehen – um mit der dortigen Kinderschar herumzutoben, die man beim besten Willen nicht als brav und still bezeichnen konnte. Und bei so vielen kam es auf mich auch nicht mehr an. Drei von ihnen waren blond, drei dunkel wie der Vater, und alle besaßen sie ein Temperament, bei dem nichts anbrennen konnte.

Natürlich war es viel lustiger als bei uns daheim, aber dazu gehörte nicht sehr viel. Vor allem war es wahnsinnig laut. Vergebens flehte die völlig überforderte Mutter, die schon richtig weiße Haare wie meine Großmutter hatte, um etwas mehr Ruhe, ein bißchen Rücksicht. Bitte! Und wenn das alles nichts fruchtete, so kam es schon ab und zu vor, daß der Vater aus seinem Studierzimmer schoß und uns mit Donnerstimme furchtbare Prügel androhte. Er müsse sich schließlich auf seine Sonntagspredigt konzentrieren.

Darauf war alles mäuschenstill. Nach fünf Minuten aber brach der Krach von neuem los, denn Furcht vor dem Vater war der ganzen Kinderschar völlig unbekannt. Ob ich denn nicht wisse, daß bellende Hunde nicht beißen? An Prügel konnte sich jedenfalls beim besten Willen niemand erinnern.

Eine einzige wirkliche Respektsperson aber gab es im Hause, und beim bloßen Klang ihrer Stimme ging alles auf Zehenspitzen. Das war die Dora, die die Funktionen einer Kinderfrau, einer Köchin und der unentbehrlichen Vertrauten und Stütze der Hausfrau in sich vereinigte. Wenn die kleine Dora mit ihren rotblonden Wuschelhaaren durchs Haus fegte, wußte jedes Kind, daß es an der Zeit war, schleunigst auf Tauchstation zu gehen. Sie fackelte nämlich nicht lange, und dann lagen Katzenköpfe durchaus im Bereich des Möglichen.

Inzwischen wußte ich übrigens auch, wie der neue Pfarrer hieß: Martin Niemöller.

Und auch die Anna verband mittlerweile mit dem Namen eine gewisse Vorstellung. Wenn ich mal wieder furchtbar ungezogen war, was nicht eben selten vorkam, drohte sie, »halles dem Pastor Niemällär« zu erzählen. »Hund der kommt dann und wird dir!«

Was dann eigentlich genau passieren würde, teilte sie mir allerdings nicht mit. Er war eben so eine Art letzte Instanz für sie, wenn sie nicht mehr weiter wußte mit mir.

Meine Eltern waren inzwischen auf dem besten Wege, sich mit Martin und Else Niemöller mehr als nur nachbarlich anzufreunden. Da schien es auch außerhalb der kirchlichen Belange verbindende Gemeinsamkeiten zu geben, und die betrafen hauptsächlich die Entwicklung der politischen Lage.

Trotz mancher Meinungsverschiedenheiten war man sich

über einen Punkt einig: Die schweren Zeiten, die lagen keineswegs hinter uns. Die stünden uns noch bevor.

Womit man genau ins Schwarze getroffen hatte. Wie schwarz aber das Schwarze werden sollte, das konnte sich selbst der schwärzeste aller Schwarzseher, mein Vater, nicht bis in die letzte Konsequenz vorstellen. Jedenfalls noch nicht!

An einem sommerwarmen Pfingstsonntag hatte ich mit den Eltern in den Hauptgottesdienst gehen dürfen. Die Hauptattraktion an diesem Tage war der alte Pfarrer Wilhelm Niemöller aus Elberfeld, der Vater unseres Pastors, der an diesem Feiertag den Gottesdienst halten wollte.

Uns Kindern war zu Ohren gekommen, daß er ein künstliches Gebiß trug, welches angeblich die Eigenschaft besaß, gerade während der Predigt herauszufallen. Darauf setzten wir nun alle unsere glühenden Hoffnungen, und in entsprechender Hochstimmung begleitete ich am Sonntag meine Eltern in die Kirche.

Aus vollem Herzen sangen wir: »Geh aus, mein Herz, und suche Freud in dieser schönen Sommerszeit«.

Während der Predigt des rüstigen alten Herrn tat sich zu unserer Enttäuschung mit dessen Zähnen überhaupt nichts, dafür aber dröhnte von draußen ein furchtbarer Radau herein, der die Andacht störte. Der etwas schwerhörige Pastor ließ sich jedoch nicht aus dem Konzept bringen. Als der Gottesdienst zu Ende war, sahen wir uns auf der Cecilienallee, gleich an der Annenkirche, einem Menschenauflauf gegenüber.

Ein Unfall?

Das zwar nicht, aber da marschierten Uniformierte im Gleichschritt erst ein Stück vorwärts, links-zwei-drei-vier, dann auf Kommando, kehrt marsch, wieder zurück. Sie trugen braune Uniformen mit Schulterriemen und an den Beinen Knobelbecher, die besonders gut geeignet waren für die Trampelei, die sie da vollführten. Einer brüllte die Kommandos, dann grölten sie Lieder, die ich noch nie gehört hatte.

»... zog ein Regiment von Hitler
in ein kleines Städtchen ahahein ...«

Ob das vielleicht Soldaten wären, fragte ich meinen Vater.

Nein, belehrte er mich, Soldaten seien das nicht, sondern Angehörige einer sehr gefährlichen Schlägertruppe, die sich einer angeschafft habe, der bei den nächsten Wahlen gern Reichskanzler werden wolle. Ich wüßte doch, der Hitler. Aber gottlob würde da der gute alte und ehrwürdige Reichspräsident, der Sieger von Tannenberg, Paul von Hindenburg, auch noch ein Wörtchen mitzureden haben.

»... denn sie trugen ja zu Grabe
einen Hitlerkamerahahad ...«

Den Adolf Hitler, den würde der nicht an die Macht kommen lassen.

»Aber, wenn er nun doch?« bohrte ich weiter, zu ihm aufsehend.

»Dann, mein liebes Kind? Dann gnade uns Gott!« sagte mein Vater leise. Er war ganz blaß geworden.

Die Vorstellungen der Müllkutscherbrigade, wie meine Eltern sie nannten, auf dem Mittelstreifen der Cecilienallee wiederholten sich nun vorzugsweise am Sonntag und genau zur Zeit der Gottesdienste.

Eines Sonntags kam einer in seiner kackbraunen Uniform auf einem Fahrrad dahergefahren. Als dann genug Gaffer um ihn herumlungerten, stellte er sein Rad leicht schräg hin, lümmelte den Po gegen die Querstange, holte einen Zettel aus der Tasche und hielt eine furchtbar laute Rede. Auswendig konnte er sie nicht und spickte daher dauernd aufs Blatt. Ab und zu machte er auch mal eine Pause, um zu sehen, ob da nicht irgendeiner wäre, den er vielleicht richtig anschnauzen könnte.

Und weiter ging's im Text. Das Volk müsse sich erneuern. Mit beten und singen wäre das ja wohl nicht zu schaffen, setzte er mit giftigem Blick auf die Annenkirche hinzu. Da säße nämlich die Reaktion.

Und denen müsse man es nun zeigen.

Sieg Heil, und nun im Gleichschritt marsch! Das Kampflied des Führers: »Die Fahne hoch ...«

»Die Straße frei den braunen Bataillonen ...
Es schau'n auf's Hakenkreuz
voll Hoffnung schon Millionen«

kam darin vor.

Diese Entwicklung schien meinen Vater sehr zu bedrükken, und die Stimmung zu Hause wurde von Tag zu Tag düsterer.

Der Nikolaus, der der SA beitrat

Am 6. Dezember war bisher in jedem Jahr der Nikolaus erschienen. Am späten Nachmittag polterte er an die Tür, offenbar war er im Umgang mit Klingeln nicht so versiert. Den Dicken und mich hatte man dann schon so postiert, daß er uns gleich sehen mußte. Er wußte übrigens immer erstaunlich gut über meine Fehltritte des letzten Jahres Bescheid. Mit der Rute kam er zwar, sah aber allerdings von deren Gebrauch ab.

Zu irgendeinem Zeitpunkt muß ich wohl spitzbekommen haben, daß in der roten Kapuzenbekleidung samt Pappmachémaske und Rauschebart in Wirklichkeit der Onkel Putzi steckte. Und der war bei uns Kindern wegen seiner einfallslosen Späße nur mäßig beliebt.

In seinem persönlichen Leben hatte er wenig zu lachen, denn nach dem verlorenen Krieg war es ihm einfach nicht gelungen, mit seiner Frau, der Tochter Gerlinde und den beiden Söhnen auch nur auf einen halbwegs grünen Zweig zu kommen. Irgendwie hing das wohl mit dem Grade seiner Intelligenz zusammen. So kam ihm eines Tages die rettende Idee, in die SA einzutreten. Die ihn natürlich hochbeglückt und mit

Kußhand in ihre Reihen aufnahm. Alte Offiziere, dazu noch von Adel, die sah man sehr, sehr gern, die verliehen »der Bewegung« irgendwie Status. Da würde man sich später erkenntlich zeigen, später, wenn man an der Macht war! Volk ans Gewehr!

»Volk ans Gewehr!
Jroßmutter, komm her!«

lautete der Text, den wir dann sangen.

Dieser Schritt allerdings, sich der politischen Kampftruppe der Nazis anzuschließen, disqualifizierte ihn als »unseren« Nikolaus – ein für alle Male. Und nicht nur als Nikolaus.

Ob er sich denn nicht schäme, mit seinem Namen und seiner Herkunft bei diesem üblen Schlägerverein einzutreten, sich zu dem wüsten Demagogen, dem Flegel Adolf Hitler, zu bekennen, begehrte mein Vater zu wissen. Was sei denn der anderes als ein proletarischer Anstreicher? Aus Österreich! Eine Zukunft mit *dem?* Dann lieber gar keine!

Der Onkel Putzi schnaufte vor Empörung. Um die spitze, rein arische Nase war er ganz weiß geworden. So über den Mann zu sprechen, der das Volk von der Versailler Schmach zu erlösen trachte, das verbäte er sich aber. Warum denn nicht die SA? Da gäbe es viele bewundernswerte und hochstehende Leute – Führernaturen und Idealisten wie er selbst. Er denke da auch zum Beispiel an den verehrten Hohenzollernprinzen August Wilhelm, den Sohn von S. M. Der wäre sich nicht zu gut, als SA-Gruppenführer zur besonderen Verwendung seinen Ehrendienst zu tun. In Uniform, jawohl! Was die Kam'raden von der SA für hohe Ziele hätten, davon könne sich mein Vater in seiner bodenlosen Borniertheit eine Scheibe abschneiden.

Und da es ja nun einmal heraus wäre: er sei auch in die Partei eingetreten, jawohl!

Die einzige Chance für das Vaterland wäre nun mal Adolf Hitler, wenn er hoffentlich recht bald an die Macht gelangte.

Das sei der Mann der Zukunft, brillant, aufrecht, schlicht und tapfer, E. K. Eins aus dem Weltkrieg.

Völkisch denken, das sei die Parole der Stunde. Zum Teufel jagen würde der Führer diese lahmarschige Regierung – die Kommunisten, Sozialisten, Plutokraten und vor allem die Juden. Die Juden, die an allem schuld wären.

Mein Vater wollte ein Beispiel wissen.

Na – eben am verlorenen Krieg und allem Undeutschen. Das internationale Judentum! Juda! Das wüßte doch jeder! Diese artfremde Bande, überall hätte sie ihre Sechsernasen drin. Zersetzend ganz einfach – Syphilitiker, Schmarotzer am deutschen Volkskörper.

Mit denen würde aber kurzer Prozeß gemacht. Die widerwärtige Systemzeit, die sei jetzt Vergangenheit. Oder bald!

Man brauche ja nur das Buch »Mein Kampf« zu lesen, aber das wäre meinem Vater natürlich unbekannt!

Den »Fahrplan eines Wahnsinnigen« kenne er, erwiderte dieser, und seiner Meinung nach sollte jeder dieses unsägliche Elaborat lesen, und wenn es ihm noch so schlecht dabei würde. Alle, die dies täten, wüßten dann wenigstens, was da auf sie, auf uns zukäme.

Was da auf sie zukäme? Der Retter käme – nein, er sei ja schon da!

Trocken bemerkte mein Vater, dann könne der Onkel ja zu Weihnachten singen: »Adolf, der Retter ist da!«

Ein resignierter Blick noch in Richtung meiner Mutter, der der vernehmliche Seufzer *»deine Familie!«* folgte – und der angeheiratete Verwandte wurde von ihm unverzüglich nach Hause geschickt.

Übrigens sollte der Nikolaus außer Dienst wenige Jahre später, die Tante Edda an seiner Seite, mit wichtiger Miene in unserem Haus erscheinen und meine Eltern kategorisch auffordern, ihre Kinder dem Ehrendienst für den Führer nicht länger zu entziehen. Beide trugen sie ostentativ den emaillierten Pleitegeier im Knopfloch. Der ältere der beiden Teutonensöhne stand mit herausforderndem Blick in ihrem Windschatten. Den hatten sie sich mitgebracht, als Anschauungsmaterial sozusagen. Jungzugführer war der, mit allen möglichen Schnüren, Tressen und Abzeichen an der knappsitzenden Uniform – plus einer Trillerpfeife. Zackig und ekkig, mit Stiftekopf und fast peinlich kurzen Hosen. Die bedeckten gerade eben das, was der Dicke und ich den Pipinuller nannten.

An dem herzerfrischenden Anblick eines deutschen Jungen, mit Leib und Seele im Dienste des Führers, daran sollten wir uns wohl ein Beispiel nehmen.

Aber leider waren wir gerade nicht zu Hause.

Der Dicke, der wäre jetzt schon im Alter, wo er ins Jungvolk einzutreten hätte, konstatierte vorwurfsvoll der Onkel. Höchste Zeit sogar, daß er Pimpf werde! Mitglied der Volksgemeinschaft! Mal Kameradschaft lernen!

»›Unsre Fahne flattert uns voran‹ oder wie?« höhnte mein Vater, ohne hinzuzusetzen: »Unser Göring ist ein dicker Mann«. Allein schon bei dem Wort »Kameradschaft« würde ihm in diesem Zusammenhang übel. Und dann noch »Pimpf«. Das klänge beinahe wie »Pimp«.

»Na und?«

»›Pimpf, Pimp, Pimpf‹, werter Cousin, ›Pimp‹ bedeutet auf englisch, aber da fehlt es dir ja wohl an Kenntnissen, nicht weniger und nicht mehr als: Zuhälter oder auch Strichjunge.«

Man habe ja, Gott sei Dank, hierzulande auch keine ausländischen Verhältnisse, schrie der völlig empörte Onkel, und was die für Ausdrücke hätten, das wäre ihm ganz egal. Bei uns spräche man d-e-u-t-s-c-h!

Familie hin, Familie her, meinem Vater reichte es wieder einmal.

Ich profitierte insofern von der neuerlichen Abkühlung der

verwandtschaftlichen Beziehungen, als die breiten Schultern und die wundervollen Locken meiner Cousine Gerlinde ab sofort von Mutters Seite nicht mehr als erwähnenswert betrachtet wurden.

Irgendwie hob das mein Befinden.

Dem Nikolausfinale folgte das letzte Weihnachtsfest im alten Haus. Das neue würde man dann schon im eigenen feiern.

Am späten Vormittag des vierundzwanzigsten Dezember hielt wie immer die Droschke mit der Oma vor der Tür. Wie ein grauer Schatten entstieg nach ihr dem Gefährt die Martha, mit Paketen beladen und immer irgendwie unheilverkündend. Bei weitem das Beste an ihr war das selbstgemachte Quittenbrot, auf das wir uns das ganze Jahr freuten.

Das Eßzimmer war bereits seit dem frühen Morgen hermetisch verschlossen, denn da hatte das Christkind zu tun.

Zum Mittagessen in der Diele gab es, wenn wir Glück hatten, Gänseklein, schlimmstenfalls Hasenpfeffer. Der allerdings schmeckte teuflisch. Diese Meinung wurde, mit Ausnahme der Anna, von allen geteilt.

Das letzte Fenster unserer Adventskalender – schon von mir vorher meisterhaft auf- und wieder zugeknispelt, wie alle anderen auch – zeigte jetzt endlich das lange herbeigesehnte Bild von der Krippe mit dem Jesuskind, samt Maria, Josef, Ochs und Esel.

Am späten Nachmittag setzte sich die Familie in geschlossener Formation zur Christvesper in der Annenkirche in Marsch. Vorneweg mein Vater neben seiner Mutter, weil es sich ganz einfach so gehörte. Ich hatte nicht mitgehen wollen, weil ich mit den Weihnachtsgeschenken, die hauptsächlich aus Laubsägearbeiten bestanden, nicht ganz fertig geworden war. Jetzt, ausgerechnet Heiligabend, wolle ich allein zurückbleiben? Und dann heimlich womöglich herumspionieren?

Ich sei wohl nicht ganz bei mir. Ich ginge sess-ver-ständlich mit und zwar dalli-dalli.

Als mich der Dicke leise fragte, ob ich denn schon in Weihnachtsstimmung sei, flüsterte ich zurück, ich sei allerdings in der richtigen Weihnachtsstimmung und könnte infolgedessen jedem eine kleben.

Zu Hause hatte das Christkind dann irgendwann alles arrangiert, und das heißersehnte Klingelzeichen rief uns zum Singen in den Salon. Etwas zu hart begleitete meine Mutter uns und sich selbst am Flügel, die Großmutter fiel mit ihrer hohlklingenden Fistelstimme ein. Keine Sekunde ließ sie dabei den Dicken und mich aus dem Auge, und ihr Blick sprach Bände: Wehe, wenn ihr es wieder wagen solltet zu singen »Am Weihnachtsbaume – da hängt 'ne Pflaume«.

Endlich, endlich war es dann soweit. Der Weihnachtsbaum im Eßzimmer reichte bis zur Decke, und das Christkind hatte jeden Lamettafaden einzeln an die Zweige der Edeltanne gehängt, zwischen die silbern und rot glänzenden Kugeln und die großen handbemalten Weihnachtsengel aus Holz. Davor die Krippe.

Das Buffet war zum Dienstbotengabentisch umfunktioniert worden, auf ihm befanden sich jedes Jahr geblümte und gestreifte Stoffe für Schürzen, Seife, die Losungen der Herrnhuter Gemeinde für die Anna sowie diskrete kleine Couverts.

Erst nachdem die Anna und das Mädchen ihre Gaben bewundert hatten, waren die Qualen der Warterei für uns zu Ende und wie die Raubtiere fielen wir über unsere Tische her.

»Lieber Kaiser!«

Zu allen Sorgen, die meinen Vater drückten, kam der immer wieder neue Ärger in Doorn. Nicht mit dem Kaiser selbst, der liebte ihn, aber eben das Wissen darum war für »Ihre Majestät« Grund genug, ihn mit ihrem Haß zu verfolgen.

Sie, die nie Kaiserin gewesen war, denn die richtige, Auguste Viktoria, die erste Gemahlin des Kaisers, war schon 1921 in Doorn gestorben. An gebrochenem Herzen, hatte meine Großmutter erzählt. Konnte denn ein Herz wie Glas zerbrechen? Da hatte meine Großmutter geschwiegen. So klein ich war, ahnte ich, daß ich diese Frage an sie nicht hätte stellen dürfen.

Fest stand, daß der arme Kaiser im Exil das Alleinsein nicht ausgehalten und ein zweites Mal geheiratet hatte. Es war gar nicht so leicht gewesen, eine passende Frau zu finden, denn eine Prinzessin mußte es schon sein. Immerhin trieben liebe Freunde eine Kandidatin auf, die alsbald nach Doorn zwecks Brautschau eingeladen wurde. Der Alte fiel prompt auf diesen unverblümten, wenn auch gutgemeinten Kuppelversuch herein.

Er verliebte sich auf der Stelle bis über beide Ohren, und so ließ die Verlobung mit der Witwe, Mutter vierer Kinder, auch nicht lange auf sich warten. Kaum eineinhalb Jahre nach dem Tode der »alten« Kaiserin ehelichte der dreiundsechzigjährige Ex-Monarch in einer kleinen Familienzeremonie im Hause Doorn die achtundzwanzig Jahre jüngere Hermine, verwitwete Prinzessin zu Schönaich-Carolath, geborene Prinzessin Reuß, ältere Linie. Und der Bräutigam bestimmte, daß sie ab sofort mit »Majestät« anzureden war. Dagegen hat sie wohl auch keinen nennenswerten Protest erhoben.

Mein Vater fand nun öfter, als ihm lieb war, Gelegenheit, verzweifelt die Hände zu ringen. Denn er mußte sehr bald feststellen, daß die neue Herrin von Haus Doorn intrigant, boshaft und nachtragend war. Ständig lag sie ihrem hohen Gatten in den Ohren, doch auf Wiederbesteigung des Thrones mit allen Mitteln hinzuarbeiten.

Das konnte ja heiter werden!

Sie mißtraute vor allem jenen, die sich der besonderen Gunst und des Vertrauens ihres Gemahls erfreuten. Denen mußte das Handwerk gelegt werden, und ganz oben auf ihrer Abschußliste stand mein Vater. Ihm galt ihre besondere Abneigung, denn sie fühlte instinktiv, daß er sie und ihre Ränke wie Glas durchschaute. Eine scharfsinnig zutreffende Vermutung. Im Laufe der Zeit versuchte sie immer wieder, ihn mit allen ihr zu Gebote stehenden Mitteln zu verleumden und bei seinem Herrn anzuschwärzen. Aber vergebens, denn auf ihre allerletzte Forderung: »Entweder er geht oder ich«, hatte ihr Mann mit der gesunden rechten Hand auf den Tisch geschlagen und ihr unmißverständlich mitgeteilt, daß »er« bliebe.

Sie blieb natürlich auch, und war es auch nur, um ihrem Gatten und damit meinem Vater das Leben weiter so unerträglich wie eben möglich zu machen. Leider aber war sie jetzt von einer halbwegs berechenbaren Gegnerin zur Erzfeindin des Mannes geworden, dem ihr Gemahl den Vorzug gegeben hatte. Ihr Haß kannte nun keine Grenzen mehr.

Eines Tages fand ich, daß es Zeit wurde, den Kaiser über meine Existenz ins Bild zu setzen. Nun konnte ich nämlich schreiben, und so schnitt ich schön ordentlich eine Seite aus meinem Schreibheft und schrieb ihm einen Brief. Und den steckte ich erst in ein Couvert und dann meinem Vater in die Tasche, als er sich wieder einmal anschickte, nach Doorn zu reisen.

Der Kaiser muß sich über den Inhalt sehr amüsiert haben. Vor allem darüber, daß ich mich mit höfischen Titulierungen nicht erst lange aufgehalten und ihn ganz einfach mit »Lieber

Kaiser« und dem dazugehörigen‹ »Du« angeredet hatte. Dazu wimmelte der Brief von Fehlern und Tintenklecksen.

Ich erhielt jedenfalls eine Antwort, und zwar schön mit der Hand und lila Kopierstift geschrieben. Darunter zu meiner Wonne der mir bereits bekannte riesige Namensschnörkel. Meine Bitte, sich doch auch mir als eine Art Stiefpatenonkel zur Verfügung zu stellen, erwähnte er zwar mit keinem Wort, er muß sie sich aber zu Herzen genommen haben, denn zu meinem nächsten Geburtstag bekam ich von ihm einen blauen Tretroller mit Gummireifen und einer Klingel geschenkt. Natürlich war ich felsenfest davon überzeugt, daß er den Roller höchstpersönlich in einem Spielwarengeschäft für mich ausgesucht hatte, wenn nicht gar ausprobiert.

Mein Vater avancierte also nun zum Postillon d'amour auf allerhöchster Ebene, und nur einmal hat er mir einen strafenden Verweis erteilen müssen. Da hatte ich mich in einem Brief irgendwie vergaloppiert.

Ich hatte meinem Brieffreund nämlich verraten, daß mir zu meinem Glück eigentlich nur ein Bild von ihm mit Unterschrift fehlte. Was prompt geliefert wurde. Wes das Herz voll ist, dem geht der Mund über, so schrieb ich in einem Dankesbrief dann ganz begeistert, das Bild stünde nunmehr auf meinem Nachttisch.

Nachttisch war offenbar unangebracht.

Mit ernster Miene belehrte mich mein Vater, daß eine solche Vokabel in einem Brief an eine Majestät nichts zu suchen hatte. Nachttische gäbe es zwar, das wüßte jeder, und sie wären zugegebenermaßen auch sehr nützlich. Allerdings befände sich in einem solchen Möbel gemeinhin auch ein unanständiger Gebrauchsgegenstand. Einen derartigen Zusammenhang müsse man berücksichtigen, und etwas Unanständiges sei nun einmal einem Kaiser gegenüber absolut nicht brieffähig. Also bitte nicht noch einmal!

Auf dieses kleine Desaster folgte eine kurze Zeit der Zensur meiner schriftlichen Elaborate. Aber dann stellte sich heraus, daß dem Kaiser die unverfälschten Exemplare doch lieber waren. Und da saß er nun am längeren Hebel.

Was leider nicht immer der Fall war. Denn sein Wunsch, meine Mutter, die er als junge Debütantin einst an seinem Thron hatte vorbeischweben sehen, mich und seinen veritablen Patensohn, den Dicken, in Doorn besuchsweise zu empfangen, wurde von der ränkesüchtigen Gattin rundweg abgelehnt. Entweder die oder ich, hatte sie ihn angekeift und war Siegerin geblieben. Um des lieben Friedens willen gab der Kaiser nach. Er hatte sich ihr schließlich selbst ausgeliefert, und eine Scheidung kam sowieso nicht in Frage.

In den letzten Lebensjahren des alten Mannes sollte es immer wieder geschehen, daß mein Vater in der frühen Morgendämmerung durch ein leises, aber beharrliches Klopfen am Fenster geweckt wurde. Seine Wohnung befand sich dem Haupthaus gegenüber in der sogenannten Orangerie.

Draußen stand dann jedesmal eine elende Jammergestalt: der Kaiser, den Mantel über das Nachthemd geworfen, der meinem Vater fassungslos schluchzend mit den Worten um den Hals fiel: »Sie war wieder so schlecht zu mir!«

Der Entschluß Wilhelms des Zweiten, nie wieder deutschen Boden zu betreten, es sei denn, um den Thron wieder zu besteigen, galt nur für ihn selbst und nicht für seine Gemahlin. Hermine besaß in dieser Hinsicht keine Skrupel, dafür aber Güter, Ländereien und sehr viel Familie. Nach den Gütern mußte von Zeit zu Zeit gesehen werden, und Verwandte wurden besucht, ob denen das nun paßte oder nicht. Ihr Besuch war schließlich eine hohe Ehre, denn sie war jetzt »Majestät«. Und darüber sollten sich andere, die sich nicht darüber freuten, wenigstens tüchtig ärgern. Oft erschien sie bei den verdutzten Opfern ohne Voranmeldung mitsamt Gefolge, blieb, solange es ihr Spaß machte, und »hielt hof«, daß den unfreiwillig Beteiligten Hören und Sehen verging.

Über ihre häufigen Reisen war man in Doorn höchst vergnügt. Eingeschlossen mein Vater, der dann immer wieder feststellen durfte, wie fröhlich der sonst oft so niedergedrückte hohe Herr sein konnte.

Ihre »Majestät« war übrigens neugierig genug, die Familie des Verhaßten einer Inspektion zu unterziehen, allerdings auf ihrem eigenen Territorium.

So geschah es, daß ich eines Tages aus der Schule zurückkehrte und meine Mutter wie auch die Anna in heller Aufregung vorfand: Hermine hatte zum Besuch am gleichen Nachmittage – mit beiden Kindern – befohlen. Im Niederländischen Palais.

In fieberhafter Eile steckte man den Dicken in seinen Kieler Matrosenanzug und mich in mein Matrosenkleid. Dazu spießte die Anna mir eine weiße Schleife propellerartig in die zu einem Hahnenkamm frisierten Haare. Ich grinste mein Spiegelbild an. Vorderzähne waren im Moment keine vorhanden.

Eine Droschke brachte uns zu Unter den Linden. Die Fahrt war lang, und der Dicke entledigte sich seiner Mittagsmahlzeit aus dem Fenster. Gott sei Dank saß er hinten, da konnte er nicht viel Schaden anrichten.

Einmal nämlich, in der Eisenbahn, hatte meine Mutter leichtsinnigerweise bei einem ähnlichen Bedürfnis den Knaben aus dem Gangfenster gehalten. Die ganze Bescherung wurde durch den Fahrtwind zum nächsten offenen Fenster wieder hereingeweht. Ein Herr im hellen Anzug, der die Landschaft bewunderte, sah anschließend irgendwie gesprenkelt aus und veranstaltete ein gehöriges Spektakel.

Das Niederländische Palais lag neben dem Schloß Kaiser Wilhelms des Ersten, des »alten« Kaisers. Ich war vor Aufregung völlig aus dem Häuschen, war dies doch mein erster Besuch in einem richtigen Schloß.

Drinnen wurden wir vom alten Diener, der mit seinem

Schnauzbart selber wie ein Fürst aussah, in die Kaiserlichen Räumlichkeiten geführt. Irgend etwas in der Luft muß mich wohl veranlaßt haben, meine spitze Nase in die Höhe zu heben und laut zu verkünden: »Aaaaah – hier riecht's nach Kaisers!« Meine Mutter begann Blut und Wasser zu schwitzen.

Und dann war es soweit: Wir betraten die kaiserlichen Gemächer, denn Majestäten bewohnten natürlich keine gewöhnlichen Zimmer. Schwere grüne Samtportieren an den hohen Fenstern versperrten den Blick nach draußen und sorgten für ein grünliches Halbdunkel, in dem »Ihre Majestät« schwer auszumachen war, die sich dort halb sitzend, halb liegend auf einen Divan drapiert hatte.

Ich sah, wie meine Mutter in einen tiefen Hofknicks versank. Sie war etwas aus der Übung, aber es klappte. Betont huldvoll bedeutete ihr die »Kaiserin«, am Tisch neben ihr Platz zu nehmen. Gnädig nahm sie den »Diener« des Dicken entgegen. Ich vollführte meine Version von Hofknicks, indem ich in die Hocke ging, wieder hochschnellte und sie mit zahnlosem Lächeln gespannt ansah. (Wo war denn die Krone?)

Katzenfreundlich überreichte sie mir ein wundervoll verpacktes Geschenk mit der Mahnung, ich solle nicht gleich zuviel davon naschen. Erfreut riß ich die Packung auf. Noch nie in meinem Leben hatte ich eine so große Schachtel Pralinees mein eigen genannt. Die warnenden Blicke meiner Mutter beschloß ich zu ignorieren.

Der Dicke erhielt ebenfalls ein Päckchen, aus dem leider nur ein von ihr selbst gehäkelter, quergestreifter Pullover in Pastellfarben zum Vorschein kam, der dem Dicken bis zu den Knöcheln reichte.

Ich stellte fest, daß sich noch zwei andere Leute im Gemach befanden, und zwar ein dicklicher Backfisch und ein etwas pickeliger Jüngling, der lispelte. Das waren zwei der vier Kinder aus erster Ehe der Hohen Frau.

Der Tee wurde serviert, und die Unterhaltung, eigentlich ein Monolog »Ihrer Majestät«, läpperte sich eine Weile hin, dann wurden wir nach den vorgeschriebenen Knicksen wieder entlassen. Wir waren noch nicht auf der Straße, da hatte ich schon mein Fett weg. Ich plärrte auf dem ganzen Heimweg, der nun per U-Bahn und nicht im Taxi zurückgelegt wurde.

Bei meiner Mutter schien sich eine Migräne anzubahnen.

Dieses war das erste und letzte Zusammentreffen zwischen meiner Mutter und uns Kindern mit der »Kaiserin«.

Ich sei ja wohl das Allerletzte an Benehmen! Die Hermine schnaufte pikiert und rang nach Worten. Sie konnte es gar nicht abwarten, ihre Indignation loszuwerden. Unglaublich hätte ich mich aufgeführt, teilte sie meinem Vater bei der nächsten sich bietenden Gelegenheit mit.

Der wiederum unterrichtete mich von dieser niederschmetternden Beurteilung aus so berufenem Munde. Allerdings entging es mir nicht, daß es bei dieser Mitteilung verdächtig um seine Mundwinkel zuckte.

Was den Pullover des Dicken betraf, so ist er nie in ihn hineingewachsen. Das Ding landete dann schließlich im Hundekorb.

KULINARISCHES – EINEN HUND KONNTE ES JAMMERN

Mindestens zweimal im Jahr fand bei uns im Haus eine »Große Gesellschaft« statt. Bei den Gelegenheiten wurde für kurze Zeit die preußische Sparsamkeit vergessen. Die Vorbereitungen allein nahmen eine gute Woche in Anspruch.

Abende vorher brachte mein Vater an seinem Schreibtisch zu, wo er auf dem Papier kleine Schlachtpläne entwarf. Es ging nämlich darum, wer beim Diner neben wem zu sitzen hatte beziehungsweise wer unter keinen Umständen neben wem plaziert werden durfte. Dabei kamen ihm seine Vertrautheit mit dem allerhöchsten Protokoll sowie seine Erfahrungen als einstiger Generalstabsoffizier sehr zugute.

Schließlich handelte es sich bei den Gästen um Leute, denen man diese Einladung schuldete. Immer wieder erstand ein Sitzplan, immer wieder wurde er geändert. Bis endlich die Sache stand. Mindestens einer allerdings würde sich auf den Schlips getreten fühlen, das war immer so, und das ließ sich eben nicht vermeiden.

Was die Anna bei diesen Diners an kulinarischen Köstlichkeiten auf die Tafel zu zaubern wußte, war meisterlich. Was hingegen die täglichen Mahlzeiten anbetraf, so hatte sie sich im Laufe der Zeit zu einem Totalversager entwickelt. Es fehlte einfach die Aufsicht der Hausfrau, und die interessierte sich für die Küche prinzipiell nicht. Ihr war es auch ganz gleichgültig, was sie selbst aß. »Furchtbar einfach: Was auf den Tisch kommt, wird gegessen!«

Einfallslosigkeit, verbunden mit preußischer Sparsamkeit, letztere hauptsächlich um ihrer selbst willen geübt, boten weder ausreichende Erklärungen noch Entschuldigungen für das, was bei uns manchmal an Mahlzeiten auf den Tisch kam.

Einen Hund konnte es jammern!

Gemüse wurde prinzipiell in einer Mehlsoße grausam zu Tode gekocht. Bratenreste vom Sonntag wurden dann in der Woche zu Haschee, dem falschesten Hasen der Welt und ähnlichem Gemansche verarbeitet. Freitags stand der unvermeidliche Fisch auf dem Speiseplan, weil es ihn an diesem Tage auf dem Markt gab. Jahre sollten vergehen, bis ich erfuhr, daß es, wenn man vom Sylvester-Karpfen absah, außer Kabeljau nicht nur verschiedene Fischsorten, sondern mehrere Arten der Zubereitung gab. Ich jedenfalls kannte Fisch nur, wie er halb zerfallen aus dem kochenden Wasser geangelt wurde. Dann kippte man eine weiße Soße über ihn und packte die unvermeidlichen Kartoffeln dazu. Und verschluckte sich regelmäßig immer an Gräten.

Ein Hausgericht allerdings bildete eine rühmliche Ausnahme: Hefeklöße! Hefeklöße mit Pflaumenmus oder Pflaumenkompott. Die Konsistenz dieser märchenhaft flockig-federleichten Gebilde zu beschreiben ist fast unmöglich, ihr Geschmack übertraf alle Vorstellungen.

»Sießes, hich mach' dir Eweklöße« – diese mir ins Ohr geraunten, gern als Erpressung benutzten Zauberworte bewirkten auch in meiner ungezogensten Zeit wahre Wunder. Das Rezept ihrer Spreewälder Hefeklöße hütete die Anna wie ihre Jungfernschaft. Beides sollte sie mit ins Grab nehmen.

Das eintönige Abendbrot für uns Kinder bestand in der Regel aus Broten mit Schmalz und wechselweise Grieß- und Semmelbrei. Letzterer war das Ergebnis von den Brotresten der letzten Woche. Den Schimmel hatte die Anna entfernt.

Dazu wurde uns, weil wir beide klein und dünn waren, eine Flasche Malzbier konzediert. Wohlgemerkt: Eine für uns beide zusammen. Flüssigkeit, so die einhellige Meinung, sei sehr schädlich. Vor allem wenn man sie während des Essens zu sich nahm. Dann »plemperte man sich den Magen voll«. Diese durch nichts fundierten Ansichten wurden von einer Generation zur anderen weitergereicht.

Mein Vater aß schneller als der Blitz. Das hatte man ihm schon im Kadettencorps beigebracht: Wer nicht schlang, dem stahlen die anderen das Essen vom Teller. Auch in seinem Elternhaus war, wie in den meisten preußischen Haushalten, jede Art von »Eßkultur« unbekannt. Man aß, um den Hunger zu stillen, alles andere gehörte sich nicht. So etwas wie »feine« Küche überließ man den Franzosen. Die hatten ja nichts anderes zu tun! Dann kam der Krieg und die entbehrungsreiche Nachkriegszeit, die Armut, die Inflation.

Und dann kam Doorn.

Der Kaiser saß bei den Mahlzeiten, wie es zukam, am Kopf der Tafel, die übrigen Tischgenossen nach Rang plaziert. Je niedriger ihr Rang, um so weiter unten am Tisch war der Platz. Da der Kaiser infolge seiner verkrüppelten linken Hand das Messer nicht gebrauchen konnte, wurde ihm in der Küche das Fleisch vorgeschnitten.

Ganz klar, daß sich angesichts dessen jeder am Tisch im Hintertreffen befand. Da Wilhelm noch dazu sehr schnell aß, war die Katastrophe für alle anderen vorprogrammiert. Denn als unumstößliches Gesetz galt, daß Messer und Gabel sofort hinzulegen waren, sobald der Kaiser seine Mahlzeit beendet hatte.

Nicht selten kam es vor, daß den Alleruntersten am Tisch noch nicht einmal serviert worden war, wenn der Kaiser seine Mahlzeit beendet hatte. Hungrig mußten sie von der kaiserlichen Tafel aufstehen. Nur wer schlang, der hatte Chancen, den Magen halbwegs voll zu bekommen. Wobei erwähnt werden sollte, daß selbst nach Meinung meines bescheidenen Vaters die Doorner Küche auch in Friedenszeiten nur als spartanisch bezeichnet werden konnte.

Wie schlecht es mit unserer eigenen Küche bestellt war, wurde mir erst klar, als ich leichtsinnigerweise nichtsahnende Schulfreundinnen zum Essen mit nach Hause schleppte. Jede von ihnen kam nur einmal, dann hatte sich die Katastrophe in der Schule herumgesprochen. Ich blieb auch die einzige in der Klasse, der aus wirklich unerfindlichen Gründen Limburger Käse, Stinkerkäse genannt, auf dem unansehnlichen Klappbrot mitgegeben wurde. Weite Bogen machte man um mich. Igittigitt! Beschwerden zu Hause stießen auf Granit! Ich solle mich bloß nicht so haben!

Die armen Soldaten im Schützengraben, die hätten sich gefreut! Ich wagte das zu bezweifeln und half mir dann selbst, indem ich auf dem Schulweg einfach die Quelle des Ärgernisses in öffentlichen Abfallbehältern verschwinden ließ. Ich wußte, Gott würde mich strafen, weil ich Brot wegwarf, aber mit dieser Schuld würde ich eben leben müssen. Solange es nicht ruchbar wurde. Den Soldaten nutzten die widerlichen Käsebrote übrigens schon aus dem Grunde nichts, weil weit und breit keine Schützengräben zu sehen waren.

Mit dem Verständnis der Anna war in diesem Falle nicht zu rechnen. »Hiß nur, schmeckt doch 'errlich, Sießes!«

Ein Naturereignis aber gab es, das vermochte auch die schlechteste Küche nicht aufzuhalten: Den meist zwei Wochen dauernden Einfall des dreiköpfigen Tantengeschwaders aus Potsdam, Tilly, Milly und Lilly. Dieses sich ewig wegen irgendwelcher Bagatellen in den Haaren liegende Trio schrumpfte zu Anfang unserer Dahlemer Jahre auf natürliche Weise zu einem Duo: Tilly und Milly waren die Überlebenden. Aber selbst die zwei waren der Anna noch zwei zuviel.

Den Tanten wurde, entweder von der zähneknirschenden Anna oder der feixenden Eva, täglich ein zweites Frühstück nach dem reichlichen ersten serviert. Zum Nachmittagskaffee gab es feine Brötchen mit Rügenwalder Teewurst. Sie fraßen wie die Scheunendrescher.

Lirum, larum, Löffelstiel – alte Weiber fressen viel.

Die Tante Milly besaß als Folge einer Knochenerkrankung eine Art Buckel, eigentlich schon mehr einen gewaltigen Höcker, den sie aber mit Fassung und Humor trug. So erzählte sie einmal lachend, wie im Postamt ein kleines Mädchen hinter ihr zu seiner Mutter erstaunt gesagt hatte: »Kuck mal, Mama, die Frau vor uns hat kein Kopp!«

Beim Essen mußte sie mit der einen Hand unter dem Kinn ihren Kopf mit der frederizianisch anmutenden Dreispitzfrisur stützen, um ihn über dem Tisch zu halten.

Sobald der Dicke den Salon betrat, in dem die Tanten ihr Tagesquartier aufgeschlagen hatten, brachen sie in extrem laute Lobeshymnen aus. Was er für ein süßer Junge sei und so artig und so begabt! Ihre wohlkalkulierten Seitenblicke galten natürlich niemand anderem als mir. Wir erhielten nämlich inzwischen Klavierstunden, und in dem Dicken steckte ganz sicher ein Virtuose, das war schon jetzt klar. Für jeden verkehrten Ton, den er nicht spielte, förderte Patentante Tilly mit ihren Schneckenfingern aus ihrem Pompadour ein nagelneues, goldglänzendes Zehnpfennigstück als Belohnung für den Kunstgenuß zutage.

Ich spielte den »Fröhlichen Landmann« und auch den »Türkischen Marsch« fehlerlos, aber an den Erhalt auch nur eines einzigen Sechsers kann ich mich nicht erinnern.

Saßen die Tanten dann endlich abreisebereit mit ihren Schirmen, Koffern und voluminösen Hebammentaschen in der Droschke, drohte ihnen die Anna noch heimlich mit der Faust und rief ihnen sämtliche notwendig gewordenen wendischen Abschiedsgrüße nach. Das mager genug ausgefallene Trinkgeld war aber dafür nun wahrlich nicht ausschlaggebend.

Weit schlimmer noch als diese Invasion war die der Tante Heilwig, obwohl sie nur solo auftrat. Sie teilte das Schicksal der Potsdamer Tanten insofern, als kein Mann es je gewagt hatte, sich ihr in guter oder auch böser Absicht zu nähern. Als pensionierte Oberin eines Damenstifts stand ihr leider sehr viel Zeit zur Verfügung, und so reiste sie von einem Verwandten zum anderen, bis ernsthafte Zerwürfnisse innerhalb der jeweiligen Gastfamilie sie dann zur nächsten weiterziehen ließen. Mit vielen Kreuzen versehen, die man hinter ihr her machte.

Irgendwie war ihre untere Anatomie nicht mehr ganz funktionstüchtig, denn mitunter gab sie, vor allem beim Aufstehen, Geräusche von sich, die bei uns Kindern zwar sehr beliebt waren, bloß durften wir dann nicht lachen. Das blieb meinem Vater ebenso vorbehalten wie der Spruch: »Eten,

Freten, Supen – langsam gehn und pupen!« Das hatten er und die Brüder schon früher immer so gern aufgesagt, schon allein, um die Mutter zu schockieren, die darin überhaupt nichts Komisches entdecken konnte. Nur das Mannchen hatte gegrinst, aber ganz heimlich!

Was sollte man machen, die Tante Heilwig war, Gott sei es geklagt, eine der unzähligen Cousinen meines Großvaters mütterlicherseits. Und gehörte damit zur Familie!

Das schlimmste an ihr war die Gewohnheit, unentwegt und ohne Pause zu plappern, ganz gleich, ob jemand zuhörte oder nicht. Für ihr Leben gern spionierte sie zudem im Hause herum. Kein Topfdeckel, den sie nicht lüftete, kein Möbelstück, dessen Stäubchen ihrer zu dem Zweck weiß behandschuhten Hand entging. Dieses grotesk-boshafte graue Zwerghuhn hatte sich bei der Anna besonders beliebt gemacht, als sie in deren Abwesenheit die Speisekammer nach ihren eigenen Vorstellungen umgeräumt hatte. Allerdings tat sie das nur ein einziges Mal, denn die Folgen waren so ziemlich unvergeßlich. Sogar ich machte bei dieser Gelegenheit Bekanntschaft mit mir bis dato unbekannten wendischen Kraftausdrücken. Und das wollte schon etwas heißen.

Mein Vater fand übrigens während dieser Dauerbesuche immer wieder Gründe, abends im Büro noch länger als ohnehin schon zu arbeiten. Oder er setzte sich nach Doorn ab. Mit den Intrigen der Hermine konnte er anscheinend besser umgehen als mit den Gästen. Familie oder nicht, seine Geduld hatte Grenzen.

Prinzessin Heinrich

Einige Besucher aber gab es sehr wohl, deren Kommen die gesamte Familie, inklusive der Anna, mit freudiger Ungeduld entgegensah.

Was allgemeine Beliebtheit anging, so stand die alte Prinzessin Heinrich ganz oben auf der Leiter. Deren jährliche Visite glich dann auch einem richtigen kleinen Staatsbesuch.

Obwohl die Prinzessin eigentlich Irene hieß, nannte sie jeder nur nach dem Namen ihres Mannes. Prinz Heinrich von Preußen, so erklärte uns mein Vater, sei der jüngere Bruder des Kaisers gewesen und hätte im gleichen Jahr das Zeitliche gesegnet, in dem wir nach Dahlem gezogen waren. Sie sei nicht nur die Schwägerin des Kaisers und im Gegensatz zu gewissen anderen Damen eine *echte* Kaiserliche Hoheit, sondern auch, und da senkte sich seine Stimme, die Schwester der unglücklichen letzten Zarin von Rußland, die zusammen mit ihrem Mann und den Kindern von den Bolschewisten am Ende des letzten Krieges ermordet wurde.

Ermordet? Das war ja entsetzlich. Dem Dicken standen bereits die Tränen in den Augen.

Ganz recht! Und die Mörder, die säßen seitdem in Rußland an der Spitze der Regierung.

Aus Anlaß des ersten Besuches der Prinzessin erhielt ich nicht nur ein nagelneues weißes Kleid mit Hohlsaumstickerei und einer Riesenschärpe, die auf dem Popo gebunden wurde, sondern auch Spangenschuhe aus schwarzem Lackleder, die mir von der Anna mit einer Knopfzange zugeknöpft wurden, die mich jedesmal zwickte. Meine Mutter hatte mit mir den Hofknicks einstudiert, denn so ein Gehopse wie bei der Hermine durfte natürlich nun nicht passieren. Man vertraute mir auch ein Rosenbouquet an, das ich Ihrer Kaiserlichen Hoheit überreichen sollte, sobald sie im Salon meiner Mutter auf dem kleinen roten Samtsofa Platz genommen hatte.

Meine Aufregung war grenzenlos. Auf Zehenspitzen betrat ich mit dem Strauß, der größer war als ich selbst, den Salon und setzte zu meinem Hofknicks an. Da fing die Prinzessin schon an zu lachen, nahm mich ganz einfach in die Arme und küßte mich auf beide Backen. Ich war überwältigt und fand sie über alle Maßen schön mit ihrem weißen Haar. Obgleich sie nicht einmal die Andeutung eines Krönchens trug, worauf ich im stillen gehofft hatte, sah sie wirklich wie eine richtige Königin aus.

Bei ihrem letzten Besuch in unserem Hause kam es zu einem sehr peinlichen Malheur.

Mein Vater hatte für uns Kinder einen Hund angeschafft, einen pfeffer-und-salz-farbenen Mittelschnauzer, dessen Erziehung man in unverantwortlichem Leichtsinn mir mit meinen nicht ganz neun Jahren übertragen hatte. Einen besseren Bock hätte man wirklich nicht zum Gärtner machen können.

An einem schönen Ostersonntag erwartete die ganze Familie mit großer Vorfreude wiederum die Kaiserliche Prinzessin. Auf ihr ausdrückliches Verlangen sollten auch wir Kinder beim Essen zugegen sein. Und so wurden unsere Kinderstühle am Eßtisch nur für diesen einen Tag gegen normale Stühle ausgetauscht.

Für die Anschaffung unserer Kinderhocker war irgendeiner der verflossenen Gesundheitsapostel verantwortlich gewesen. Eine kerzengerade Haltung auf diesen zum Patent angemeldeten Sitzen einzunehmen wäre geradezu ein Vergnügen, anlehnen hingegen eine Qual. Klar, daß meine Mutter, der unser Herumgefleze ein ewiger Dorn im Auge war, sich diese sündteuren Spezialanfertigungen aufschwatzen ließ. Wahrscheinlich erhielt der Quacksalber dafür Prozente. Die Dinger hatten so gut wie überhaupt keine Sitzfläche, und man hatte zu tun, daß man nicht seitlich oder vorn abrutschte. Die Rückenlehne bestand aus scharfkantigen Streben, an die zu lehnen man sich von selbst hütete.

Die Aussicht, dank Prinzessin Heinrich, bei einer Mahlzeit wie normale Menschen sitzen und essen zu dürfen, empfanden der Dicke und ich als geradezu königlich. Mindestens!

Die Anna hatte sich für dieses Festmahl einen besonderen Leckerbissen einfallen lassen: Kalbsmilchwürstchen!

Wie immer zu Ostern hatte sie uns Kindern eingeschärft, zeitig bei Tagesanbruch aufzustehen, denn dann würden wir die zwei Sonnen sehen, die an diesem Ostermorgen zu Ehren des wiederauferstandenen Herrn Jesus aufgingen. Und wie in jedem Jahr waren wir ihr in der Hoffnung auf dieses unerhörte Spektakel auf den Leim gegangen.

Auch die Anna hatte – in bester Festtagsstimmung – zu früher Stunde in ihrer Küche geschäftig zu werkeln begonnen, um die besagten Würstchen eigenhändig zu produzieren. Ausgerichtet wie kleine Soldaten lagen sie dann am späten Vormittag in Reih und Glied auf dem Küchentisch. Meisterwerke und gebührend gewürdigt von jedem, der ihr Reich betrat. Der allergrößte Bewunderer war aber fraglos der Schnauzer Rumpel, der mit Nachnamen Stilzchen hieß. Der saß still in der Ecke, doch seine Spucke zog bereits Fäden. Geduldig wartete er den Moment ab, in dem die Anna für Sekunden die Küche verließ. Zwei blitzschnelle Riesensätze, und schon zog er mit bewährtem Staubsaugereffekt die Würstchen in sich hinein, ohne auch nur ein einziges übrigzulassen. Und dann brachte die vollgefressene Hundeseele sich erst einmal schleunigst in Sicherheit.

Die Anna und mit ihr die gesamte Familie traf fast der Schlag ob dieses Frevels. An irgendeine Ersatzbeschaffung von irgendwoher war an einem hohen Feiertag wie diesem nicht im Traum zu denken.

Es half nun alles nichts, man mußte der Prinzessin reinen Wein einschenken. Und die hat sich dann förmlich ausgeschüttet vor Lachen.

Die Hermine hätte wahrscheinlich eine etwas andere Miene aufgesetzt.

Der Kapitalverbrecher Rumpel bekam bald darauf eine Strafe verpaßt, die mit ausgleichender Gerechtigkeit nun wirklich nichts mehr zu tun hatte, weil sie zu dieser und seinen sonstigen Missetaten in keinem Verhältnis stand.

Wieder einmal war er durch die offene Tür zum Wirtschaftsgang entwischt und hatte sich auf einen seiner nächtlichen Streifzüge begeben. Am folgenden Morgen lieferten ihn ein paar Schulkinder freundlicherweise wieder bei uns ab. Die Hundemarke hatte ihnen sein Zuhause verraten.

Was von ihm übriggeblieben war, glich einem grauen Türvorleger, so platt hatte ihn Unter den Eichen in Lichterfelde der doppelstöckige Autobus gefahren.

Ich schrie einen ganzen Tag lang, von Schule konnte überhaupt keine Rede sein.

Am Abend war ich vollkommen leergeheult und konnte an der Beerdigung hinten im Garten bei den Sauerkirschen teilnehmen.

Die wiederum nahm nun nicht das renommierte Bestattungsunternehmen Grieneisen vor, sondern unser vielfältig bewährter Stotterer Otto Winkler, dessen Beileidsbekundigungen sich in einem vielfach geseufzten »olso äben« erschöpften, während er das Grab schaufelte.

Als der Tag dann zu Ende war, hatte ich begriffen, was *nie wieder* bedeutete.

Einige Jahre später trieb den Dicken und mich eine widerwärtige Neugier, doch einmal nachzusehen, ob Rumpel wirklich in den Hundehimmel gelangt war. Tatsächlich deuteten alle Anzeichen darauf hin, daß dies der Fall war, denn von dem Heimgegangenen waren keine Spuren mehr zu finden, so tief wir auch buddelten. Wir gruben wie besessen, aber die Mühe war umsonst. Enttäuscht gaben wir schließlich auf.

Die Prinzessin Heinrich hatte zwei Söhne. Einer von ihnen, der Prinz Waldemar von Preußen, übte auf den Dicken und mich eine ganz besondere Anziehungskraft aus.

Vor seinem erstmaligen Erscheinen in unserem Hause hatte mein Vater uns beiseite genommen, um uns mitzuteilen, daß Seine Kaiserliche Hoheit an einer seltenen Krankheit leide, die man als Hämophilie bezeichnete. Bluter sei er, wie auch sein armer kleiner Vetter, der Zarewitsch von Rußland, den die Bolschewiken …

Bluter?

Im Bereich unseres kindlichen Verständnishorizontes erklärte mein Vater uns diese auf heimtückische Weise weitervererbte unheilbare Krankheit, die in den europäischen Dynastien immer wieder wie ein Gespenst aufgetaucht war.

Zu des Dicken und meiner Enttäuschung sahen der Prinz und die Prinzessin, als sie zum ersten Mal unser Haus betraten, überhaupt nicht »bluterig« und gespenstisch aus. Beide Hoheiten machten einen völlig normalen Eindruck und waren außerordentlich freundlich zu uns Kindern. Das wurde von uns dankbar vermerkt.

Zwei weitere Kaiserliche Hoheiten, auf die sich die ganze Familie freute, waren der Prinz Oskar, der fünfte Sohn des Kaisers, nebst Gemahlin, kurz »Oskars« genannt.

Die Prinzeß, das bekamen wir Knirpse irgendwann spitz, war »nicht ebenbürtig«. Woraus ich mir zunächst keinen Vers machen konnte. Anzusehen war ihr eigentlich nichts. Ich erfuhr dann, daß sie vor ihrer Hochzeit eben keine Prinzessin, sondern »nur« eine Gräfin Bassewitz gewesen war. Und da hatte es gewisse Schwierigkeiten in der Kaiserlichen Familie gegeben. Die beiden waren allein schon deshalb bei uns beliebt, weil sie uns in der Regel herrliche Schweizer Schokolade mitbrachten. Sie hatten selbst Kinder und wußten daher, was Kinder mochten.

Wer hingegen niemals unser Haus betrat, war der vierte Sohn des Kaisers, Prinz August Wilhelm. Mein Vater hatte keine sehr hohe Meinung von ihm, der sich nicht geschämt hatte, in die »Räuberbande«, die SA, einzutreten, in der er später sogar eine hohe Funktion bekleiden sollte. In deren

Uniform zeigte er sich in der Öffentlichkeit, wurde so in den Zeitungen abgebildet, und sein Vater in Doorn raufte sich die Haare.

Den Zorn auszubaden hatte letztendlich mein Vater, der im Auftrag seiner Majestät dem Prinzen ab und zu die Leviten lesen durfte.

Das war leider nutzlos, aber er konnte wenigstens verhindern, daß der Sprößling zum Geburtstag des Papas in SA-Uniform in Doorn erschien.

Wenn es um die Haltung des kaiserlichen Paares zu den Nazis ging, so war mein Vater sich vollkommen klar darüber, daß zumindest bei der »Kaiserin« auch nicht mit dem geringsten Verständnis für Takt und Anstand gerechnet werden konnte. Sie war nämlich der unumstößlichen Meinung, man täte klug daran, sich mit den Nazis als den künftigen Machthabern auf guten Fuß zu stellen. Spielte man seine Karten richtig aus, so sei durchaus damit zu rechnen, daß diese ihren Mann und damit auch sie in den Sattel beziehungsweise auf den heißersehnten Thron heben würden. Und um dieses Ziel zu erreichen, war ihr jedes Mittel recht.

Kaiser von Hitlers Gnaden? Mein Vater schüttelte sich förmlich bei dem bloßen Gedanken. Ihn überraschte und ängstigte immer wieder aufs neue das Ausmaß der Naivität seines Herrn. Jedem, der ihm mit einer entfernten Chance der Wiederbesteigung des Thrones winkte, lieh er sein williges Ohr. Und schwelgte dann eine Weile in Illusionen, die meist endeten, noch bevor sie richtig begonnen hatten. Der Hochstimmung folgten oft schwere Depressionen.

Während seiner Aufenthalte in Doorn fiel meinem Vater die undankbare Aufgabe zu, die Ansichten des Kaisers wieder in die richtige Perspektive zu rücken und ihn aus seinem Privatwolkenkuckucksheim in die rauhe Wirklichkeit zurückzuholen. Nur hielt die Vernunft leider immer nur so lange vor, wie er, mein Vater, persönlich zugegen war. Kaum drehte er den Rücken, fiel das mit Mühe und Geduld erreichte Maß an Vernunft wie ein Kartenhaus zusammen. Das war so sicher wie das Amen in der Kirche und einfach zum Verzweifeln!

Bei jedem neuen Besuch des verhaßten Schatullverwalters wurde die Hermine um einen Grad giftiger. Ihrer Meinung nach war dieser nur darauf aus, ihre Ansichten lächerlich zu machen und ihre Träume zu zerstören.

Ab und zu tauchte der älteste Kaisersohn, der »Kronprinz«, bei uns in Dahlem auf. In einem seiner rasanten Sportwagen fuhr er vor, meist ohne Chauffeur und in der Regel ohne sich anzumelden. Man hatte sich zu freuen, wenn er erschien und es hatte eben zu passen. Wir Kinder mochten ihn gern, weil er unterhaltsame Geschichten und englische Drops für uns auf Lager hatte.

Seine Frau, die Kronprinzessin, brachte er niemals mit. Hinter der Tür lauschend hatte ich mehrmals Bemerkungen meiner Eltern aufgefangen, die für meine Ohren mit Sicherheit nicht bestimmt waren. Aus denen schloß ich, daß der Kronprinz sich zwar sehr gern amüsierte, aber vorzugsweise mit anderen Damen und nicht mit seiner Frau.

»Die arme Kronprinzessin!«, bemerkte meine Mutter einmal voller Mitleid. Und ich wurde das Gefühl nicht los, daß es sich in diesem Fall nicht um Geldmangel handelte.

»Little Willy«, wie ihn die Engländer nannten, machte sich gern mit der ihm eigenen Taktlosigkeit über meinen Vater und dessen »Arbeitswut« lustig. »Wie wär' es, wenn du zur Abwechslung mal Tennis spielen würdest?« Von früher her duzte er ihn, was von meinem Vater natürlich nicht erwidert werden durfte. Little Willy vergaß allerdings, daß eben diese »Arbeitswut« das Vermögen der Hohenzollern beträchtlich vermehrt hatte.

Mein Vater trug jedenfalls in Gegenwart des kaiserlichen Lebemannes meist ein etwas geqältes Lächeln zur Schau.

Was nun nicht unbedingt nur damit zusammenhing, daß der Kronprinz ihn ob seiner nicht abzustreitenden Vorliebe für Beerdigungen boshaft, aber treffsicher mit dem Spitznamen »General Leichenbitter« bedacht hatte.

»Mottenlöcher« in Unaussprechlichen

Unter den wenigen nicht zum Adel gehörenden Freunden und Bekannten des Hauses befand sich Dr. Sahm, der Oberbürgermeister der Reichshauptstadt Berlin, den wir Onkel Sahm nannten. Was uns Kinder am meisten an ihm beeindruckte, war, daß er ein Riese von über zwei Metern war. Bei jedem Besuch lauerten wir darauf, ob er oben mit dem Kopf an den Türrahmen stoßen würde. Aber vergebens, jedesmal fehlte die berühmte Haaresbreite. Er hatte wohl zuviel Übung im Großsein. Auf seinem Hals saß ein runder Kopf mit einer hohen Stirn über dem etwas verknautschten Gesicht, das gütig und vertrauenerweckend aus der Höhe auf uns Kinder herabblickte.

Manchmal wies er seinen Chauffeur an, uns in seiner riesigen schwarzen Dienstlimousine eine Weile spazierenzufahren. Stolz wie die Spanier hockten wir dann im Fond, drückten unsere Nasen von innen an den Fenstern platt, denn wir hofften inständig, von recht vielen Freunden in unserer Sternstunde bemerkt und bewundert zu werden. Was unseren Status in geradezu schwindelnde Gefilde heben würde.

Der Onkel Sahm ließ sich, als die Nazis bereits am Ruder waren, zu einem Geburtstag meines Vaters ein überaus originelles, mit eigener Hand gebasteltes Geschenk einfallen. Er hatte in mühevoller Kleinarbeit über Monate hinweg eine Klorolle, Blatt für Blatt, mit so vielen politischen Witzen beschrieben, wie ihm eben nur erzählt worden waren. Monatelang muß er daran gearbeitet haben. Wenn man bedachte, daß jeder Witz ein paar Jahre Zuchthaus kosten konnte, besaß diese einmalige Gabe einen kaum schätzbaren Wert. Leider gab es nicht allzu viele Leute, mit denen man diesen Kunstgenuß zu teilen wagte. Ob die Rolle dann den ihr vorgezeichneten Lebensweg gegangen ist, daran konnte sich später niemand mehr erinnern.

Im Gehege war in das Haus an der Ecke der ehemalige deutsche Botschafter in Washington mit Familie eingezogen, mit seiner bildschönen und hocheleganten Frau, der Tochter, pausbäckig wie der Vater, und dem nach letzter Mode getrimmten Foxterrier. Zwischen den Familien kam es sehr bald zu einer Art von nachbarlichem Verkehr, dem allerdings aus politischen Gründen keine Dauer beschieden war, der aber zunächst dazu führte, daß der Botschafter und seine Frau zu einem von Annas selbstgekochten Galadiners im kleinen erlesenen Kreis erstmalig eingeladen wurden.

Die Schnepfen waren rechtzeitig eingetroffen, und die Anna hatte als Nachtisch ihre berühmte Götterspeise fabriziert. Die bestand aus in Rum getränktem Pumpernickel, Schattenmorellen und geschlagener Sahne – in verschiedenen Lagen übereinander geschichtet. Schon wegen des Alkoholgehaltes war gerade dieses Kunstwerk für mich ebenso begehrenswert wie gänzlich ungeeignet. Dem Ehrengast schmeckte die Köstlichkeit anscheinend ganz hervorragend.

Als dann der Abend vorbei und die Gäste fort waren, begehrte mein Vater Annas Meinung über Seine Exzellenz zu hören. Obwohl er gern die vox populi als »Vox Rindvieh« bezeichnete, hielt er vom Urteil der Anna viel. Der Botschafter hatte im übrigen ein reichliches Trinkgeld für sie in der silbernen Schale im Entree hinterlassen. Was jedoch seine Wertschätzung in den Augen der Anna betraf, so nützte ihm diese Großzügigkeit sehr wenig.

»Der 'Ärr Botschafter?« so ließ sie sich vernehmen, »der his kein feinärr Mann! Zum hersten Mal him 'Ause hund gleich dreimal von der Nachspeise genommen!«

Gesellschaftlich war der Mann damit für sie erledigt.

Da lobte sie sich den französischen Botschafter François-Poncet. Der war nun wirklich vornehm! Hätte der vielleicht schon dreimal von irgend etwas genommen? Dazu kam natürlich noch, daß er sie mit der ausgesuchtesten Höflichkeit behandelte. Viel fehlte nicht, und er hätte ihr die Hand geküßt! Schon deshalb erlaubte sie dem Mädchen niemals, ihm die Tür zu öffnen, wenn die schwarze Diplomatenlimousine mit der Trikolore vor dem Haus hielt. Ihn persönlich in Empfang zu nehmen stand ihr allein zu.

Diesen Vorzug teilte Monsieur François-Poncet nur noch mit Kaiserlichen Hoheiten und dem amerikanischen AP-Korrespondenten Louis P. Lochner, der als Sohn einer deutsch-adeligen Mutter ein vollkommen akzentfreies Deutsch sprach und sogar richtiggehend berlinern konnte, was uns Kinder entzückte.

Der Dicke kam genau in dem Jahr in die Schule, als man mich nach nur drei Vorschulklassen ins Lyzeum steckte. Herr Mayer hatte sich vom Lehrerdasein ein für alle Male verabschiedet, und so wurde für den Dicken und ein Dutzend anderer illustrer Kinder eine neue Privatschule aufgemacht. Man hatte darin jetzt schon einige Übung. Allerdings stand der Raum auf dem Gutshof leider nicht mehr zur Verfügung. So bezog man ein für Schulzwecke umfunktioniertes, geräumiges Zimmer in einem der Reichsbankhäuser. Ewald Tillmann hieß der Lehrer, trug einen goldenen Kneifer sowie einen schütteren Zickelbart und, er brachte seinen eigenen Rohrstock mit.

Zur Feier seines Eintritts ins Schulalter hatte der Friseur an der Ecke, der nur wenig später in die schwarze SS-Uniform steigen sollte, dem Dicken unter dessen unablässig fließenden Tränen mit der kalten Schere die Pagenfrisur gestutzt: Nun sah er zu seinem Schrecken wie ein *richtiger Junge* aus. Meine Mutter warf einen etwas resignierten Blick auf seinen freigeschorenen Hinterkopf. Nein, in der Tat, den langen schmalen Schädel seines Vaters hatte der Junge nun einmal nicht. Würde denn trotzdem etwas aus ihm werden?

Die Woche vor meinem neunten Geburtstag fand mich in der Sexta des Lyzeums Im Gehege. Natürlich war ich nicht nur die Kleinste, sondern obendrein auch noch ein Jahr jünger als all die anderen.

»Sexteklecker – Arschablecker!« schrien uns die Quintanerinnen hinterher. Das hatten sie im letzten Jahr selbst zu hören bekommen!

Ich war immer noch so unterirdisch winzig, daß eine Dame sich im Schreibwarengeschäft, wo ich selbständig meine Schulutensilien für die Sexta einkaufte, leutselig zu mir hinunterbeugte, um sich zu erkundigen, ob ich denn »auch schon« in die Schule käme? Ich war derart gekränkt, daß ich ihr Annas wendische Version vom Gruß des Götz von Berlichingen entbot. Davon wuchs ich aber leider auch nicht.

Sextanerin! Nur eine meiner früheren Mitschülerinnen war mit mir auf das gleiche Lyzeum übergegangen, die anderen wanderten ab in die Luisenstiftung, von uns verächtlich als »Nonnenaquarium« bezeichnet. Wir fanden, da gingen nur die Doofen hin.

Die Nachmittage verbrachten mein Bruder und ich seit neuestem damit, auf die Jagd zu gehen. Der Dicke hatte nämlich zum Geburtstag ein Luftgewehr erhalten, und ich mußte ihm schließlich zeigen, was man damit alles anrichten konnte. Für Kellerfenster brauchten wir jetzt keine Steine mehr, plopp, und die Sache war gelaufen.

Der ältliche, durchaus gutmütige und für uns zuständige Polizist beim Revier in der Cecilienallee raufte sich bereits die grauen Haare, wenn er nur unsere Namen hörte. Schon wieder diese Racker, und dabei die Eltern so anständige und richtig vornehme Leute.

Wir wußten schon, was die Glocke geschlagen hatte, wenn das zweifellos allmächtige Auge des Gesetzes sein Fahrrad umständlich vor dem Haus abstellte. Die Schöße der Uniform hatte der Wachtmeister zuvor schon säuberlich nach oben geknöpft, damit sie ihm nicht etwa in die Speichen gerieten. Er drückte den Tschako fester und zog das dicke Notizbuch aus der Brusttasche. Das wievielte Kellerfenster war das nun eigentlich? Diese Teufelsbraten, besonders die Kleine!

Sorgenvoll ließ er seine Blicke über die Front des Hauses schweifen, drückte die Klingel und betrat mutig die Höhle des Löwen. Eigentlich doch ein bißchen toll, was ihm da auf dem Revier wieder vorgetragen worden war. Wenn das seine Kinder wären!

Nachdem er dann das von Amts wegen zunächst für einen Monat konfiszierte Luftgewehr auf dem Gepäckträger verstaut hatte, balancierte der Gesetzeshüter sein hohes Fahrrad zurück zum Revier. Wieder war ein Bericht fällig – für die Akten.

Ich hatte es im Scharfschießen zu einer wahren Meisterschaft gebracht. Vor allem die Nachbarinnen zur Linken sangen davon ihr trauriges Lied. Denen hatte ich zielsicher kreisrunde Löcher in ihre auf dem Balkon zum Trocknen aufgehängten, innen angerauhten Unaussprechlichen gesetzt. Die hatten sie erst für Mottenlöcher gehalten.

Leider kam es aber dann so weit, daß man mir alle in der Gegend verübten Missetaten automatisch in die Schuhe schob. Der einzige, der noch wirklich über alle die echten und angedichteten Streiche lachte, war der Kaiser in Doorn, aber der war ja auch weit weg vom Schuß und hatte den Ärger nicht.

Was unsere Bildung anbetraf, so waren sich unsere Eltern in einem Punkt einig: So früh wie irgend möglich sollten wir eine zweite Sprache so gut wie unsere Muttersprache beherrschen lernen. Meine in Colmar geborene Mutter plädierte für eine französische Hauslehrerin, mein Vater aber bestand auf einer Engländerin. Englisch sei nun einmal die unbestrittene Weltsprache, und eines Tages würden profunde Kenntnisse uns sehr zugute kommen.

Womit er recht behalten sollte.

Also kam Betty ins Haus. Sie stammte aus einem Londoner Vorort und war uns von der englischen Cousine meiner Mutter, Alice O'Reilly, empfohlen worden. Ihre Kleider endeten so kurz wie möglich eben unter dem Popo, die Haare trug sie zu einem modernen Bubikopf geschnitten, mit Herrenwinkern an den Seiten, und sie verstand kein einziges Wort Deutsch. Das alles fand die Anna übertrieben. Wir hatten Betty gern, die fand unsere Streiche großartig und verpfiff uns nicht, ebenso wie ihre langmähnige Schwester Joy, die sie nach sechs Monaten ablöste.

Dann kam zur Abwechslung eine Französin, Mademoiselle Dumont, von der Anna die Matmasell genannt. Meine Mutter schwelgte in der Sprache ihrer frühen Kindheit, aber Matmasell konnte sich wohl mit Annas Kost nicht anfreunden und verließ uns sichtbar angewidert – Quel horreur! – schon nach sechs Wochen.

Ihr folgte auf dem Fuße Nell aus London, die eigentlich Helen hieß, und sie wurde von uns allen sofort ins Herz geschlossen. Der Dicke und ich brachten ihr Ausdrücke bei, deren sie sich aber, Gott sei Dank, in der Öffentlichkeit nur mit äußerster Vorsicht bediente. Es fehlte nicht viel, und sie hätte um ein Haar den verwitweten Onkel Eberhard geheiratet, aber irgend etwas hatte da wohl nicht geklappt. Und darüber waren wir sehr betrübt.

Eines stand fest: Wie fürchterlich spätere Zeugnisse auch

waren, die ich nach Hause brachte, im Englischen hatte ich immer eine Eins. Manchmal nur zögerlich von der betreffenden Lehrerin gegeben, denn wer läßt sich als Respektsperson schon gern von einer Rotzgöre verbessern?

Erbprinz Albrecht von Bayern

Für die nächsten Sommerferien hatte sich mein Vater etwas ganz Besonderes ausgedacht. Die ewigen, wenn auch sehr preisgünstigen Familienbesuche auf den pommerschen, westpreußischen und märkischen Gütern hingen ihm endgültig zum Halse heraus, zumal sich auch unter den Verwandten einige befanden, die der braunen Verpestung Sympathie entgegenbrachten. Zudem langweilten die öden Unterhaltungen, wechselweise über Kartoffeln und Hackfrüchte sowie die nächste Grüne Woche in Berlin. Und dann noch die dauernde Unkerei wegen der zu erwartenden schlechten Ernte, die dann erfahrungsgemäß hervorragend ausfiel.

Bei einem solchen Sommeraufenthalt im polnischen Korridor wurde ich von der Tochter des Hauses schön hereingelegt. Meine Hose solle ich herunterziehen und Spaziergängern im Park meine blanke Hinterseite entbieten, hatte mich die um drei Jahre Ältere scheinheilig angewiesen, das wäre bei ihnen so Sitte. Ich Rindvieh hab' das auch noch mit Begeisterung gemacht. Allerdings hatte ich nur ein einziges Mal Gelegenheit dazu, dann schritt die Anna ein.

Berchtesgaden hieß das neue Ferienziel, und die Anreise erfolgte per Bahn. Die Anna kam natürlich mit, sitzend in der Holzklasse, wir im Liegewagen dritter Güte. Gleichfalls mit von der Partie: die unförmige, riesige Plaidrolle und der Freßkober, unentbehrliche Gegenstände, deretwegen ich in späteren Jahren meine Familie am liebsten verleugnet hätte. Kein Mensch reiste mehr mit Plaidrolle, und essen taten andere jedenfalls im Speisewagen.

Wieso wir denn nicht?

Sparen – sparen – sparen war dann das stereotype Argument meines preußischen Vaters, dem meine Mutter ohne Einschränkung beipflichtete. Speisewagen, das wäre ja noch schöner. Was käme denn als nächstes? Vielleicht wollten wir ja das Flugzeug nehmen? Und Kaviar schlemmen?

Berchtesgaden, dieses einmalig schöne Fleckchen Erde, so würde sich bald herausstellen, war aber leider schon besetzt. Jedenfalls sollte mein Vater zu der Einsicht gelangen, daß für den, der eben im Begriff war, sich auf dem Obersalzberg häuslich einzurichten, und unsere Familie in der Gegend nicht genug Platz war.

Dieser Obersalzbergler trug zu seiner Gardinentolle auch noch einen bürstenartigen Schnurrbart.

Also ... das Ganze noch einmal von vorn. Auf Empfehlung eines Freundes der Familie fuhren wir in den nächsten Sommerferien in das südlich vom Tegernsee gelegene Dorf Kreuth.

Und Kreuth wurde dann in der Tat ein Volltreffer!

In einem uralten Bauernhaus nahe der Kirche bezogen wir die unten gelegene Bauernstube und im ersten Stock zwei Schlafzimmer sowie eine Kammer für die Anna.

Wir schliefen in hohen Bauernbetten unter schweren Federkolossen, die wundervoll muffig rochen. Direkt unter unserem Fenster krähte ab vier Uhr morgens unermüdlich der Hahn. Leider war es mir nicht gelungen, das Luftgewehr in die Plaidrolle zu schmuggeln.

Fließendes Wasser gab es, Gott sei Dank, im ganzen Haus nicht, also wurde die tägliche Waschzeremonie auf ein absolutes Minimum gedrosselt. Lediglich vor dem Haus gab es einen Brunnen. Als Trog diente ein ausgehöhlter Baumstamm, in den ständig strömendes Wasser plätscherte.

Kochen mußte die Anna in der Bauernküche. Was sie aber

noch weit mehr störte, war, daß die Bauern alle aus einer Schüssel aßen. Und sich ewig bekreuzigten.

Die größte Attraktion für den Dicken und mich war konkurrenzlos das Fallklo, das man im ersten Stock über den Gang und schwankende Bretter erreichen konnte. Es zu finden, war nicht schwer, man brauchte nur seiner Nase zu folgen. Wir erreichten im Laufe der Zeit durch unermüdliches Training eine gewisse Fertigkeit, mittels einer Taschenlampe das Irdische in rasender Geschwindigkeit auf seinem Weg nach unten zu verfolgen. Es klappte allerdings nicht immer.

Südlich vom Ort, am Fuß der Blauberge, liegt der Kurort Wildbad Kreuth, und dort wohnte jemand, der gleichfalls einen kleinen Schnurrbart besaß. Aber an dem hatten weder meine Eltern noch wir Kinder etwas auszusetzen.

Der Erbprinz Albrecht von Bayern war der älteste Sohn des bayerischen Kronprinzen Rupprecht, wiederum selbst ältester Sohn des letzten Bayernkönigs Ludwig des Dritten. Auf seinen Thron hatte Rupprecht nach dem verlorenen Krieg zwar nie verzichtet, König war er trotzdem nicht mehr geworden. Still und zurückgezogen lebte er in Leutstetten, wo ihm mein Vater bei jedem Aufenthalt in Kreuth seinen Besuch abstattete. Allerdings ohne uns Kinder.

Wir kamen dafür beim Prinzen Albrecht und seiner Familie voll auf unsere Kosten. Nicht nur, weil der Hausherr ungemein komische Geschichten im unverfälschten oberbayerischen Dialekt erzählen konnte, sondern uns Kindern mit diebischer Freude neuartige Tricks beibrachte, deren Anwendung uns bei den Lehrern ganz bestimmt besonders beliebt machen würde.

Der Enkel Ludwigs des Dritten erfreute sich ungeheurer Beliebtheit unter »seinem« Volk. Er war ganz einfach der »Kini« und dazu das, was man ein »Urviech« nennt. Er trug Lederhosen, duzte sich mit den Bauern der Umgebung und war für jeden Streich zu haben. In ihrem bescheidenen Hause führte die Familie Wittelsbach das denkbar einfachste Leben.

Zum Vergnügen hielt der Prinz sich eine Taubenzucht, aus der er uns großzügig und grinsend einige Eier schenkte, die, wie er versicherte, schon sehr, sehr alt waren. Wenn sie zerbrächen, so verriet er uns, stänken sie wie die Pest, darauf wollte er sein Ehrenwort verwetten. Einem Lehrer sollten wir sie in die Jackentasche stecken und dann kräftig draufhauen, der Erfolg liege dann sozusagen auf der Hand beziehungsweise in der Tasche. Das könnten wir doch wohl, wie? Wir waren begeistert. Das lag ja haarscharf auf unserer Linie.

Mein Vater war über diesen Vorschlag nicht sehr erfreut, mußte aber gottlob in Gegenwart Seiner Königlichen Hoheit mit seiner Meinung etwas hinter dem Berg halten. Auch dann, wenn dieser uns hie und da mit einem Glas Himbeergeist erfrischte. Der war hochprozentig! Und hinterher schien man irgendwie zu schweben.

In jedem der folgenden Jahre waren die Mahlzeiten mit dem Erbprinzen, seiner Frau und den drei Kindern in dem bescheidenen Bauernhaus im Wildbad Kreuth der absolute Höhepunkt unseres Ferienaufenthaltes. Das vierte Kind, ein kleiner Junge, lag noch in der Wiege. Im Zusammenhang mit dem erbprinzlichen Paar hörte ich übrigens zum zweiten Mal die Vokabel »nicht ebenbürtig«. Die Prinzessin war vor ihrer Ehe eine ungarische Gräfin gewesen.

Beim Essen in der großen bäuerlichen Stube wieselten die Hunde unter dem Tisch herum, und einer von ihnen, der steinalte Wastl, ließ ab und zu einen gewaltigen Furz ab, der jedesmal von der Familie irgendwie anerkennend kommentiert wurde.

Während der Mahlzeiten unterhielt uns der Erbprinz mit Geschichten, die so unbeschreiblich komisch waren, daß wir fürchten mußten, vor Lachen zu ersticken.

Da war besonders die detaillierte Beschreibung einer Fürstenbeerdigung, die sich bei uns großer Beliebtheit erfreute: Die gesamte Trauergemeinde war damals in der Kirche versammelt, als dem Prinzen plötzlich eine diabolische Idee kam. Auf der Bank vor der seinigen lag eine Pickelhaube, die ihr in frommem Gebet stehender Besitzer dort deponiert hatte. Sie brauchte nur ein wenig verschoben zu werden. Als der brave Mann sich wieder hinsetzen wollte, wurde er zum unfreiwilligen Fakir. Mit dem Allerwertesten landete er natürlich prompt auf der sehr spitzen Spitze. Wenn man den Worten des Erzählers glauben konnte, hat er dann: »gschriagn oiswiera Hirsch« und dem corpus delicti einen so gewaltigen Tritt versetzt, daß es »wiera Schmetterling d' Stufen 'nunter g'hupft is«.

Die schulpflichtigen Töchter, Zwillinge mit braunen Zöpfen, die niemand auseinanderhalten konnte, erhielten nicht etwa Privatunterricht von einem Hauslehrer. Sie liefen jeden Morgen – im Sommer barfuß, im Winter auf Skiern – die fünf Kilometer bis zum Dorf Kreuth, um dort die Dorfschule zu besuchen. Da gab es nur eine einzige große Schulstube für alle Kinder, und der Rohrstock vom legendären Hauptlehrer Rehle kannte keine Klassenunterschiede. Sparsam genug ging er allerdings damit um, und die Kinder liebten ihn mehr, als sie ihn fürchteten.

Das Fürchten lehren sollte der brave Mann am Ende des Krieges nur die Nazis. Als die ersten Amerikaner ins Dorf zogen, verwies man sie sofort an ihn als gestandene Respektsperson ohne Furcht und Tadel. Er konnte ihnen nicht nur Auskunft über SS-Truppen geben, die sich noch in den Bergen verschanzt hatten und damit eine Gefahr für das Dorf darstellten. Er führte sie selbst zu den Nestern, um sie genüßlich mit auszuheben. Was die Verständigung anbetraf, so ging das nach seinen eigenen Worten ganz großartig. »Do san d'Amis kimma und haben mi g'frogt, du ju schpiek inglisch? Und da hob i hoit g'sogt: a bütt!«

Für meinen Vater und den Dicken stand vor allem das Bergsteigen an alleroberster Stelle. Mich brachte man da nur mit fürchterlichen Drohungen hinauf. Ich latschte dann übelgelaunt hinterher, und das verdarb erfahrungsgemäß allen das Vergnügen, so daß man mich in Frieden und zu Hause ließ. Zu meinem Leidwesen meist in der Obhut meiner Mutter, die sich bei Abstiegen regelmäßig einen Knöchel verknackste, was meinen Vater noch mehr irritierte als die Migräneanfälle.

Ganz besonders der Hausberg von Kreuth, der Leonhardstein, in der Gegend nur der »Stoana« genannt, war es, der es Vater und Sohn angetan hatte. Eine Art von Minimatterhorn, dessen Besteigen von der Südwand her allerdings mit gewissen Gefahren verbunden war. Die Nordwand hingegen war ganz gemütlich zu erklimmen. Vor der ersten Besteigung schickte mein Vater dem Kaiser in Doorn eine Karte, auf welcher der Berg unverhältnismäßig furchterregend dräute. »Diesen Berg werde ich morgen besteigen!« So lautete der Text an den Doorner Holzfäller.

Und keine drei Tage später kam dann ein Telegramm: »bitte vorsicht beim besteigen dieses berges stop wilhelm«.

Die Aussicht, durch einen immerhin möglichen Absturz seines unentbehrlichen Vertrauten beraubt zu werden und damit der Hermine schutzlos ausgeliefert zu sein, hatte den Alten wohl mit hellem Entsetzen erfüllt. Die Warnung kam zwar erst an, nachdem die Unternehmung stattgefunden hatte, aber die Sache war auch ohnedies gutgegangen.

An das Wohnhaus am Kirchberg mit seinen hängenden Geranien auf dem Balkon war der Stall gleich angebaut. Das war bei allen anderen Gehöften ebenso. Von der Küche aus bestand ein direkter Zugang zum Vieh. Die Anna rümpfte die Nase. Und nicht nur darüber. Die Fliegenschwärme, die es ja vom Stall bis ins Haus nicht weit hatten, widerten sie an. Überall hingen klebrige Korkenzieherlocken, Leimschlangen, an denen die Fliegen festhingen und herumzappelten; und gnade Gott dem, der mit den Haaren daran kam.

Im Stall standen nur wenige Kühe, denn die meisten waren für die Sommermonate auf die Alm im Österreichischen getrieben worden.

Der Stall wurde zu meinem erklärten Lieblingsquartier, es machte großen Spaß, hinter einer Kuh so lange zu warten, bis sie den Schwanz hob und den riesigen Spinatklecks fallen ließ, um dann mit nackten Füßen in den warmen Matsch zu springen. Ku-Ka-Ke – das wurde einem in Berlin jedenfalls nicht geboten!

Gleichfalls im Stall verblieben war Germanius, und der versah den anstrengenden Dienst eines Dorfbullen. Vor dem wurden wir immer wieder gewarnt, daß er sich losreißen und uns aufspießen könnte. Offenbar war er bei den Kühen im Ort so beliebt, daß die sich immer wieder von ihren Besitzern den Berg hochschleppen ließen, um ihn zu besuchen. Dann wurde er an seinem Nasenring vor den Stall geführt, wo die Kuh auf ihn wartete. Er schnaubte furchterregend.

Genau diesen Moment paßte meine Mutter jedesmal ab, um uns ins Haus zu rufen und etwas ganz Dringendes mit uns zu besprechen. Und zwar vorn in der Wohnstube mit dem Kruzifix in der Ecke. Das hing schräg, und ich hatte immer Angst, daß der geschnitzte Herr Jesus eines Tages abstürzen könnte. Auf alle Fälle war uns von dort aus der Blick auf den Platz des Stelldicheins hinten am Stall unmöglich gemacht worden.

Es dauerte nicht lange, bis uns dämmerte, daß uns da etwas sehr, sehr Sehenswertes absichtlich vorenthalten wurde.

Dem auf die Sprünge zu kommen, machten wir uns zur Aufgabe. Die Vorzeichen eines Kuhbesuches lernten wir schnell zu deuten und versteckten uns dann in der Scheune, wo wir uns rechtzeitig einen guten Logenplatz reservierten. Ich war auf der Domäne Dahlem schon mit gewissen einschlägigen Erfahrungen konfrontiert worden. Nur, das waren Schweine gewesen, die eben mit Recht so hießen.

Aber Kühe? Wie der schwere Bulle da hinaufsprang, die Kuh ging ja beinah in die Knie. Der Dicke hatte Tränen des Mitleids in den Augen. Das war ja direkt Tierquälerei, und wir waren doch im Tierschutzverein. Er fand das gemein. Anzeigen müßte man das!

Ich war mir da nicht so sicher.

Fest stand, daß der Hahn dabei auch zugeguckt haben muß, denn er versuchte es prompt nachzumachen. Er nahm sich eine bestimmte Henne vor, die kreischend vor ihm Reißaus nahm, aber dann schließlich nach einer wilden Jagd doch eingeholt wurde. Und dann erging es ihr wie der Kuh, oder jedenfalls so ähnlich.

Irgend etwas Mysteriöses ging da vor, und wir kamen überein, eine fachmännische Meinung einzuholen. Aber von wem? Auf unsere Eltern konnten wir da nicht bauen, was wußten die denn schon von Kühen und Hühnern? Der Knecht, der Hansl, den wir gezielt ansprachen, hatte nur verlegen gelacht. Wir schlossen daraus messerscharf, daß auch der nicht Bescheid wußte.

Im Laufe der Zeit begann mir da aber ein Zusammenhang zwischen den Vorgängen hinter der Scheune und einer Tätigkeit zu dämmern, die »Koibiziagn« hieß.

»Magst mit zum Koibi?« hatte die Bäuerin mich gefragt, und natürlich hatte ich begeistert genickt.

Das »Koibiziagn« fand hinter einer Kuh statt. In der steckte ein Kalb, dessen Vorderbeine schon aus dem Hinterteil ragten, und an die band man einen Strick. Nun galt es mit aller Kraft zu ziehen, die Kuh stemmte sich. Bis dann der Kopf und schließlich und endlich das ganze Kalb aus der Kuh heraus war und auf dem Stroh landete. Es hing aber immer noch an einer Art Kabel, das bei näherem Hinsehen Ähnlichkeit mit einem glibberigen überdimensionalen

Regenwurm aufwies, an dem sich das Kalb von der Mutter abgeseilt hatte.

Nach einer Weile machte es dann »plopp« und aus der Kuh kam hinten noch eine widerlich-blutige Qualle, die mitsamt dem Kabel auf den Boden platschte. Ob die Kuh nun sterben müßte, fragte ich entsetzt. Schmarrn, das sei die Nachgeburt, wurde ich belehrt. »Und nun sei stad!«

Das noch nasse Kalb rieben wir mit Stroh trocken und freuten uns, daß sich die Mutter freute.

Meine Eltern hatten keinen Schimmer von der Art des Anschauungsunterrichtes, den ich da für mein Leben erhielt.

Die Kirche mit ihrem spitzen hohen Turm und dem Friedhof rings herum hatte es mir angetan, sie zog mich geradezu magisch an. Während der Messe schlich ich mich zwischen die Andersgläubigen. Der Gottesdienst gefiel mir viel besser als unserer in Dahlem. Heimlich übte ich vor dem Spiegel, wie man sich bekreuzigt. Es ging schon ganz von selbst!

Unserem Hauswirt als Kirchbauern oblag es, an jedem Abend der Woche für das »Gebetläuten« zu sorgen. Dieses Amt versah die Kathi, und ihr schloß ich mich allabendlich an. Mit einem allmächtigen Schlüssel wurde der Kirchenraum aufgeschlossen. Dann tauchte sie eine Hand in das kleine Becken in der Wand und schlug das Kreuz, während sie gleichzeitig in einem tiefen Knicks versank. Ich tat es ihr natürlich nach, und der Herr Jesus, der vorn über dem Altar am Kreuz hing, schien nur darauf zu warten, daß ich katholisch werden würde.

Das sollte mein nächstes Ziel sein!

Durch eine kleine Tür erreichten wir die Kammer, von der aus eine schmale Holzstiege zum Glockenturm hinaufführte. Vier lange Seile hingen dort herunter. Und an einem von ihnen begann die Kathi mit aller Kraft zu ziehen, bis die Glokke hin und her zu schwingen und zu läuten anfing. Erst die mittelgroße – mit zwei Pausen; dann die kleine – mit einer Pause.

Auf den Wiesen rings umher unterbrachen beim Klang der Glocken die Bauern und die Knechte ihre Arbeit, entblößten ihre Köpfe und sprachen, genau wie die Frauen in Küche und Stall, das vorgeschriebene Abendgebet. Am Freitag eröffnete die größte Glocke das Gebetläuten – mit drei Pausen.

Als ich das erste Mal versuchte, eine Glocke in Gang zu bringen, riß es mich wie mit Geisterhänden hoch. Aber mit der Zeit und viel Übung erreichte ich trotz meines Fliegengewichts eine solche Fertigkeit im Gebetläuten, daß die Kathi mir sehr bald den Kirchenschlüssel abends übergab und mir das Läutamt überließ. Sogar Hochwürden, der alte »Herr Pfarr«, drückte beide Augen zu. Denn am Klang des Läutens war nun wirklich nichts auszusetzen.

Manchmal kam der Dicke mit, und dann graulten wir uns gemeinsam vor irgendwelchen Gespenstern in der kalten dunklen Kirche um die Wette. Oder auch vor gerade Verstorbenen, die man drei Tage lang im offenen Sarg in der kleinen Leichenhalle aufbahrte. An deren Fenster drückten wir uns die Nasen platt.

Meine Eltern hatten sich vom berühmten Trachten-Winkler, dem Kreuther Schneidermeister, bayrisch einkleiden lassen. Meine Mutter besaß nun etliche Dirndln für alle Gelegenheiten, und mein Vater trug eine Trachtenjoppe zu seinen Lederhosen und auf dem Kopf einen Filzhut mit Gamsbart.

Offenbar meinte mein Vater, wenn er auf der Straße dann noch fleißig mit »Griaß Goot!« grüßte, daß er unweigerlich für einen Einheimischen gehalten werde. Es war entsetzlich! Ich ging dann immer gern auf die andere Straßenseite und tat, als ob ich nicht zu ihm gehörte.

Für seine Bergwanderungen mit dem Dicken besorgte er sich beim Metzger Hartwurst als Proviant.

»Ist da auch kein Knoblauch drin?« erkundigte er sich, denn den konnte er angeblich nicht vertragen. Wahrscheinlich aber wußte er nicht einmal, wie der überhaupt roch.

»Nana, Herr Baron, dös is a echte bayrische Ge-birgswurst, luftgetrocknet, da is ka Knoblauch drin. Pfüa Goot, Herr Baron!«

Da war er zufrieden.

Das original bayerische Wursterzeugnis bestand praktisch nur aus Knoblauch.

Anfang und Ende meiner Zirkuslaufbahn

Eines Tages kam ein winziger Wanderzirkus über die Landstraße von Tegernsee her ins Dorf gezuckelt und schlug neben dem Gasthof »Batznhäusl« sein Quartier auf. Ein Zelt war nicht vorhanden, dazu war der Betrieb zu klein und die Familie zu arm. Und deshalb konnte die Vorstellung nur bei günstiger Witterung stattfinden. Jahr für Jahr klapperte das Unternehmen mit seinen zwei Wagen, die von je zwei struppigen kleinen Pferden gezogen wurden, die bayerischen Kurorte ab. Gewöhnlich dauerte ein solcher Aufenthalt drei Tage – falls genug Zuschauer die Kassen füllten und das Wetter mitmachte.

Zwar verfügte der Zirkus weder über zahme noch wilde Tiere, aber atemberaubende Kunststücke waren das schon, die da von den einzelnen Familienmitgliedern, soweit sie über drei Jahre alt waren, vorgeführt wurden. Am Boden und hoch oben in der Luft.

Unten stemmte die Frau Direktor in einem schwarzen Pluderhosengewand unglaublich schwere Gewichte und Eisenstangen. Bevor sie eine dieser Zentnerlasten in die Luft hievte, feuerte sie sich selbst mit einem lauten »Alleh hopp!«

an. Im weiteren Verlauf des Programms turnte sie dann mit einer brennenden Kerze auf dem Kopf durch einen winzigen Reifen.

Zwischen den Auftritten ging sie mit einem Teller ins Publikum, um Geld zu sammeln, oder sie verschwand im Wohnwagen, um dem jüngsten Familienmitglied die Brust zu geben. Das hatte ich auch noch nie gesehen.

Der Herr Direktor hielt zur musikalischen Untermalung der artistischen Darbietungen das uralte Grammophon mit Trichter hinter der Szene in Gang. Er war, wie wir später erfuhren, Kriegsversehrter und für Kunststücke daher ungeeignet, wenn man von seiner Beteiligung an der Vermehrung der Familie um jährlich einen Esser absah. Unablässig drehte er die Kurbel und nahm dazwischen lange Schlucke aus einer Flasche. Ab und zu folgte er einer Aufforderung des Clowns, seines ältesten Sohnes Gustav, sich in die Manege zu bemühen – »Herr Direktor, kommen 'S doch mal zu mir!« –, wo er als stummer Partner einen von dessen dummen Witzen entgegenzunehmen hatte.

Der unbestrittene Star der Sippe war jedoch Mariechen, die hoch über dem atemlosen Publikum, einen kleinen Schirm in der Hand, erst auf dem Drahtseil balancierte und zum Schluß mit einem Zeh am Trapez schaukelte.

Das mußte ich unbedingt auch lernen, denn mein zukünftiger Beruf stand ja nun fest: Artistin! Seiltänzerin und Trapezkünstlerin. Ich beschloß, mit der interessanten Zirkusfamilie Kontakt aufzunehmen, und lungerte vor den Wagen so lange herum, bis es mir gelang, Mariechen in ein Gespräch zu verwickeln. Wir waren im gleichen Alter, aber sie war viel kleiner als ich, und ihr Körper schien aus Gummi zu bestehen. Ich schleppte sie mit nach oben auf den Kirchberg und stellte sie meinen Eltern vor. Die fanden das im Gegensatz zur Anna ganz in Ordnung und luden das Zirkuskind sofort zum Mittagessen ein.

Mariechen aß mit dem Messer, und zwar ausschließlich. Die Gabel benutzte sie, um damit sehr geschickt Fleisch und Gemüse auf das Messer zu häufeln. Das zog sie dann durch den Mund, ohne sich auch nur ein einziges Mal zu schneiden. Meine Eltern zeigten taktvollerweise ihre leichte Befremdung darüber nicht, und mein Vater behandelte meine neue Freundin wie eine Dame.

Angesichts ihres goldfarbenen Vorderzahnes konnte er jedoch nicht an sich halten und ließ sich zu der Frage hinreißen, ob sie denn schon die zweiten Zähne habe. Die erstaunliche Antwort lautete: »Die *dritten*!« Den Goldzahn, den habe sie sich extra machen lassen, weil der im Scheinwerferlicht so schön blitzte, wenn sie da oben am Trapez hing. »Echt Gold?« wollte er es nun genau wissen. »Echt Blech«, konterte die Künstlerin und spießte sich eine Kartoffel mit der virtuosen Treffsicherheit eines professionellen Schwertschluckers in den Mund. Meinem Vater muß daraufhin wohl die Serviette heruntergefallen sein, nach der er auffallend lange unter dem Tisch suchte. Als er wieder auftauchte, war er zu weiteren Fragen nicht mehr in der Lage.

Mariechen und ihre Geschwister, die allesamt auftraten, sobald sie laufen konnten, unterlagen vom sechsten Lebensjahr an der allgemeinen Schulpflicht. Sie hatten also in jedem Ort, wo der Zirkus sich aufhielt, die Schule zu besuchen, bis sich die kleine Karawane zum nächsten Ort bewegte. Das fand ich toll. Mariechen war allerdings nicht imstande, zu schreiben oder zu lesen.

Im benachbarten Bad Wiessee schlug dann eines Abends unvermutet Mariechens Sternstunde. Der Direktor des Berliner Varietés »Wintergarten« befand sich unter den Zuschauern und war von ihrem artistischen Können so hingerissen, daß er sie vom Fleck weg nach Berlin engagierte.

Leider hatte er die Rechnung ohne den Wirt, das Gesetz, gemacht. Und das verwehrte einem Kind, allein und außerhalb der Familie nach 8 Uhr abends aufzutreten. Das war nur in Nachmittagsvorstellungen gestattet.

Der Direktor ließ nicht locker, bis er in den Bestimmungen eine Lücke fand, die es ihm ermöglichte, einen Monat lang in seinem Programm ausschließlich Kinder auftreten zu lassen.

Mariechen wurde für die Dauer eines Monats zum gefeierten Star des Berliner »Wintergartens«, mit einer Gage in schwindelnder Höhe. Natürlich besuchte sie mich in dieser Zeit in Dahlem. Während sie mit uns im Eßzimmer tafeln durfte, saß ihre Mutter bei der indignierten Anna in der Küche. Nach dem, was die uns später erzählte, war klar, von wem Mariechen die Kunst des Mit-dem-Messer-Essens so gut beherrschen gelernt hatte. In diesem Zusammenhang ließ die Anna wohl auch das Wort »Zigeunersche« fallen.

Ich hingegen schwamm in einem Meer von Seligkeit. Durch Mariechens Gegenwart erfuhr mein gesellschaftlicher Status eine Aufwertung ohnegleichen. Ausgesuchte Freunde durften am Nachmittag gegen ein Eintrittsgeld von zehn Pfennigen Mariechens Kunststücke auf dem Rasen im Garten bewundern.

Unter Mariechens allsommerlicher Anleitung mauserte ich mich in den folgenden Jahren zu einer passablen Bodenakrobatin und lernte sogar, sicher auf dem Drahtseil zu laufen. So gab ich bald unentgeltliche Vorstellungen auf dem Dach des Dahlemer Hauses, indem ich wie ein Wiesel mit einem kleinen Sonnenschirm den Dachfirst entlanglief und auf dem Schornstein harmlose Spaziergänger mit einer Brücke oder einem tadellosen Spagat – beides ließ an Professionalität nichts zu wünschen übrig – zu Tode erschreckte. Dann kam es schon vor, daß der eine oder andere in höchstem Entsetzen unsere Klingel betätigte und meine Mutter von meiner Darbietung in luftiger Höhe in Kenntnis setzte.

Ob sie vielleicht wüßte, daß da oben ein Kind …?

Ja, das wüßte sie, das sei ihre Tochter, aber sie wollte es gar nicht sehen. Und sie sollten ja nicht zu mir hinaufrufen, dann würde ich womöglich erschrecken und abstürzen! Den Kopf schütteln konnte man da ja nur über soviel Unvernunft einer solchen Rabenmutter! Direkt überlegen müßte man sich, ob man da nicht das Jugendamt oder besser noch die Polizei einschalten sollte.

Als im zweiten Kreuther Sommer der Zirkus nach den üblichen drei bis vier Tagen weiterzog, warf ich kurz entschlossen mein Fahrrad in den Gerätewagen und stieg im Wohnwagen einfach zu. Die allernotwendigsten Habseligkeiten hatte ich in einem Rucksack mitgebracht. Ich fiel nicht weiter auf, weil ich schon früher des öfteren bei Umzügen von einem Standort zum anderen mitgefahren war und beim Plakatieren geholfen hatte. Das fand nämlich während der Fahrt statt. Der Herr Direktor gab das Kommando, man sprang mit einem Plakat, das die bevorstehende Ankunft des Zirkus bekanntgab, vom Wagen und befestigte es in Windeseile an einem Baum. Um dann wieder hinter dem Wagen herzurennen und aufzuspringen. Angehalten wurde deswegen nicht, da vergeudete man kostbare Zeit.

Diesmal aber wollte ich für immer dabei bleiben.

Wir hatten Glashütte bereits passiert und näherten uns eben der österreichischen Grenze, da holte mich der Kreuther Gendarm, der uns, von meinen ahnungsvollen Eltern verständigt, nachgeradelt war, aus dem Wagen. Zuvor ging es scharf bergauf. Er mußte sein Rad schieben und gestikulierte schon wie wild von weitem. Aber wir guckten in die andere Richtung! Schnaufend, schwitzend und außer Atem hatte er uns endlich erreicht. Puterrot war er von der Anstrengung.

»Saudirndl, verflixtes! Joherrschaftsakramentkruzitürken!«

Das war das Ende meiner Zirkuslaufbahn.

Ziemlich bald nach unserer Rückkehr nach Dahlem wurde in der Familie ein folgenschwerer Entschluß gefaßt. Meine Eltern hatten sich entschieden, einen endgültigen Schlußstrich unter das Mieterdasein zu ziehen.

Ein eigenes Haus sollte her, und das wollte man nicht kaufen, sondern bauen. Wenigstens hatte meine Mutter diese Überzeugung meinem Vater wieder einmal erfolgreich als seine ureigene Idee suggeriert. Längst war ihr zu Ohren gekommen, daß auf einem noch unbebauten Grundstück, nur fünfzig Meter von uns entfernt, vier neue Reihenhäuser entstehen sollten. Ziemlich schmal würden sie allerdings ausfallen. Aber auch daran ließ sich etwas ändern, indem man statt der vier geplanten Häuser vielleicht nur drei erstellte? Zwei schmale und ein breites. Letzteres sollten wir bewohnen, und es würde uns wesentlich mehr Platz als das alte bieten.

Listig hatte sich meine Mutter mit dem Architekten auf diese Möglichkeit geeinigt, ehe sie ihrem Gatten die Vorschläge unterbreitete.

Der war zwar Feuer und Flamme, aber skeptisch, was die Finanzierung des Projektes anlangte. Zu einem Vermögen hatte er es seit der erst zehn Jahre zurückliegenden Inflation noch nicht gebracht. Aber als auch diese Hürde durch das Aufnehmen einer langfristigen Hypothek – Schulden immerhin – aus dem Weg geräumt war, wurde endgültig grünes Licht für den Bau gegeben.

Monatelang drehte sich alles zu Hause nur noch um ein Thema: die Baupläne, über denen Abend für Abend gebrütet wurde. Wer wo welches Zimmer bekommen sollte. Wie und woran gespart werden mußte. Parkettböden auch in den oberen Stockwerken? Nein! Vorn zur Straße hinaus noch ein kleiner Balkon? Unmöglich. Solnhofer Platten in der großen Diele? Unbedingt! Kieswege im Garten? Nie wieder! Steinplatten waren teurer, aber sauberer, ewig der Kies auf den Beeten. Vielleicht ein Steingarten? Großartig!

Auf der Erfüllung eines eigenen Wunsches aber bestand mein Vater. Im ersten Stock sollte es, was allgemein unüblich war, zwei Badezimmer geben: gekachelt, mit eingelassener Wanne, das der Eltern, Ölanstrich und eine Wanne auf Füßen für das Kinder- und Gästebad. Damit würde das bisherige Gewusel in diesem Bereich endlich ein Ende haben. Für alle Schlafzimmer wurden außerdem noch zusätzlich Waschbekken vorgesehen. Meine Großmutter fand das übertrieben.

Auch an der Haustür wurde nicht gespart. Eine moderne Glastür kam für meinen Vater nicht in Frage, es mußte schon etwas Solides sein, aus massivem Eichenholz, mit einem kleinen Guckloch in Augenhöhe, mehr Glas wurde nicht konzediert.

Die Tür fiel wirklich stabil aus. Während des Krieges sprengten sie die Druckwellen detonierender Bomben zwar ein paarmal aus den Angeln, aber kaputt ging sie deswegen nicht. Selbst das Guckloch blieb heil. Meine Mutter überklebte es dann im Mai 1945 von innen mit Pappe, weil sie die vielen Russenaugen dicke hatte, die zu jeder Tages- und Nachtzeit hereinspähten, ob jemand zu Hause wäre.

Als der Garten angelegt wurde, pflanzte mein Vater einen kleinen Walnußbaum. Im letzten Jahr seiner Freiheit sollte er erstmals Nüsse tragen. Die zweite Ernte hat er dann nicht mehr erlebt.

Zehn Jahre später sollte ich eines Abends nach Hause kommen und durch die Glastür der Veranda zwei Gestalten auf der weißen Bank neben dem Nußbaum sitzen sehen. Der eine war mein Vater, der andere hätte, von weitem gesehen, sein Zwillingsbruder sein können. Beide von der gleichen eleganten Gestalt, dieselbe Art von gespannter Lässigkeit, und so war der eine das Spiegelbild des anderen. Ihre Profile waren einander zugewandt, und ihr Gespräch schien ernster Natur zu sein.

Wer denn der Besucher wäre, fragte ich, frappiert ob der Ähnlichkeit.

General Oster, erwiderte meine Mutter.

Und was sie da machten?

»Sie morden!« war ihre kommentarlose Antwort. Mit der gleichen Stimme hätte sie sagen können, daß die beiden sich über die englische Erbfolge oder die Vorteile einer Fernheizung unterhielten.

Es dauerte nicht lange, bis der Groschen bei mir fiel. Zwei und zwei zusammenzählen, hatte ich gelernt, ebenso, wann Fragen angezeigt waren und wann nicht. In der letzten Zeit war es öfter geschehen, daß im Schutz der Abenddämmerung Leute ins Haus gekommen waren, die mein Vater selbst eingelassen und eiligst in sein Herrenzimmer geschleust hatte. Die einzigen mir bekannten waren meine Vettern Werner und Hans-Bernd von Haeften sowie Admiral Canaris.

Die heimlichen Gäste blieben oft bis zum Morgengrauen und verließen einzeln und in Abständen das Haus, meist hinten herum durch den Garten.

Soviel wußte ich: Jene, die da auf geheimnisvolle Weise bei uns ein und aus gingen, gehörten einer verschworenen Gemeinschaft an, die beschlossen hatte, dem Leben des Mannes ein Ende zu setzen, der sich selbst für unsterblich hielt. So schien es wenigstens. Attentate auf den »Führer« kamen über den Versuch nicht hinaus. Es war, als besäße Adolf Hitler den sicheren Instinkt eines Tieres, das die Gefahr, die sein Leben bedrohte, immer rechtzeitig witterte. Er selbst sprach dann gern von der Vorsehung, die ihn bewahrt hatte. Sogar der bis ins letzte Detail ausgearbeitete Plan eines Georg Elser im Münchner Bürgerbräukeller endete mit der Verhaftung des pedantisch-kompetenten Bombenbastlers.

Von den nächtlichen Besuchern in unserem Hause sollte

keiner das verunglückte Attentat des 20. Juli 1944 überleben.

Das Richtfest war nach altem Brauch mit Würstchenbergen und Strömen von Bier gefeiert worden. Die bunten Bänder der Richtkrone flatterten hoch oben auf dem noch nackten Dachstuhl. Der Maurerpolier Wenske brachte dem Bauherrn und der ganzen Familie seine guten Wünsche in Gedichtform zum Ausdruck und ließ uns alle hochleben.

Und wir hatten alle Grund, sehr fröhlich zu sein.

Im Vorgarten war mit Sorgfalt sogar eine hohe Fahnenstange installiert worden. Und selbstverständlich würde man auch künftig bei allen passenden Gelegenheiten die schwarzweiß-rote Fahne hissen. Das war man, wenn schon niemandem sonst, sich selbst und seiner Vaterlandsliebe einfach schuldig.

Das Tuch mit dem Hakenkreuz kam natürlich nicht in Frage. Jedenfalls nicht vor seinem Hause, so lautete der unumstößliche Entschluß meines Vaters.

Dann aber erfolgte im Winter vor unserem Umzug etwas, womit selbst mein ewig unkender Vater so nicht gerechnet hatte. Denn was da auf der politischen Szene ablief, übertraf selbst seine pessimistischsten Erwartungen.

Das Gegröle und die Aufmärsche der Kackbraunen hatten sich in der letzten Zeit nicht mehr auf den Bereich um die Cecilienallee vor der Kirche beschränkt. Überall waren sie jetzt zugange und taten so, als ob Berlin ihnen gehörte. Und offenbar nicht nur Berlin, das zumindest teilten sie in ihrem Liedgut der Menschheit mit. Ob die es nun hören wollte oder nicht: »Heute gehört uns Deutschland, und morgen die ganze Welt!«

Wobei die Mehrzahl das wahrscheinlich auch noch großartig fand.

Und eines Tages war dann die Bescherung da!

Der so unendlich verehrungswürdige ehemalige, greise Feldmarschall, der Sieger von Tannenberg und jetzige Reichspräsident von Hindenburg hatte nämlich etwas getan, was zu einem furchtbaren Wutanfall meines Vaters führte, gegen den gelegentliche Zornausbrüche, wegen der sich mit konstanter Bosheit vor ihm versteckenden Nagelschere, geradezu als Liebesgeflüster bezeichnet werden konnte.

»Noch vor drei Wochen hat er mir versichert, er werde sich hüten, diesen Malergesellen zum Reichskanzler zu machen. Und jetzt haben wir die Bescherung!« Er konnte es überhaupt nicht fassen. Der Rage folgte dann eine graue Verzweiflung, die sich im ganzen Haus ausbreitete und alles zu erfassen schien. Auch wir Kinder waren davon betroffen. Allenfalls noch auf Zehenspitzen trauten wir uns zu bewegen.

Sehr bald schlich ich unter jedem nur möglichen Vorwand aus dem Haus. Nur weg! Zu Freunden, wo man nicht andauernd die fürchterliche Prognosen in die Ohren gesungen bekam.

So schlimm, wie mein Vater die politische Zukunft malte, konnte sie ja in Wirklichkeit wohl nicht werden. Ganz sicher waren seine düsteren Prophezeiungen übertrieben, nach denen fürchterliche Dinge geschehen würden, von deren Ausmaß wir uns überhaupt keinen Begriff machen könnten. Sogar zum Krieg würde es kommen!

Selbst zwischen ihm und seinem Freund, dem Pastor Niemöller, kam es nun zu gewissen Meinungsverschiedenheiten, die mir nicht entgingen. Der Kirchenmann hatte nämlich zunächst den politischen »Umschwung« gar nicht so schlecht gefunden. Eine solche Erneuerung wäre doch vielleicht ganz heilsam, meinte er. Zurückfinden müßte das deutsche Volk zu sich selbst, und wenn das geschehen sei, dann würde man den Herrn Hitler einfach wieder ablegen wie einen alten Handschuh. Allerdings währte der diesbezügliche Optimismus des

Pastors nur einige Wochen. Und darüber waren meine Eltern sehr erleichtert.

Dafür begann ich, den neuen Wind, der da wehte, eigentlich sehr aufregend zu finden. In der Schule war mehr los, und meine schlechten Leistungen fielen angesichts der großen Ereignisse nicht mehr so auf. Auch zu Hause schien man im Moment keinen Wert auf Mitteilungen seitens der Lehrer über notwendig gewordene Eintragungen im Klassenbuch, über Rügen oder gar Tadel, zu legen, in denen öfter das Wort »andernfalls« vorkam. Das war natürlich günstig für mich, da das nächste Zeugnis wahrscheinlich zu wünschen übriglassen würde. Das hatte ein himmelblauer Brief bereits angekündigt.

Am 30. Januar, so erfuhren wir in der Schule, sollte nun also der alte Hindenburg, dessen Name von meinen Eltern nun nicht mehr mit der gleichen Ehrfurcht wie früher ausgesprochen wurde, den »Anstreicher« seinem jubelnden Volk als Reichskanzler präsentieren.

Und auf diesen herrlichen und denkwürdigen 30. Januar folgte dann jener Tag im März, an dem der Reichspräsident den neuen Führer auch noch seinem allmächtigen Herrgott in der traditionsträchtigen Potsdamer Garnisonkirche vorstellte. Und nicht nur dem! Zahlreich gekommen waren auch andere, deren Anwesenheit meinen Vater zu wahren Wutorgien hinriß. »Sogar der Kronprinz hat sich nicht geschämt, sich diesem Spitzbuben an den Hals zu werfen! Nicht einmal eingeladen ist er gewesen – und ist dennoch erschienen.« Er schäumte vor Zorn.

Die Hermine, die würde sich jetzt ins Fäustchen lachen. Da hatte er bei seinem nächsten Besuch in Doorn einiges zu erwarten!

Ich gedachte, Hitlers Leibköchin zu werden

Es geschah an einem Abend im Mai, daß meine Eltern mit uns Kindern eine Droschke bestiegen, um zum Niederländischen Palais zu fahren. Seit dem Besuch bei der Hohen Frau waren der Dicke und ich nicht mehr Unter den Linden gewesen. Auf der langen Fahrt von Dahlem bis zur Stadtmitte beschlossen wir Kinder, die Fahnen zu zählen, die zu Tausenden aus den Fenstern hingen, die schwarz-weiß-roten und dann die anderen, die roten mit dem weißen Kreis und der schwarzen Spinne.

Ein denkwürdiges Großereignis war angesagt: Hindenburg und der Führer präsentierten sich im Rahmen einer gewaltigen Parade ihren Berlinern. Mein Vater hatte beschlossen, dieses Spektakel aus allernächster Nähe zusammen mit uns von den Fenstern seines Arbeitszimmers aus zu betrachten.

Sein Büro im Palais sowie das Vorzimmer füllten sich nach und nach mit Angestellten und Freunden. Gravitätisch schritt der alte schnauzbärtige Diener in Livree, die großen roten Pranken in weiße Handschuhe gezwängt, von einem Gast zum anderen und schenkte Tee in zierliche Tassen aus. Mich betitelte er todernst mit »Gnädigste Baroneß«.

Außer mir vor Aufregung turnte ich am offenen Fenster herum. Vor mir eine unübersehbare Menschenmenge und ein Meer von Hakenkreuzfahnen und Papierfähnchen. So etwas hatte ich noch nie gesehen! Ein dicker SA-Mann, der auf der Straße direkt unter dem Fenster stand, schickte sich eben an, mir freundlicherweise ein Hakenkreuzfähnchen heraufzureichen. Ein drohender Blick meiner Mutter ließ mir einen Verzicht als ratsam erscheinen.

Bevor ich mich über diese Ungerechtigkeit so richtig ärgern konnte, begannen vor unseren Augen in schneller Folge ganze Kompanien der Reichswehr, der Kackbraunen, der schwarzen Totenköpfe und der Hitlerjugend vorbeizumarschieren. Und dann endlich ein lauter Jubelschrei: Sie kommen! Die offene Limousine nahte! Polizisten mit Tschakos umringten das Fahrzeug, bahnten ihm den Weg, sonst hätten die begeisterten Berliner sich davor geworfen. Links und rechts auf den Trittbrettern hingen die Schwarzen, die Sturmriemen fest am Kinn.

Dunkelheit hatte sich bereits über die Stadt gesenkt, und die Szene wurde von einem Meer von Fackeln erhellt.

Hinten auf den Rücksitzen des Wagens, keine zehn Meter von unserem Fenster entfernt, kamen jetzt die zwei Männer ins Blickfeld, um derentwillen ganz Berlin außer sich geraten war: der Reichspräsident und neben ihm derjenige, den er angeblich noch vor kurzem mit »Malergeselle« bezeichnet hatte. Ab und zu stand der von seinem Sitz auf, hob den rechten Arm erst nach oben, dann im Ellbogen eingeknickt nach hinten, und das riß die Menschen zu noch lauterem Jubel hin. Sie brüllten: Heil – Heil – Heil!

Ich schrie natürlich aus vollem Halse mit. Das gefiel mir, ich war völlig aus dem Häuschen. Irgendwann drehte ich mich um, weil mir auffiel, daß hinter mir niemand mitjubelte. Und mein Blick fiel auf das Gesicht meines Vaters. Trotz des Fackelscheins war es weiß wie die Wand. Unbeweglich stand er da, und der Rauch der Fackeln muß ihm wohl irgendwie in den Augen gebrannt haben.

Auf dem Heimweg zählten wir in der Droschke wiederum die Fahnen. Als wir dann zu Hause angelangt waren, hatte ich viel mehr zusammen als der Dicke. Aber das kam daher, daß ich die Hakenkreuzfahnen und er die schwarzweiß-roten gezählt hatte. Die interessierten doch niemanden mehr!

Dafür gehörte ihm nun wirklich eine Backpfeife, aber ehe ich dazu ausholen konnte, hatte ich selbst eine hinter den

Ohren. Hakenkreuzfahnen? Die hätte ich gezählt? Das würde ja immer schöner!

So begann an diesem Abend meine Laufbahn als Märtyrerin.

Für Adolf Hitler!

Am Morgen nach dem denkwürdigen Tag erschien mein Vater zum Frühstück, und er sah irgendwie verändert aus. Das kam daher, daß er sich seinen Schnurrbart abrasiert hatte.

Für zwei Schnurrbärte dieser Art war in der Welt, so wie sie jetzt aussah, kein Platz mehr.

Meine erste Amtshandlung am nächsten Nachmittag war, daß ich von einem Zeichenblock ein Blatt abriß und mit Buntstiften eine Hakenkreuzfahne darauf malte. Ich befestigte sie an meinem kaiserlichen Tretroller und fuhr stolz Im Gehege herum.

»UNSER FÜHRER – ADOLF HITLER
SIEG HEIL – SIEG HEIL – SIEG HEIL«

Bis das unvermutete dicke Ende in Gestalt meiner Mutter nahte. Sie kam über den Platz geschossen, riß den Fetzen von der Lenkstange und trug mir unmißverständlich auf, ihr auf dem Fuße nach Hause zu folgen. Da schnappte sie mich dann, legte mich kurz über und sprach: »Tu das *nie* wieder!«

Das war Wasser auf meine Mühle!

War ich mir anfänglich noch über die politische Richtung nicht so ganz im klaren, die einzuschlagen ich gedachte, gab es nun für mich kein Halten mehr. Der Führer oder der Tod!

Und so schmiedete ich jetzt angesichts der veränderten Lage ganz neue Zukunftspläne. Am besten wäre es wohl, wenn ich den Führer heiratete, denn eine Frau hatte er glücklicherweise noch nicht. Ich würde mir also ganz große Mühe geben, so schnell wie möglich zu wachsen, um das verantwortungsvolle Amt an seiner Seite antreten zu können.

Was immer an Fotos, Parteisymbolen, Hakenkreuzen und SA-Plastilinmännern mit beweglichen rechten Armen in den umliegenden Geschäften mir ins Auge stach, kaufte ich. Jeder Pfennig meines mageren Taschengeldes wurde von nun an in diesen Artikeln angelegt. Der Platz unter der Matratze schien mir das rechte Versteck für mein illustres Geheimarchiv an verbotenen Reliquien, das bald von einem »echten« Führer, die eine Hand am Koppel, die andere in der Luft (Nationalkitsch), einer Tüte Himbeerbonbon mit Hakenkreuzen (Nationalkitsch) und einem Radiergummi mit Hakenkreuz (Nationalkitsch) vervollständigt wurde.

Leider hatte die Eva beim Bettenmachen das Versteck entdeckt. Sie offenbarte das Geheimnis der Anna. Auf deren Verschwiegenheit konnte ich zwar rechnen, nicht aber auf ihr Verständnis.

»Hieberleg doch mal, Zumpelguste! Der 'Itler, mein Schäfchen, der his hein Verrickter! Sei verninftig!«

Das fand ich ausgesprochen gemein von ihr. Vor allem angesichts der Tatsache, daß ich ihr eben mit Not, Mühe und übermenschlicher Geduld das Radfahren beigebracht hatte.

Wenn meine Schildkröte Mathilde den Wunsch geäußert hätte, Segelfliegerin zu werden, hätte mich das nicht mehr überraschen können als das Begehren der Anna, ein Rad zu besteigen.

Warum in aller Welt denn bloß das?

Sie wolle eben sehen, ob sie das noch lernen könnte, meinte sie mit zu allem entschlossener Miene. Außerdem hätte der Karl ... Aha – daher wehte also der Wind!

So zogen wir an ihrem freien Nachmittag mit meinem Rad in den Finkenpark. Das größte Hindernis – außer ihrem Hinterteil von beachtlicher Breite – stellte der schwere Rock dar. Wo war der nun unterzubringen – unter oder über dem Sattel?

Ich half ihr zunächst einmal, sich mit ihrem voluminösen Popo auf den verhältnismäßig winzigen Sattel hinaufzuhieven. Alles, so konstatierte ich, war eben relativ. Nicht abzustreiten war eine verblüffende Ähnlichkeit mit der radfahrenden, dirndlbekleideten Elefantenkuh, die ich jüngst im Zirkus Sarrasani hatte bewundern dürfen.

Nach einigen Wochen sollte tatsächlich das vergleichbare Kunststück gelingen: Die Anna blieb auch während der Fahrt oben. Offenbar hatte einer ihrer wendischen Götter vorübergehend die Gesetze der Schwerkraft aufgehoben. Als sie merkte, daß ich hinten nicht mehr festhielt, zeterte sie so laut, daß der Parkwächter herbeieilte. Den nannten wir die »Parkeule« und ließen uns gern von ihm aus seinen vorigen Leben erzählen, die er behauptete durchlebt zu haben. Die »Parkeule« brachte geistesgegenwärtig das Gefährt mit der kreischenden Anna zum Halten: Sie hatte im Schock vergessen, wie man die Bremse betätigte.

Die Kunst des Radfahrens gab ihrem Leben und vor allem ihrer Selbstachtung ganz neue Aspekte. Das konnte sie nun auch als »geschafft« abhaken. Die im spreewäldischen Werben würden sich wundern. Den Dahlemern ging vor Schreck der Mund nicht mehr zu. Alles floh, wenn der personifizierte sprichwörtliche Affe auf dem Schleifstein in Sicht kam.

Und meine Hilfsbereitschaft lohnte sie mir nun, indem sie den von mir angebeteten Führer als »Verrickten« bezeichnete!

Was meine Eltern anbetraf, so taten sie mir das Schlimmste an, dessen sie fähig waren: Sie schimpften nicht mit mir, sie straften mich nicht, sie ignorierten einfach alles, was mit meinen neuesten Ambitionen zusammenhing. Bis eines Tages mein Vater mir ganz ernsthaft klarmachte, wie es um meine neuesten Heiratspläne bestellt sein würde. Bis ich groß war, wäre der heißgeliebte und zweifellos gottähnliche Führer schon sehr, sehr betagt. Um nicht zu sagen: steinalt. Oder vielleicht, wenn er, mein Vater, selbst etwas zu hoffen hätte, schon lange tot.

Also! Warum backte ich meine Brötchen nicht eine Nummer kleiner und plante lieber, Adolf Hitlers Köchin zu werden? Das wäre doch eine feine Sache, direkt eine Berufung. Wie? Angestrengt, aber vergebens forschte ich in seinem Gesicht nach irgendeinem Anzeichen dafür, daß er sich über mich lustig machte.

Allerdings schwante mir irgendwie nichts Gutes, als er sich dann jeden Morgen angelegentlich vor allen anderen Familienmitgliedern todernst nach den Fortschritten meiner Pläne erkundigte. »Nun, was würdest du denn heute dem *Geliebten* kochen? Grünkohl? Spinat? Rosenkohl? Oder gar Schwarzwurzeln?« Gerichte, von denen er wußte, daß ich sie haßte. Brennesseln seien ebenfalls sehr schmackhaft! Denn, so war ich belehrt worden: der Führer sei strenger Vegetarier und viel zu heilig, um Fleisch zu essen. Und das hieß mit dürren Worten, daß er um keinen Preis Würstchen, Hühnchen oder Schweinebraten von mir zubereitet zu haben wünschte.

Das war bitter!

Die Anna hatte man richtig gegen mich aufgehetzt. Manchmal hielt sie sich die Schürze vor ihr Gesicht, wenn sie mich ansah, und ich merkte an verdächtig glucksenden Lauten, daß sie dahinter lachte, bis ihr die Tränen die Backen hinunterliefen. Ich wurde von ihr ausgelacht! Und je wütender ich wurde, um so mehr lachte sie – bis sie sich schließlich wie in Krämpfen wand und ihr die Lachtränen beinahe horizontal aus den Augen sprangen. Unerträglich beleidigend war das!

»'Err Jeses, 'Err Jeses, Sieße, biste nich mehr gescheit? Hich sag' ja schon! Hich wer' doch missen dem Pastor . . .«

Ja, ja, ich wußte schon.

Aber der hatte im Moment andere Sorgen.

Natürlich wollte ich nun erst recht, und zwar mit aller Gewalt, zu den »Jungmädeln«, der Vorstufe vom BDM.

»Aha, Bund Deutscher Mädel – Deutschlands Kuhzunft«, bemerkte mein Vater.

Ich war nun schon drei Monate Nazi. Da ich zu Hause offene Türen einrannte, wurde mir die Sache eigentlich jetzt langweilig, wenn ich es auch um keinen Preis zugab. Und in der Schule, da schwamm ich nun mit dem Strom und nicht gegen ihn, und das wiederum entsprach nicht meiner Persönlichkeit und machte gar keinen Spaß.

Überhaupt war mir nicht sehr wohl zumute – in meiner braunen Haut. Kurzum, ich war auf dem besten Weg, todunglücklich zu werden.

Kein Wunder also, daß es mit meiner Ambition, einst vegetarisch-kulinarische Genüsse auf Adolf Hitlers Tafel zu zaubern, sich wie mit dem abnehmenden Mond verhielt. Liebend gern hätte ich in fliegendem Galopp die Seiten gewechselt. Wie aber sollte ich das anstellen, ohne einen vollkommenen Verlust meines Gesichts in Kauf zu nehmen?

Guter Rat war nicht nur teuer, er war nicht einmal vorhanden.

Eines Tages jedoch enthob mich eine Fügung besonderer Art der eigenen Entscheidung. Denn es sollte etwas Ungeheuerliches geschehen.

Vorauszuschicken wäre, daß seit einiger Zeit zu dem mit größter Vorsicht ausgewählten, fast ausschließlich adeligen Freundeskreis meiner Eltern eine Dame aus der Nachbarschaft gehörte, der mein Herz zugeflogen war. Sie war zwar nicht von Adel, aber vornehm bis in die spitzen Spitzen ihrer teuren Bally-»Pömps« und dazu sehr, sehr reich. Insgeheim, und dieses Geheimnis hatte mir die Anna mitgeteilt, verehrte sie meinen Vater und tolerierte daher aus strategischen Gründen auch meine Mutter.

Ihr wunderschönes Haus nebst Tennisplatz war beinahe ein Schloß, in dem eine Haushälterin, eine pommersche Mamsell, zwei Zimmermädchen und ein Chauffeur zum Personal gehörten. Verglichen mit ihrem Lebensstil war der unsere direkt armselig. Einen Haken aber gab es seit neuestem im Leben der Dame des Hauses. Genauer gesagt vier Haken, denn ihr Ehemann war kürzlich anstatt mit einer Nelke mit dem Hakenkreuz im Knopfloch zu Hause erschienen. Und darüber war seine Frau genauso fassungslos wie meine Eltern.

Großzügig lud sie mich immer zu Fahrten in die Stadt ein. Vorausgesetzt allerdings, daß ich meine schmuddeligen Lederhosen mit einem Kleid vertauschte. Natürlich fuhren wir in ihrem prächtigen Cabriolet, einem hellblauen Opel Admiral, und ich thronte stolz neben ihr hinter dem livrierten Chauffeur.

Die Leute hielten uns ohne Zweifel für Mutter und Tochter, zumal sie die gleiche niedliche kleine Kerbe vorn an der spitzen Nase aufwies, die ich selbst besaß. Diese Kerbe war sozusagen ein Markenzeichen meiner mütterlichen Familie.

Sie führte mich ins Café Kranzler und in die Zauberwelt von Mickymaus.

Das konnten mir meine Eltern nicht bieten.

Sie zauberte wundervolle Kleider für mich aus purpurrotem Samt oder weißem Mull, mit Puffärmeln, Riesenschärpen auf dem Hintern, und alle waren sie von ihr selbst in Handarbeit gesmokt. Sie war eine Künstlerin und obendrein der festen Meinung, daß ich irgendwann ja wohl meinen unverständlichen Hang zu den abscheulichen Lederhosen ablegen wollte. Ja?

Manchmal durfte ich ihr im Ankleidezimmer zusehen, wie sie sich mit einer Lockenschere, nachdem diese über der Spiritusflamme die richtige Temperatur erreicht hatte, kleine krause Löckchen vorn auf der Stirn brannte. Solche Löckchen wollte ich auch haben! Aber mein heimlicher Verschönerungsversuch führte zu einer Art von Selbstverstümmelung, und die schlichten Haare à la Großmutter trugen über längere

Zeit nicht sehr kleidsame Spuren meiner fehlgeschlagenen Ambition, es meiner Gönnerin gleichzutun.

Nie verließ sie ohne ihren zierlichen schwarzen Spazierstock, mit einem silbernen Entenkopf als Krücke, das Haus. Vorzugsweise trug sie schwarz-weiße Pepitakostüme mit strengen, hochgeschlossenen und schneeweißen Piquéblusen. Meine Bewunderung für ihre Eleganz kannte keine Grenzen.

Sie führte, um die Worte meiner Eltern zu gebrauchen, ein »großes Haus«, und ihre Teegesellschaften erfreuten sich einer unumstrittenen Berühmtheit. Dort war es auch, daß ich einmal, verborgen hinter einem Paravent gehört hatte, wie eine feine Dame zu einer noch feineren Dame sagte, indem sie auf meine Mutter deutete: »Unfaßbar – diese schöne und gepflegte Frau, und dann *solch* ein Kind! *Direkt tragisch*!« Die Vokabel »tragisch« hatte noch keinen Eingang in meinen Wortschatz gefunden, so fühlte ich mich sehr geschmeichelt.

Ich durfte die Dame des Hauses besuchen, wann immer ich in Laune war, und das war sehr oft der Fall. Eines Nachmittags, ich war eben vom Friseur gekommen, wo man mir zwangsweise die Haare wieder einmal gegen meinen Willen zum obligaten »Fenster« geschnitten hatte – Ohrläppchen frei, keine Widerrede –, machte ich mich übel gelaunt auf den Weg zu ihr. Ich brauchte dringend Zuspruch!

Mit ausgetretenen Jesuslatschen an den nackten Füßen, die so schmutzig wie nur eben möglich waren, einem zerlöcherten Hemd, einer Lederhose und sonst nichts bekleidet, klingelte ich dann an der Tür ihres Hauses. Vorsichtshalber zog ich noch schnell ein gewaltiges »Licht« hoch, denn ein Taschentuch besaß ich nicht.

Durch das Küchenfenster winkte mir die Mamsell, die mich nicht ausstehen konnte, bereits auf unmißverständliche Weise ab. Das Stubenmädchen – im schwarzen Servierkleid mit makellos weißem Schürzchen und Häubchen – maß mich von unten bis oben mit einem angewiderten Ausdruck im Gesicht. Heute sei leider Teegesellschaft, und dabei sei ich doch wohl kaum erwünscht? Und schwapp, fiel die Tür wieder ins Schloß.

Als ich mich eben tief enttäuscht anschickte, neue Pläne für den angebrochenen Nachmittag zu schmieden, ging sie auch schon wieder auf, und vor mir stand, im hocheleganten Nachmittagskleid mit frischgebrannten Löckchen auf der Stirn, die Hausherrin. Hoheitsvoll winkte sie mich zu sich. »Komm mal mit mir, mein Kind«, sagte sie in einem Ton, der keine Widerrede erlaubt hätte. »Ich habe hier ein paar Freundinnen, die dich sicher ausgesprochen gern kennenlernen möchten.«

An den Hosenträgern meiner Lederhose ergriff sie mich von hinten und dirigierte mich quer durch die Diele vor sich her. Bevor ich noch die tödliche Gefahr, in der ich mich befand, voll ermessen konnte, stand ich bereits auf dem Parkett – und zwar genau in der Mitte des großen ovalen Salons. Dort erst ließ sie mich los. An zierlich gedeckten Tischen saßen da die Gesellschaftsmatronen, vornehmlich aus Potsdam, und gleich mindestens zwei Dutzend von ihnen.

Die Dame des Hauses klatschte einige Male in die Hände, um sich Gehör zu verschaffen. »Meine Damen, meine Damen, einen Moment bitte – ich möchte Ihnen gern jemanden vorstellen.«

Da stand ich nun, klein, allein und dreckig, was schon peinlich genug war. Aber ein untrügliches Gefühl sagte mir, daß weit Schlimmeres bevorstand. Plötzlich roch ich einen schrecklichen Braten.

Meine Ahnung sollte mich nicht täuschen. Die Unterhaltung erstarb auf der Stelle, einige der Teegesellschafterinnen hoben Lorgnons wie Feldstecher vor die Augen und nahmen mich ungeniert aufs Korn. Wie einen Vogel, den man abzuschießen beabsichtigte.

Laut und deutlich war in der Stille die Stimme der Gastgeberin zu hören, als sie freundlich sprach: »Das hier, meine Damen, das ist die kleine Sell. Die ist Nazi.«

Was auf diese erschütternde Mitteilung folgte, war zunächst ein kurzer Moment der Totenstille. Lang genug für mich, um sämtliche mir bekannten Gottheiten der Anna anzuflehen, doch den Boden zu öffnen, damit er mich auf der Stelle verschlang. Leider ohne jeden Erfolg. Auf diese bisher längste Sekunde meines Lebens brach es dann los: das Gelächter! Ein wahres Höllengelächter!

Und das galt mir. Man lachte mich aus!

Die kleine Sell war dies also? Ulrich von Sells Tochter, und ausgerechnet die war Nazi? Bei *den* Eltern? Das war ja zum Totlachen. Da mußte man sich ja ausschütten!

Irgendwann muß mir dann die Flucht gelungen sein. Ich schlitterte über das Parkett, nahm die Ecke zu schnell, fiel hin, stand auf, witschte durch die Tür und rannte, so schnell ich konnte, nach Hause. Oben in meinem Zimmer angelangt, hob ich die Matratze, raffte alle meine heiligen Hakenkreuzreliquien zusammen und stopfte sie in meine Hosentaschen. Ungesehen schlich ich mich aus dem Haus, durch den Garten, in den Wirtschaftsgang und deponierte den gesamten Tascheninhalt im Mülleimer. Nicht etwa in unserem eigenen, sondern vorsichtshalber in einem fremden.

Das also war der Tag meiner Entnazifizierung: Der Führer war um eine Köchin ärmer geworden. Der konnte nun sehen, wo er blieb mit seinem Spinat und dem widerlichen Grünkohl.

Ebensowenig wie meine Eltern mein Nazitum zur Kenntnis genommen hatten, schienen sie jetzt meine Drehung um 180 Grad zu bemerken. Obwohl ich davon überzeugt war, daß die ganze peinliche Geschichte in den einschlägigen Kreisen die Runde machte. Meine Würde, die war ich wohl los.

Aber auch das focht mich erstaunlicherweise nicht wesentlich an – im Grunde war ich jetzt sehr erleichtert.

Meiner Entnazifiziererin sollten übrigens nicht mehr sehr viele Jahre beschert sein. Fast schien es, als daß sie einfach nicht gesonnen war, den Nazis die Ehre zu erweisen, mit ihr die gleiche Luft zu atmen. Und die war schon in ihrem eigenen Haus nicht mehr ganz rein. Aber kurz vor Ausbruch des Krieges, den sie zu ihrem Glück nicht mehr erlebte, sollte sie dann noch ein Abenteuer besonderer Art haben, das sie leicht in größte Schwierigkeiten hätte bringen können.

Eines Tages war sie in ihr feines Auto gestiegen, dessen Chauffeur seit neuesten dem NSKK angehörte, was sie aber nicht zur Kenntnis nahm. Sie ließ sich in die Stadt fahren und stieg vor einem in Kurfürstendammnähe liegenden Wäschegeschäft aus. Das war erst kürzlich arisiert worden. »Deutsche – Kauft nicht beim Juden!«

In diesem Jahr hatte sich erstmalig eine allgemeine Warenverknappung, vor allem von Luxusartikeln, bemerkbar gemacht. Deutsche Volksgenossen brauchten keinen Luxus, sondern Blut und Boden. Und natürlich auch Kanonen. Die Vorbereitungen zum längst geplanten Krieg, den man dem deutschen Volk aufzwingen würde, liefen bereits auf vollen Touren.

Sie ging nun gemächlich von Abteilung zu Abteilung – von Stockwerk zu Stockwerk. Aber kaum, daß sie einen Wunsch vorgetragen hatte, erhielt sie auch schon die stereotype Antwort: »Das führen wir leider nicht – das kriegen wir auch nicht wieder herein!«

Wutschnaubend wandte sie sich schließlich dem Ausgang zu.

Das war ja unerhört!

Dort stand zu seinem Pech der etwas peinlich berührte Geschäftsführer. Mit seinem Hakenkreuz im Knopfloch war er genau die richtige Zielscheibe für ihren angestauten Ärger. Der hatte ihr gerade noch gefehlt. Als er ihr die Tür untertänig beflissen aufriß, um sie mit einem vernehmlichen »Heil Hitler« zu verabschieden, da war ihre ohnehin strapazierte Geduld zu Ende.

Keine Ware und dann noch *Heil Hitler!*

Entrüstet stieß sie mit dem zierlichen Stock heftig auf den Boden, die Löckchen auf der Stirn wippten vor Zorn, sie maß den Mann von oben bis unten und sprach nur zwei Worte – in unverfälschtem Berlinerisch: »Ooch noch!«

Der derart Zurechtgewiesene muß wohl zu verdattert gewesen sein, um unverzüglich seiner Staatsbürgerpflicht als Denunziant nachzukommen und sich die Nummer der hellblauen Limousine vor seinem Geschäft zu notieren, in der die offensichtlich volksfeindlich gesonnene Kundin davongerauscht war.

Diese legte erst nach einigen Wochen des unruhigen Wartens auf einen Besuch der Geheimen Staatspolizei ihren gefährlichen Ausrutscher mit einem Seufzer der Erleichterung zu den Akten.

Das war ja gerade noch einmal gutgegangen!

Onkel Mirko

Beim Umzug ins eigene Haus im November des Jahres 1933 hatten der Dicke und ich voller Begeisterung beim Einräumen unserer nebeneinanderliegenden Zimmer mit Hand angelegt.

Ein Haus, in dem niemand vor uns gewohnt hatte! Alles roch nach frischer Farbe.

Sehr, sehr glücklich würden wir hier sein.

Wir waren noch gar nicht sehr lange im eigenen Domizil, als plötzlich so etwas wie eine kalte Hand unser Leben anrührte. Ein Wort war da zu Hause gefallen, und das hieß »Konzentrationslager«.

Konzentrationslager?

Auf meine Frage hin erzählte mein Vater mir, daß bereits während Hitler in der Garnisonkirche seinem begeisterten Volk das feierliche Versprechen gegeben hatte, ein guter Führer zu sein, die ersten Kommunisten und Sozialisten von der SA und der SS zusammengetrieben und ins Konzentrationslager Sachsenhausen bei Oranienburg eingeliefert worden waren.

Von diesen Geschehnissen hatte mein Vater aus erster Hand erfahren.

Unter den erklärten Gegnern des neuen Regimes befand sich nämlich ein guter Freund, den wir Kinder Onkel Mirko nannten. Er war ein Riese von russisch-adeliger Abkunft und besaß die tiefste Baßstimme, die ich je gehört hatte. Meine Mutter war immer leicht irritiert, wenn er zu uns kam, denn er konsumierte Ströme von Wodka, den er vorsichtshalber gleich selbst mitbrachte. Da er meinen Vater stets aufforderte mitzuhalten, endeten die ausgedehnten Besuche oft mit einer Katastrophe. Die mit dem Kater verbundenen Kopfschmerzen machten meinem Vater dann noch tagelang zu schaffen.

Aber gegen Onkel Mirkos Überredungskünste war kein Kraut gewachsen. Er war ein gewiefter Geschäftsmann und jonglierte mit den Millionen eines riesigen Industriekonzerns. Die Woche über lebte er in einer kleinen Wohnung in Charlottenburg, und, wie ich aus nicht für mich bestimmten Bemerkungen meiner Eltern entnehmen konnte, durchaus nicht immer allein. Versorgt wurde er von Haushälterinnen, die er jeweils dann feuerte, wenn er bemerkte, daß sie ihn über das von ihm gesetzte Maß von zehn Prozent betrogen. Dieses Limit durfte nicht überschritten werden.

Zum Wochenende fuhr er auf das Gut in der Mark, welches

er seiner Frau gekauft hatte, damit diese in Ruhe dort ihre Pferde züchten konnte; eine Vorliebe, die er durchaus nicht teilte. Die wesentlich jüngere Gattin, eine Russin von überaus strengem Aussehen, hieß Olga, und er nannte sie prinzipiell Ochen-Popochen, was sie nur mäßig amüsierte.

Am Telefon meldete er sich bei seinen Freunden stets mit den Worten: »Hier ist der liebe Gott!«

Da wußte man dann Bescheid.

Im Frühsommer des Jahres 1933 hatte man ihn ohne einen Haftbefehl in seiner Berliner Wohnung abgeholt. »Man« war die Gestapo, und »abholen« wurde durch sie zu einer Vokabel des Schreckens. Sie schleppten ihn ins Gefängnis am Alexanderplatz. Seine Frau, die zufällig in Berlin weilte, um Einkäufe zu erledigen, kam außer sich vor Entsetzen zu meinen Eltern gelaufen, berichtete unter Tränen, daß sie ihrem Mann frische Wäsche hätte bringen dürfen. Bei der Gelegenheit hatte man ihr das gebrauchte Unterzeug in die Hand gedrückt. Und das sei voller Blutflecken gewesen.

Vom Alexanderplatz aus war er dann ins Konzentrationslager Sachsenhausen gebracht und nach sechs Wochen ohne eine Erklärung wieder nach Hause geschickt worden. Allerdings mit dem dringenden Ersuchen, über seinen Aufenthalt dort und alles, was er gesehen und erlebt hatte, kein Sterbenswort verlauten zu lassen. Andernfalls ...

Das »andernfalls« kümmerte ihn wenig und schreckte ihn überhaupt nicht. Er hatte Beziehungen zu den höchsten Kreisen und wußte, wer dort erpreßbar war. Als er das erste Mal nach diesem Erlebnis wieder bei uns aufkreuzte, schien er genau wie immer. Schließlich war die Zeit der Gefangenschaft für ihn kein ganz neues Erlebnis; er hatte einst in Sibirien einschlägige Erfahrungen gesammelt. Zu den alten Witzen aufgelegt, mit einer Bonbonniere – Hamann bitter – für meine Mutter und einer Flasche besten Rotweins für meinen Vater entstieg er mit kaum wahrnehmbarer Schlagseite dem Taxi.

Devisenschiebereien großen Stils und staatsfeindliche Umtriebe hatte man ihm unter anderem vorgeworfen, und Namen von Mitbeteiligten hatte er nennen sollen. Unter denen hatten sich wohl auch solche befunden, die dann seine schnelle Entlassung sowie das Schweigegebot wünschenswert machten.

Onkel Mirko hat übrigens noch mehrere Verhaftungen überstanden, ohne nennenswerten Schaden an Leib und Seele zu nehmen. Auch den Krieg überlebte er mit Bravour und lieferte zu dessen Ende sein absolutes Meisterstück.

Als die siegreiche Rote Armee im Frühjahr 1945 auf seinem Gutshof einmarschierte, floh alles, was Beine und Räder hatte, und wer nicht fliehen konnte, der versteckte sich. Der Onkel Mirko dachte weder an das eine noch an das andere, sondern stellte sich auf der Freitreppe seines schloßartigen Gutshauses in Herrenpose auf und hieß mit erhobenem Glas und großer Geste die verblüfften Eroberer in russischer Sprache willkommen. Die trauten ihren Ohren und Augen nicht, aber ehe sie noch auf die Idee kommen konnten, den verdammten Junker totzuschlagen, hatte er sie allesamt unter den Tisch getrunken. Was ihm nicht besonders schwer fiel. Wochenlang wurde nun gefeiert, Sekt, Wein und Wodka flossen in Strömen, und Eroberer und Eroberte lebten herrlich und in Freuden, weil diese Art der russisch-russischen Verbrüderung beiden Seiten offenbar ausnehmend gut gefiel. Wenn es nach Onkel Mirko gegangen wäre, hätte das Ganze ruhig so noch eine Weile weitergehen können.

Aber dann erschien eines Tages ganz plötzlich ein hoher Offizier, der dem Gutsherrn eröffnete, daß das Regiment abzöge. Die nachfolgenden Russen wären ihm aller Wahrscheinlichkeit nach zwar sicher genauso gewogen, aber vielleicht doch nicht imstande, ihn vor den deutschen Kommunisten zu schützen. Die seien schon im Anmarsch und könnten es kaum erwarten, sich des Großgrundbesitzers und Volksfeindes zu bemächtigen.

Und so verfrachtete ihn die Rote Armee mit Sack und Pack samt Ochen-Popochen in einem sowjetischen Militärlastwagen nach West-Berlin in seine dortige, durch Bombeneinwirkung ramponierte, aber immerhin noch stehende Wohnung. Und zwar keinen Moment zu spät.

Denn der neuernannte kommunistische Dorfbürgermeister hatte bereits Pläne, was das Junkerschwein, diesen Erzkapitalisten, anbetraf. Den würde er jetzt das Fürchten lehren – und seine feine Dame auch.

Dazu kam es nun zu seinem Ärger nicht, denn als er mit wichtiger, nichts Gutes kündender Amtsmiene in seinen klobigen Stiefeln, die Schiebermütze auf dem Kopf, durch das Gutshaus trampelte, da waren die Vögel bereits ausgeflogen. Und zwar unter Mitnahme sämtlicher Wertgegenstände.

Onkel Mirkos erste Verhaftung durch die Nazis hatte zur Folge, daß ich begann, um meinen Vater Angst zu haben. Ich knabberte meine Fingernägel bis zu den Monden herunter, und die nächtlichen Schreckträume der Vergangenheit kehrten wieder. Was würde ich tun, wenn sie kämen und meinen Vater abholten?

Es muß in diesen Tagen gewesen sein, daß meine Eltern eine Einladung in die Oper annahmen. Das kam nicht oft vor, und es war um so erstaunlicher, daß sie nach kurzer Zeit wieder zu Hause anlangten.

Was mochte da wohl geschehen sein?

Im Opernhaus hatten meine Eltern kurz vor Beginn der Vorstellung in einer Loge unweit der einstigen »Kaiserloge« Platz genommen. Kurz vor Beginn war dann plötzlich das Publikum wie ein Mann aufgestanden.

Adolf Hitler hatte mit seiner Entourage die »Führerloge« betreten und grüßte sein begeistertes Publikum, das sich gar nicht beruhigen wollte. Dabei traf, für einen kurzen Moment nur, Hitlers berühmter Blick die Augen meiner Mutter. Meine Mutter reagierte sehr heftig, es wurde ihr so sterbensübel, daß mein Vater sie in eine Droschke packen und nach Hause geleiten mußte.

Davon hat sie sich dann längere Zeit nicht erholen können.

»Rein dinarisch«

Die Hoffnung meiner Eltern, daß sich analog meiner politischen Kehrtwendung auch eine allgemeine Wandlung zum Besseren vollziehen würde, erfüllte sich leider nicht. Vor allem, was die schulischen Leistungen betraf.

Unsere Klasse hatte insofern einen traurigen Seltenheitswert, als sich in ihr mehrere Mädchen befanden, deren Väter oder Mütter Positionen bekleideten, die mit »Reichs« anfingen: Reichsaußenminister, Reichskultusminister, Reichsfrauenschaftsführerin.

Die Nazimädchen mit den altgermanischen Namen wie Hildburg, Mechthild, Isolde, Gertrud und Gudrun hatten die Lehrer fest in der Hand. Vor schlechten Zensuren brauchten die sich nicht zu fürchten, dafür sorgte schon das »Reichsväterchen« oder »Reichsmütterchen«.

Der allgemein beliebte Oberstudienrat Dr. Römer war der irrigen Überzeugung gewesen, daß eine Schülerin, die eine Fünf oder eine Sechs verdiente, sie auch verpaßt bekommen sollte. Und zwar ohne Rücksicht auf irgendwelche Bonzeneltern.

Wer ihn zur Strecke gebracht hatte, blieb nicht lange ein Geheimnis und diente den anderen Lehrern zur Warnung. Dabei konnte Dr. Römer sich noch glücklich preisen, mit einer Strafversetzung einigermaßen glimpflich davongekommen zu sein, denn der Ort, wohin man ihn abschob, war ein pommersches Kuhdorf und kein Konzentrationslager.

Giftigen Pilzen gleich hatte sich das Nazigehutsch in Dahlem ausgebreitet. Diese Proleten hockten in den schönsten, zumeist von Juden verlassenen Villen mit riesigen, uneinsehbaren Gärten und Schwimmbecken, umgeben von hohen Mauern und Stacheldraht, protzten mit Besitz, zu dem sie rechtmäßig nicht gelangt waren, und ließen sie sich von Schwarz- oder Braununiformierten mit scharfen Hunden bewachen.

Unter den »Reichstöchtern« war allerdings eine, die wir ausgesprochen gut leiden mochten. Und das war Inge Lutze, die Tochter des SA-Chefs, der weiter unten in unserer Straße wohnte. Sie ging zu Fuß in die Schule, während die anderen in den dicken Limousinen ihrer Väter vorgefahren kamen. Der SA- oder SS-Chauffeur hielt dann beflissen den Schlag für die Rotznasen auf, die sich weiß Gott wie wichtig vorkamen.

Und ausgerechnet Inge Lutze sollte die Schule vorzeitig verlassen. Zusammen mit ihrem Vater kam sie bei einem Autounfall ums Leben. Das tat uns allen sehr leid.

Unsere Klasse war gleich doppelt mit Scholz-Klinkschem Nachwuchs bestückt – in Gestalt zweier Miniaturausgaben ihrer Mutter, der Reichsfrauenführerin, mit braven Zöpfen, auf altdeutsche Art ordentlich um den Kopf drapiert, Dirndlkleidern oder auch der Jungmädelkluft und dem unverfälschtem Dialekt der süddeutschen Kleinstadt, aus der sie nach Dahlem gezogen waren. Die behandelten wir mit Vorsicht, denn die Sache mit Doktor Römer steckte uns allen noch in den Knochen.

Als einzig positive Entwicklung zeichnete sich für mich die Tatsache ab, daß ich plötzlich begonnen hatte zu wachsen, was schon daran zu erkennen war, daß es in der Klasse ein Mädchen gab, das noch kleiner war als ich. Dafür aber ein Jahr älter.

Sabine von Strelitz war die Tochter eines Staatsanwalts und um zehn Ecken mit mir verwandt. Sie war nach Ansicht meiner Eltern ein sehr wünschenswerter Umgang für mich, der nach allen Regeln der Kunst zunächst einmal von beiden Seiten gefördert wurde. Ein Mädchen aus »unserer Kiste!«, frohlockten beide Parteien. Endlich! Als ich aber dann eines Tages von einem Besuch bei Sabine nach Hause kam und berichtete, daß sie auf offener Straße von ihrem Vater eine Ohrfeige bezogen hatte, weil sie es unterlassen hatte, den Nachbarn mit Heil Hitler zu grüßen, endete die Freundschaft, bevor sie begonnen hatte.

Diese Begebenheit wurde zu einer Art von Schlüsselerlebnis für mich, denn mein Vater nahm sie zum Anlaß, um mir eine ganz deutliche Warnung zu verpassen: »Nimm dich in acht vor Mädchen wie Sabine – sei vorsichtig mit dem, was du sagst, Leute wie ihre Eltern sind gefährlich.«

Lebensgefährlich!

Nie sollte ich den fast beschwörenden Ton vergessen, mit dem mein Vater seine Warnung begleitete, die seit der Sache mit Onkel Mirko eigentlich überflüssig war.

Den unmittelbar nach meiner Entnazifizierung erfolgten Umzug in das neue schöne Haus begleitete auch ein freiwilliger Entschluß, nämlich das Tragen von Krachledernen künftig auf die Ferien in Kreuth zu beschränken. Die Hosen paßten irgendwie nicht zu der herrlichen rosengeblümten Tapete meines Zimmers, die ich selbst hatte auswählen dürfen.

Über meinem Waschtisch befand sich ein Spiegel, in dem ich wegen mangelnder Höhe zunächst nur meine Haare sah. Drei Jahre sollten vergehen, bis mein mit Sommersprossen gesprenkeltes Gesicht mir voll entgegengrinste. Und irgendwann danach beschloß ich, mich von nun an regelmäßig zu waschen.

Niemand schien das jedoch zu bemerken. Weder das Tantengespann aus Potsdam noch meine Großmutter mit ihrem frommen Blick.

Mit Überfällen der Tante Heilwig war seit neuestem nicht mehr zu rechnen. Man hatte sie eines Morgens tot in ihrem Bett aufgefunden, gottlob nicht bei uns, sondern in ihrem Stift. Was meinem Vater Gelegenheit gab, sich von oben bis unten in Schwarz zu hüllen und mitsamt seinem Zylinder und meiner Mutter die Bahn zu besteigen, um der teuren Verstorbenen die letzte Ehre zu erweisen. *Deine Familie* hin, *deine Familie* her, eine Beerdigung ließ er sich nicht so ohne weiteres entgehen.

Die letzte Rache der toten Tante bekam ich sofort zu spüren: Sie hatte mir nämlich ihr Bett vererbt. Und zwar im Testament. Als ich nach der Schule nichtsahnend mein Zimmer betrat, war das Ungetüm auf einmal da. Weil es sich um einen letzten Willen handelte, war die Sache nach Meinung meiner Mutter furchtbar einfach: Wurde gemacht! Ich schrie und zeterte wie in alten Zeiten, ich schlug um mich und weigerte mich, das grauenhafte, ekelerregende, widerliche und verstunkene Möbel zu besteigen, in dem die Tante mir zum Tort ihren Geist ausgehaucht hatte.

Igittigitt!

Auch gezielte Drohungen, von nun an auf dem Boden zu schlafen, halfen nichts. Das würde ich nicht durchhalten.

Selbst ein mir gleichfalls zugefallener zierlicher Mahagonischreibtisch, der mir das monströse Bett wohl schmackhafter machen sollte, war nicht imstande, mich zu versöhnen, auch wenn er ein veritables Geheimfach besaß, das durch einen leichten Druck zu öffnen war, und damit völlig neue Aspekte für mich eröffnete.

Mein Leben hatte nach dem Debakel mit Sabine von Strelitz unerwartet eine neue Wendung bekommen, denn es sah ganz so aus, als ob ich das gefunden hatte, was man mit beste

Was meine Mutter, Augusta Freifrau von Sell, geb. von Brauchitsch, da im Arm hält, bin ich.

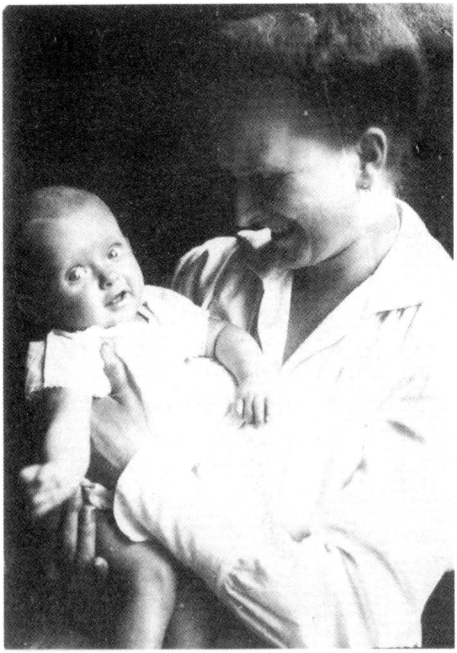

Mit meinem Vater, Ulrich Freiherr von Sell, im Jahre 1924 am Ostseestrand in Bansin.

So kam 1919 Anna Troppa als Köchin ins Haus meiner Eltern in Potsdam ...

. . . und wurde dann
meine Kinderfrau.

1928 im Kindergarten
in Friedenau.

Der, den ich da 1929 in Prerow auf einem Esel festhalte, ist mein Brüderchen Friedrich-Wilhelm, genannt der Dicke.

1932, zum ersten wie letzten Male Sommerferien in Berchtesgaden – wegen eines gewissen A. H.

Winterurlaub machten meine Eltern in Lenzerheide, doch da durften wir Kinder nie mit.

1933 im Garten des eigenen Hauses in Berlin-Dahlem.

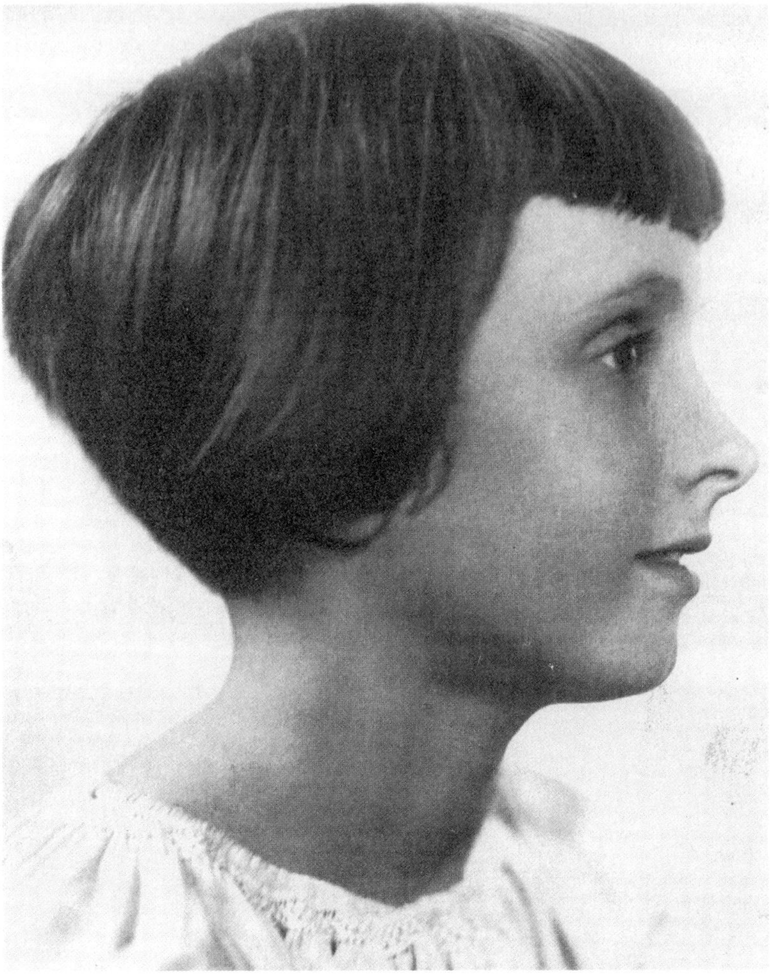

Mit zehn Jahren.

Mit zwölf und meiner Drossel »Hans Huckebein«.

Mit Kätzchen und »Olympiarolle« als der Frisur des Jahres 1937 im Alter von vierzehn in Kreuth.

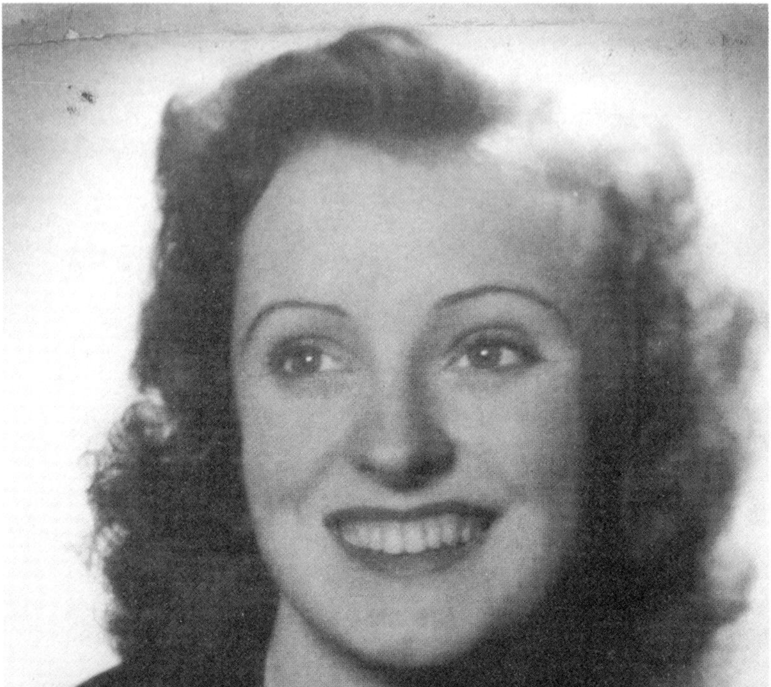

Als junge Schauspielerin im ersten
Engagement am Staatstheater
Danzig, 1943.

1943 mit meinem Vetter Werner von Haeften bei der Hochzeit einer gemeinsamen Cousine in Berlin.

Nach der Flucht zu Pferde aus Berlin in Haseldorf, Schleswig-Holstein, Sommer 1945.

Auf dem Bild, das mir der Kaiser 1934 zusandte, steht: »Gesegnete Ostern, Christ ist erstanden!«

Den Kaiser hatte ich mir zum Brief-Patenonkel erkoren.

Dahlem, den 10. 4. 37.

Lieber Kaiser!

Ich danke Dir vielmals für das schöne Bild,
dass du mir zu meinem Geburtstage ge-
schenkt hast. Ich habe mich schrecklich darü-
ber gefreut. Ich werde es übermorgen gleich
mit nach Eberswalde nehmen. Ich komme
nähmlich zu Frl. von Rumpfeldt in Pension
für zwei Jahre. Hoffentlich wird es eine
recht schöne Zeit dort werden. Vorläufig
habe ich noch schrecklich viel zu packen.
Wir haben jetzt eine herrliche Zeit hinter uns.
Mein Bruder und ich waren doch mit Mutti
in den Dolomiten. Wir sind tüchtig Ski gelau-
fen, und haben alle drei unsere Skier kaput-
gebrochen. Nur schade, dass wir im ganzen
nur zwei volle Sonnentage gehabt haben.
Es sind dort schrecklich viele Leute von
Lawinen verschüttet worden.
Nun hoffe ich, dass es Dir weiter recht gut
geht und verbleibe mit herzlichen Grüssen

Deine Lilla von Sell

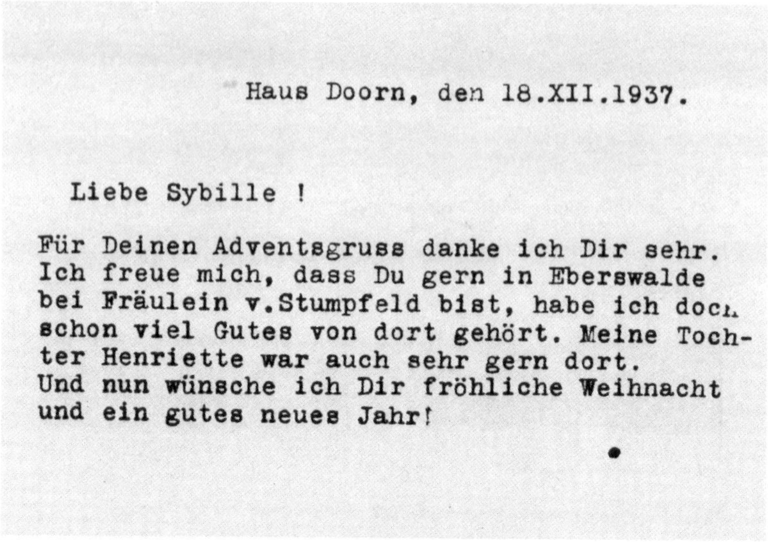

Haus Doorn, den 18.XII.1937.

Liebe Sybille !

Für Deinen Adventsgruss danke ich Dir sehr. Ich freue mich, dass Du gern in Eberswalde bei Fräulein v.Stumpfeld bist, habe ich doch schon viel Gutes von dort gehört. Meine Tochter Henriette war auch sehr gern dort.
Und nun wünsche ich Dir fröhliche Weihnacht und ein gutes neues Jahr!

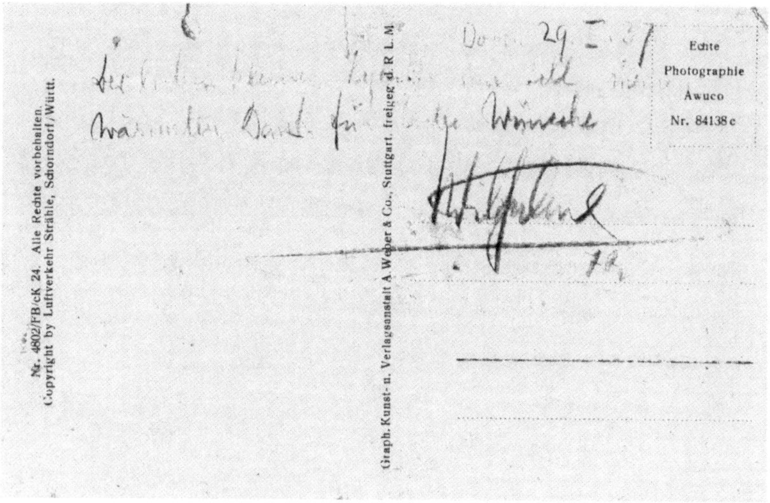

Der Kaiser ließ meine Post nie unbeantwortet.

Anfang des Jahrhunderts stand mein Vater Modell für eine Statue.

Vater und Bruder 1939 in München vor dem Haus der Kunst.

Mit dem Kaiser beim täglichen
Entenfüttern in Doorn, Mitte der
30er Jahre.

Beerdigung von Kaiser Wilhelm II., 1941; mein Vater, in Uniform, hält als Flügeladjutant das Sargtuch, daneben der Kammerdiener.

Die letzte Aufnahme von meinem Vater aus dem Jahr 1944.

Martin Niemöller kurz nach unserer Heirat im August 1971. Die Namensschreibweise mit »oe« bei mir verdanke ich meinem amerikanischen Paß.

Dieses Bild von Pastor Martin Niemöller hatte ich von 1937 an immer neben dem des Kaisers stehen.

Mein Sohn aus erster Ehe, Ulrich Marcus, ist Arzt.

Freundin bezeichnete. Eigentlich hieß das Mädchen mit den kurzen braunen Drahtzöpfen Brigitte, aber sie wurde nur Ditte genannt.

Unzertrennlich waren wir jedoch seit jenem Tag, an dem die Weisung der Klassenlehrerin an die Schülerinnen ergangen war, am nächsten Morgen eine von den Eltern unterschriebene Erklärung abzugeben, in der an Eidesstatt versichert wurde, daß ihr Sprößling »rein arischer Abstammung« war.

Oder auch nicht!

Worunter weder die Ditte noch ich uns etwas vorstellen konnten.

Durch meine Mutter erfuhr ich, was es mit der schriftlichen Erklärung auf sich hatte. Man wollte feststellen, wessen Eltern beziehungsweise Großeltern Juden waren.

Warum denn?

Im Gegensatz zu den Christen, so wurde mir erläutert, glaubten die Juden nicht an Jesus, das sei eben der Unterschied. Und im übrigen würde ich davon noch im Kindergottesdienst mehr erfahren.

Susi Epstein, die in der Bank vor mir saß, ließ mich am nächsten Morgen einen Blick auf ihren Zettel werfen, und da stand zu lesen: »...versichern wir, daß Susanne rein jüdischer Abstammung ist.« Die Susi glaubte also nicht an Jesus? Bis dahin hatte ich immer gedacht, an den glaubten außer den Heiden alle Leute. Auch Lotte Rechwalski, Ellen Ginsberg, Else Levy und Marion Berkowitz gaben ähnliche Erklärungen ab.

Und das interessierte die Lehrer?

Mein Vater hatte besorgt die Stirn gerunzelt, als ich ihm von diesem plötzlichen Interesse der Schule erzählte. Ich hatte noch hinzugefügt, daß unsere Klassenlehrerin, Erna von Heims, die mit ihrem grauen Mäusedutt, den gelben Tränensäcken und ihren grauen Gewändern wie eine Fledermaus aussah, jetzt immer dann das Bild ihrer verstorbenen Mutter auf das Radio stellte, wenn der Führer sprach. Mit innerer Bewegung hatte sie die Klasse davon in Kenntnis gesetzt. Die tote Mutter, die sollte doch auch daran teilhaben, wie es mit Riesenschritten der Gesundung des geliebten deutschen Vaterlandes entgegenging, seit der Himmel uns den Führer gesandt hatte.

Sie geriet förmlich in Ekstase, wenn sie von den Juden und den Plutokraten sprach, die sich noch wundern würden.

Wundern, so meinte mein Vater, würden sich vornehmlich alle, die den Adolf Hitler im naiven Glauben gewählt hatten, sich seiner wie eines alten Handschuhs entledigen zu können.

Die Ditte und ich hatten beide gleichlautende Erklärungen in die Schule gebracht: »Rein arisch« stand da zu lesen.

Oberstudienrat Dr. Klotz, der seinen Namen zu Recht trug und für Erdkunde, Geschichte sowie später auch nationalpolitische Erziehung zuständig war, erschien seit neuestem in SA-Uniform zum Unterricht. Mit Schulterriemen und Koppel. Erst kürzlich hatte er die Ditte aus der Bank nach vorn gerufen und die Klasse aufgefordert, sie möchte sich die Mitschülerin doch einmal ganz genau betrachten. Welcher Rasse die wohl angehörte?

Keiner wußte es. Diese Schülerin, so verriet er, sei ganz offensichtlich ein ausgeprägt dinarischer Typ. Braune, drahtige Haare, blaue Augen und eine klassisch gebogene Nase seien Merkmale der dinarischen Rasse, darauf könnten wir uns verlassen, denn er sei sozusagen ein »Rassespezialist«.

Genauso sähen die Leute in Südtirol aus, die armen tapferen Tiroler, die nach dem Schandvertrag von Versailles von den feigen Siegermächten dem welschen Italien zugesprochen worden waren. Gegen ihren Willen und ihr dinarisches Volksempfinden! Wie die Saarländer und die Elsässer hatten sie ihre deutsche Heimat verloren. Abscheuliche Verbrechen das alles!

»Und jetzt singen wir: Deutsch ist die Saar!«

Die Ditte war inzwischen wieder auf ihren Platz neben mir zurückgekehrt.

Dinarisch war sie also, und dinarisch waren übrigens auch die Nasen ihrer beiden Schwestern. Die ihrer winzigkleinen Mutter war sogar noch dinarischer. Der jüngere Bruder, mit seinen blauen Augen zu den blonden Locken, galt Jahre später am Arndt-Gymnasium in seiner Klasse, nach Auffassung des dortigen Lehrers, als Prototyp eines germanischen Knaben. Genauso hätte Armin der Cherusker wohl ausgesehen.

Über diese Art der Beurteilung schienen Dittes Eltern irgendwie erleichtert. Vielleicht bildete ich mir das aber nur ein.

Nicht lange nach Abgabe der Abstammungsnachweise kam es zu einem Zwischenfall in der Zeichenstunde. Die Ditte hatte durch wiederholtes Schwatzen der Lehrerin Anlaß gegeben, sie mit einem verschärften Tadel ins Klassenbuch einzutragen. Nach der Stunde hatte diese Ziege noch eine spitze Anspielung gemacht, daß es mit der arischen Abkunft bei einem derart frechen Balg wohl nicht sehr weit her sein könnte.

Wutschnaubend war die Ditte nach Hause gerannt. Sie verlangte von den Eltern Unterstützung, was eine Genugtuung für diese beleidigende Anschuldigung betraf. Und zwar sofort und drastisch. Denn eine solche Ungeheuerlichkeit ließe sie nicht auf sich sitzen.

Rein dinarisch – und dann sich als nichtarisch beschimpfen lassen zu müssen! Sie bebte vor Zorn.

Das war dann die Stunde, in der die Eltern sich ihre drei Töchter vornahmen. Der Sohn war noch zu klein, um zu begreifen, was es heißen sollte, die durchaus nicht arische Abstammung der Mutter von nun an nach außen hin immer wieder und glaubwürdig abzustreiten. Denn davon hing in Zukunft das Überleben ab.

Meine doppelte Familie

Inzwischen ging das Leben weiter und das Dritte Reich feierte seinen ersten Geburtstag. Noch war der Schulalltag nicht sehr viel anders als im Jahr zuvor, noch feuerte ich jeden Tag zu Hause meine Mappe gewohnheitsmäßig in eine Ecke, wo ich sie dann am nächsten Morgen wieder aufsammelte. Schularbeiten wurden prinzipiell, wenn überhaupt, kurz vor dem Unterricht von irgendwelchen streberhaften Musterschülerinnen abgeschrieben. Die meisten von ihnen waren, Gott sei Dank, erpreßbar. Das hieß im Klartext, daß die Ditte und ich ihnen in Aussicht stellten, sie über einen gewissen Zeitraum so gut wie nie zu verprügeln.

Auf diese Weise mogelten wir uns so durch.

Zigarettenbilder sammeln war ganz große Mode, ja, zur Leidenschaft geworden. Man spezialisierte sich auf bestimmte Serien: Berühmte Bauwerke, Rennwagen und ihre Fahrer, Filmschauspieler. Getauscht wurde im Freundeskreis. Dann standen wir herum, verglichen unsere Karten miteinander und tauschten auf Deubel komm raus: Hamwa ... hamwa ... hamwanich ... hamwanich ... hamwa!

Als zu Ostern die Ditte und ich identische Zeugnisse mit zwei Fünfen und fünf Vieren nebst haarscharf treffenden Bemerkungen über unser identisches Betragen vorwiesen, die man selbst den allernächsten Verwandten nicht zeigen konnte, wurde es Zeit für gewisse Veränderungen. Denn unsere Versetzung war nun nicht mehr fraglich, sie war so gut wie ausgeschlossen. Einige Mitglieder des Lehrerkollegiums hatten außerdem geäußert, daß für diejenigen, die sich in die Schulordnung nicht einfügten und auch den »Jot Em« noch nicht angehörten, kein Platz in einer höheren Lehranstalt mehr sein könnte.

Die prekäre Situation erforderte drakonische Maßnahmen, die die Überwachung der Schulaufgaben sowie der Freizeit nötig machten.

Ein Jahr mußte noch irgendwie durchgestanden und überbrückt werden, denn dann hatte ich das vorgeschriebene Alter erreicht, in dem man mich auf Nummer Sicher würde abliefern können: im Töchterpensionat, das meiner Mutter als ganz hervorragend empfohlen worden war. Die konnten sich ab da mit mir amüsieren.

Es handelte sich um eine Art Bewahranstalt für adelige Mädchen in einer Kleinstadt unweit von Berlin. Da würde ich endlich auch in meiner »Kiste« sein, wo ich ja schließlich hingehörte.

Gott sei Dank war mir also noch eine Galgenfrist beschieden. Reumütiger denn je gelobte ich Besserung. Den Meineid gab es gar nicht, den ich zu schwören nicht bereit gewesen wäre – Hauptsache, ich durfte mit der Ditte zusammenbleiben.

Das neue, geläuterte Leben begann damit, daß wir uns den Anschein gaben, die Nachmittage mit dem Anfertigen von Schularbeiten zu verbringen. Dittes Mami hörte uns französische Vokabeln ab, und es wurde eine Mathematiklehrerin engagiert, die unsere Zensuren auf Vordermann bringen sollte. Lange aber hielt es Fräulein Trost bei dem teuflischen Duo, als das sie uns bezeichnete, nicht aus.

Wenige Wochen später wurde unsere Klasse von einem Erdbeben erschüttert.

Ilse Michalski war schon zweimal sitzengeblieben und einige Jahre älter als wir, als sie in unserer Klasse landete. Der Ditte und mir war aufgefallen, daß die Ilse in Dingen, die für uns noch dringend der Aufklärung bedurften, auffallend gebildet schien.

Sie besaß schon einen regelrechten Busen, und als sie im Umziehraum der Turnhalle ihren lila, innen angerauhten Schlüpfer aus Versehen kurz mit herunterzog, hatten wir schwarzes Gekrissel gesehen, da, wo wir noch Babys waren.

Ausgerechnet die Handarbeitsstunde benutzte sie, um uns detaillierte Mitteilungen über gewisse Erlebnisse mit einem Pferdepfleger zu machen. Keine fünf Meter entfernt war das spitznasige Fräulein Dorn eben damit zugange, uns in die Wunderwelt des Hohlsaums einzuführen.

Ein Hippodrom hatte sich anläßlich eines Rummels in Schmargendorf eingefunden, und eines Nachmittags hatte sich der Roßknecht das umherstreunende Mädchen gegriffen. Über sechzehn sei sie ja wohl, wie?, hatte er die dreizehnjährige Ilse gefragt. Und von dem, was er dann auf dem Stroh im halbdunklen Zirkuswagen mit ihr anstellte, verschwieg sie uns auch nicht die kleinste Einzelheit. Dazu stellte sie Vergleiche mit den Aktivitäten ihrer Eltern an, die mit ihr im gleichen Zimmer schliefen. Und was die konnten, das konnte sie nun auch!

Uns ging der Mund nicht mehr zu! Das war ja kaum zu fassen!

Das Schwein! Wir konnten einfach nicht an uns halten und offenbarten das fürchterliche Geheimnis der Eva. Die hörte sich alles geduldig, wenn auch etwas skeptisch an und informierte meine Eltern. Und diese wiederum die Eltern der Ditte. Der Direx lud erst uns, dann unsere Mütter zum Verhör. Zuletzt knöpfte er sich die Ilse vor, danach wurde das Jugendamt eingeschaltet.

Am nächsten Tag war die Bank von der Ilse leer.

Natürlich machte die Geschichte die Runde in der Klasse, und monatelang gab es keinen anderen Gesprächsstoff.

Was uns bei der ganzen Sache am meisten beunruhigt hatte, war Ilses lakonische Mitteilung, daß unsere Eltern gleichfalls Dinge täten, die wir uns bis dato geweigert hatten, auch nur entfernt in den Bereich des Möglichen zu ziehen. So etwas Gräßlichem sollten wir auch noch unsere Existenz verdanken?

Nach intensiven Flüsterkonferenzen kamen wir aber zu der einzig logischen und zufriedenstellenden Antwort: Unsere Eltern waren keine Schweine! Und überhaupt, so schlossen wir, taten vornehme Leute *das* nicht. Der alte und überaus verehrungswürdige Reichspräsident, den wir als Beispiel ins Feld führten, der sollte so etwas gemacht haben?

Undenkbar!

Diese Erkenntnis ließ also nur einen logischen Schluß zu, daß eben in »unseren Kreisen« ein Arzt bemüht wurde, wenn man Kinder haben wollte. Der machte dann da irgendwo irgend etwas. Schließlich und endlich: Eltern waren Eltern, und Schweine waren Schweine!

Und damit war die Sache für uns erledigt. Jedenfalls vorläufig!

Eines Morgens kam Sigrid Sanders zehn Minuten zu spät. Wir hatten gerade Deutsch. Sie stapfte zum Katheder und posaunte der etwas verdutzten Fräulein Schwarze sowie der atemlos lauschenden Klasse mit Stentorstimme, daß sie auf dem Schulweg im Schwarzen Grund von einem Mann auf einem Fahrrad angehalten worden sei, der ihr einen ungeheuerlichen Antrag gemacht hätte. Sie platzte beinahe vor Wut. Ohne auch nur den geringsten Anflug von Scham verkündete sie, dann hätte er auch noch seine Hose vorne aufgemacht und so ein Gedärme rausgeholt – also genauer gesagt seinen »Piepel«. Und dann wollte er ... und dann sollte sie ... also dann hätte sie aber die Beine in die Hand genommen!

Fräulein Schwarze, die gute alte Semmel, verfügte offenbar nicht über allzuviel Erfahrung mit derartigen Erlebnissen und schien durch die Hemmungslosigkeit der Schülerin aufs äußerste indigniert. Vergeblich versuchte sie, deren Redefluß irgendwie zu dämmen, aber die Sigrid schimpfte wie ein Rohrspatz. Alle sollten das hören. Und zwar mit allen Einzelheiten!

Schließlich nahm die verzweifelte Lehrerin sie an der Hand und zog mit ihr zum Direx. Der hat dann die Polizei alarmiert und die wiederum das Jugendamt. Das gab der Sigrid die hochwillkommene Gelegenheit, die ganze Moritat noch mehrere Male von Anfang bis Ende zum besten zu geben.

Dieses Ereignis bestätigte unseren Verdacht, daß es eben doch Dinge zwischen Himmel und Erde gab, über die wir noch lange nicht genug wußten, aber uns nunmehr zu informieren gedachten.

Auf unseren Radfahrten in den Grunewald kamen wir jedenfalls nicht weiter. Ein splitterfasernackter Mann tat uns leider nicht den Gefallen, irgendwo aus dem Gebüsch zu springen. Aber vielleicht war das, genau besehen, auch ganz gut so.

Die einzige erzieherische Maßnahme, zu der meine Mutter sich aufschwang, war die tägliche Mahnung, es doch nicht zu toll zu treiben, wenn wir entweder auf Stelzen, Rollschuhen, mit dem Bollerwagen oder den Rädern das Haus verließen. Aber was zu toll war, blieb schließlich eine Ermessensfrage.

So klauten wir Blumen und Obst aus den anliegenden Gärten, die wir unverfroren in der Nachbarschaft zum Kauf anboten. Manche erstanden auf diese Weise ihre eigenen Blumen – bis dies ruchbar wurde. Da hatten wir dann nichts zu lachen . . .

Im Gehege flitzten wir einmal auf unseren Rädern um die Kurven und sangen dazu: »Das muß ein Stück vom Himmel sein – Vinum der Wein; Hitler das Schwein!«

Gerade noch rechtzeitig blieb uns das »Schwein« im Halse stecken, als Doktors von nebenan mit gespitzten Ohren und den Pleitegeiern im Revers an uns vorbeispazierten. Das hätte leicht ins Auge gehen können.

Wegen des Dauergewitters am politischen Himmel war die Stimmung zu Hause so deprimierend, daß der Dicke und ich jede Gelegenheit wahrnahmen, ihr zu entfliehen.

So hatte ich mir angewöhnt, gleich nach der Schule mit der Ditte zu ihr nach Hause zu laufen. Das wurde mit der Zeit so selbstverständlich, daß ich am Eßtisch meinen festen Platz hatte. Wo vier Kinder waren, wurde ein fünftes auch noch verkraftet. Das Kochen besorgte Dittes kleine Straßburger Mutter persönlich, und ich kam mir bald wie im Schlaraffenland vor. Die Mami liebte einfach Kinder und mich, so wie ich war. Das war zunächst ebenso überraschend wie ungewohnt. Der Papi stand ihr da in nichts nach. Einmal warf ich eine Knallerbse, Standardutensil in meinen Hosentaschen, an die Wand, wo sie auf der Tapete einen schwärzlichen Fleck hinterließ. Ich erstarrte vor Schreck über meine eigene Frechheit, aber man lachte nur darüber. Eine mir wirklich versehentlich aus der Hand gerutschte Stinkbombe hingegen wurde allerdings mit Naserümpfen quittiert. An jedem Nachmittag, den Gott werden ließ, schleppte die Mami bergweise Kuchen vom Bäcker an: Amerikaner, Schnecken und Schweinsohren. Schließlich konnte man ja nie genau wissen, wieviel Freunde die eigenen Kinder noch besuchen würden, und alle sollten satt werden. Das war ein sehr vernünftiger Grundsatz, den sie mit keiner mir bekannten Mutter teilte.

Richtig streng war sie nur, wenn es um das Abhören französischer Vokabeln ging. Saßen diese endlich, ging sie mit uns zur Lektüre der »Lausbubengeschichten« und der »Tante Frieda« von Ludwig Thoma über. »Dem Heiligen Aloysius hat's die Nasen weggehaut!« Darüber konnte sie sich vor Lachen ausschütten.

Kein Wunder also, daß ich mich in dem vergnügten Haushalt sehr viel wohler fühlte als daheim in der düster-bedrückenden Atmosphäre. Auf diese Weise kam ich in den glücklichen Genuß zweier Elternpaare, nannte drei neue Schwestern und einen zweiten kleinen Bruder mein eigen, der für seine Mutter nur »das Müchen« war.

Das Müchen hatte es mit drei älteren Schwestern, die alle

an ihm herumerzogen, sogar noch schwerer als der Dicke mit mir. Der reagierte übrigens seit neuestem auf den Namen Dicker nur noch mit Wutausbrüchen: Er wäre nicht dick und ein solcher Name sei abartig. Womit er nicht unrecht hatte.

Martin Niemöller und die Bekennende Kirche

Es schien, als ob meines Vaters finstere Prophezeiungen sich nach und nach erfüllen sollten. Eines Morgens waren in der Klasse die Plätze von Ellen Ginsberg und Lotte Rechwalski leer geblieben. Herr Dr. Klotz hatte sich in seiner SA-Uniform vor die Klasse gepflanzt und mitgeteilt, die Schule sei nun erfreulicherweise von zwei artfremden Elementen befreit. Vermutlich wären sie nach Amerika gefahren, wo die Juden bekanntlich das Sagen hätten und ihre Vernichtungspläne gegen unser rein germanisches Volk schmiedeten.

Einmal hatte sich das fette Schwein so dicht vor Eleanor Simonsky hingestellt, daß das Koppelschloß an seinem Bauch – »Unsere Ehre heißt Treue!« – fast an ihre Nase stieß, und hatte sie, während sein Blick über sie hin und aus dem Fenster ging, gefragt: »Na – und du? Bist du vielleicht arisch? Si-mon-sky?«

Die kleine, an sich schüchterne Eleanor mit ihren schwarzen Locken hatte unerschrocken zu diesem angsteinflößenden Koloß aufgesehen und mit unüberhörbarer Verachtung in der Stimme ganz leise, aber deutlich gesagt: »Ich bin Ungarin!«

Dem Klotz mit seinem Quadratschädel und dem Fettwanst in der kackbraunen Uniform blieb für einen Moment die Spucke weg. Gerade zu diesem Schlag hatte er im Geiste schon lange ausgeholt – und nun das?

Ungarin?

Ungarn, wenn er recht informiert war, galt doch als dem Führer freundlich gesonnenes Ausland. Womöglich war der Vater der Simonsky ein Diplomat, wie der garantiert gleichfalls nichtarische dänische Papa von Thesie Jablonsky. Um ein Haar hätte er sich da die Zunge verbrannt. Trotzdem, alles Judenstämmlinge, da wollte er einen Besen fressen.

Enttäuscht wandte er sich wieder der Tafel zu.

Nun ja, man würde eben Geduld haben müssen. Denn heute *gehörte* uns das leider klein gewordene Deutschland, morgen höchstwahrscheinlich aber Dänemark und Ungarn und übermorgen, wenn er sich in seinen Prognosen nicht sehr irrte, die ganze Welt.

Das Volk, so hatte der Führer versprochen, das würde den Raum bekommen, den es brauchte!

Geduld war die Parole der Stunde! Aber irgendwie verkorkst war der Tag eben doch!

»Alles rennet, rettet, flüchtet – Klotz hat das Ventil gelüftet!« sangen wir in der Pause auf dem Hof.

Der Pastor Niemöller, in dessen Haus ich jetzt nur selten auftauchte, hatte wirkliche Sorgen. Oft kam er mit seiner Frau abends zu den Eltern, und dann saßen sie da zu viert, und jeder wurde seine Empörung los. Die neueste Nazi-Schikane war die Einführung des »Arierparagraphen«, und das bedeutete auch, daß niemand mehr Pfarrer werden durfte, der eine jüdische Mutter hatte oder einen jüdischen Vater, oder vielleicht genügte auch eine jüdische Großmutter. Sogar die »nichtarischen« Kirchenmitglieder sollten vom Besuch des Gottesdienstes und dem Gemeindeleben ausgeschlossen werden. Das konnte man doch nicht hinnehmen, da mußte man doch etwas tun.

Ich erfuhr bei der Gelegenheit, daß dieses Verbot auch Onkel Otto und Tante Edith treffen würde. Denn die waren nach Hitlers Rassegesetzen Juden, obwohl getaufte Christen.

Verwandt waren sie nicht mit uns, aber während des Ersten Weltkriegs hatten meine Mutter und Tante Edith lungenkrank nebeneinander auf der Veranda des Schwarzwaldsanatoriums gelegen. Aus dieser Zeit datierte ihre Freundschaft. In die Schorlemerallee zu Tante Edith ging ich für mein Leben gern. Es gab märchenhafte Süßigkeiten, keiner sagte »Schling nicht so!«, sondern »Nimm nur tüchtig!« Der braune Pudel Goldi war gleichfalls ein ausgesprochener Konfektliebhaber und sah daher aus wie eine dicke Wurst auf vier Beinen.

Eines Tages tauchte Onkel Otto vollkommen verstört bei uns auf. Einen Davidstern hatte man ihnen in der Nacht mit Ölfarbe an die Haustür geschmiert und »SAUJUDE« dazu geschrieben. Das durfte man doch nicht so einfach hinnehmen! Auf der Stelle ginge er, der verdiente preußische Landgerichtsrat und Weltkriegsteilnehmer mit dem Eisernen Kreuz Erster Klasse, jetzt zur Polizei und machte eine Anzeige.

Nur mit Mühe konnte mein Vater den zutiefst Gekränkten vom Gang zum Polizeirevier abhalten. Ob ihm, dem Richter, dem deutschen Beamten, nicht klar wäre, daß sein geliebtes Deutschland aufgehört hätte, ein Rechtsstaat zu sein?

Nicht sehr lange danach konnten wir in einem Kasten am U-Bahnhof Dahlem-Dorf, wo die Nazizeitung »Der Stürmer« aushing, das Foto eines Juden sehen, der von SA-Männern durch eine grinsende Menge gejagt wurde. Er trug ein Schild um den Hals: »ICH WERDE MICH NIE MEHR BEI DER POLIZEI BESCHWEREN!«

Das antisemitische Hetzblatt ließ auch die Deutschen ihren volkseigenen Philosophen Heinrich von Treitschke nicht vergessen. Der mußte ja wohl gewußt haben, wovon er sprach. Und deshalb kam sein Ausspruch auf der Titelseite des Blattes zu neuen Ehren: »DIE JUDEN SIND DEUTSCHLANDS UNGLÜCK!«

Dittes Mutter begann konkrete Pläne zu schmieden. Ihre Kinder sollten, falls die nichtarische Abstammung ans Tageslicht käme, keinen Gefahren ausgesetzt sein: Sie würde sie, eines nach dem anderen, ins Ausland schleusen. Mit der Ältesten wurde zunächst der Anfang gemacht. Man schickte sie für die Zeit der Ferien nach England, und sie blieb dort. So war wenigstens eine Tochter in Sicherheit. Was aber sollte mit den drei anderen Kindern werden, wenn es noch schlimmer würde?

Die Kirche – konnte die sich denn nicht wehren?

Der Pastor Niemöller war es, der beschloß, zu handeln. Von der Kanzel erklärte er sich mit allen solidarisch, die um ihrer Abstammung oder um ihres Glaubens willen verfolgt wurden, und forderte seine Gemeinde im Gottesdienst auf, das gleiche zu tun, christliche Liebe allen gegenüber gleichermaßen zu üben, ob Christen, Juden oder Heiden. So war es kein Wunder, daß er auf eine der sehr schnell wachsenden schwarzen Listen der Geheimen Staatspolizei gelangte.

Der mutige Pfarrer war der unerschütterlichen Meinung, Widerstand gegen Unmenschlichkeit habe in der Kirche Jesu Christi selbst zu beginnen.

Von Adolf Hitler wurde diese Ansicht nicht geteilt. Der schickte dem Pastor nun Spitzel in die Gottesdienste.

Die neue Bewegung der evangelischen Kirche hingegen, die sogenannten Deutschen Christen, unterschrieb alles, was von oben befohlen wurde. Der Führer war der von Gott gesandte Messias, und der Jude Jesus wurde beiläufig zum ersten Christen umfunktioniert. Später würde man ihn dann ganz unter den Tisch fallen lassen. Das Alte Testament sei überflüssig, nichts als eine Folge jüdischer Räubergeschichten. Reichsbischof Müller von Hitlers Gnaden, eine groteske Erscheinung, der sogenannte Reibi mit dem Spitznamen »Ludwig der Verzweifelte«, hatte sich an die Spitze dieser Bewegung manövrieren lassen.

Die Deutschen Christen sahen sich jedoch fast über Nacht mit einer Gegenbewegung konfrontiert, die nicht mit sich spaßen ließ.

»Bekennende Kirche« nannte sie sich, und ihr Begründer war der Pfarrer von Dahlem, Martin Niemöller.

Er forderte seine Schäflein unmißverständlich auf, sich nur einem einzigen Herrn untertan zu erklären, dem Herrn Jesus Christus.

Zu den ersten Mitgliedern der neugegründeten Bekennenden Kirche gehörten meine Eltern, die Eltern der Ditte sowie auch Onkel Otto und Tante Edith.

Am 25. Januar des Jahres 1934 wurde Martin Niemöller ebenso wie der Reibi vom Führer in die Reichskanzlei zu einem »Gespräch« bestellt. Dabei gelang es ihm, im Beisein von Hermann Göring sowie einigen anderen Kirchenmännern, den besonderen Zorn des Führers zu erregen, als er diesem, auf die Weisung, er möge die Verantwortung für das deutsche Volk getrost ihm als eben dem von Gott gesandten Führer überlassen, entgegnete: »Herr Reichskanzler, die Sorge um mein Volk ist mir von Gott und niemandem anders gegeben worden, nur Er kann sie mir abnehmen.«

Der Führer war vor Überraschung ob der unerwarteten Widerrede ganz bleich geworden. Mühsam behielt er seine Fassung. Nun, diesem aufsässigen Pfarrer würde er wohl einen Denkzettel verpassen müssen!

Eine verschärfte Überwachung aller Aktivitäten des Pastors setzte ein. Die Gestapo kolportierte jedes Wort, das in den Gottesdiensten gesprochen wurde. Das Fürchten, das würde man ihn schon lehren.

Der unerschrockene Pastor aber nahm jede Gelegenheit wahr, sich in subtiler Weise über die während des Gottesdienstes anwesenden Nazi-Beobachter in ihren langen Ledermänteln lustig zu machen. So bemerkte er einmal lakonisch von der Kanzel aus: »Ich sehe eben, daß einige unserer Brüder von der Geheimen Staatspolizei kein Gesangbuch haben. Darf ich darum bitten, daß ihnen eines gereicht wird?«

So hatte er die Lacher auf seiner Seite. Dafür und für einiges andere würde er eines Tages schwer büßen müssen.

Obgleich es nicht üblich war, Kinder vor der Konfirmation den Hauptgottesdienst besuchen zu lassen, lag ich meinen Eltern in den Ohren, mir doch den Kindergottesdienst von nun an zu ersparen. Die Gemeindetanten mit ihren langweiligen Geschichten vom lieben Jesuskindlein hingen mir zum Hals heraus. Damit konnte man vielleicht Vierjährige hinter dem Ofen vorlocken. Ich wußte doch, was da gespielt wurde, und wollte »dabei« sein.

Falls man versuchen sollte, den Pastor während des Gottesdienstes zu verhaften, würde ich mich vor ihn werfen. Das hatte ich mir fest vorgenommen.

Und damit war es mir bitter ernst.

Der Anruf von Hermann Göring

Wieder einmal hatte eine jener Abendgesellschaften stattgefunden, die sich nicht vermeiden ließen. Die Vorbereitungen dazu begannen, als die ersten Fasanen vom Lande per Eilfracht eintrafen und von der Anna in der Waschküche aufgehängt wurden. Abhängen mußten sie, denn erst nach einigen Tagen verlöre ihr Fleisch seinen strengen Wildgeschmack. Diese Vögel waren bei uns Kindern wegen ihrer bunten Schwanzfedern sehr beliebt, die man sich als vielbeneidete Trophäen an den Hut stecken konnte, sofern man einen besaß.

In der Waschküche befand sich auch die Eismaschine, die für das große Ereignis betriebsbereit gemacht wurde, um dann durch Mitwirkung von rosa Viehsalz nach langem Kurbeln das köstliche Speiseeis für den Nachtisch zu liefern. Der bewährte Lohndiener Karl war pünktlich erschienen, das einzige männliche dienstbare Wesen, welches die Anna um sich duldete. Widerspruchslos, bescheiden und betont beflissen befolgte er alle ihre Befehle und machte ihr obendrein noch artige Komplimente.

Dann strahlte sie, drehte sich wie ein Pfau, der sein Rad schlägt.

Knackig war sie ja noch, so richtig zum Anbeißen! Das war jedenfalls Karls Meinung.

Aber – ihn 'eiraten? Sie konnte sich be'errschen!

Unter den Gästen des Abends war zwar diesmal kein Botschafter, der »gleich dreimal von der Nachspeise nahm«. Dafür der Onkel Kurt, wie wir den Freund meines Vaters nennen durften, und der war von Adel und wußte, was sich gehörte. Vor kurzem erst hatte er das Amt innegehabt, das jetzt der Adolf Hitler bekleidete.

Er war nämlich bis zum Januar 1933 Reichskanzler gewesen.

Am 27. Juni 1934, wenige Wochen nach dem im übrigen außerordentlich gut gelungenen Diner, war mein Vater wieder einmal in die Droschke gestiegen, die ihn zum Zug nach Doorn brachte. In seinem Gepäck steckte diesmal ein besonders voluminöses, unzensiertes Schreiben von mir an den »Lieben Kaiser«. Alles war genau wie immer, nichts deutete auf ein ungewöhnliches Ereignis hin.

Vielleicht aber war es meinem Vater bei seiner Abreise doch ein wenig beklommener zumute als sonst. Nichts Gutes verheißende Nachrichten hatten ihn von Doorn erreicht, die natürlich die Hermine betrafen. Diese bearbeitete nun mit allen ihr zu Gebote stehenden Mitteln den Gatten: Er sollte doch nun *endlich* bei Hitler vorstellig werden, um die Wiederbesteigung seines und vor allem wohl *ihres* Thrones in die Wege zu leiten.

Mein Vater war sich, und zwar illusionslos, klar darüber, daß der Kaiser ihn wohl als letzte Instanz in politischen Fragen anerkannte, aber er wußte auch, daß sein Einfluß im gleichen Moment endete, in dem er seinem Herrn den Rücken kehrte.

Als erschwerender Umstand kam nun dazu, daß es in der Allerhöchsten Ehe nicht mehr knisterte, sondern krachte. Mehr als einmal war es in der letzten Zeit zu fürchterlichen Auftritten zwischen den Majestäten, manchmal sogar in Gegenwart der Dienstboten, gekommen.

Wohin der Gemahl flüchtete, wenn »sie« mit ihm nach endlosen Diskussionen in der Nacht fertig war, das wußte die hohe Gemahlin ganz genau. Ihr und ihrem Haß, mit dem sie ihn verfolgte, begann mein Vater irgendwann so zu mißtrauen, daß er es vermied, »Ihre Majestät« etwa auf einem Gang durch den Park zu begleiten.

»Sie bringt es fertig«, so bemerkte er trocken, »und springt in den Schloßgraben und behauptet dann, ich hätte sie hineingestoßen.«

Mein Vater befand sich nun seit vier Tagen in Doorn, als uns zu Hause über das Radio alarmierende Nachrichten erreichten. Zuerst hatten sie gar nicht so schlecht geklungen: Der Stabschef der SA, Ernst Röhm, sei bei einem Putschversuch in München erschossen worden. Auf frischer Tat hätte man ihn ertappt. Um was für eine Art von Tat es sich handelte, sollte ich erst sehr viel später erfahren. Verglichen damit allerdings nahmen sich Ilse Michalskis Erzählungen in der Schule wie Heiligenlegenden aus. Bei irgend etwas unausdenkbar Scheußlichem wäre der Stabschef angeblich vom Führer selbst überrascht und erschossen worden. Er hätte versucht, so hieß es weiter, die Macht an sich zu reißen und seinen alten Kampfkameraden Hitler auszuschalten. Also habe man ihn und eine Reihe seiner SA-Kumpanen liquidiert. Aber dabei hatte man es nicht bewenden lassen.

Denn auch der Onkel Kurt war tot.

Der war zwar nicht in Bayern, dafür aber in Berlin ermordet worden. Die SS war am 30. Juni in sein Haus eingedrungen und hatte ihn und seine Frau umgebracht. Und als drei weitere Tage vorbei waren, da wußte man, daß die Nazis diese willkommene Gelegenheit des angeblichen Röhmputsches benutzt hatten, um eine ganze Reihe von mißliebigen Gegnern in einer Art Blitzaktion aus dem Weg zu schaffen. Hunderte sollten es sein, so erfuhren wir später. Die Berichte in der Schule klangen natürlich ganz anders als das, was ich zu Hause aufschnappte. Zwischen politischer Wahrheit und Lügen zu unterscheiden, hatte man mir aber inzwischen beigebracht.

Und gelernt hatte ich ebenfalls, wann es angezeigt war, den Mund zu halten.

Zwei Tage später kehrte mein Vater nach Hause zurück. Am Nachmittag, es war ein Samstag, saß er blaß und ernst an seinem Schreibtisch. Da schrillte plötzlich das Telefon. »Frag erst, wer dran ist«, bat er mich nervös und heiser. »Ich bin nicht zu Hause, außer wenn es dringend ist.«

Am anderen Ende der Leitung kreischte mich eine Stimme an: »Herr von Sell!« Erschrocken reichte ich meinem Vater den Hörer und sah ihn gespannt an. Mit der ihm eigenen gemessenen Höflichkeit meldete er sich nach dem üblichen Räuspern, und dann muß die Stimme wohl ziemlich viel zu sagen gehabt haben. Wortlos legte mein Vater schließlich nach einer Weile auf, er war kalkweiß geworden, und seine Hand zitterte.

»Das war Herr Göring! Und mitgeteilt hat er mir, daß ich zwar diesmal noch Glück gehabt hätte, weil ich am 30. Juni außer Landes war. Darauf sollte ich mich aber ein zweites Mal nicht verlassen.«

Das war nun eine unverblümte Drohung! Seit dem Reichstagsbrand am 27. Februar 1933, den nach Meinung meines

Vaters niemand anders als Göring selbst angezettelt hatte, war es zwischen den beiden zu einigen unangenehmen Auftritten gekommen. Anlaß hatten verunglückte Annäherungsversuche zwischen Hermann Göring und der Kaiserlichen Familie gegeben. Die Hermine äußerte sich sehr begeistert über Herrn Göring. Aber mein Vater hatte bei diesen Gelegenheiten aus seinem Herzen wohl keine Mördergrube gemacht, und Göring war ebenso nachtragend wie fett.

Ein zweites Mal? Sollte es denn etwa ein zweites Mal geben? Mir blieb das Herz fast stehen.

In unser Haus hatte *die Angst* ihren Einzug gehalten!

Dabei hatte das Jahr 1934 für mich gar nicht so schlecht begonnen.

Zunächst einmal schaffte ich den Freischwimmer, im morastigen Wasser der Krummen Lanke, an deren einem Ende sich eine Badeanstalt befand.

Sooft das Wetter es zuließ, radelten die Ditte, der Dicke und ich durch den Grunewald dahin, um voller Wonne in die braune, nach Schlamm riechende Brühe zu hüpfen.

Meine Begeisterung für Hockey war hingegen längst abgeklungen. Der Sport war mir zu langweilig geworden. Auch die Klavierstunden hatte man abbrechen müssen, nachdem die Lehrerin kategorisch erklärt hatte, so ein freches Kind zu unterrichten, habe sie nicht nötig.

Frau Kohl, von uns nur »Kohlchen« genannt, hatte eine launige Art, mich unentwegt zu ermahnen, meine Finger mit den abgeknabberten Nägeln »auf Küppchen« zu setzen. »Auf Küppchen, auf Küppchen, mein Herzchen!«

Nach ihrem ziemlich abrupten Abgang aber erfuhr ich sehr bald, daß ich keinen guten Tausch gemacht hatte, denn von nun an übte meine Mutter die Aufsichtspflicht über das Klavierspielen aus. Und Geduld war für sie eine Art Fremdwort.

»Kannst du nicht zählen? Na also – hab dich nich so!« –

»Herrgott nee! Wieder falsch!« – »Bist du denn wohl schwer von Begriff?«

Eine gelatscht wollte ich wohl haben? Ich saß vorsichtshalber immer schon ganz geduckt da, was mir aber auch nichts nützte.

Mein nicht vorhandener Wunsch, Klaviervirtuosin zu werden, blieb davon erst recht unangetastet.

Um meinem Herumlungern auf der Straße ein Ende zu machen, war mein Vater auf eine famose Idee verfallen. Reiten sollte ich lernen.

Für mich gab es nur ein Haar in der Suppe: Man hatte mir leider keinen Reitdreß zugestanden. Hoch zu Roß und dann in Trainingshosen und Halbschuhen! Und schlimmer noch: Um die Waden geschnallt, trug ich die gleichen unsäglichen Schäfte, wie sie bei der Polizei üblich waren. Ein Rätsel blieb, wo man sie aufgetrieben hatte. Mit denen aufzutreten war entsetzlich peinlich, und ich genierte mich vor meinen zünftig gekleideten Mitreiterinnen in Grund und Boden. Jahre sollten vergehen, bis man mich von den Qualen erlöste und mir endlich Reithosen und Stiefel anmessen ließ.

Ich könne eben nicht alles haben!

Die gleichen Worte hatte ich im Winter schon gehört, als es um die Anschaffung von Schlittschuhen ging. Meine waren Relikte aus einem vorigen Jahrhundert, die noch mittels eines Schlüssels an Skistiefel geschraubt werden mußten. Und das allerschlimmste war, man konnte diese Ungeheuer länger und kürzer stellen, und so wuchsen sie zu allem Unglück auch noch mit. Die anderen Mädchen besaßen ausnahmslos elegante Complets mit fest angeschraubten Schlittschuhen, manche sogar professionell wirkende Eistanzröckchen. Da kam ich mir in meinen alten Skihosen und der Pudelmütze ziemlich schäbig vor.

Aber auf dem Ohr blieb meine Mutter stocktaub.

Zu Pferde, so erfuhr ich bald, mußte man leiden, bevor man

ein auch nur halbwegs annehmbarer Reiter wurde. Ich lernte, im Schritt zu reiten und mit langem Zügel das Pferd zu loben, englisch zu traben und den Trab auszusitzen. Die Knie fest am Sattel – tadelloser Schenkelschluß – nicht einmal eine Briefmarke durfte zwischen Knie und Sattel passen.

Unterschenkel ruhig, Hände ruhig, Daumen dachförmig angewinkelt. Volten reiten und durch die ganze Bahn wechseln, Linksgalopp, Rechtsgalopp – fliegender Galoppwechsel. Keine Angst fühlen, keine Angst zeigen, das merkten die Pferde genau.

Wer abgeworfen wurde oder mit dem Pferd stürzte, der hatte sich unverzüglich wieder hinaufzubegeben, selbst wenn das Schlüsselbein gebrochen war. Da kannte auch mein Vater kein Pardon! Der half dann mit der langen Peitsche nach. Herunterfallen und heulend wieder aufsteigen und wieder fallen und fluchend wieder aufsteigen und dann schließlich eine Weile oben bleiben! Eine Zeitlang ging das scheinbar ohne Fortschritt so weiter. Aber langsam wurde ich sicherer, lernte sogar voltigieren und zeigte ein ausgeprägtes Talent für die Kunst der Hohen Schule. Mein Vater, selbst ein vorzüglicher Reiter, verbuchte meine Fortschritte als seine eigenen Erfolge.

Das Denken solle ich am besten den Pferden überlassen, die hätten größere Köpfe! Im Galopp den Sattel mit dem Arsch auswischen – von hinten nach vorn, überhaupt am besten mit dem Arsch denken lernen!

Ich lernte auffallend schnell, mit dem Arsch zu denken.

Mode à la »Schardäng«

Nach wie vor kam die rothaarige Zwergengestalt der Philomena zweimal im Jahr ins Haus, um an mir ihre Nähwut auszulassen. Etwas Besseres lohnte sich bei meinen abfallenden

Schultern nun wirklich nicht. Und dabei hätte ich auch gern so hübsche Kleider gehabt wie die Ditte.

Da die Philomena eine ausschließlich sitzende Tätigkeit ausübte, hatte sie gewisse Schwierigkeiten mit ihrer Verdauung. Damit hatte man mir jedenfalls ihre über Gebühr währenden Aufenthalte in unserem Kinderbadezimmer zu erklären versucht. Ausgerechnet unser Klo! Da war dann immer die Brille noch warm, wenn man selbst drauf wollte. Als Revanche dafür beschloß ich nun, daraus auf nicht sehr feine Art Kapital zu schlagen. Ich kassierte von interessierten Freunden das mir angemessen scheinende Honorar von einem Sechser, schleuste die Kunden unter größten Vorsichtsmaßnahmen ins Haus, und dann durfte einer nach dem anderen durch das Schlüsselloch die nichtsahnende Philomena während ihrer mühevollen Sitzungen einige Sekunden aufs Korn nehmen. Diese Aktion konnte als ein sehr zufriedenstellender finanzieller Erfolg für mich verbucht werden, zumal uns nie jemand erwischte.

Dadurch ermutigt, sackte ich wenig später für die Besichtigung meiner Cousine, die ihren gestrafften Busen nach einer Schönheitsoperation auf unserem Balkon der Sonne aussetzte, das Doppelte ein – einen Groschen. Der höhere Preis schien mir durch das größere Risiko, entdeckt zu werden, gerechtfertigt. Denn die Voyeure mußten irgendwie hinter der Gardine im Schlafzimmer meiner Mutter plaziert werden.

Die Ditte und ihre Schwestern bezogen ihre Kleider von Fräulein Emmi Liebmann. In der Eisenacher Straße im Westen Berlins betrieb sie in zwei Zimmern eines Mietshauses ein Modeatelier und fertigte nach den Schnittmustern der französischen Modezeitung »Jardin« wahre Wunderwerke an – zu sehr zivilen Preisen.

Dittes Mutter war eines Tages auf die glänzende Idee gekommen, meiner Mutter einfach vorzuschlagen, unsere Kleider von nun an doch gemeinsam von derselben Schneiderin zu beziehen.

Durch den Überraschungseffekt war diese so sprachlos, daß ihr keine geeignete Ausrede einfiel. Genau das hatte die Mami einkalkuliert. Längst hatte sie mich in meinen geerbten und umgeänderten Fetzen bemitleidet. Kinder mußten zwar nicht wie Puppen herausgeputzt werden, fand sie, aber hübsch sollten sie immer angezogen sein. Bald würden wir ja junge Damen sein.

Dafür schloß ich sie in sämtliche Gebete ein.

Zu jeder Anprobe fuhren die Ditte und ich nun gemeinsam mit der U-Bahn. Grundsätzlich ohne zu bezahlen, sonst machte die ganze Sache keinen Spaß. Schnell unter dem Schalter durchgewischt, und der Kontrolleur hatte das Nachsehen. In der Bahn machten wir uns einen Sport daraus, fremde Leute auf englisch nach der Zeit zu fragen: »What is the time?« Verständnislose Blicke. Einmal fragte einer zurück: »Wo det Heim is?«

Standen wir dann vor der Wohnungstür von Fräulein Liebmann, wußten wir beide schon genau, was uns erwartete. Das ältliche Fräulein wohnte bei einer noch älteren Tante, der Frau Voss. Die haßte sich selbst, die ganze Welt und am allermeisten den, der gerade vor ihr stand. Wir zogen erwartungsvoll an der Glocke, einem Ring im Messinglöwenmaul, und dann geschah jedesmal das gleiche. Schlurrende Laute der Kamelhaarpampuschen, die Tür ging mit eingehakter Kette nur einen Spalt auf, wir wurden von oben bis unten beäugt. Nachdem sie sich vergewissert hatte, daß wir keine bösen Diebe waren, ließ sie uns zögernd ein. Sie erinnerte an eine Vogelscheuche, und ihre graue Gesichtsfarbe harmonierte trefflich mit der grauen Kittelschürze. Daß sie einmal jung gewesen war, konnte sich selbst die kühnste Phantasie nicht vorstellen. Als wandelnde Reklame für den Modesalon ihrer Nichte war sie denkbar ungeeignet.

Unsere scheinheilig-höflich formulierte Frage nach ihrem werten Ergehen verbuchte die Alte als gezielt persönliche Beleidigung. Sie wurde mit keiner Silbe einer Antwort gewürdigt, sondern hatte eine unnachahmliche, wegwischende Geste der linken Hand zur Folge, aus der man schließen sollte, daß eine solch ungehörige, ja geradezu unverfrorene Frage sich wohl angesichts des Unglücks der Welt, das doch ganz offensichtlich sie allein zu tragen hatte, erübrigte. Das freute uns von Herzen.

Im Hinterzimmer, in dem auch die Anproben stattfanden, thronte auf dem Plüschsofa eine Puppenfamilie mit Porzellangesichtern und starrem Blick ihrer Klappaugen. Edelfräulein mit kostbaren Gewändern aus Taft, Seide und Spitzen. Aber anfassen durfte man sie nicht. Wahrscheinlich waren sie, wenn man von Frau Voss absah, alles, was Fräulein Liebmann an Angehörigen ihr eigen nannte.

Aber trotz ihrer nicht eben ermutigenden Lebensumstände zauberte sie mit ihrer Nähmaschine für uns die schönsten Kleider, direkt aus dem »Schardäng«. Und als wir auf die Idee kamen, uns die gleichen Kleider schneidern zu lassen, sahen wir aus wie richtige Schwestern.

Das erste dieser Art war blau mit weißen Punkten.

Ich stand vor dem Spiegel und ließ an mir herumstecken. Schultern – na ja – da müßten eben Polster her. Gerade stehen. Nein, nicht Hohlkreuz. Bauch rein, die Knie nicht so durchdrücken.

Ja, Herrgott, wie sollte man denn nun stehen?

»Busam raus!«

Busam klang offenbar nicht ganz so unsittlich wie Busen. Bloß: Haben tat ich sowieso keinen. Noch nicht!

Der so aufregend begonnene Sommer des Jahres 1934 hatte mit uns nichts Gutes vor. Speziell auf die Ferien in Kreuth hatten wir uns noch mehr als sonst gefreut.

Zumal auch Onkel Eberhard in der Ecke Urlaub machen würde.

Der hatte es auf die stolze Höhe von zwei Metern gebracht, war dabei zaundürr, und selbst die teuersten Anzüge schlotterten irgendwie an ihm herum. Über dem zu weiten Hemdkragen befand sich vorn an seinem Hals ein Adamsapfel von beachtlicher Größe, den er zu unserem Amüsement wie einen kleinen Aufzug auf- und niederfahren ließ.

Den finsteren Prophezeiungen seiner Eltern zum Trotz war er also keineswegs bei der Wach- und Schließgesellschaft gelandet, sondern er hatte es auf einer steilen Karriereleiter, trotz seiner Jugend, bis zum Direktor eines großen Industriekonzerns gebracht. Eine Würde, die ihn jedoch nicht davon abhielt, bei seinen leider viel zu seltenen Besuchen in Dahlem uns Kindern Dinge mitzubringen, über die meine Mutter allenfalls mühsam gekünstelt lächelte. Meine besten Grimassen verdankte ich seiner fachmännischen Anleitung.

Meiner Großmutter fehlte jegliches Verständnis für diesen albernen großen Jungen – tztztztz –, so benahm man sich als Erwachsener in *ihrer* Familie jedenfalls nicht. Und als Ehemann und Vater erst recht nicht.

Er hatte in New York seine schöne schwarzgelockte Maria geheiratet, und das war ja nun, was der Herr Studienrat Klotz, und leider nicht nur der, als eine »Mischehe« bezeichnete.

Wir alle liebten die Tante Maria und die beiden kleinen niedlichen Vettern.

Die Familie hatte ein geräumiges Ferienhaus in Tegernsee gemietet, und da würden wir oft zusammen sein. Nichts, aber auch gar nichts gab es, was uns davon abhalten sollte, wunderbare Ferientage zu verbringen.

In diesem Jahr fanden wir Kreuth allerdings irgendwie verändert.

Der braune Spaltpilz hatte auch dieses Dorf nicht verschont und seinem Namen alle Ehre gemacht: Er hatte den Ort in Nazis und in Nichtnazis aufgespalten. Der Riß ging mitunter sogar quer durch Familien hindurch, und keiner wußte mehr zu sagen, genau wann und wie das hatte geschehen können.

»Unsere« Bauernfamilie auf dem Kirchberg allerdings, die war sich einig. Ebenso wie der Franz und die Julie von nebenan. Denen konnte der Hitler goldene Volkswagen versprechen, sie hielten sich an das, was der Herr Pfarrer ihnen »anschaffte«. Dafür trugen andere auf der Trachtenjoppe stolz das Hakenkreuz.

Der 2. August sollte der Tag werden, an dem ich Gelegenheit bekam, meine Kunst und Ausdauer im Glockenläuten unter Beweis zu stellen.

Durch das Radio in der Bauernküche war die Nachricht zu uns gedrungen, daß der Feldmarschall Paul von Hindenburg und von Beneckendorff sechsundachtzigjährig das Zeitliche gesegnet hatte.

Noch im Jahr zuvor hatten meine Eltern ihn von Kreuth aus in Dietramszell besucht, wo er erholsame Ferientage bei gemeinsamen Freunden verlebte. Eine genaue Beschreibung hatte meine Mutter uns von dem alten Kriegshelden mit dem merkwürdig eckigen Bürstenhaarschnitt und den zu klein geratenen Füßen gegeben. Die machten ihm das Balancieren seiner Hünengestalt nämlich zum Problem, und das war der Grund, warum er mit auffallend kleinen und vorsichtig gesetzten Schritten trippelte: Er hatte einfach Angst, bei seiner Höhe das Gleichgewicht zu verlieren.

Genau wie der Kaiser hatte er gegen das Telefon eine unüberwindliche Abneigung, und das Radio war ihm direkt unheimlich. In ein Mikrophon zu sprechen vermied er, sooft es nur ging. Überhaupt war er kein Freund von großen Unterhaltungen. Einst war eine Delegation von Presseleuten seiner Auffassung nach eine Spur zu lange geblieben. Da stand er einfach auf und sagte schlicht: »Meine Herren, ich will Ihre kostbare Zeit nicht länger in Anspruch nehmen.«

Denen blieb dann nichts anderes übrig, als das Feld zu räumen. Schade, und dabei waren sie gerade so schön in Fahrt gewesen.

Der Herr Pfarrer hatte zum Zeichen der allgemeinen Trauer angeordnet, daß die ganze Nacht hindurch die Glokken der eilig mit schwarzem Flor ausgekleideten Kirche geläutet werden sollten. Das ließ sich natürlich nur in Schichten bewerkstelligen. Abwechselnd legten wir uns mit aller Kraft in die Seile, und ich kam endlich einmal voll auf meine Kosten: rauf und runter die halbe Nacht.

Unser Haus lag keine zwanzig Meter vom Kirchturm entfernt, so war an Schlaf schon wegen des ohrenbetäubenden Krachs nicht zu denken.

Was wohl würde der Kaiser sagen? Das war die erste bange Frage meines Vaters, während er bereits die allernötigsten Sachen für einen Krisenblitzbesuch in Doorn in einen Koffer warf. Ihm schwante Böses, denn er kannte seinen labilen Herrn.

Seit dem Ende des Krieges hatte dessen Groll gegen den einstigen Sieger von Tannenberg nicht nachgelassen. Ihm gab er die alleinige Schuld dafür, daß er nach Holland hatte gehen müssen. Hindenburg hätte ihn, den von seinem Volk so geliebten Monarchen, falsch beraten, indem er ihm die Flucht als einzigen Ausweg nach dem verlorenen Krieg dringend anempfohlen hatte. Direkt gezwungen hatte er ihn ja zu diesem Schritt.

Hätte er bloß nicht auf ihn gehört! Ohne Zweifel säße er dann heute noch auf seinem Thron.

Immer wieder hatte mein Vater, vor allem auf Hindenburgs Bitten hin, versucht, zwischen den beiden störrischen alten Männern zu vermitteln, aber er war auf Granit gestoßen. Jetzt, wo es zu spät war und der Tod das letzte Wort gesprochen hatte, würde der halsstarrige Kaiser in Selbstvorwürfen zerfließen und die Schulter meines Vaters nötiger brauchen als je zuvor. Womit er natürlich recht behielt. Mit Schuld umzugehen, hatte der Kaiser wohl nie gelernt, vor allem wenn es um die eigene ging. Ein deutscher Kaiser von Gottes Gnaden war schließlich so gut wie unfehlbar.

Und so reiste mein um seinen ungestörten Urlaub betrogener Vater seufzend über Tegernsee und München mühevoll nach Doorn.

Nach ein paar Tagen war er wieder da, hohläugig und abgekämpft. Die Woche der Erholung vor Hindenburgs Tod war für die Katz gewesen. »Ihre Majestät« hatte ihm die Hölle heißer als je zuvor gemacht. Mit Hindenburgs Tod witterte sie nun Morgenluft. Denn wer anders kam wohl jetzt in Frage, sich an die Spitze des verwaisten Volkes zu stellen, als ihr Gatte – und damit natürlich sie als rechtmäßige Kaiserin? Das kategorische politische Verdikt meines Vaters, sich Hitler in irgendeiner Form zu nähern, hatte sie mit den üblichen Schreiorgien beantwortet.

Blieb die Frage, wie der wohl auf Hindenburgs Tod reagieren würde. Würde er einen neuen Reichspräsidenten über sich dulden? Und falls ja, wen? Oder sollte er gar, und das prophezeite mein in solchen Fällen leider nie irrender Vater, die einmalige Gelegenheit nutzen und sich als selbsternannten Alleinherrscher an die Spitze des deutschen Volkes setzen? Das ihn doch offenbar über alles liebte, weil er es herrlichen Zeiten entgegenführen würde? Ein solcher Schritt aber wäre das Ende von allem, für das es sich noch zu leben lohnte.

Eine der folgenden Amtshandlungen des Führers sollte in der Tat sein, sich die Loyalität der Wehrmacht durch einen Treueeid zu sichern. Und nicht wie bisher auf Volk und Vaterland, sondern auf seine höchsteigene Person.

Das war noch nie dagewesen.

Ab sofort, so hatte er geschrien, sei Recht, was dem Volk nütze.

Damit, so konstatierte mein Vater, war nun der Gesetzlosigkeit Tor und Tür geöffnet.

Doch ungeachtet all dessen ging das Leben weiter, in Kreuth und anderswo.

Der Zirkus war gekommen und weitergezogen, wieder hatte ich mich im Glanz von Mariechens Ruhm gesonnt. Fast jeden Tag fuhren der Dicke und ich dann mit dem Rad nach Tegernsee, um Onkel Eberhard und Tante Maria zu besuchen, die aus Tannenzapfen, Ästen und Rinde das tollste Spielzeug zu basteln wußte und spannende Bildergeschichten zu zeichnen verstand. Ihre kleinen Jungen, die hatten es gut. So eine Mutter!

Und dann passierte etwas zunächst ganz Harmloses. Die Tante rutschte im Garten irgendwie aus, fiel hin, schrammte sich das Knie. Nicht weiter schlimm – Pflaster drauf.

Zwei Tage später lag sie mit hohem Fieber im Bett; am Abend mußte man sie ins Kreiskrankenhaus nach Tegernsee bringen. Der Chefarzt zeigte sich besorgt. Die Diagnose: Blutvergiftung – vielleicht sogar eine Tetanusinfektion.

Am folgenden Morgen hielt es meinen Vater und mich nicht mehr in Kreuth. Als wir uns mit unseren Fahrrädern Rottach näherten, schien es, als sei der schönste Tag des Sommers angebrochen. Grün und still lag der See da, als weiße Tupfen ein paar Segelboote. Ferienstimmung überall!

Im Ort Tegernsee angekommen, schoben wir unsere Räder das letzte ziemlich steile Stück die Straße hinauf. Und als wir eben um die Ecke zum Krankenhaus einbogen, sahen wir ihn.

Vielmehr ein Gespenst, das vor ein paar Tagen noch mein zu allen Streichen aufgelegter Onkel Eberhard gewesen war. Ein gebrochener Mann kam die Straße dicht an der Mauer entlanggeschlichen. Er sah uns nicht, er sah überhaupt niemanden. Im Arm hielt er, fest an sich gedrückt, das große weiße Kopfkissen, das Tante Maria mit ins Krankenhaus genommen hatte.

Die brauchte es jetzt nicht mehr.

Das war im Sommer 1934, in den Ferien, auf die wir uns alle so gefreut hatten.

Von diesem furchtbaren Schicksalsschlag sollte Onkel Eberhard sich nicht wieder erholen. Nur knappe drei Jahre später schloß auch er die Augen für immer.

Für einen Teil der Familie, angeführt von Onkel Putzi, dem SA-Mann und Parteigenossen, stellten die kleinen verwaisten »Mischlinge«, wie die »Nürnberger Gesetze« sie nun bezeichneten, ein ziemlich heikles Problem dar, denn eigentlich wären sie doch irgendwie eine Schande für die übrige Familie. Sekundiert wurde er von der Tante Edda. Die gab ihren braunen Senf ungefragt dazu.

Schon die Heirat sei ja eigentlich, so ihr Mann, ein direkter Affront gegen die seit Jahrhunderten adelige und vom Standpunkt gottgegebener Rassereinheit einwandfrei arische »Famieje« gewesen. Die sei ja nun »versaut«! Das dürfe hier wohl einmal mit allem Nachdruck festgestellt werden.

Die Kinder – das seien ja nun eben »Judenstämmlinge«. Was nicht nur peinlich wäre, sondern zu einer regelrechten Gefahr für die übrige Famieje werden könnte.

Er für seinen Teil sähe sich nicht in der Lage, seine festfundierte SA- und Parteimitgliedschaft wegen eines solchen – äh-äh – Fehltritts aufs Spiel zu setzen und vielleicht sogar noch seinen neuen in Aussicht gestellten Posten im Propagandaministerium zu riskieren.

Im übrigen habe er mitzuteilen, dies mit einem überlegenen Blick in Richtung meiner Eltern, sei man jetzt deutschgläubig. *Sein* deutscher Gott wenigstens habe uns Deutschen den Führer geschickt.

Das interessierte im Moment nun wirklich niemanden.

Es ging um die Zukunft der kleinen Waisen.

Es stellte sich ziemlich bald heraus, daß der Onkel Putzi mit seiner Meinung nicht allein dastand. Allerdings war niemand so kraß wie er. Oder er wollte es nicht zugeben.

Der Onkel Ludwig erklärte sich, um mit gutem Beispiel voranzugehen, bereit, die beiden kleinen Neffen gelegentlich mit den eigenen drei Kindern spielen zu lassen. Erstaunt und erschrocken über seine Courage sah er sich dann etwas ängstlich-fragend im Kreise der Vettern und Basen um. War er da etwa in einem Anfall von Gutmütigkeit zu weit gegangen?

Alle barsten sie vor christlicher Nächstenliebe!

Mein Vater war angesichts von soviel Familiensolidarität und Hilfsbereitschaft richtiggehend erschüttert. *»Deine Familie!«*

In seiner realistischen Einschätzung der Gegebenheiten sah mein Vater die Gefahren, denen die beiden Buben ausgesetzt waren, wenn sie in Deutschland verblieben. Nur außerhalb des »Reiches« waren sie dem Zugriff der Nazis entzogen. Und mit Nazis meinte er nicht nur jene außerhalb der Familie. Am besten aufgehoben wären die beiden Vettern bei Tante Liddy im Ausland, die als einzige, noch dazu kinderlose Schwester der Mutter den beiden am nächsten stand und sie zudem zärtlich liebte.

Auf diese Weise sollten sie überleben. Daß sie nach dem Krieg die amerikanische Staatsbürgerschaft annahmen, wurde von einigen »Famiejen«-Mitgliedern allerdings übel vermerkt.

Schließlich seien sie doch Deutsche!

Auf einmal?

Nationalsozialismus – die unheilbare Krankheit

In der Schule hatten wir eine neue Klassenlehrerin bekommen. Frau Dr. von Hagel-Steiner war noch keine fünf Minuten in der Klasse, da hatte ich ihr bereits jenen Spitznamen verpaßt, den sie nie mehr los würde.

Stachelschwein!

Dabei wies sie auch nicht die entfernteste Ähnlichkeit mit einem solchen Tier auf. Es waren einfach die Vokale ihres Namens, die sich förmlich anboten.

Ihre Proportionen waren allerdings ein bißchen grotesk. Eine stolze Höhe wies sie auf, ging aber nach oben wie eine Pyramide spitz zu. Der Kopf mit dem grauen Dutt und dem nahezu vollendet eiförmigen Gesicht war für ihre sonstige Erscheinung relativ klein. Nach unten lief der Körper birnenförmig auseinander und erinnerte irgendwie an eine riesige Bienenkönigin. Der Gürtel des Kleides, von einer überdimensionalen Schnalle zusammengehalten, prangte wie ein Orden mitten auf ihrem ziemlich erheblichen Vorbau und diente als eine Art von Markierungslinie zwischen Ober- und Untergestell.

Einen Körper im eigentlichen Sinne, so wie andere Leute, hatten Lehrer ja nicht, hatten ihn auch nicht zu haben. Jedenfalls nicht für die Schüler. Diese stellten sich den Lehrer oder die Lehrerin unter den Gewändern sozusagen körperlos vor. Das war nicht immer ganz einfach.

Frau Dr. von Hagel-Steiner war eigentlich durchaus in Ordnung, und wenn die Nazi war, so wollten wir einen Besen fressen.

Ihr durch viele Jahre des Umgangs mit Mädchen in den Flegeljahren geschärfter Blick hatte sofort erkannt, daß aus der Ecke, in der die Ditte und ich unsere Plätze hatten, nur

Schabernack zu erwarten war, und sie setzte uns so weit auseinander, wie es in der Klasse eben ging.

Das dankten wir ihr dann mit ebenso häufigen wie einfallsreichen Quatschanrufen bei ihr zu Hause, auf die sie mit einer fast naiv zu nennenden Gutmütigkeit immer wieder hereinfiel.

Quatschanrufe waren unsere Spezialität geworden. Für wildfremde Haushalte bestellten wir Brötchen, Torten und Blumen in jeder Preislage. Als wir es mit einem Sarg versuchten, hatten wir beim Bestattungsinstitut Grieneisen allerdings Pech. Übel dran waren auch alle die Fernsprechteilnehmer, die mit obszönen Namen wie Niedergesäß, Klohocker und Dreckmeier im Telefonbuch standen. Die nahmen wir uns nämlich regelmäßig und sehr gründlich vor. Ob die dies allerdings so spaßig fanden wie wir, wage ich zu bezweifeln.

Wie es bloß käme, daß die Telefonrechnung jetzt immer so hoch sei, stöhnte mein Vater und zog dann sofort seine Konsequenzen. Er bestellte einen Apparat, in den man das Geld für die Anrufe in Groschen zu deponieren hatte, damit die Verbindung zustande kam. Bevor man das tat, hörte man wohl den anderen, aber der einen selbst nicht, der vernahm nur ein fernes Klickern. So entwickelten die Ditte und ich ein Klikkeralphabet, und das ging mit Fragen und ein-, zwei-, oder dreimal klickern tadellos und kostenlos.

Einige Jahre später hat dann die Gestapo meine Mutter kommen lassen und sie über die Bedeutung des Klickerns regelrecht verhört. War das vielleicht so eine Abart vom Morsealphabet für die Feinde? Damit gaben sie übrigens zum ersten Mal zu, daß unser Telefon überwacht wurde, was mein Vater längst vermutet hatte. Wir sollten das mal schleunigst abstellen, ließ uns die Gestapo bestellen. Das »andernfalls« blieb irgendwie im Raum stehen.

In der Schule war das »Guten Morgen« abgeschafft und durch »Heil Hitler« ersetzt worden. Adolf Hitlers gerahmte

Herrenmenschenvisage zierte nun jedes Klassenzimmer. Daran sollten wir uns wohl orientieren. Die politische Einstellung eines Lehrers konnten wir in der Art und Weise erkennen, wie der Betreffende den verordneten Hitlergruß exerzierte und dabei mehr oder weniger vorschriftsmäßig mit dem Flügel schlug. Stachelschwein zum Beispiel deutete Gruß wie Flügelschlag eben gerade noch an.

Am gefährlichsten waren fraglos jene Lehrer, die ursprünglich keine Nazis gewesen, es aber dann doch noch geworden waren. Sie hatten offenbar das Gefühl, sie müßten etwas beweisen, und daher war ihnen nicht über den Weg zu trauen. Zu dieser Art von Umfallern gehörte der zunächst heiß verehrte Dr. Bach, der es später sogar zum Denunzianten brachte. Über Fräulein von Heym mit ihrem Hitlerbildfimmel hingegen lachten die Ditte und ich uns nur heimlich ins Fäustchen. Zu einer Denunziation wäre die aber kaum fähig gewesen. Auch aus Fräulein Grohlmann, einem fröhlichen Gummiball, wurde eine gestandene Nazisse. Und das war für die Ditte und mich ein richtiger Schlag ins Kontor, weil sie Naturwissenschaften lehrte, und da waren wir beide keine Leuchten. Auf ihre Gutmütigkeit konnten wir von einem bestimmten Zeitpunkt an nicht mehr bauen.

Noch einen gab es an der Schule, bei dem man sich besser vorsah. Der Pedell Adolf Klitzke in seinem gespensterhaft grauen Kittel und mit dem totenkopfähnlich bleichen, nackten Schädel. Mit seinen schadhaften Zähnen grinste er einen an. Es hatte etwas Beängstigendes, wenn er überall da herumschlich, wo man ihn nicht vermutete. Denunziert hatte er angeblich auch schon, nur beweisen konnte es ihm keiner. Aber er sah immer so aus, als habe er etwas gegen einen in der Hand.

Bemerkenswerterweise aber gab es nicht einen Lehrer, der den Schritt vom braunen Nazi zum Nichtnazi vollzogen hätte. Offenbar schien es da kein Zurück mehr zu geben.

Auf meine diesbezügliche Frage gab mein Vater die Antwort: »Mein Kind, hier demonstriert sich der Unterschied zwischen dem Kommunismus und dem Nationalsozialismus. Beides sind Krankheiten, erstere ist heilbar, letztere nicht.«

Um diese Zeit beschäftigte er sich schon ziemlich intensiv mit dieser Krankheit, die man nicht heilen, aber doch vielleicht ausrotten könnte, wenn man die Wurzel erwischte. Denn nur mit Nicht-Heil-Hitler-Sagen war die Sache nicht mehr getan. Von der sogenannten inneren Emigration, dem selbstgebastelten privaten Bereich, in dem sich jene sicher und passiv verschanzten, die nichts riskieren wollten und das Handeln gern anderen überließen, hielt er nicht sehr viel. Meinem Vater war klar, daß Taten her mußten. Aber wie?

Der Parteigenosse Dr. Klotz hatte, was Brutalität und Heimtücke anlangte, in Olga von Belling, die unter anderem Religion unterrichtete, ein weibliches Pendant. Auf hochgeschnürtem Busen trug sie das Hakenkreuz wie auf einem Tablett vor sich her. Unter der niedrigen breiten Stirn saß ein Katzengesicht mit außergewöhnlich hohen Backenknochen und schrägen, grünschillernden Augen.

Ihr Erscheinen löste bei uns automatisch Alarmstufe eins aus, höchste Vorsicht war geboten. Und richtig! Unser immer sicherer werdender Instinkt sollte uns letztendlich nicht trügen. Der Tag kam, an dem sie Dr. Bachs leuchtendem Denunziantenbeispiel folgte, und was daraus wurde, das sollte auch mich angehen.

Sie zeigte kurz nach Ausbruch des Krieges Dittes zweitälteste Schwester Bettina, die bei meinem Vater als Sachbearbeiterin Unterschlupf gefunden hatte, bei der Gestapo an. Und meinen Vater gleich mit. Bei der Einstellung hätte Bettina ihre nichtarische Abkunft verschwiegen. Das hätte beinahe ein sehr, sehr böses Ende genommen. Wochenlang befand sich mein Vater in größter Gefahr, und das zu einer Zeit, als er sich bereits im aktiven Widerstand mit der Vorbereitung eines Attentats auf Hitler befaßte.

Um Haaresbreite entging damals die ganze Familie der Ditte der Entdeckung, und für die kleine Mami hätte eine solche Enthüllung unter Umständen zu diesem Zeitpunkt das Ende bedeutet.

Einen Schuß vor den Bug hatten sie nämlich gerade verpaßt bekommen.

Und zwar durch die Johanna, das neue Dienstmädchen aus Oberschlesien. Wir nannten sie die »Schanna«, und sie fand uns Kinder »orschinell«. Jeden an die Mami gerichteten Satz begann sie mit: »Nu halt, knätsche Frau!« Und um ihre Kompetenz zu beweisen, hatte sie einst einen Gast gefragt, ob er noch einen Nachschlag von der Suppe haben wolle. Als dieser freudig bejahte, hatte sie nur bedauernd gesagt: »Es hat keine mehr.«

Eines Tages war sie bei den Nachbarn mit der Bitte erschienen, doch in deren Radio die Führerrede mithören zu dürfen. Auf die erstaunte Frage, ob denn die eigenen Herrschaften kein Radiogerät besäßen, hatte die Schanna mit betont naivem Grinsen berichtet, ihre Herrschaften würden sich aus den Reden des Führers »nichts machen«.

Mit Müh und Not gelang es Dittes Vater, diesen fatalen Fauxpas einigermaßen wieder auszubügeln. Selbstverständlich hatte die Schanna da irgend etwas ganz gründlich mißverstanden!

Aber gesagt blieb gesagt, und nun hieß es doppelt und dreifach auf der Hut zu sein.

Am Birkenwäldchen machte in letzter Zeit eine aus Sachsen neu hinzugezogene Familie von sich reden, die aus Vater, einer höheren Parteicharge aus dem Rasse- und Siedlungshauptamt, Mutter und dem Sohn Arthur bestand. Der wurde zu Hause unterrichtet, weil er angeblich zu zart war, um eine

Schule besuchen zu können. Später erfuhren wir noch von der Existenz eines weiteren Sohnes, der auf den Namen Trudbert hörte. »Trudchen« war auf eine nationalpolitische Erziehungsanstalt im Allgäu verfrachtet worden. Man hatte ihn zeitig aus dem Haus geben müssen, nachdem der Arthur einige Male versucht hatte, seinen Bruder auf die eine oder andere Weise umzubringen.

Das alles und mehr hatte die Köchin Klara der Anna kolportiert.

Arthur! Wie konnte man nur so heißen! Wir nannten ihn Aaadue!

Spielen wollte und durfte er auch mit niemandem. Nachmittags wurde er von seinem Frollein an der Hand spazieren geführt. Das war ein giftiges Weib in einer Art brauner Schwesterntracht mit Haube, und sie sorgte dafür, daß ihr Zögling nicht verhauen wurde. An dem sollte sich keiner vergreifen. Irgendwie hatte der Arthur die aber unter seiner Fuchtel.

Stumm maß er uns auf der Straße mit seinem unheilvoll stechenden Blick. Drohend zog er das Stöckchen, ohne das er sich nie sehen ließ, mit einem zischenden Laut durch die Luft. Das sollte uns angst machen. Ab und zu trennte er zielsicher damit den Kopf einer Blüte, die gerade am Weg stand, vom Stengel. Das war so eine Art Enthauptung für ihn und verschaffte ihm wohl Befriedigung.

Einmal hat er dann unten an den Stock Brennesseln gebunden, und wer ihm zu nahe kam, dem fuhr er blitzschnell damit zwischen die nackten Beine. Stets trug er einen sauber mit Wasser gezogenen Scheitel, fast in der Mitte über ziemlich abstehenden henkelartigen Ohren, die als Aufhänger für sein Nickelgestell dienten, das vor seinen kurzsichtigen Augen saß. Vorderzähne hatte er wie eine Ratte.

Nappsülze, schrien wir ihm nach.

Nie sah man ihn anders als mit einem Matrosenanzug bekleidet, dessen Hosen ihm bis über die Knie um die streichholzdürren Beine schlotterten. Die wiederum steckten in langen schwarzen Strümpfen und hohen Schnürstiefeln. Für Sonntags besaß er sogar einen weißen Matrosenanzug.

Jeden Nachmittag machte er intensivst Schularbeiten, bis sein Frollein ihm irgendwann mit Gewalt die Bücher entriß. Dies wurde von Arthur mit einem so lauten Gezeter quittiert, daß man die Fenster schließen mußte. Man fürchtete dann einen Nervenzusammenbruch des zweifelsohne besonders strebsamen, aber eben doch nicht gesunden Knaben.

Die Klara hatte der Anna ebenfalls unter dem Siegel der Verschwiegenheit erzählt, daß Arthur, der wegen seines schwächlichen Rückens nachts in einer Art Gipsgerüst schlief, noch eine weitere Leidenschaft hatte. Das war Beten. Morgens und abends betete er laut und lange zu Wotan und Baldur und all den anderen germanischen Göttern, und zwar schickte er vorzugsweise selbstverfaßte Gebete gen Walhall.

Eines davon hatte ihm sogar eine Ehrenmitgliedschaft in der Hitlerjugend eingebracht, denn am »Dienst« konnte er natürlich wegen seiner Gebrechlichkeit nicht teilnehmen, und das hat der Vater wohl seinem Chef Heinrich Himmler verklickert. Der ließ den Arthur dann ehren.

»Wie freudig bin ich aufgewacht,
Baldur mir ins Antlitz lacht.
Wotan ist mein lieber Vater,
Lehrer – Führer – und Berater!«

Während der Gebetsorgien mußte sein Frollein manchmal einschreiten, weil Arthur sich in eine solche Ekstase hineinsteigerte, daß er zuletzt ohnmächtig auf den Boden fiel. Da lag er dann, verdrehte die Augen, zuckte wie wild, mit Schaum vor dem Maul. Für mein Leben gern hätte ich das mal gesehen!

Eine Unterbrechung seiner Lieblingsbeschäftigungen schätzte Arthur offenbar nicht, denn angeblich hat er sein Frollein bei der Gestapo angezeigt. Wenn man der Köchin glauben durfte, so war da irgendeine ganz harmlose Bemerkung über den »fetten Göring« gefallen. Die Gestapo kam jedenfalls eines Tages und holte sie ab. Und keiner hat sie wiederkommen sehen.

Auch Arthurs Mutter war eine stramme Parteigenossin. Am Wochenende zog sie ab und zu mit einer Büchse von Tür zu Tür und sammelte für die NSV, und an den Eintopfsonntagen hatte sie »Dienst«. Dann spionierte sie besonders gern in ihr verdächtig scheinenden Häusern herum, wer sich vielleicht vor diesem Führerbefehl gedrückt haben könnte. Das roch sie schon, und einmal wäre es ihr beinahe gelungen, sich auf dem Weg zur Kücheninspektion an der Anna vorbei in die Diele zu drücken. Aber nur einmal, denn die Anna war ihr an Körperkräften um einiges überlegen.

Jeder Verdacht, daß sich da etwa jemand mit einem heimlichen Braten um die streng verordnete Eintopfpampe drückte, wurde sofort der Parteileitung gemeldet. Von dem mißglückten Besuch bei uns muß der Arthur dann auch erfahren haben, denn er zischte mich auf der Straße, im sicheren Schutz des Frolleins und seiner Brennesselstange, an: »Deine Mudde wird jetzt von meiner Mudde bei der Paatei gemöldet!«

Aber auch an seinen Eltern, die in Todesangst vor ihm lebten, hat sich dann das »Herzchen« für irgend etwas gerächt. Allerdings nicht bei den Nazis, denn die gab es dann nicht mehr.

Die Russen waren es, welche die beiden auf Nimmerwiedersehen »abholten«, genauer gesagt der KGB. Der Arthur war da gar nicht heikel, der machte keine Unterschiede. Polizei war Polizei. Hauptsache, er war sie los.

Er selbst soll dann im Osten ein böser Finger beim Staatssicherheitsdienst geworden sein.

Unter den politisch ganz scharfen Mädchen in der Klasse, wie zum Beispiel den Reichstöchtern, hatte es sich eingebürgert, in »Kluft« zur Schule zu kommen, obwohl das eigentlich nicht statthaft war. Aber um plausible Ausreden, wie zum Beispiel Dienst gleich nach der Schule, waren die nie verlegen. Und das war nur schwer nachzuprüfen. Allesamt verfolgten sie damit nur ein Ziel: Ihre mäßigen Leistungen durch das Tragen der Naziuniform wieder wettzumachen. Und wo das seinen Zweck verfehlte, diente diese Verkleidung wenigstens als eine Art Schutz vor Eintragungen ins Klassenbuch. Das Ehrenkleid des Führers, und dann womöglich ein Verweis im Klassenbuch, so spekulierten sie zu Recht, das würde doch niemand wagen?

Mit dem Ehrenkleid des Führers konnte ich nicht aufwarten. Dafür aber mit einigen laut Konferenzbeschluß verschärften Tadeln, die die Unterschrift des Vaters notwendig machten.

Es war mir trotz allem gelungen, einen gewissen Status der Unberührbarkeit innerhalb der Klasse zu erreichen. Und dieses Wunder verdankte ich zwei Zauberworten. Sie lauteten: »Mein Vetter.«

Und schon spitzte alles die Ohren, um aus meinem berufenem Munde zu erfahren, was *der Vetter* wieder gesagt oder was *der Vetter* getan hatte und ob *der Vetter* wohl »siegen« würde. Daß es nur ein dritter Verwandtschaftsgrad war, der mein Blut mit dem seinen verband, mußte schließlich nicht jeder wissen.

Der Vetter Manfred von Brauchitsch war nämlich so ungefähr das Interessanteste, was man als Vetter haben konnte, wenn man von Filmschauspielern absah: Er war Autorennfahrer. Einer von den ganz Berühmten, der mit Caracciola (Karatsch) und Rosemeyer in silbernen Flitzern den fernen Nürburgring und die sehr nahe Avus unsicher machte. An den Rennsonntagen konnte man von unserem Haus aus das Kreischen der Raser in den Kurven und das Gejohle der Zuschauer hören. Meistens fuhren wir mit den Rädern bis zur

Rennstrecke, wo wir dann entweder auf dem Zaun oder einem benachbarten Baum hockten und mit lautem Geschrei die Rennfahrer anfeuerten. Wer »Karatsch!« schrie, dem drohte ich Ohrfeigen an.

Manfred war *mein* Vetter! Mit dem zu konkurrieren war so gut wie unmöglich, und *sein* Foto nebst Unterschrift stand mindestens so hoch im Kurs wie das von Willy Fritsch und Lilian Harvey.

Wer sich mit mir gutstellte, der bekam ein Autogramm vermittelt, welches – und das mußte auch wiederum niemand wissen – ich mir ursprünglich einmal von Tante Olly, des Helden Mutter, erbettelt hatte und das mir nun als Vorlage diente. Diesen Schriftzug übertrug ich dann mit viel Geschick auf die Bildpostkarten, die ich aus dem Schreibwarengeschäft von Fräulein Gebel bezog. Eine Fälschung? Das sollte mir erst mal jemand beweisen! Daraus wurde auch finanziell eine ziemlich lukrative Angelegenheit. Bei Zahlungsunfähigkeit seitens der Kunden akzeptierte ich statt barer Münze die heißbegehrten Zigarettenbilder. Keine Zigarettenschachtel ohne Bild, und die von der gleichen Marke gehörten dann auch zu einer Serie und wurden in ein Album eingeklebt, wenn sie vollständig war.

Ich hatte also allen Grund, den Vetter zu preisen, solange er siegte.

Und er siegte oft, dazwischen verlor er mal, dann siegte er wieder.

Übrigens bin ich ihm, genau wie meinem selbsterwählten Doorner Patenonkel, niemals Auge in Auge gegenüber gestanden. Aber das blieb mein Geheimnis.

Ebenfalls nie zu Gesicht bekommen sollte ich einen weiteren berühmten Verwandten namens von Brauchitsch.

Den Onkel Walther. Der fuhr zwar keine Autorennen, dafür war er General. Das war in meiner Familie allerdings keine

Sensation, aber dieser General avancierte wenige Jahre später nicht nur zum Generalfeldmarschall, sondern zum Oberbefehlshaber des Heeres. Als solcher bekam er eine prunkvolle Bonzenvilla zugesprochen, die natürlich vorher arisiert worden war. Genau in unserer Straße. Das war in den Augen meines Vaters schon schlimm genug, aber es sollte noch schlimmer werden.

Denn eines Tages schockierte er die Familie mit der Neuigkeit, daß er sich nach achtundzwanzigjähriger Ehe von der Tante Elisabeth scheiden ließe. Die neuen Scheidungsgesetze der Nazis machten möglich, was wenige Jahre zuvor noch unmöglich gewesen war. In Tränen aufgelöst, war die Tante Elisabeth bei uns erschienen, aber mehr als gute Ratschläge konnte mein Vater ihr auch nicht auf den nunmehr einsamen Lebensweg mitgeben. Ihr Gemahl hatte eine andere Frau gewollt und auch bekommen.

»Tante Lotte«, zweiundzwanzig Jahre jünger als der frischgebackene Bräutigam, wurde nur von einigen Familienmitgliedern mit freudigem Stolz akzeptiert, allen voran der braunschattierte Onkel Putzi und die Tante Edda.

Obwohl er nun keine fünf Minuten von uns entfernt wohnte, sollte ich ihn nie zu Gesicht bekommen. Meine Eltern blieben eisern, wie nicht anders zu erwarten war, und lehnten jede Verbindung mit dem Onkel sowie der ihm angetrauten glühenden Verehrerin Hitlers kategorisch ab. Mein Vater nannte sie, falls er ihre Existenz überhaupt eines Wortes würdigte, nur die »Parteigenossin Schmidt«, denn Schmidt war der Name ihres geschiedenen Ehemannes gewesen.

Ein paar Jahre später nahm mein Vater nur ein einziges Mal Kontakt mit ihm auf. Er wollte herausfinden, ob bei dem vom Führer »abgesägten« Onkel ein Interesse bestand, sich den Verschwörern des 20. Juli anzuschließen.

Den Besuch hätte er sich sparen können!

Nicht ohne Wehmut erinnerte sich meine Mutter an den

Vetter Walther aus Potsdamer Tagen. Ein flotter Tänzer und witziger Gesellschafter war er gewesen.

Flott war er nun nicht mehr, aber seinen etwas subtilen Witz hatte er sich trotz allem bewahrt. Und der kam immer dann heraus, wenn niemand darauf gefaßt war.

Richtig wohl hat sich der frugale Preuße in dem Bonzenbau nie gefühlt, und so bestand er selbst auf der Höhe seines Zenits darauf, niemals den protzigen Dienstwagen in Anspruch zu nehmen, wenn er sich mit seiner Frau zum Beispiel einen Kinobesuch erlaubte.

So geschah es eines Tages, daß er, die Gattin an seiner Seite, sich in bescheidenem Zivil unerkannt in die U-Bahn setzte. Beim Einsteigen muß er dann vergessen haben, die Tür zu schließen, was damals noch nicht automatisch erfolgte. Diese Unterlassung veranlaßte einen jungen Soldaten zu der Bemerkung: »Unsereener hält an der Front de Knochen hin, und det Kirchhofsjemüse hier kann noch nich mal ne Tür zumachen!«

Ein anderer als der Onkel Walther hätte sich vielleicht auf der Stelle dem übermütigen Frechling als dessen Oberster Kriegsherr zu erkennen gegeben. Er aber ging ganz gehorsam zur Tür, um sie sorgfältig zu schließen. Er kehrte auch nicht zu seinem Sitz zurück, sondern blieb stehen, und bei jeder Station riß er eilfertig die Tür für Ein- und Aussteigende auf und machte sie beim Anfahren ordentlich wieder zu. Was ihm ein anerkennendes Grinsen des jungen Kriegers einbrachte: Also war das Kirchhofsgemüse doch noch zu etwas Vernünftigem zu gebrauchen.

Aus dem General und Inhaber des goldenen Ehrenzeichens der NSDAP war der Generalfeldmarschall und Oberbefehlshaber des Heeres von Hitlers Gnaden geworden. In der Eigenschaft tat er dann allerdings aus schwindelnder Höhe einen tiefen Fall. Genau in dem Moment, als der größte Feldherr aller Zeiten ihn kurzerhand absägte. Der erfahrene alte Militär hatte ihn unvorsichtigerweise vor dem Rußlandfeldzug zu warnen gewagt.

Aber auch danach hat mein Vater seine Haltung nicht revidiert. Die Sache mit der Tante Lotte hatte sich ja dadurch nicht geändert, vom goldenen Ehrenvogel ganz zu schweigen.

Eine sich hartnäckig haltende Fama wollte übrigens wissen, daß der Führer im Laufe der emotionsgeladenen Entlassungszeremonie in einem seiner berühmt-monströsen Wutanfälle mit dem vor ihm stehenden Telefonapparat nach dem eben seiner Ämter Beraubten geworfen haben soll. Leider traf das Geschoß das gewünschte Ziel aber nicht: Die Schnur war zu kurz. Zudem hatte sich der geistesgegenwärtige Altstratege blitzschnell geduckt, darin hatte er ja das nötige Maß an Übung.

Auch diese Blutsbande nutzte ich aus, wenn sie den Zweck erfüllten, mich vor Üblem zu bewahren. Herr Dr. Klotz zum Beispiel war von dem prominenten Verwandten tief beeindruckt, den ich so ganz nebenbei, scheinbar unabsichtlich, erwähnt hatte. Der Pauker war, Gott sei Dank, mit der zahlenmäßigen Größe meiner Familie nicht vertraut und hatte keine Ahnung, daß der Onkel nur einer der unzähligen Vettern und kein Bruder meiner Mutter war. Aber von mir würde er es nicht erfahren.

Neben mir in der Schulbank saß jetzt Ella Tischmacher. Ihr Vater war Pfarrer bei den Deutschen Christen und ein ganz wilder Nazi. Ella hatte lange braune Zöpfe, und bevor sie nun öfter in Kluft zur Schule kam, war sie eigentlich ganz nett gewesen. Das war nun vorbei, denn sie erzählte stolz, daß ihr Vater den Pastor von Bodelschwingh immer nur »Schwing den Bodel« nannte. War das nicht zum Kugeln? Der mit Bethel und seiner Blödenanstalt! Für solche Idioten wäre es jetzt wohl an der Zeit, abzutreten oder, wenn nötig, abgetreten zu werden.

Ich kochte innerlich vor Wut, denn mit dem Namen Bodelschwingh war ich vertraut.

Pastor Niemöllers schon recht zahlreiche Familie hatte sich im Sommer um ein weiteres Kind, einen kleinen Martin, Tini genannt, vergrößert.

Unterhaltungen meiner Eltern entnahm ich, daß der Vater von jetzt sieben Kindern täglich mit seiner Verhaftung rechnete. Eigentlich tat er das schon seit seinem Zusammentreffen mit Adolf Hitler, bei dem er dem Führer sehr unangenehm aufgefallen war. Die Gestapo ließ sich nun laufend und öfter, als der Familie lieb war, im Pfarrhaus sehen. Von der Sakristei der Annenkirche aus wurden dem Pastor diese Besuche durch ein weißes Laken signalisiert, das man aus einem bestimmten Fenster hängte – dann wußte er Bescheid.

Aufklärung am falschen Objekt

Ein Kind war ich nun eigentlich nicht mehr, und fuhr fort zu wachsen. Darüber war die Familie so freudig überrascht, daß man in der Eile vergaß, mich über gewisse zu erwartende Probleme und Veränderungen auch nur oberflächlich aufzuklären. Wohl hatten die Ditte und ich bereits Spekulationen über die Art der offenbar verbreiteten Krankheit angestellt, von der jene Mädchen regelmäßig befallen wurden, die während der Turnstunde blaß und gelangweilt auf den Bänken herumhingen.

Dann aber kam der Tag, an dem ich mit schrecklichen Bauchkrämpfen von der Schule nach Hause kroch. Ich krümmte mich vor Schmerzen.

Ein Heilpraktiker wurde in diesem Falle nicht bemüht. Das verbot schon die Gegenwart meines Vaters.

Man rief den Kinderarzt Dr. Bloch. Der erschien gottlob noch gerade vor der probaten Rhizinuskur und diagnostizierte noch in Hut und Mantel eine Blinddarmentzündung, wahrscheinlich kurz vor dem Durchbruch. Es bestünde sogar akute Lebensgefahr. Die Symptome seien eindeutig, er habe da ja schließlich seine Erfahrungen.

Hals über Kopf ging es im eilig herbeitelefonierten Krankenwagen mit Sirene ins Martin-Luther-Krankenhaus. Dort wartete bereits mit gewetztem Messer der Chefarzt auf mich, der ohne weiter zu fragen die Diagnose des Kollegen für bare Münze nahm. Man rollte mich in den Operationssaal, drückte mir eine Maske aufs Gesicht. Es roch ekelhaft süßlich, und das letzte, was ich wahrnahm, waren die riesigen ziegelroten Fleischerhände des Chirurgen, als er sich die Gummihandschuhe anzog.

Minuten später war ich meinen Blinddarm los.

Mit einem Sandsack auf dem Bauch ließ man mich ein paar Tage fast verdursten, dann begann ich mich zu erholen. Ich genoß es, endlich einmal der unbestrittene Mittelpunkt der Familie zu sein. Besuch bekam ich sogar von solchen Verwandten, deren Gewissen wahrscheinlich geschlagen hätte, wenn sie bei meiner Beerdigung hätten erscheinen müssen.

Selbst meine breitschultrige und wundervoll gelockte Cousine Gerlinde trieb die Neugier in die Klinik. Wie nicht anders zu erwarten, erschien die Tochter von Onkel Putzi und Tante Edda »ganz zufällig« in BDM-Kluft, mit allen möglichen Schnüren, Kordeln und Insignien, von denen ich nicht wußte, was sie bedeuteten. Sie war natürlich auf dem Weg zum Dienst. Ihretwegen schämte ich mich vor der Schwester Bertha halbtot, denn die Gerlinde stellte ihr die dümmliche Frage, ob das Martin-Luther-Krankenhaus katholisch sei. Hinter ihrem Rücken, nur für mich sichtbar, verdrehte die Gefragte die grauen Augen hinter der randlosen Brille unter dem ordentlichen Schwesternscheitel himmelwärts. Gab es denn eine solche Unbildung? Nächstens fragte sie wohl noch, ob der Papst evangelisch wäre!

Gerlinde eröffnete mir betont nonchalant, daß sie Arbeitsdienstführerin zu werden gedenke. Danach legte sie eine kurze Imponierpause ein.

Als ob mich das interessierte!

Acht Tage später war ich wieder zu Hause, und nach drei weiteren Wochen kam dann das dicke Ende in Form einer sehr unangenehmen Überraschung.

Genau einen Monat nach der angeblich lebensrettenden Operation brachen nämlich die gleichen Schmerzen im Bauch wieder los. Hatte ich denn vielleicht zwei Blinddärme? Und zu den Schmerzen kamen dann auch noch andere ziemlich grausige Symptome, die mich meinen nahen Tod ahnen ließen.

Spätestens zu diesem Zeitpunkt dämmerte es meiner Mutter, was da mit der überstürzten Operation für ein Bock geschossen worden war. Ein in blaues Papier verpacktes Paket wurde mir mit den allernötigsten Gebrauchsanweisungen verschämt in die Hand gedrückt. Eine Erklärung über das Warum und Wieso erhielt ich nicht. Ja – leider – also das, das käme nun jeden Monat einmal auf mich zu. Das Los der Frauen! Das wäre vom »lieben Gott«, der in einem solchen Zusammenhang immer als Erklärung für etwas besonders Unangenehmes herhalten mußte, eben »so eingerichtet«. Und mit fünfzig Jahren wäre ich *es* dann, Gott sei Dank, los. Also nur noch siebenunddreißig Jahre bis dahin. Ein gewaltiger Trost.

Ich solle mich bloß nicht so haben!

Dabei »hatte« ich mich ja gar nicht. Aber den Blinddarm raus für nichts und wieder nichts, und dann noch so eine widerliche Schweinerei, mir reichte es jetzt.

Wie sollte ich nur meinen Freunden begegnen, die würden mir das ja direkt ansehen. Wie aussätzig kam ich mir vor. Die durften es einfach nie erfahren, beschloß ich verzweifelt.

Der Ditte allerdings offenbarte ich mein fürchterliches Geheimnis. Zu meinem Erstaunen berichtete sie mir darauf von ganz ähnlichen Erfahrungen. Aber ohne Blinddarmoperation. War das eine Sauerei! Allerdings würden wir die Hoffnung nicht aufgeben, daß *das* eines Tages von allein wieder wegginge. Denn einen Sinn sahen wir in dieser unverdienten Heimsuchung nun wirklich nicht.

In diesem Sommer geschah es, daß meine Mutter mir anläßlich eines Spazierganges durch die Wiesen in Kreuth eine Mitteilung machte, die wohl in ihren Augen keinen Aufschub duldete. Ich sollte einmal zuhören, sie habe mir etwas zu sagen. Dort, und ihr Finger zeigte auf ein Rindvieh, das keine Kuh war, dort bei dem Bullen da hinten, also da unten, da sähe ich doch so etwas, ja? So eine Art Pompadour. Also, um es kurz zu machen: Etwas Ähnliches hätten die Männer eben auch.

Und damit, sie begann vor Verlegenheit zu stottern, verhielte sich das nun folgendermaßen: Einmal im Monat oder so, natürlich nur, wenn man verheiratet war, dann täte der Ehemann mit seiner Frau etwas, und danach könnte die dann ein Kind bekommen. Ja, das hätte der liebe Gott eben so eingerichtet, da brauchte ich gar nicht weiter zu fragen. Aber ich solle auch wiederum keine Angst haben, *das* käme, Gott sei Dank, sehr selten vor und wäre an sich eine ganz natürliche Angelegenheit. Genau wie Bullen anders wären als Kühe, wären Männer eben anders als Frauen.

Der Bulle guckte meine Mutter etwas konsterniert aus treuherzig-blauen, weißbewimperten Augen an.

Mit Recht! Er war nämlich ein Ochse!

Die Ditte und ich verfielen eines Tages auf den großartigen Gedanken, uns ein Refugium besonderer Art zu schaffen, in dem Erwachsene nicht willkommen sein sollten.

Nach etlichen, zum Teil recht genialen Experimenten mit

Erdhöhlen hatten wir uns entschlossen, eine regelrechte, wetterfeste Hütte zu errichten, nachdem der kinderlose Nachbar Moretzki bei Dittes Eltern vorstellig geworden war und ihnen Vorhaltungen über die Gefährlichkeit solcher Höhlen gemacht hatte. Zusammenstürzen könnten die, und wir würden dann lebendig begraben.

Begraben – das war für den Herrn Moretzki geradezu ein Zauberwort. Die Beerdigung, die seine spitze Nase nicht ausfindig gemacht hätte, mußte erst noch erfunden werden. Einmal, da hatte ihn sein Glück derartig überwältigt, daß er spontan jemanden daran teilnehmen lassen mußte. So klingelte er bei der nichts Böses ahnenden Mami. Die bekam dann die freudige Mitteilung verpaßt, er habe soeben einer Doppelbeerdigung beigewohnt. Mit dem stechenden Blick seiner flackernden schwarzen Augen observierte er ihre Reaktion. Befriedigt stellte er fest, daß er sie in der Tat mit einer solchen Rekordleistung überrumpelt hatte. Damit konnte sie nun wirklich nicht im entferntesten konkurrieren. Sie war sprachlos! Wahrscheinlich vor Neid, kalkulierte der Herr Moretzki.

Für sein Leben gern verfaßte er Kondolenzbriefe, die eigentlich nur aus Bibelsprüchen bestanden. Um Zeit und Mühe zu sparen, zitierte er sie jedoch nicht verbatim, sondern gab nur die jeweiligen Stellen in der Bibel an, wo der interessierte Trauernde sie dann selbst aufschlagen konnte.

»Ich grüße die Witwe mit Johannes 5, Vers 7, den verwaisten Kindern hingegen rufe ich Römer 3, Vers 1–8 zu.« Oder so ähnlich! Die Leidtragenden waren dann hinlänglich damit beschäftigt, alles herauszuklamüsern. Vorsorglich trug er schon immer schwarze Kleidung, man konnte ja nicht wissen, ob einem da nicht unvermutet eine Bestattung über den Weg lief.

Hinten in seinem Garten hielt er Hühner, bunte Italiener mit einem bitterbösen Kampfhahn, der sich auf Sturzflugattacken spezialisiert hatte. Eines Tages sollte er in einer Art

Notwehrreaktion der Schrotflinte des Hausherrn zum Opfer fallen. Wenn dieser mit dem Futter kam, nahm die ganze Nachbarschaft daran teil. »Ich komme jetzt – jetzt kommt euer lieber Papa, nun bin ich gleich bei euch, ihr Lieben.« Dann freuten sich die Hühner, und sobald der Moretzki die Lippen spitzte, um das Vogelfängerlied aus der »Zauberflöte« zu intonieren, setzte der Hahn zum Angriff an.

Sonntags besuchte der religiöse Fanatiker sämtliche Gottesdienste, die abgehalten wurden. Seine Frau blieb lieber zu Hause und erholte sich von den Wutanfällen des frommen Gatten, bei denen er sie gelegentlich an den schwarzgefärbten Zöpfen durch das Haus schleifte.

Jedenfalls hatte dieses Gerücht unter den Dienstboten die Runde gemacht.

Hinter dem Haus der Ditte, auf einem unbebauten Waldgrundstück, errichteten wir nun *unsere* Hütte, eigenhändig und mit allen Schikanen, Fensterscheiben aus alten Bilderrahmen, einer Haustür mit Klinke und einem Strohdach. Bretter und Ziegelsteine stammten von Baustellen, das Stroh hatte ich auf der Domäne geklaut. Jeder hatte beigesteuert, was zu Hause nur irgendwie flott zu machen war, Gardinen, Teppiche, einen Tisch nebst Stühlen und Geschirr.

Sogar ein provisorisches Klo hatten wir sehr fachmännisch installiert und sogleich in Betrieb genommen. Aus strategischen Gründen in angemessener Entfernung vom Haus. Es bestand aus einem tiefen Loch im Waldboden, in das wir ein Ofenrohr gerammt hatten. Ein Abfluß war nicht vorgesehen. Direkt bequem war es eigentlich nicht, da es keinen Sitz hatte, aber gerade wegen seines totalen Mangels an Hygiene erfreute es sich großer Beliebtheit. Allerdings zeichnete sich auf dem Popo bei intensiverer Benutzung ein kreisrunder roter Rand als Andenken ab.

Als das Domizil fertig war, hißten wir die damals schon

nicht mehr statthafte schwarz-weiß-rote Fahne, die aus unserem Haus stammte, wo sie seit 1933 zusammengefaltet auf dem Hängeboden neben der demontierten Fahnenstange gelegen hatte.

Zur festlichen Einweihung hatte ich zudem aus dem Weinkeller meines Vaters eine Flasche Haute Sauternes organisiert. Den rührten wir mit Traubenzucker an, das schäumte dann furchterregend und gab auf diese Weise mehr her. Anschließend war uns so ziemlich alles egal.

An jedem Feiertag hatte der deutsche Volksgenosse seine Solidarität mit dem geliebten Führer dadurch zu bekunden, daß er eine Hakenkreuzfahne aus dem Fenster hängte. Das ergab dann das »Fahnenmeer«, von dem die Zeitungen berichteten.

Zumal in diesem Sommer, der Berlin die Olympiade bescherte. Das Beste an diesem Spuk, fand mein Vater, wäre das Verbot von oben, die Betten zum Lüften in die Fenster zu legen. Eine von jeher liebe Gewohnheit der Deutschen, die mein Vater als barbarisch bezeichnete. Das Verbot galt jedenfalls für alle die Fenster, die zur Straße zeigten. Die Ausländer sollten doch merken, daß sie es mit einem Kulturvolk zu tun hatten. Und das hängte seine Betten nicht aus den Fenstern.

Was die Spiele selbst betraf, war es nach der Meinung meines Vaters eine altbekannte Tatsache, daß ein Rindvieh schneller lief als das andere. Und außerdem – wenn er sähe, wie bei dieser Gelegenheit das Ausland dem Spinatfresser und seiner Bande in den Hintern kroch, dann würde ihm noch übler als ohnehin schon.

Sogar der Herzog von Windsor hätte sich nicht geschämt, mit seiner neuen Frau dem Führer einen Besuch abzustatten. An wem, so frage er sich, sollte sich denn nun der »einfache Mann von der Straße« orientieren? Wenn hochgestellte Herrschaften diesen Verbrecher auf diese Weise salonfähig machten, wäre ja damit der beste Beweis geliefert, daß es »so schlimm« nicht sein könnte.

Wir Kinder respektierten ohne irgendwelche Einwände die Haltung unserer Eltern und ignorierten das Nazispektakel. In der Schule wurden die Ditte und ich von den Mitschülerinnen natürlich mit scheinheiliger Schadenfreude bedauert. Das hatten wir nun davon, nicht bei den Jungmädeln zu sein. Sonst hätten wir uns mit ihnen gemeinsam, natürlich in Kluft, im Olympiastadion zu Tode jubeln können.

Fabelhafte Leistungen! Sogar dieser Neger, der Jesse Owens. Und daß der Führer dem nicht die Hand geben konnte, das müßte man verstehen. Schließlich war der doch so eine Art Tier, direkt aus dem Urwald.

Unsere Familie besaß allerdings auch in diesem Jahr der Sternstunde des Führers immer noch keine Hakenkreuzfahne. Was schließlich dazu führte, daß an einem Flaggentag der Herr Kröpel, der seinen Namen zu Recht trug und von Beruf Hausmeister in einer der nahen Bonzenvillen war, mit wichtig-dienstlichem Ausdruck auf seinem kleinen miesen Blockwartgesicht bei uns Sturm klingelte.

Wo unsere Fahne wäre? Wäre meiner Mutter nicht klar ...? Die Pflicht eines jeden Volksgenossen ...

Meine Mutter war nicht auf den Mund gefallen. Ja, es wäre ihr alles vollkommen klar. Also die Fahne, die hätte sie natürlich ins Fenster geklemmt ... wie sich das gehöre ... doch dann sei sie plötzlich verschwunden gewesen ... weg ... heruntergefallen.

Ja, und dann?

Dann habe sie auf der Straße nachgesehen. Was wolle man machen ... Böse Menschen gäbe es anscheinend überall.

Also bitte! Noch einmal ließe er das nicht durchgehen, und gleich morgen müsse zur Anschaffung einer neuen geschritten werden. Oder er müsse Meldung machen!

Meine Mutter schritt!

Sie kaufte die kleinste Fahne, die sie finden konnte, von der Größe eines mittleren Herrentaschentuches. Und um das Maß ihrer Liebe zum Führer vollzumachen, schrieb sie auf den weißen Teil, rund im Kreis herum mit Kopierstift: »NUR FÜR KURZE ZEIT!«

Die Fahne wurde etwas achtlos am Klofenster befestigt. Prompt wehte ein Windstoß sie herunter.

Der Blockwart, der die Straße zu inspizieren hatte, hob sie höchstpersönlich im Vorgarten auf, und sein Klingeln hatte diesmal einen drohenden Klang. Ein zweites Mal sei die Fahne abgestürzt? Meine Mutter dankte ihrem Schöpfer, daß Herr Kröpel seine Brille gerade nicht aufhatte, so war ihm die Inschrift auf der Fahne entgangen. Und wir dem KZ.

Mit dem »für kurze Zeit« hatte sie sich sowieso etwas vergriffen, denn die Zeit wurde ziemlich lang.

Zu unserem großen Leidwesen durften die Ditte und ich nicht in unserem schönen Eigenheim übernachten, obwohl es an ausreichendem Schutz dafür eigentlich nicht fehlte.

Der Vater von der Ditte hatte nämlich vor einiger Zeit ein schwarzgelbes Riesenvieh mit nach Hause gebracht, einen nicht ganz rassereinen Schäferhund, der seinen Schwanz steil wie eine Fahnenstange trug. Er machte einen furchterregenden Eindruck, und das war auch der Zweck der Übung. Die Kinder sollte er beschützen, und tatsächlich ergriff alles die Flucht, wenn er nur die Zähne bleckte. Gleichzeitig mit dieser Drohgebärde stellten sich seine Rückenhaare wie bei einem Handfeger senkrecht in die Höhe. Das war die Ouvertüre.

Eigentlich hieß er Olaf, wir Kinder nannten ihn aber aus unerfindlichen Gründen die Itsche.

Für sein Leben gern ging die Itsche mit uns zum Grunewaldsee und jagte auf dem Weg dahin anderen Hunden sowie deren Besitzern soviel Angst und Schrecken wie nur eben möglich ein. An der Hundebadestelle ging es dann ins Wasser, denn schwimmen, möglichst mit einem Riesenstock im Maul, war seine ganze Leidenschaft. Nur wer etwa mit ihm zusammen ins Wasser gehen wollte, mußte sich auf eine unangenehme Überraschung gefaßt machen.

Er hielt sich nämlich für einen Lebensretter, eine Art Bernhardiner zu Wasser. Kaum sah er einen von uns schwimmen, paddelte er mit Windeseile heran, packte den seiner Meinung nach Ertrinkenden mit den scharfen Zähnen und zog ihn ans sichere Ufer, ob dem das nun paßte oder nicht.

Wir hatten im Zaun von Fischbergs Grundstück, auf dem unsere Hütte stand, zur Straße hin ein Loch entdeckt. Als Sicherungsmaßnahme hoben wir eine gewaltige Fallgrube aus, die wir fachmännisch mit dürren Ästen, Moos und Laub bedeckten. Ein Eindringling, der da hineinfiel, konnte sich ohne viel Anstrengung den Hals brechen.

Und so kam es, wie es kommen mußte. Zwar fiel kein Einbrecher in die Grube, aber ein Streifenpolizist, der auf dem Grundstück nach dem Rechten sehen wollte. Zu unserem Glück nahm er dabei nicht Schaden.

Als er in Begleitung des alten Revierschupos am Haus der Ditte klingelte, raufte sich die Mami die Haare: »Um Gottes willen – Polizei!«

Es ging noch relativ milde ab, allerdings verdonnerte uns das Auge des Gesetzes zum sofortigen Abriß unseres Eigenheims. Die berechtigte Vermutung bestand, daß dunkle Elemente, Streuner, Kommunisten und Spione dort uneingeladen übernachteten.

Oder womöglich Juden!

Das wäre dann wohl der Gipfel, da müsse man ihm doch zustimmen? Fragend sah er die Mami an – die guckte mit ihren veilchenblauen Augen irgendwie durch ihn durch.

Also jedenfalls wäre das nicht statthaft, das sahen wir doch ein, oder?

So war der Traum vom Eigenheim ausgeträumt.

Dafür wurde ein anderer wahr: Die Ditte durfte mit uns nach Kreuth reisen. Fräulein Liebmann hatte uns zwillingsgleiche himmelblaue Dirndlkleider angefertigt, und ich hatte nun Gelegenheit, die Ditte in die Welt von Mariechen und in das Liebesleben des Stiers Germanius einzuführen. Und diese Ferien wurden die schönsten meines bisherigen Lebens.

Sechs Monate noch, dann war ich vom Alter her endlich reif – reif für das Mädchenpensionat.

Für den letzten Winter zu Hause hielt meine Mutter eine Art Trostpflaster für mich bereit. Ich durfte, obwohl dafür wiederum eigentlich ein Jahr zu jung, an der Tanzstunde teilnehmen, für die man die Ditte angemeldet hatte. Natürlich nicht irgendeine Tanzschule. Eltern aus Dahlem und Grunewald hatten eine junge Dame engagiert, die sich bereit erklärte, etwa dreißig Jungen und Mädchen aus allerersten Kreisen das Tanzen beizubringen. Nicht etwa in irgendeinem öffentlichen Etablissement: die Tanzstunde ging reihum von einem Haus zum anderen. Zu den Klängen von Klavier und Schallplatten brachte Fräulein Dupont uns den langsamen und den schnellen Walzer bei, den Foxtrott, den Tango und sogar den verbotenen Swing. Der war natürlich aus dem dekadenten Ausland gekommen, genau wie der Lambeth Walk. Das war knorke – deutsche Schnulzen hingegen doof.

»Ich tanze mit dir in den Himmel hinein« – Nein, danke!

Die vierte Jahreszeit wurde auf diese Weise zu einer einzigen rauschenden Ballnacht für mich. Das rosa Tanzstundenkleid aus Bembergseide hatte mein Vater mit mir bei Arnold Müller ausgesucht, zusammen mit schwarzen Lackschuhen von Leiser und den ersten kunstseidenen Strümpfen meines Lebens. Linksstrümpfe, das war der letzte Schrei, da sahen die Beine wie nackt aus.

Die Wochentage dienten eigentlich nur noch als überflüssige Brücke zwischen den Sonntagen voller himmlischer Wonnen. Da ich sowieso sitzenbleiben würde, sah ich nun wirklich keinen Grund mehr, mich mit Banalitäten wie Schularbeiten herumzuschlagen.

Meine erste Liebe war Robbi, der war schon sechzehn. Allerdings stieß er einen mit den Knien beim Tanzen an. Zu meinem Leidwesen nahm der mich aber nicht so recht wahr, das tat lediglich der sommersprossige Wilfried, und den registrierte ich nun meinerseits nicht.

Zum Abschlußfest bekam ich ein wadenlanges hellblaues Taftkleid. Das sei »blöh« belehrte mich die Verkäuferin. Aber obenrum saß es irgendwie nicht. Es ließ sich leider nicht verheimlichen: Ich war platt wie eine Flunder. Watte sollte ich mir reinstecken, meinte Lenore, ein schon ziemlich fülliges Mädchen aus der Tanzstunde.

»Wohin denn da?«

»Na, in deinen Büstenhalter.«

»Meinen was?«

In den Osterferien 1938 fuhr meine Mutter mit dem Dicken und mir in die Dolomiten. Mal richtig Skilaufen lernen! Mir war das Ganze genauso »sympathisch« wie die Bergebesteigungen im Sommer. Skilifte gab es nicht. Also hieß es, erst mühselig den Idiotenhügel hinaufkriechen, eine Art Fischgrätenmuster hinter sich lassend, um sich dann möglichst in Schußfahrt oder mit Stemmbögen talabwärts zu stürzen. Dort brachte einen der Telemark dann wieder zum Stehen. Oder auch nicht!

Ich hatte einen Riesendusel, denn mir kam da ein Baum in die Quere, und ein Ski – echt Eschenholz – brach in zwei Stücke. Ich war zwar heil geblieben, aber aus Gründen der Sparsamkeit wurden mir keine neuen Skier bewilligt. Mühsam heuchelte ich Bedauern.

Dieses harmlose Ereignis wurde im Detail und nicht ohne maßlose Übertreibung in einem langen Brief dem »Lieben

Kaiser« mitgeteilt. In schrecklicher Gefahr hätte ich über dem gähnenden Abgrund gehangen. Nur einem Wunder wäre überhaupt mein Überleben zuzuschreiben. Gerührt und dankbar für meine wundersame Rettung griff Seine Majestät prompt tief in die Tasche und schenkte mir eine Dynamolampe für mein Rad. Die hatte ich mir schon lange gewünscht.

Alptraum Mädchenpensionat

Kurz nach meinem vierzehnten Geburtstag war es dann eines Tages soweit. Das Auto mit der Tante Irmgard am Steuer verfrachtete mich mit Sack und Pack ins Pensionat. Meine Mutter fuhr vorsichtshalber mit. Vermutlich wollte sie ganz sichergehen, daß die mich dabehielten.

Die Anna schluchzte in ihre Schürze und befahl meine Mutter und ihre Grausamkeit inständig der Rache ihrer wendischen Privatgötter an. Ihr das Kind wegzureißen – das arme hilflose Geschöpf. Und der 'Err Baron, der sah einfach zu, war es denn zu fassen?

Nun, dort wo Zucht und Ordnung herrschte, würde man mir jetzt wohl meine Macken austreiben. Aber ich solle sehen, schöne Zeiten stünden mir bevor, gar nicht mehr nach Hause würde ich wollen. Und endlich wäre ich mal mit Mädchen aus »meiner Kiste« zusammen. Standesgemäß! Ich nahm mir fest vor, die Kistenbewohnerinnen zum Kotzen zu finden.

Doch die Übelkeit überfiel mich gleich schon mal während der Fahrt in das nicht weit von Berlin gelegene Nest. Endlich am Ziel, wurde ich ziemlich drastisch von einer Illusion befreit. Unter dem Internat hatte mir so eine Art von schloßartigem Landschulheim vorgeschwebt, wie ich es aus dem Buch »Der Trotzkopf« kannte. Mit einer weitgeschwungenen steinernen Freitreppe, auf der mich hochgewachsene, hoheitsvolle Vorsteherinnen streng, aber liebend unter ihre Fittiche nehmen würden. Mein inneres Auge sah einen großen Park mit lustwandelnden Schülerinnen.

Die rauhe Wirklichkeit sah jedoch leider ganz anders aus...

Wir hielten in einer ganz gewöhnlichen Kleinstadtstraße vor einem grauen, etwas heruntergekommen wirkenden Mietshaus. Das sollte es sein? Mein »Heim« für die nächsten Jahre? Ich traute meinen Augen nicht.

Die Scheußlichkeit des Haupthauses, in dem sich Büros, Küche, Klassen- und Speisezimmer befanden, wurde von der Schäbigkeit und Unansehnlichkeit der beiden anderen Häuser mit ihren baufälligen Holzbalkons noch bei weitem übertroffen. Hier lagen die Schlafzimmer, deren Einrichtung jeder Beschreibung spottete. Komfort wurde hier nicht etwa kleingeschrieben: es gab ihn überhaupt nicht.

Die Vorsteherin Nummer eins und Nummer zwei nahmen mich in Gegenwart meiner Mutter im Büro scharf unter die Lupe. Na ja, bißchen spillerig, wohl nervös, was? Kann sich womöglich nicht konzentrieren? Zusammenreißen, zusammenreißen und noch einmal zusammenreißen, das würden sie mir schon beibringen. Da sollte ich mir gar keine Sorgen machen. Ich machte mir aber welche.

Die zwei in der Hackordnung oben rangierenden Vorsteherinnen sahen sich mit ihren Herrnschnittfrisuren ähnlich wie zwei Steine, die zu lange nebeneinander einen Berg heruntergerollt waren. Beide trugen die gleiche Rock-und-Bluse-Uniform. Beide waren gestandene Fünfzigerinnen. Klar darüber, welche ich am wenigsten mochte, wurde ich mir zunächst nicht. Aber für diese Entscheidung würde ich ja, Gott sei's geklagt, noch viel Zeit haben.

Meine Mutter hatte sich mit der Tante Irmgard ziemlich eilig aus dem Staub gemacht. Mich war sie ja nun los, und ich beschloß, ihr, so lange ich lebte, *niemals* zu vergeben, mich hier kaltgestellt zu haben.

Nicht mehr »fertig« wäre sie mit mir geworden, hatte sie Tante Ibchen gegenüber als Erklärung vorgebracht. Was ich aber erst sehr viel später erfuhr: Meine heißgeliebte Tante Ibchen hatte dann den kühnen Vorschlag gemacht, mich doch ihr zu überlassen. »Fertig« werden mit mir, das allerdings sei kaum ihr Ziel. Aber liebhaben würde sich mich.

Darauf aber hatte meine Mutter fast mitleidig reagiert. Tante Ibchen hätte eben selbst keine Kinder und infolgedessen natürlich keine blasse Ahnung von der Erziehung einer äußerst diffizilen Tochter. Und der sollte nun erst mal Disziplin beigebracht werden. Parieren lernen sollte sie!

Eine ältere Schülerin aus dem Oberkurs nahm mich dann mit und wies mich in mein künftiges Schlafzimmer im Erdgeschoß des einen der beiden Schlafhäuser ein, wo bereits zwei andere Mädchen mit dem Auspacken und Einräumen ihrer Habseligkeiten beschäftigt waren.

Mia, eine richtige Landpomeranze mit dicken blonden Zöpfen, war schon im zweiten Jahr hier, und das erste, was ich sie fragte, war, ob denn die Zeit wenigstens schnell verginge. Bis sie ihre schwere Mecklenburger Zunge in Bewegung gesetzt hatte, dauerte es eine Weile. Ja, die Zeit, die verginge leider außerordentlich langsam. Sie für ihren Teil wäre aber schon abgestumpft und hätte gelernt abzuwarten. Tüta, die andere, ein Neuankömmling wie ich, zerfloß bereits jetzt schon vor Heimweh in Strömen von Tränen.

Die »Schwabbel«, Fräulein Tausch, eine bohnenstangenähnliche Erscheinung mit reichlich wenig Kinn, die sei hier übrigens Hausmutter. Und da sie bei den anderen Lehrerinnen nicht viel zu melden hätte, wäre im allgemeinen mit ihrer Solidarität uns gegenüber zu rechnen. Obwohl – manchmal petzte sie.

Das Zimmer mit der leicht abblätternden Tapete faßte

drei schmale Eisenbetten, drei Nachttische, drei Kommoden mit je einer Waschschüssel nebst Krug und Eimer und einem stoffbespannten Paravent davor, damit wir uns beim Waschen ja nichts voneinander abgucken konnten. An der Decke eine nackte Birne statt einer Lampe, die ihr trübseliges Fünfundzwanzig-Watt-Licht verbreitete. Die Kleiderspinde standen auf dem Flur.

Das war richtig anheimelnd.

Ich pfefferte meine Sachen in die Kommode. Entsetzt belehrte mich Mia, daß alles Kante auf Kante zu liegen hätte, sonst gäbe es Strafpunkte bei der Inspektion. Hatte man das Maß der Punkte überzogen, so kam erst der Entzug des Nachtisches, dann der des Taschengeldes. Als letztes Druckmittel drohte Sperrung des monatlichen Wochenendes zu Hause. Und das war schlechthin unvorstellbar!

Auf jeder Etage der beiden Schlafhäuser gab es ein Bad, also ganze vier Badezimmer für vierzig Mädchen. Die Badeöfen mußten von Frau Köppen, der Hauswartsfrau, angeheizt werden, damit man warmes Wasser hatte. Einmal in der Woche war Badetag!

Zum Abendessen trieb man uns im Haupthaus in einem dunklen Zimmer mit zwei langen Tischen zusammen. Die wurden jeweils morgens, mittags und abends von zwei Schülerinnen »vom Dienst« gedeckt. Zum Abendbrot gab es glitschige Brotscheiben mit Margarine, billigste Jagdwurst und undefinierbaren Käse, dazu Pfefferminztee.

Jede Neue hatte die Ehre, in der kommenden Woche während des Essens einmal neben der »Alten« Platz zu nehmen, ein höchst zweifelhaftes Vergnügen, wie sich herausstellen sollte. Am anderen Tisch saß Vorsteherin Nummer zwei, die »Henne«. Und irgendwo dazwischen die »Elster« und die »Schwabbel«.

Das übelste bei den Mahlzeiten war, daß die Alte kaum eine Gelegenheit vorbeigehen ließ, ohne sich mindestens eine

Schülerin vorzunehmen, auf der sie dann gnadenlos herumhackte. Einen Grund brauchte sie nicht. Das jeweilige Opfer sprach zu laut oder zu leise, aß zu schnell, zuviel, zu langsam oder zuwenig. War zu dünn, zu dick, oder einfach schlapp. Anlässe zum Keifen fand sie immer! Machte sie dann einen Witz, meist auf Kosten eines bedauernswerten Zöglings, so war es geraten, mitzulachen.

Zufrieden war sie eigentlich erst, wenn die Beschimpfte in Tränen ausbrach und als »Heulsuse« beschimpft werden konnte, die sich gefälligst zusammenzureißen hatte.

Nach dem Abendbrot wurden Volkslieder gesungen, und einen ganzen Winter durch sollten wir das Vergnügen haben, von der »Elster« den Romanzyklus »Die Ahnen« vorgelesen zu bekommen, der die Schicksale einer deutschen Familie von der germanischen Vorzeit bis zur Gegenwart schildert. In diesem Winter sollte ich Gustav Freitag hassen lernen.

Irgendwie gingen die ersten Nächte vorbei. Tüta heulte manchmal durch. Das Wecken besorgte in unserem Schlafhaus die »Schwabbel«, nebenan die »Elster«, so genannt, weil sie sich mit Vorliebe in schwarz-weiße Gewänder hüllte. Sie rangierte innerhalb der Hackordnung der Vorsteherinnen als die Nummer drei, war aber, wie mir versichert wurde, vollkommen harmlos. Ihr Markenzeichen war der ständige Tropfen an ihrer leicht geröteten Nase. Für die »Schwabbel« war in der Hierarchie eigentlich gar kein Platz vorgesehen, die sah zu, wie sie es am besten anstellte, nicht total fertiggemacht zu werden.

Jede Minute des Tages war von nun an eingeteilt, das war das schlimmste. Überall sah einem jemand über die Schulter, und auch die »Freizeit« war geregelt.

Am Morgen ging es schon los mit dem Drill. Nach dem Waschen und Anziehen hieß es in Zweierreihen auf der Straße vor dem Haus Aufstellung zu nehmen. In Begleitung der »Henne«, die sich klein, krummbeinig und knorrig in einem

Trainingsanzug an die Spitze des Zuges setzte, wurden wir im Laufschritt ein paarmal um den Häuserblock gejagt. Das wäre förderlich für die Gesundheit. Abgehärtet sollten wir werden! Frühsport nannte man das. Manchmal folgten uns mitleidige Blicke der Passanten.

Vor dem Frühstück fand im Eßzimmer die morgendliche Andacht statt. Eine Prozedur, bei der die Alte einen Bibelspruch las und sich dann irgendeine Schülerin herausgriff, die den Liedtext des Tages, einen Choral aus dem Gesangbuch, gefälligst fehlerlos und ohne zu stocken auswendig aufzusagen hatte. Bei etwaigem Stottern konnte die Alte sehr unangenehm werden. Von dem jeweiligen Morgenlied erhielt man am Abend vorher durch eine in der Diele des Haupthauses aufgestellte Tafel Kenntnis. Und das lernte man tunlichst noch vor dem Einschlafen. Die »Elster« begleitete uns beim Singen des Chorals auf dem Klavier in der Ecke und hätte im Nachklappen meiner Großmutter Konkurrenz machen können.

War die Andacht vorüber, ließ die Alte wie eine Königin die Schar ihrer Untertaninnen an sich vorbeidefilieren und sich von jeder die Hand abschlecken. Dazu mußte ein Knicks vollführt werden. Ein tiefer – gefälligst!

Nach dem Frühstück – Marmeladenbrote und Malzkaffee, Milch mit Haut – wurde gleich am ersten Tag ein »Fahnenappell« angesetzt. Diese Prozedur fand auf dem Grundstück zwischen den Häusern vor einer Fahnenstange statt. Wahrscheinlich sollten die Nachbarn den irrigen Eindruck gewinnen, daß die Schule durchaus im nationalsozialistischen Sinne geführt wurde.

Wir stellten uns also vor der Fahnenstange in Reih und Glied auf und erwarteten das Erscheinen der Vorsteherinnen, die die Fahne hissen lassen und den Appell ihrer Schäflein abnehmen würden.

Das Kommando gab Marielies. Die konnte das aus dem Effeff und dem BDM, wie ich später erfahren sollte. Ihre

Schwester war Obermaid in einer Reiffensteiner Frauenschule.

Abzählen: eins-zwei-drei-vier. So mit dem Schwung des Kopfes nach rechts und auf Vordermann. Bitte etwas zackig!

Die Fahne mit dem Hakenkreuz lag zusammengefaltet unten neben der Fahnenstange. Und weil mich der Teufel ritt und ich gerade in Laune war, löste ich mich plötzlich aus der Reihe, band mir die Schürze meines Dirndlkleides – Uniform trugen wir nicht – ab, ging zur Fahnenstange, befestigte sie und zog sie in die Höhe. Da flatterte sie nun im Wind.

Sprachloses Entsetzen, denn sogleich erschien im Stechschritt die Allgewaltige. Irgendwie ledern sah sie aus mit ihrem Männerhaarschnitt, dem Herrenjackett samt Schlips und den flachen Gesundheitsschnürschuhen. Hinter ihr in gebührendem Abstand Nummer zwei und drei.

Ein scharfer Blick hinauf zur flatternden Schürze. Ja, konnte man denn seinen Augen noch trauen? »Wer ist das gewesen?«

Eine Stille zum Zerschneiden, so dick war die Luft.

Mühsam rang sie nach Luft! Wer sich da unterstanden hätte! Unerhört!

Schließlich – komme was da wolle, und hoffentlich schmiß man mich raus – ging ich mit unbewegter Miene zur Fahnenstange und leierte in aller Ruhe meine Schürze wieder herunter.

Und statt ihrer die verhaßte Fahne hinauf.

Irgendwie schien die Alte nicht kapiert zu haben, daß ich selbst es gewesen war, die diese Ungeheuerlichkeit begangen hatten, denn sie schrie: Da sähe man es mal wieder! Eine preußische Offizierstochter! Die handelte eben, die wüßte wenigstens, was sich gehörte. Bravo!

Ab dem Moment hatte ich bei der Alten einen Stein im Brett. Ich sollte aber ziemlich bald feststellen, daß sie ihre Sympathien und Antipathien wie das sprichwörtliche Hemd wechselte. Sich auf die eine oder die andere Stimmung zu verlassen, war nicht empfehlenswert.

Gebildet im akademischen Sinn war sie zwar, aber ihre unerträgliche Launenhaftigkeit unter Kontrolle zu halten, das hatte ihr auch das Leben nicht beigebracht. Sie war reizbar wie ein Skorpion. Und das schlimmste war, daß von ihren Stimmungen unser aller Wohl und Wehe abhing.

Nazisse war natürlich keine der Lehrerinnen, sonst hätte man mich kaum hierher geschickt. Da es aber um das Fortbestehen der Schule ging, war Vorsicht die Mutter der Porzellankiste. Annelies Vater war nicht nur ein Graf von altem Geblüt, sondern auch ein hoher SS-Führer. Das eine schloß das andere ja keineswegs aus, wie schon der Hohenzollernprinz August Wilhelm unter Beweis gestellt hatte. Es war also ratsam, ganz sicherzugehen, daß der SS-Vater niemals etwas Nachteiliges über den Geist der Schule erfuhr. Das kam der dicken Annelie natürlich sehr zupaß, denn ihre mangelhaften schulischen Leistungen wurden erheblich öfter als bei den anderen übersehen.

Zu meiner Erleichterung kümmerte sich niemand um meine BDM-Zugehörigkeit; es wurde wohl als ganz selbstverständlich angenommen, daß ich schon in meinem Heimatort Mitglied geworden war.

Sechs Tage lang waren die Vormittage mit Unterrichtsstunden ausgefüllt. Die Alte gab Geschichte, und die preußischen Könige waren ihr Lieblingsthema.

Schlecht war der Unterricht nicht, wenn auch reichlich einseitig. Preußische Geschichte war für die Alte heilig, sie geriet dabei geradezu in Ekstase. Was ihr jedoch fehlte, war Geduld, und Begriffe wie Verständnis, Einfühlungsvermögen und Takt blieben für sie Fremdwörter. »Bitte« wurde prinzipiell durch »gefälligst« ersetzt! Vor allem aber mangelte es an den elementarsten Kenntnissen der Psyche junger Mädchen im schwierigsten Alter. Ihre Ausbrüche machten die Stunden zur Qual. Eine Kleinigkeit, ein heruntergefallener Bleistift etwa, konnte sie vollkommen aus der Fassung bringen, dann schlug sie um sich.

In ihren stahlgrauen Augen gab es mehrere Todsünden. Die erste auf ihrer Liste war, nicht adelig zu sein, das war irgendwie ungehörig. Die zweite, ebenso unverzeihlich wie unverständlich, hieß: Krankheit in jeder Form. Ob das nun Halsschmerzen, Bauchweh, Fieber oder Schlimmeres war, das Übel wurde mit den Worten: »Hab dich nicht so, du Krepel!« abgetan. Sich etwa ins Bett zu legen hatte nicht nur wenig Sinn, sondern war geradezu eine Provokation, die ihren Zorn erst richtig herausforderte. Dazu kam, daß man für die Dauer der ohne Zweifel eingebildeten Krankheit sich selbst überlassen war. Von dem Einfallsreichtum der Mitschülerinnen hing es dann ab, ob man etwas zu essen oder zu trinken ins Zimmer geschmuggelt bekam. Da war es schon besser, man verkniff sich das Kranksein ganz.

Unter die schlechten Angewohnheiten fiel auch die Kurzsichtigkeit. In jungen Jahren mit Brille herumzulaufen, direkt albern wäre das! Könnten wir uns vielleicht Friedrich den Großen oder Martin Luther mit Brille auf der Nase vorstellen?

Na also!

Elitäres Denken sei angebracht. Wir wüßten doch ganz genau, was es hieße, von Adel zu sein. Besser als die anderen zu sein. *Noblesse obliesch!*

Nur mühsam konnte ich mir das Lachen verkneifen, denn die wendische Version des Götz-von-Berlichingen-Ausspruches lautete: *Risch me obliesch!*

Mittags erlöste uns die Klingel vom Unterricht. Zweimal in der Woche, mittwochs und samstags, hatte ich dann Gelegenheit, meine Schnelligkeit unter Beweis zu stellen.

Da gab es nämlich Pudding zum Nachtisch, einmal Vanille und einmal Schokolade, aus irgendwelchen Fertigpulvern zusammengemanscht. Aber eben doch Pudding.

Die bereits abgefüllten Schüsselchen waren von der Mamsell, der nichts und niemand auf der Welt so zuwider war wie Kinder, auf die Anrichte in der Diele gestellt worden. Ertönte die Klingel, so galt es, wie ein geölter Blitz das Treppengeländer hinunterzurutschen und mit Adlerblick die größte Portion auszusuchen, die man sich dadurch sicherte, daß man kurz und kräftig hineinspuckte. Diesen Puddig würde einem ganz bestimmt niemand streitig machen!

Erbarmungslos kam einmal in der Woche ein Gericht auf den Tisch, und das hieß: Haschee. Durch den Wolf gedrehte Fleischreste der vergangenen Woche. Die meisten von uns schüttelten sich beim bloßen Anblick. Schon auf dem Teller sah es wie Hundekotze aus. Eine Schülerin, die den Fraß partout nicht hinunter bekam, ließ die Alte erst mal vor dem vollen Teller sitzen. Dann wurde sie mit Schimpfkanonaden traktiert, in denen unweigerlich alle Hungernden dieser Welt vorkamen, bis die Betreffende so fertig war, daß sie sich entweder überwand oder weinend zusammenbrach. Kotzen tat sie in jedem Fall.

Die Nachmittage brachten mit geisttötender Regelmäßigkeit zwei Ereignisse: erstens Schularbeiten, die unter Aufsicht einer Lehrerin erledigt wurden. Ich entwickelte sehr schnell eine vorzüglich funktionierende Strategie, die darin bestand, mir hinter einer kleinen Mauer von Schulbüchern irgendwelche Abenteuerschmöker in der Preisklasse von »Die kalte Hand am Hinterkopf des Bahnwärters« zu Gemüte zu führen.

Die zweite Aktivität war Brennball. In Zweierreihen schleppte man uns zunächst auf staubigen Sandwegen in den Wald, und da, wo es am staubigsten war, wurde angehalten. Zwei volle Stunden brachten wir mit dem stumpfsinnigen Spiel zu. An- und Abmarsch erfolgte im Gleichschritt und mit Gesang:

»Märkische Heide, märkischer Sand
sind des Märkers Fro-hoide,
sind sein Heimatland!«

Du großer Gott, das sollte ich zwei Jahre lang aushalten?

Meine Mutter hatte mir diese Misere eingebrockt, und mein Vater hatte sie gewähren lassen. Unfaßbar! Auch auf die Unterstützung des »Lieben Kaisers« konnte ich leider nicht bauen. Ich hatte ihn von meinem Unglück in einem meiner ausführlichen Briefe in Kenntnis gesetzt, und ziemlich bald war seine Antwort gekommen: Schon viel Gutes habe er von dort gehört, seine Enkelin sowie seine Stieftochter seien sehr begeistert von der Schule gewesen.

Wie bitte?

Und dabei hatte ich mir schon überlegt, wie ich mich zur Not bis Doorn durchschlagen könnte. Geträumt hatte ich davon, daß er bei meinem Anblick die Arme weit ausbreiten würde: »Das arme, arme Kind!« Selbstverständlich müßte ich nicht mehr zurück, dafür wolle er sorgen.

Vermutlich wäre die Sache aber schon daran gescheitert, daß mir das nötige Fahrgeld fehlte.

Drei Mark pro Woche bekamen wir jeden Sonntagabend von der Alten in die Hand gezählt. Davor fand die Abrechnung der letzten Woche statt, denn einfach so das Geld hinausschmeißen wurde nicht geduldet. Mit einem kleinen Oktavheft in der Hand mußten wir der Reihe nach antreten und unsere faustdicken Lügen vorweisen: »Bettler« und »Kollekte« hielten sich als beliebteste Ausgabeposten die Waage, schon weil sie nicht nachzuprüfen waren.

Beim Lesen der Hefte demonstrierte uns die Alte ihre Graphologiekenntnisse. Die Os oben nicht zu schließen bedeutete einen Hang zur Indiskretion, ganz klar. Eckige Unterlängen hingegen wiesen auf Trotz hin, lange auf Eitelkeit, oder beides. Das sollten wir uns schleunigst abgewöhnen. Falls wir gedächten, »Menschen« zu werden.

Während dieser wöchentlichen Prozedur bekamen wir dann jedesmal zu hören, daß das deutsche Kind, allen voran aber das adelige Kind, niemals zu lügen habe. Friedrich der Große und Martin Luther hätten das auch nicht getan.

Gleich am ersten Sonntag hatte der gemeinsame Kirchgang auf dem Programm gestanden. Immer zwei und zwei hintereinander, vorn dackelte die »Henne«, hinten sicherte die »Elster« uns ab. So bewegte sich die Kolonne in die rote märkische Backsteinkirche mitten in der Stadt.

Ich wußte nicht, ob ich mir wie im Gefängnis oder wie in einem Kindergarten vorkommen sollte.

Aus einer nicht genügend gesicherten Schlange war vor Jahren eine Schülerin, eine preußische Prinzessin, vor lauter Übermut ausgebrochen und hatte sich, ehe man sie greifen konnte, auf den Rücken eines der beiden phlegmatischen Kaltblüter geschwungen, die da gemütlich vor einem Brauereiwagen zockelten. Dem verdatterten Gaul hatte sie dann Beine gemacht. An den Ärger, der folgte, nachdem das dahinjagende Gespann samt Bierwagen endlich zum Stehen gebracht worden war, mochte man sich nicht gern erinnern. So etwas durfte sich nicht wiederholen.

Allerdings endete die Schuldige später, allen Prophezeiungen zum Trotz, keineswegs in der Gosse, sondern als Königin auf einem europäischen Thron.

Woher beim Pastor Heimann der Wind wehte, das sagte mir mein durch einschlägige Erfahrungen geschärfter Instinkt. Kaum hatte er auf seiner Kanzel mit dem Salbadern begonnen, da roch ich bereits den Braten.

Jawohl, wurde mir von der »Henne« auf dem Heimweg bestätigt, der Herr Pastor sei allerdings Deutscher Christ. Aber Gottes Wort bliebe schließlich Gottes Wort, oder maßte ich größenwahnsinniges kleines Würstchen mir an, da Unterschiede zu sehen? Das wäre ja beinahe gotteslästerlich!

Ich größenwahnsinniges Würstchen aber entschloß mich

mit Todesverachtung zu einem Gang in die Höhle des Löwen.

Denn mit einem zweiten Besuch meinerseits beim Pastor Heimann brauchte niemand zu rechnen. Die Alte reagierte zu meiner Erleichterung mit Verständnis, nachdem ich ihr von der Freundschaft meiner Familie mit der des Pastor Niemöller erzählt hatte. Daß meine Eltern frühe Mitglieder der Bekennenden Kirche waren, nahm sie mit einem gewissen Wohlwollen zur Kenntnis.

Irgendwie mußte ihr das imponiert haben, sie nickte anerkennend, legte mir jedoch nahe, die Sache nicht an die große Glocke zu hängen. Sie würde sich da mal umhören.

Und sie hielt ihr Versprechen, was sie in meiner Achtung ganz erheblich steigen ließ.

Die Alte war in der Tat sehr schnell fündig geworden, und bereits am folgenden Sonntag durfte ich mit Mops und Tüta, die sich ebenfalls geweigert hatten, einem Deutschen Christen die Ehre ihrer Gegenwart zu erweisen, den Gottesdienst von Pfarrer Reichard am anderen Ende der Stadt besuchen. Sogar ohne die Begleitung einer Lehrerin. Man könne uns doch vertrauen, ja?

Diese Extrawurst brachte einen weiteren unschätzbaren Vorteil: Von nun an verfaßte ich zweierlei Arten von Briefen nach Hause. Die einen, die durch die Zensur gingen, und die anderen, die ich dann sonntags selbst in den Kasten warf. Und in denen schrieb ich, was mir, und nicht, was der Alten paßte.

Pfarrer Reichard war noch jung und hatte ein rundes Pfannkuchengesicht mit einer dicken Brille vor den kurzsichtigen Augen. Die Ärmel seines schwarzen Anzugs waren glänzend durchgewetzt, die Hosen definitiv zu kurz. Trotzdem beschloß ich, in Ermangelung eines anderen Opfers, mich in ihn zu verlieben. Er zog mich übrigens bald in sein Vertrauen: Mit Martin Niemöller befreundet – es sei ja kaum zu fassen. Vorsichtig guckte er um sich: Ob ich gehört hatte, daß der Goebbels neulich im Radio Dahlem als eine Eiterbeule am deutschen Volkskörper bezeichnet habe? Bei dieser Mitteilung hatte sich seine Stimme zum Flüsterton gesenkt – man konnte ja nie wissen!

Damit sei natürlich die Bekennende Kirche gemeint.

Wie eine Erwachsene behandelte er mich, darauf bildete ich mir eine Menge ein.

Über die Pfingstfeiertage fuhren die meisten von uns nach Hause. Für mich war dies der erste Ausflug zurück in die Freiheit. Einige Schülerinnen wurden von dicken Limousinen und Chauffeuren abgeholt, ich fuhr mit ein paar anderen dritter Klasse im Bummelzug nach Berlin. Dort trennten sich unsere Wege, denn ich war hier zu Hause. Gott sei Dank! Gesundbrunnen, Westkreuz, Halensee! Halbtot vor Aufregung erklomm ich das offene Oberdeck des »Emmer«, wie der Autobus »M« im Volksmund hieß.

Die Anna traf vor Freude fast der Schlag, als sie mich wiedersah. Und was dem Dicken in den Augen stand, waren keine bitteren Krokodilstränen. Jetzt merkte ich erst, wie sehr ich mein Brüderchen vermißt hatte. Und natürlich auch die Ditte.

Am Pfingstsonntag ging ich mit meinen Eltern in die Jesus-Christus-Kirche. Das kleine Annenkirchlein faßte die Menschenmassen nicht mehr, die den Pfarrer Niemöller hören wollten, und oft mußte er an einem Tag mehrere Gottesdienste halten, um allen gerecht zu werden.

Bei der U-Bahnstation Thielplatz rief der Stationsvorsteher laut, so daß es alle Fahrgäste hören konnten: »Zum Pastor Niemöller – hier aussteigen!«

Vor einigen Wochen waren eines Sonntags während des Gottesdienstes vor der Jesus-Christus-Kirche Polizeilastwagen aufgefahren. Und dann hatte man die ganze Gemeinde, mit Ausnahme der Alten und der Kinder, aufgeladen und zum Alexanderplatz gekarrt. Meine Eltern waren an diesem Sonntag zufällig nicht dabei gewesen, aber dafür fast alle anderen Dahlemer Freunde. Die meisten waren abends wieder daheim, aber man hatte sie verhört und registriert. Das sollte der Abschreckung dienen.

Den Pastor Friedberg hatte man sogar eine Woche dabehalten und in eine »Wanzenzelle« gesteckt. Von oben bis unten mit roten Punkten gesprenkelt, kam er dann zerstochen, verdreckt und unrasiert, aber ungebrochen und fröhlichen Mutes wieder zu Hause an.

Der kleine Affe will zum Theater

Von der Kanzel, so wie ich mir das in meinen Alpträumen vorgestellt hatte, holten sie den Pastor Niemöller nicht.

In seinem Pfarrhaus sollte ihm die Gestapo am 2. Juli 1937 auflauern, als er von einer Reise heimkehrte. Nun erhielt der Pastor die Quittung von Adolf Hitler für die ihm am 25. Januar 1934 zugefügte Beleidigung.

Die schreckliche Nachricht von der Verhaftung erreichte uns kurz vor der Abreise nach Kreuth. Und mehr als je ängstigte mich die Möglichkeit, daß »sie« eines Tages kämen und meinen Vater »abholten«. Und was dann? Ja, was dann?

Eine dumpfe Angst um meinen Vater packte mich. Sie sollte mich nie mehr loslassen.

Ganz sicher wäre der Pastor bald wieder bei seiner Frau und den sieben Kindern. Aber Adolf Hitler hatte gar keine Eile. Der rieb sich die Hände nach diesem schlauen Schachzug, mit dem er der Herde den Hirten genommen hatte. Die würde sich nun schon von ganz allein verlaufen, jetzt wo er seinen Erzfeind hinter Schloß und Riegel hatte.

Den aufsässigen Pfarrer hatte man zum Alexanderplatz gebracht. Als Häftling mit der Nummer 1325 wartete er auf seinen Prozeß, der sieben Monate später stattfinden sollte.

Als Untersuchungshäftling durfte er schreiben und Post empfangen. Bergeweise kamen die Briefe – aus der ganzen Welt! Auch von mir war einer darunter.

Pastor Wilhelm Niemöller aus Bielefeld vertrat, sooft es seine Zeit erlaubte, den gefangenen Bruder auf der Dahlemer Kanzel. Und auch der Vater reiste, trotz seines hohen Alters, immer wieder aus Elberfeld an.

Der rauchte gern Zigarren. Eine Leidenschaft, die er dem Sohn Martin vererbt hatte.

Den erst Vierzehnjährigen hatte er einmal erwischt, als der in einer blauen Rauchwolke seine Schularbeiten machte. »Was Junge – du rauchst?« hatte er nur erstaunt an der Tür gemeint. »Dann können wir ja ab sofort unsere Zigarren zusammen bestellen!«

Kurz vor seinem Tode im Jahre 1941 sollte der alte Pastor seinen Sohn unter dramatischen Umständen noch einmal bei sich zu Hause sehen. Im Konzentrationslager hatte er ihn besuchen dürfen, bevor er den Schlaganfall erlitt. Und die Nazis hatten sich aus irgendeinem unerfindlichen Grund bereit erklärt, den Sohn aus dem Konzentrationslager Sachsenhausen zu seinem sterbenden Vater zu bringen. Mit dem Auto und unter fast unvorstellbaren Sicherheitsvorkehrungen schaffte man den Staatsfeind Nummer eins quer durch Deutschland nach Elberfeld. Ein ganzes Straßenviertel war hermetisch abgeriegelt worden.

Oben im Sterbezimmer saß hinter einem Paravent ein Gestapomann höheren Ranges und schrieb eifrig jedes Wort mit, das Vater und Sohn wechselten. Der Alte war vollkommen klar im Kopf und wußte, daß ihm nur noch kurze Zeit blieb. Während des Gesprächs ging die Mutter durch das Zimmer, als ihr der Gatte vom Bett aus zurief: »Paula, gib doch den Herren von der Gestapo, die den Martin gebracht haben, eine Zigarre!« Da traf ihn der vernichtende Blick seiner Ehehälfte aus den gleichen schwarzen Augen, die sie ihrem Sohn Martin vererbt hatte. Diese Verbrecher als »Herren« zu bezeichnen, und dann noch eine Zigarre! Das muß wohl bemerkt worden sein, denn rasch setzte der Vater mit schiefem, vom Schlaganfall verzogenem Mund hinzu: »Aber keine von den Schwarzen!«

Die »Schwarzen«, das waren seine Sonntagszigarren, und so weit, diese einem Gestapomann anzubieten, ging selbst seine sprichwörtliche Nächstenliebe nicht.

Kurz darauf starb er, und zu der Beerdigung ließ man den Sohn nicht wieder heraus. Das war denn doch zu riskant.

Die Dahlemer Gemeinde schloß sich nun noch enger zusammen. »Verzage nicht, du Häuflein klein!« wurde jetzt gesungen sowie »Und wenn die Welt voll Teufel wär!«

Vor ein paar Jahren noch hatte ich den Text variiert: »Und wenn die Welt pfui Teufel wär!« Damals hatte alles gelacht. Jetzt wußte ich es besser, und niemand lachte mehr. Und wer da mit »Teufel« gemeint war, das mußte mir auch niemand mehr erklären.

Martin Niemöller, das Haupt der Bekennenden Kirche, war nicht der einzige, den »sie holten«, wenn auch als persönlicher Gefangener des Führers sicherlich der Prominenteste. Außerhalb Deutschlands litt die ganze zivilisierte Welt mit ihm und war entschlossen, sich für seine Freilassung einzusetzen. Hunderte seiner Amtsbrüder ereilte ein ähnliches, manche unter ihnen sogar ein schlimmeres Schicksal, man beklagte die ersten Toten. Märtyrer! Und da der Gemeinde nicht viel mehr als das Beten übriggeblieben war, hielt man jeden Abend in der kleinen Annenkirche einen Fürbittgottesdienst für alle Verfolgten.

Alle Verfolgten!

Auch die beiden Alten, Onkel Otto und Tante Edith,

kamen treu zu diesen Gottesdiensten. Trotz aller beängstigenden Ereignisse waren sie bis zu Martin Niemöllers Verhaftung der festen Überzeugung gewesen, daß sie persönlich nichts zu fürchten hatten. Ihr Pfarrer würde nicht zulassen, daß man Mitglieder seiner Gemeinde verfolgte, Juden nach Hitlers Rassegesetzen zwar, aber eben doch Christen und Deutsche!

Nein, ausgeschlossen, man könne ihnen ja gar nichts Böses antun wollen. Auf dem Weg zur Kirche kamen sie jedesmal am »Stürmerkasten« vorbei, und was da zu lesen und zu sehen war, hätte ihnen eigentlich das Signal zum Verlassen dieses Landes geben müssen. Die Heimat verlassen? Wenn man nicht unbedingt mußte?

Fünf Jahre später *mußten* sie dann.

Eines Abends, nicht lange nach der Verhaftung des Pastors Niemöller, wir waren eben aus Kreuth nach Hause gekommen, erhielten wir den unangemeldeten Besuch eines jungen Mannes, des älteren Bruders einer ehemaligen Mitschülerin.

Berufsoffizier? Das hatte uns gerade noch gefehlt!

Beim Abendessen ließ er ein paar Bemerkungen politischer Art fallen, die meinen Vater veranlaßten, Gabel und Messer abrupt niederzulegen. Da war ja ein Tausendprozentiger an seinen Tisch gelangt. Zu einem richtigen Wortwechsel kam es nicht, aber die Atmosphäre war so abgekühlt, daß der zackige Krieger sich ziemlich plötzlich verabschiedete. Niemand wollte seine kostbare Zeit länger in Anspruch nehmen. Wie er denn am schnellsten zur U-Bahn käme? Oh, das würde man ihm zeigen. Und natürlich war ich es, die man dazu verdonnerte, ihn bis zum Bahnhof Dahlem-Dorf zu begleiten.

Wortlos ging ich neben ihm her, und als wir uns eben auf der Höhe der Annenkirche befanden, begann dort gerade der Fürbittgottesdienst. Was denn an einem Wochentag abends in der Kirche los sei? Worauf ich erwiderte, dort werde für den

Pastor Niemöller und alle die gebetet, die im Gefängnis oder KZ saßen.

Der junge Mann schnappte nach Luft: Das sei ja unglaublich! Geradezu ein Skandal! Er trüge das Ehrenkleid des Führers, und diese miesen Typen wagten es, für jemanden zu beten, der sich offensichtlich gegen die Bewegung gestellt hatte. Niemöller, wenn er den Namen schon höre! Recht geschähe ihm und all den anderen, die man verhaftet hatte! Weg damit!

Nun war ich an der Reihe, jetzt platzte mir der Kragen. Ich blieb dicht vor ihm stehen, maß ihn von oben bis unten und noch einmal von unten bis oben und sprach nur zwei Worte: »Sie Affe!«

Eine Reaktion abzuwarten schien mir nicht ratsam, ich drehte mich um und rannte nach Hause, die Wut verlieh mir direkt Flügel.

Am nächsten Morgen fuhr mein Vater mit dieser schönen Geschichte im Gepäck zum »Lieben Kaiser«. Noch ganz frisch bekam der sie erzählt. »Donnerwetter«, soll er ausgerufen haben, »Affe hat sie gesagt – dieser famose kleine Affe?«

Ja, und damithatte ich nun meinen Spitznamen für den Rest unserer Beziehung weg. Nie anders würde er sich fortan nach mir erkundigen als: »Was macht der kleine Affe? Was hat der kleine Affe wieder getan, gesagt oder angezettelt?« Das machte sich natürlich auch in seinen Geschenken für mich irgendwie bemerkbar.

Einige Jahre später sollte mein Vater ihm in Doorn mit Grabesstimme einen großen Kummer anvertrauen: »Der kleine Affe will zum Theater.«

Worauf der Kaiser zum Erstaunen meines Vaters einen furchtbaren Lachanfall bekam, von dem er sich kaum erholen konnte. Dann sprach er schließlich, indem er meinem Vater die gesunde rechte Hand auf die Schulter legte, die denkwürdigen Worte: »Mein lieber, lieber Sell! Ausgerechnet Ihnen muß das passieren!«

Eine Bedingung allerdings würde mein Vater an meinen Wunsch, aus der Familienreihe zu tanzen und die Welt der Bühnenbretter zu betreten, knüpfen. Die vorgeschriebene Eignungsprüfung vor der Theaterkammer müßte ich nicht nur gerade eben, sondern *mit Glanz* bestehen. Dann erst fiele die Entscheidung.

Ich suchte mir also aus drei Rollen Monologe für das Vorsprechen zusammen. Und zwar aus Schillers »Jungfrau von Orleans«, aus »Romeo und Julia« und schließlich das »Gretchengebet« aus dem »Faust«. Dittes Mutter hörte mich ab und fand mich einfach überwältigend. Zu Tränen gerührt hätte ich sie!

»Ach neige, Du Schmerzensreiche . . .«

Direkt auf den Leib geschrieben sei mir das!

Als ich dann mit wankenden Knien mutterseelenallein auf der Probebühne des Berliner Staatstheaters stand, trug ich erst die »Jungfrau von Orleans« vor. Das ging ganz gut. »Lebt wohl ihr Berge!« Ermutigt fuhr ich mit der »Julia« fort. Auch dabei herrschte unter den Mitgliedern der Prüfungskommission im dunklen Zuschauerraum noch Ruhe. Die Stille vor dem Sturm! Mitten ins »Gretchengebet« hinein platzte dann die Bombe. Ich vernahm merkwürdig glucksende Laute, die mir das Blut in den Adern gefrieren ließen. Und prompt wurde ich mit den Worten unterbrochen: »Genug, bitte aufhören!« Bei Licht mußte ich zu meinem Schrecken feststellen, daß einige meiner Zuschauer mit den Tränen zu kämpfen schienen. Leider nicht vor Rührung. Der »Chef«, Gustaf Gründgens, sah mit einem gequälten Lächeln vor sich hin. Aribert Wäscher hielt sich sogar den Bauch, der ganze Sitz wackelte.

Das war ja entsetzlich!

Der berühmte und von mir besonders verehrte Charakterschauspieler, Lehrer an der Staatlichen Schauspielschule, mir aus schurkischen Filmrollen bereits bekannt, faßte sich schließlich nach mehrmaligem Räuspern und ergriff das Wort: »Mein liebes Kind«, sprach er mit seiner unverwechselbaren, metallisch-klaren Stimme, »zugegebenermaßen bist du begabt, aber schon wirklich schweinemäßig begabt. Nur merke dir das eine: Eine Tragödin wird aus dir nicht! Komische Rollen, verstehst du, allenfalls noch jugendliche Salondamen, aber die Julia und das Gretchen, die schmink dir mal ganz schnell ab! Und die Jungfrau? Allmächtiger!«

Am liebsten wäre ich im Boden versunken. Meine Felle waren eben im Begriff, für alle Zeiten zu entschwimmen. Keine Tragödin? Keine zweite Duse?

Ich muß wohl einen ziemlich desolaten Anblick geboten haben, denn der Richter über mein Sein oder Nichtsein stieg zu mir auf die Bühne und nahm mich tröstend um die Schultern: »Nun, nun, davon geht doch die Welt nicht unter! Es gibt schließlich noch andere Rollen für dich, *du adlige Zillefigur*!«

Er mußte plötzlich kurz, aber heftig husten und verschwand fast hinter einem großen weißen Taschentuch.

Danach war ich ohne ein weiteres Wort entlassen. Verkannt und gebrochen schlich ich nach Hause. Was in aller Welt sollte nun aus mir werden? Standesgemäßes Selbstmordmaterial wie Degen oder Giftbecher befand sich nicht in meiner Reichweite. Was würden meine Eltern sagen? Ihre erleichterte Reaktion mochte ich mir gar nicht vorstellen! So brütete ich eine Weile in meinem Zimmer dumpf vor mich hin.

Bis gegen Abend das Telefon läutete. Ich hörte die Schritte meines Vaters auf der Treppe, der in mein Zimmer kam und mir aufs höchste erstaunt mitteilte, daß soeben ein berühmter Schauspieler bei ihm angefragt hätte, ob er meine zweijährige Ausbildung zur Schauspielerin bis zur Leistungsprüfung übernehmen dürfe. Zur Erklärung hätte er vorgebracht, daß er jeweils nur einen einzigen Privatschüler im Jahr annähme, mehr könne er sich als vielbeschäftigter Darsteller und Lehrer an der Berliner Staatlichen Schauspielschule zeitlich nicht leisten.

Blieb nur noch die Frage, wem vor Staunen der Mund länger offenstehen blieb: meinem Vater oder mir?

Der Name meines künftigen Lehrers war übrigens Walter Franck. Die Freundschaft mit ihm sollte zwanzig Jahre später nur durch seinen Tod beendet werden.

Die Erlaubnis meiner Eltern, mich von ihm ausbilden zu lassen, war sozusagen das letzte Geschenk des Kaisers an mich.

Aber seinen kleinen Affen aus dem Affenstall des Mädchenpensionats herausholen, das tat er denn doch nicht.

Im Herbst hatte für die meisten Mädchen in meiner Klasse der Konfirmandenunterricht begonnen. Natürlich nicht für Annelie, die war deutschgläubig und durfte sich auf so eine Art von »Weihe« zu Hause bei ihrem SS-Vater freuen. Du großer germanischer Gott!

Zu dritt zogen Tüta, Mops und ich zweimal in der Woche nachmittags zum Pastor Reichard. Konfirmieren allerdings sollte er mich nicht, das sollte dann im Frühjahr 1939 schon *mein Held* besorgen, der bis dahin natürlich längst wieder in Freiheit wäre. Bis dahin waren es ja noch fast zwei Jahre.

Tüta und ich schrieben ihm heimlich Briefe in seine Zelle. Einen fing die Alte ab. Mit dem Zeigefinger bedeutete sie uns, nach der Andacht zu ihr ins Büro zu kommen.

Das ginge ja doch wohl zu weit, wollten wir denn unbedingt die Gestapo in die Schule locken?

Nein, das wollten wir nicht. So entschieden wir uns, die sehr einseitige Korrespondenz heimlich fortzusetzen und unsere Heimatadressen auf den Absender zu schreiben. Oder am besten gar keine.

Zur Vorsicht erwähnten wir unseren Pastor nur noch unter dem Decknamen »Lieblingssänger«. Vor allem Annelie hätte für ihr Leben gern gewußt, um wen es sich da handelte. Aber sie bekam es nie spitz, niemand bekam es spitz, und unseren »Sänger« erreichte leider auch keiner unserer Briefe.

Durch den ewigen Pamps – in dem angeblich beleibte Mehlwürmer gesichtet worden waren – hatte ich begonnen, körperlich etwas auszuladen. Besonders vorn kam mir das sehr zustatten: Innerhalb weniger Wochen nannte ich einen Busen mein eigen. Zu Hause hatte ich bereits von Didi berichtet, die ihren ziemlich erheblichen Vorbau vor sich her schwappen lassen mußte, weil die Eltern zu geizig waren, ihr einen Büstenhalter zu spendieren. Mit einer elastischen Binde für die betreffende Region ihres Körpers müsse sie sich behelfen. Das fand selbst meine Mutter peinlich. Das arme Kind!

Diesem Bericht verdankte ich also meinen ersten Büstenhalter, und statt des Leibchens, an dem die Strümpfe mittels langer Gummibänder befestigt wurden, erhielt ich den ersten Straps meines Lebens. Ich fühlte mich wie eine Lebedame. Den Schlafrock lässig um die Schultern drapiert, darunter unübersehbar die neuen Prunkstücke, schritt ich mit mühsam unterdrücktem Stolz abends unter irgendeinem Vorwand von Zimmer zu Zimmer. Jeder sollte mich bewundern.

Ob ich gemocht wurde, war mir ziemlich gleichgültig, gefragt war ich aber auf jeden Fall, denn ich besaß als einzige ein Koffergrammophon, das ich für ein sorgfältig ausgewähltes Publikum anleierte. Es war das letzte Weihnachtsgeschenk von Onkel Eberhard gewesen. Tragbar, halbrund, aus beigem Leder und in seiner einmaligen Eleganz konkurrenzlos der letzte Schrei. Von meiner argwöhnischen Großmutter war es unter dem Weihnachtsbaum mit abfälligen Bemerkungen bedacht worden. Was es jetzt nicht alles gäbe! Ein solches Ding für eine Vierzehnjährige!

Nur gut, daß sie meine Platten nicht hören konnte. »Goody-goody«, »In the Mood« und ähnlich dekadente amerikanische Tanzmusik war drauf, und auf einer anderen sang Zarah Leander »Kann denn Liebe Sünde sein?« und »Yes Sir!« War das vielleicht nichts?

Kein Wunder also, daß man sich um mich riß.

Den beigen Luxusgegenstand hat dann meine Mutter in der Not des ersten schweren Nachkriegswinters zum schwarzen Markt am Brandenburger Tor geschleppt. Dort dudelte das Ding, angesichts der Ruinen, den vor Staunen ungläubigen Soldaten aus der tiefsten Steppe Rußlands und andächtig lauschenden Flintenweibern so lange »Kann denn Liebe Sünde sein?« vor, bis Onkel Eberhards letztes Geschenk an mich gegen Speck und Wurst den Besitzer wechselte.

Diskret natürlich! Blick links – Blick rechts. Hoffentlich geriet man nicht in eine Polizeirazzia!

Mein unseliger Hang zur Extravaganz brachte mir ein ganz besonders erfreuliches Privileg ein: Man verlegte mich nach den Weihnachtsferien in ein Einzelzimmer, von denen insgesamt nur zwei vorhanden waren. Das andere nutzte man im Notfall für unbelehrbare Krepel, die es nicht lassen konnten, eine Krankheit vorzutäuschen. Zum Garten hinaus besaß das Zimmer einen einsturzfähigen Holzbalkon. Meine Isolierung war als eine Art Strafmaßnahme gedacht, für das viele Allotria, das ich trieb. Wer nicht hören wollte, mußte eben fühlen! Nun sollte ich mal sehen, wie das wäre, so ganz allein!

Es war der Himmel auf Erden.

Seelenruhig und ungestört spielte ich nun meine Platten unter der Decke bis in die tiefe Nacht. In den Lautsprecher hatte ich ein Paar Wollsocken gestopft. Am liebsten hörte ich jetzt »Avant de Mourir«, und dabei dachte ich dann an Pastor

Niemöller, und wie ich ihn vielleicht hätte retten können, wenn ich nur in Dahlem gewesen wäre.

Das Gerichtsverfahren gegen ihn fand im Februar in Berlin statt. Mein Vater trat als einer der entscheidenden Zeugen für seinen Freund vor Gericht auf. Zweiundvierzig Entlastungszeugen hatte die Verteidigung aufgeboten, die zugunsten des Angeklagten aussagten. Berge von Akten über den Verlauf des Prozesses stapelten sich in unserem Haus. Sie wurden übrigens ein paar Jahre später anläßlich einer sehr gründlichen Haussuchung von der Gestapo triumphierend abtransportiert: Aha! Staatsfeindliche Machenschaften!

Der Prozeß endete mit der Freisetzung des Pastors. Die Geldstrafe wurde bezahlt, und die Zeit der Festungshaft, zu der man ihn hatte verurteilen müssen, war durch die Monate im Untersuchungsgefängnis bereits abgegolten. Der Jubel war groß, aber kurz! Denn dann war das Unfaßbare geschehen: Die Gestapo hatte am Gefängnistor gelauert und ihn mit unbekanntem Ziel entführt. Und die Gestapo brauchte keinen Haftbefehl. Zu Hause warteten sie vergebens auf ihn.

Erst Wochen später erfuhr die Familie und danach die freie Welt, daß er im berüchtigten Konzentrationslager Sachsenhausen unter ziemlich trostlosen Bedingungen in Einzelhaft festgehalten wurde. Der Führer und Goebbels hatten vor Wut um die Wette geschäumt, als sie von dem Prozeßausgang hörten. Und dann hatten sie sich ihn gegriffen.

Was nun?

Ich saß hilflos fest in diesem gräßlichen Nest!

Für die Schule tat ich so wenig wie eben noch möglich. Vokabeln lernte ich spät abends mit der Taschenlampe unter der Bettdecke. Die »Elster« hörte ich dann wohl manchmal listig heranschleichen. Unvermittelt stürzte sie ins Zimmer! Aha! Erwischt! Griff zur Glühbirne, aber die war kalt. Sie hätte doch glatt schwören können...

Im übrigen war mir bei meinem letzten Aufenthalt zu Hause ein ganz großer Wurf gelungen. Endlich hatte meine Mutter nachgegeben und den ersten Dauerwellen für mich zugestimmt. Nicht leichten Herzens, aber sie hatte mir einmal die Erfüllung eines Wunsches zugesagt, für den Fall, daß ich das Nägelknabbern aufgeben würde.

Das hatte ich nun geschafft: Nägel so schön wie Perlen – einer wie der andere, und jetzt war ihr der Rückweg abgeschnitten. Versprochen blieb versprochen, wenn sie nicht an Glaubwürdigkeit verlieren wollte.

Herr Fritzsche, Chef-Coiffeur des »Figaro« in der Nürnberger Straße, war uns von der Tante Irmgard wärmstens empfohlen worden. Mit dramatischem Schwung warf er mir das Cape um, inspizierte erst von der einen, dann von der anderen Seite, zupfte hier, prüfte dort mit dem Kamm. Dann sprach er sein Urteil: Bei diesem – ähäh –, also, sehr feinen Haar, wie solle er sich da ausdrücken, würden sich Dauerwellen natürlich ungemein positiv auswirken. Was er meinte, war, daß an dem dürftigen Haar meiner Großmutter nur sehr wenig zu verlieren, aber viel zu gewinnen war.

Die Dame von Welt trug immer noch den letzten Schrei: Die Olympiarolle! Nach der schauerlichen vierstündigen Prozedur an den Drähten betrachtete ich mich hochbefriedigt im Spiegel und fand, die Qualen hatten sich gelohnt.

Herr Fritzsche hatte nicht geirrt: Was mir da im Spiegel entgegenblickte, war in der Tat die künftige Dame von Welt. Vielleicht würde ja aus mir nun wirklich die Art von Wesen, das meine Mutter mir immer als Ausbund aller Schreckensvorstellungen an die Wand gemalt hatte: eine Demi-Monde oder Kokotte. Von beidem hatte ich nur vage Vorstellungen, aber es klang sehr aufregend: Das wollte ich werden!

Meine Großmutter machte aus ihrer Mißbilligung meiner mondänen Frisur kein Hehl. Ein schlichter Knoten wäre für ein adeliges Mädchen passender gewesen! Als nächstes käme womöglich ein Lippenstift dran? Wie? Tiefer könnte ich dann ja kaum noch sinken.

Seit den Osterferien trug ich zu der neuen Frisur noch ein süßes Geheimnis mit mir herum, das ich nur mit der Ditte geteilt hatte. Mir war nämlich der erste Kuß verpaßt worden. Und zwar nicht in Form eines ungeschickten Versuchs irgendeines Jungen, sondern der Skilehrer war es, der mich am letzten Abend in der Dunkelheit vor dem Hotel geschnappt hatte. Die Art, wie er mich küßte, war mir bis dato unbekannt, und ich war zu überrascht, um meinem Angreifer nennenswerten Widerstand entgegenzusetzen. Allerdings ging meine Hoffnung, daß er am nächsten Morgen um meine Hand anhalten würde, leider nicht in Erfüllung.

Hoffentlich bekam ich nun kein Kind?

Einmal in der Woche schwang sich die Alte abends in ihre kleine Klapperkiste, die »Henne« an ihrer Seite, und dann ging es über die neuerbaute Autobahn nach Berlin. Ins Theater, die Oper oder ins Konzert.

Wir hingegen spielten Brennball. Das war Kultur genug!

Den meisten anderen Mädchen fehlte auf diesem Sektor kaum etwas. Dort, wo sich die Füchse gute Nacht sagten, hatte man sie nicht verwöhnt.

Waren die Vorsteherinnen abends anwesend, so veranstalteten sie mitunter Feste im kleinen erlesenen Kreis, hinter verschlossenen Türen in ihren Privatgemächern.

Von Kindern hielt die Alte herzlich wenig. Der Mensch fing ihrer Meinung nach erst im Alter von sechzehn Jahren an. Wer also diese Bedingungen erfüllte und es verstanden hatte, sich bei ihr lieb Kind zu machen, zudem von Adel, evangelisch und gesund war, der durfte hoffen, zu einem solchen »Gelage« eingeladen zu werden, an dem weder die »Elster« noch die »Schwabbel« jemals teilnahmen. Da floß dann angeblich Sekt in Strömen, Zigaretten wurden geraucht und die Alte qualmte ihre schwarzen Cigarillos. Das stank bis nach oben in unsere Schlafzimmer.

Im Gegensatz zu den meisten anderen war ich in Berlin selbstverständlich schon im Theater gewesen. Sogar allein mit der Ditte im Staatlichen Schauspielhaus am Gendarmenmarkt, und hinterher hatten wir am Bühneneingang gewartet, um einen bewundernden Blick auf die berühmtesten Schauspieler zu werfen: Gustaf Gründgens und Marianne Hoppe, Bernhard Minetti und Gustav Knuth, Elsa Wagner und Walter Franck. Die ganz Großen hatte ich also schon von nahem gesehen!

Ich kannte die »Skala« und den »Wintergarten«, also richtiges Varieté, und besaß zudem eine echte Zirkusprinzessin als Freundin. Deren Bild hing ostentativ über meinem Bett. Dort konnten alle sehen, wie sie an einem Zeh am Trapez hing.

Als dann ein von orthographischen Fehlern wimmelnder Brief, den Mariechen ihrer Mutter an mich diktiert hatte, aus Freising ins Pensionat flatterte, wurden meine Eltern orientiert. Ob denn ein Umgang mit einem solchen Kind aus der »Hefe« des Volkes vom Elternhause her gestattet sei?

Jawohl, schrieb meine Mutter mit ihrer großen und steilen Schrift vergnügt zurück, das wäre er, das sei nämlich die wahre Volksgemeinschaft. Die Alte wirkte hilflos. Ging das nicht ein bißchen weit? Mit der Volksgemeinschaft?

Dazu kam, daß genau neben Mariechen am Trapez das Konterfei des »Lieben Kaisers« angepinnt war. Irgendwie gehörte sich das eigentlich nicht.

Als ich mich im folgenden Januar hochmütig-kühl von der gemeinschaftlich verfaßten Geburtstagsepistel an den Hohen Jubilar mit der hingeworfenen Bemerkung ausschloß, ich würde meine eigene Korrespondenz mit ihm pflegen, da trat sogar die Alte bei ihren Ausfällen gegen mich merklich kürzer.

Ein sehr, sehr schwieriges Kind, gewiß. Aber immerhin . . .

der Kaiser mochte es, und das war ganz offensichtlich nicht erfunden. Da hatte man sich erkundigt.

Davon, daß er mich persönlich nie gesehen hatte, erfuhr natürlich niemand etwas.

Um der Sache absolute Glaubwürdigkeit zu verleihen, hatte ich meinem Vater so lange in den Ohren gelegen, bis mir einer der kleinen »Kaisergrüße« mit der Post geschickt wurde. Als der Brief mit dem Absender aus Haus Doorn eintraf, fiel die Alte fast in Ohnmacht. Aber das Siegel auf dem Umschlag unter dem Vorwand der Zensur aufzubrechen, das hat sie denn doch nicht gewagt.

Wieder einmal endet eine grosse Liebe

Unter uns Gänsen befanden sich zwei Paradiesvögel, und die wohnten beide ganz für sich, zusammen mit der Henne in einem Nebenhaus.

Die beiden Schwestern hatte es aus dem fernen China zu uns verschlagen. Während des chinesisch-japanischen Krieges war ihr Vater, der als General im Dienste Tschiang Kaischeks stand, nach Deutschland gekommen und hatte die beiden Töchter in dem ihm bestens empfohlenen Pensionat abgegeben.

Hier saßen sie nun in der grauen Häßlichkeit einer norddeutschen Kleinstadt, starben in dieser barbarischen Fremde beinahe vor Heimweh und trösteten einander, so gut es eben ging.

Mit der jüngeren der Schwestern hatte ich mich angefreundet, und ein glückliches Zusammentreffen der Umstände wollte es, daß wir zusammen in die Weihnachtsferien fuhren. Tsius Vater hatte ein Haus in Dahlem gemietet, in das ich dann auch prompt eingeladen wurde. Meine Freude war unbeschreiblich! Eine chinesische Freundin, die hatte niemand anders aufzuweisen. Jedenfalls niemand, den ich kannte!

Bei meinem Besuch war ein junger chinesischer Mann in deutscher Uniform zugegen, der, wie man mir erzählte, der leibhaftige Sohn von Tschiang Kai-schek war und in München die Kriegsakademie besuchte. Mit den dort erworbenen Kenntnissen würde er dann zurück in die Heimat gehen und die Japaner vertreiben. Sogar mein Vater war beeindruckt. Ich sperrte vor Verwunderung über soviel Fremdartigkeit Mund und Nase auf und beschloß auf der Stelle, mich heimlich, aber unsterblich in ihn zu verlieben.

Einige Male gingen wir zu dritt Schlittschuh laufen, und ich schwamm in einem Meer von Seligkeit. Denn nun träumte ich bereits von einer Verlobung. Hand in Hand, so malte ich mir immer wieder vor dem Einschlafen aus, würden wir vor den Vater in China hintreten, und mein Bräutigam würde die Eltern von seinem Entschluß, dieses wunderschöne Mädchen und kein anderes zum Altar zu führen, mutig in Kenntnis setzen. Überwältigt von dieser übermenschlichen Liebe, mußte der Vater uns dann seinen Segen geben.

Gerade als ich mich bereits als künftige Herrscherin von China sah, war der Angebetete wieder in seiner Akademie verschwunden, und ich habe ihn nicht wiedergesehen. So hat er auch nie erfahren, was ihm da alles entgehen sollte.

Über eine mir angemessen erscheinende Zeitspanne spielte ich eine Art von trauernder Witwe, aber zugegebenermaßen nicht sonderlich lange. Meine Platte von Franz Lehárs »Land des Lächelns« allerdings dudelte so lange, bis sie nur noch kreischend kratzende Töne von sich und dann den Geist vollends aufgab.

So endete wieder einmal eine ganz große Liebe.

Im zweiten Jahr meiner Strafzeit stand für einige von uns, mich eingeschlossen, der Besuch der Städtischen Mädchenoberschule an. Das war im Hinblick auf ein eventuelles Abitur unerläßlich.

Ab sofort fing unser Morgen nun damit an, daß wir allein frühstückten. Hochmütig sahen wir auf das niedere Fußvolk herab, das weiterhin beim Unterricht im Hause einer mittleren Reife entgegendämmerte, um, damit ausgerüstet, zunächst auf der elterlichen und später dann der hoffentlich erheirateten Klitsche der Geflügelzucht oder ähnlichen interessanten Tätigkeiten geistig gewachsen zu sein. Auch vom Frühsport, dem sinnlosen Gerase um Häuserblocks, waren wir aus Zeitgründen dispensiert, und man hatte uns sogar ein eigenes Arbeitszimmer eingerichtet. Hoch oben im Juchhe, da fühlten wir uns ungemein elitär, zumal man da schon mal rauchen konnte.

Unser Weg zu dem tristen, gefängnisartigen Schulgebäude betrug fünfzehn Minuten, und auf diese Weise kamen wir nun sechsmal in der Woche ohne die Begleitung einer Lehrerin mit der großen Welt der märkischen Kleinstadt in hautnahen Kontakt.

In der neuen Schule für Mädchen wurden wir vom Pensionat zunächst wie Prinzessinnen auf der Erbse behandelt. Einige der Lehrer konnten sich nicht genugtun, über unsere adeligen Namen ihre dummen Witze zu machen, andere verharrten wie in einer Art von ehrfürchtigem Schockzustand, den sie dann mit Spott überspielten.

Den Vogel schoß die »Qualle« ab. Sie gab Chemie und Biologie und hieß eigentlich Frau Krietsch. Ihren Spitznamen hatte sie sich ehrlich verdient; passend zu ihm trug sie mit Vorliebe meergrüne Blusen. Den ziemlich umfangreichen Jadebusen hatte sie sich bis unter das Kinn geschnallt.

Wäre sie wohl zu hochwohlgeboren, um eben mal an die Tafel zu kommen, wurde Tüta von ihr mit einer leicht kreischenden Färbung in der Stimme gefragt. Sie sei doch hochwohlgeboren?

»Hochgeboren«, entgegnete Tüta ungerührt und warf die Zöpfe zurück.

»Wie bitte?«

Als Gräfin sei man nicht hochwohlgeboren, sondern eben hochgeboren, belehrte sie die etwas verdutzte Lehrerin. Neun Zacken hätte eine Gräfin in ihrer Krone und nicht deren sieben wie eine Freifrau. Sibylle wäre hochwohlgeboren, die Verena sei als Prinzessin allerdings »Durchlaucht«.

Die »Qualle« war restlos bedient!

»Würden Euer Hochgeboren sich also an die Tafel bemühen?« krächzte sie mit letzter Kraft.

Irgendwann lief sich die Sensation unserer adeligen Anwesenheit aber tot; mit der Zeit wurden wir in die graue Masse integriert und wie alle anderen behandelt.

Frau Plumkow war Lehrerin für Leibesübungen, wie Turnen hieß. Über ihrem rotbäckig verschrumpelten Weihnachtsäpfelchengesicht wippte unternehmungslustig ein Kranz krauser weißer Löckchen. Uns Internatszöglinge brauchte das »Plumpsklo« allerdings sportlich nicht auf Trab bringen, gestählt wie wir waren. Das wurde von der kleinen drahtigen Person mit den schwarzen Pumphosen um die roten Storchenbeine immer wieder voller Begeisterung als exemplarisch bezeichnet. Und die hatte ihre Erfahrungen, denn mindestens siebzig Jahre trug sie auf dem Buckel.

Zu unserem ungeteilten Schrecken hatte sie eine ausgesprochene Vorliebe für Volkstanz.

»Modder Witsch, Modder Witsch, kiek mi mal an,
wie ick den Bommelschottschen tanzen kann.
Hacken un de Tehn, sind to sehn,
Oh Modder Wi-hitsch wie geit dat scheen.«

Zu zweit mußten wir uns dann im Kreis drehen. Rechtes Bein, linkes Bein, neckisch grinsen, die Arme in die Seiten stemmen, verbeugen, nicht endende Trallallas singen und im Takt in die Hände klatschen. Grauenhaft war das!

Unser Klassenlehrer war Dr. Lindemann, »Dux« genannt. Der Spitzname schmeichelte ihm ungemein, bedeutete er doch auf lateinisch »Führer«. Ich hatte allerdings schnell spitz, daß er kein Nazi war. Während des Unterrichts klagte er uns manchmal sein Leid über den »Junior«, seinen einzigen Sohn, der in der Schule nicht gut tat und infolgedessen Arbeitsdienstführer werden wollte. Unauffälliger, aber wohlgezielter Blick an die Decke!

Am liebsten ließ er uns in der Grammatikstunde Sätze in ihre Bestandteile zerlegen. »Satz-Anaylse« nannte er das, nicht zu verwechseln mit »Anneliese«. Es war ratsam, darüber jedesmal zu lachen, das freute ihn, hähähä.

Einmal erwischte er mich, da hatte ich auf einen Zettel »Arschloch« geschrieben und ihn meiner Nachbarin Luzie zustecken wollen. Die hatte nämlich nicht erlaubt, daß ich bei ihr abschrieb. Blitzschnell hatte er das corpus delicti sozusagen im Flug geschnappt. Er warf einen Blick auf das fatale Wort, richtete hinter seinen dicken Gläsern einen scharfen Blick auf mich: »Nach der Stunde zu mir!«

Als der Unterricht vorüber war, schlich ich zum Katheder.

Also, nun mal raus mit der Sprache, Verehrteste, woher, das wolle er ja nun wissen, hätte ich denn *dieses* Wort? (Daß mein vornehmer Vater die zur Diskussion stehende Vokabel für durchaus salonfähig erklärt hatte, vorausgesetzt, man gebrauchte sie im Zusammenhang mit den Nazis, konnte ich unmöglich erwähnen.) Das sei ja entsetzlich und er müsse klarerweise dem Direx von diesem *unerhörten* Vorfall Mitteilung machen. Und ob man mich an der Schule noch dulden würde, sei mehr als fraglich.

Das vermutete ich allerdings auch. Denn der Direx war Nazi, und bei dieser Gelegenheit wurde bestimmt ruchbar, daß ich *immer noch nicht* im BDM war.

Hätte ich nicht vor Schreck die Augen zu Boden geschlagen, wäre mir das Zucken um seine Mundwinkel kaum entgangen.

Zwei volle Tage lang ließ mich der Schurke schmoren. Blut und Wasser habe ich geschwitzt. Mit leicht schadenfrohem Blick teilte mir die Vertrauensschülerin am Morgen des dritten Tages mit, daß ich mich nach der angesetzten Feierstunde *sofort* im Lehrerzimmer einzufinden habe.

Bei besonderen Anlässen trieb man uns in die Aula; diesmal war es Hitlers Geburtstag. Meist hielt der Direx selbst eine Rede, manchmal auch irgendein Parteibonze, einmal sogar der Gauleiter. Zum Abschluß der jeweiligen Zeremonie wurden dann die beiden Nationalhymnen abgesungen, »Deutschlandlied« und »Horst-Wessel-Lied«. Der blasse Neid erfaßte mich, wenn ich an all die Völker dachte, die sich mit einer einzigen Hymne begnügten. Denn der rechte Arm, den man währenddessen in die Höhe zu halten hatte, fing an verdammt lahm zu werden. Außer wenn es einem gelang, ihn klammheimlich auf der Schulter einer vorderen Kameradin zu plazieren. Wurde man erwischt, gab's eine Rüge, im Wiederholungsfalle einen Tadel im Klassenbuch.

Unglaublich sei das ja, für den Führer nicht einmal diese kleine Unbequemlichkeit in Kauf zu nehmen! Noch dazu an seinem Ehrentage? Kaum zu fassen!

Genau dreißig Jahre später sollte ich an diesem »Ehrentag« in einem New Yorker Hotel unten in der Halle gespannt auf einen Fahrstuhl warten, der sich vom 17. Stock auf dem Weg nach unten befand. Als sich dann die automatische Tür öffnete, kam ein Mann heraus, den ich einunddreißig Jahre lang nicht gesehen hatte. Er nahm mich in die Arme und sagte: »Du hast dich überhaupt nicht verändert, ich hätte dich sofort erkannt!«

Das war mein Wiedersehen mit Martin Niemöller.

Nach der Geburtstagsfeier für den Führer im Jahre 1938 wankte ich dann mit schlotternden Knien durch endlos schei-

nende Gänge zu meiner Hinrichtung. Ich sah im Geiste schon das vollzählige Kollegium dort versammelt, um mich erst Spießruten laufen zu lassen, dann an den Pranger zu stellen und anschließend aufs Rad zu flechten, bevor man mich auf dem Scheiterhaufen verbrannte.

Meine armen Eltern!

Entgegen meinen Erwartungen befand sich der Großinquisitor in Gestalt des Dux jedoch allein im Raum. Er nahm mich erst durch, dann über seine Brille scharf ins Visier, schwieg eine wohlkalkulierte Weile lang und sprach das Urteil: »Also – wertes Freifräulein! Nie wieder! Klar?«

Mit diesen dürren Worten war ich auch schon entlassen. Zurück ins Leben. Ich konnte mein Glück nicht fassen!

Hinter meinem Rücken hat sich der Dux vermutlich kaputtgelacht.

Mit der Aussicht auf eine herrliche, unvergeßliche Zeit unseres Lebens, ab dem vollendeten achtzehnten Lebensjahr, sollte uns schon einmal vorab der Reichsarbeitsdienst schmackhaft gemacht werden, der RAD. Eine Ehemalige, Dadas ältere Schwester, mit Bockzähnen und mit roten Zöpfen in Schnecken über die Ohren gewickelt, war zu diesem hehren Zweck im Pensionat erschienen. Natürlich in voller Uniform als Arbeitsdienstführerin mit »Brünne«, der Brosche der Arbeitsmaiden. So, so viel hätte sie den wunderbaren, geradezu zauberhaften Jahren im Pensionat zu verdanken. Der geistige Reichtum, den ihr vor allem die hochverehrte Vorsteherin vermittelt hatte, sei unverlierbar für sie. Mit solchen Sprüchen fing sie erst mal an.

Das war sozusagen die Einleitung.

Dann ging sie zu langatmigen Lobeshymnen auf den Arbeitsdienst über. Keine von uns dürfe sich, wenn es soweit sei, dem Ehrendienst für Führer und Vaterland zu entziehen versuchen. Da erst erführe man, was es bedeute, sich auf den

Weg zur deutschen Frau, zur deutschen Mutter, zu begeben. Das einmalige und unmittelbare Gefühl für die deutsche Scholle. Also Blut und Boden eben.

Die menschlichen Kontakte mit den einfachen Bauern und die praktischen Kenntnisse, die einem da vermittel wurden ... richtig verwerten könne man die erst, wenn der Führer uns die Kolonien wiedergeholt hätte, die der Erbfeind, der Erzfeind – da verhaspelte sie sich – uns nach dem Schmachfrieden von Versailles ... na ja, wir wüßten schon! Deutsche Frau in den Kolonien also.

Vor lauter Begeisterung fuchtelte sie mit den Armen herum, und die Schweißflecken unter ihren Achseln wurden immer größer. Jemand öffnete das Fenster. Das war dringend notwendig geworden.

Selbst die Alte begann zu gähnen. Sie rückte etwas nervös auf ihrem Stuhl hin und her. Hörte denn das überhaupt nicht mehr auf?

Ob wir auch alle im BDM seien? Selbstverständlich, klar doch. Ich allerdings zu Hause und nicht hier, schließlich konnte man sich ja nicht ewig ummelden. Das wäre ja direkt gesetzeswidrig. Das könne sie sich doch denken, schloß ich mit einem frechen Blick starr in ihre Augen.

Kein schöner Land?

Ein paar von meinen Kleidern zwickten neuerdings um die Taille herum. Auf den nagelneuen Busen waren sie auch nicht eingestellt. Deshalb erhielt ich die Erlaubnis, mit meinen Klamotten zu einer Änderungsschneiderin zu gehen. Vielleicht konnte sie die Abnäher auftrennen und Keile einsetzen.

Sie wurde von allen die »Schniedsche« genannt und wohnte mitten in der Stadt. In einer Wohnung mit Klo auf halber Treppe. Der Duft, gemischt mit einem penetranten Kohlgeruch, verschlug einem schon beim Betreten des Hauses den Atem.

Auf dem Weg zu ihr kam ich jedesmal an der Synagoge vorbei. Nie ließ sich dort jemand blicken, im Herbst des Jahres 1938. Nur ein einziges Mal erschien da schattenhaft ein Mann in der Tür. Vielleicht war es der Küster. Bei meinem Herannahen ging die Tür schnell wieder zu. Am liebsten hätte ich ihm zugeflüstert, daß ich nicht Nazi war und die Nazis genau so gräßlich fände wie er. Ob ihn das wohl gefreut hätte?

Aber ich habe es gar nicht erst versucht. Später tat mir das sehr leid – aber dann war es zu spät. Zu spät!

Denn nach etwa zwei Monaten geschah etwas Unfaßbares.

Am Abend des 9. November hatten wir uns alle im Haupthaus versammelt. Die Vorsteherinnen verbreiteten festliche Stimmung. Es sollte ein großer Abend werden. Platten mit Streuselkuchen und Schnecken standen herum sowie irgendeine giftgrüne Limonade. Denen, die das Schulabzeichen noch nicht besaßen, sollte heute die hohe Ehre widerfahren, es verliehen zu bekommen. Allerdings nicht umsonst. Wie alles Gute im Leben, hatte man es sich zu verdienen – durch profunde Kenntnisse des ziemlich umfangreichen deutschen Liederschatzes.

Monatelang hatte man neben den Schularbeiten für dieses dämliche Abzeichen ackern müssen. Kein Lied wurde ausgelassen.

Selbst solch wirklich peinlicher Unsinn wie:

»So geht es im Schnützelputzho-hohoisel,
da singen und tanzen die Mo-hoisel . . .«

Oder:

»Schwefelhölzle, Schwefelhölzle,
Schwefelhölzle muß mer han . . .«

Ich genierte mich direkt, einen solchen Quatsch mitzusingen und dabei noch »neckisch« zu gucken!

Jede Strophe mußte einem geläufig sein, da man nicht wußte, mit welcher man dran kam. Blieb man stecken, so würden ein weiteres halbes Jahr bis zur nächsten Gelegenheit vergehen.

»Und haben wir Frankreich
zuschanden gemacht...«,

kam in einem sehr lehrreichen Lied vor.

Mir hatte man diese »Schulbrünne« schon beim vorigen Mal angepinnt. Die fuhr jetzt irgendwo unter meinen Sachen herum.

Die Alte setzte eben zu einer Rede an, als aus der Hauswartswohnung Frau Köppen in heller Aufregung ins Zimmer stürzte: »Feuer – Feuer! Der Ort brennt!«

Wir rannten ans Fenster. Der Himmel war rot, und es schien, als stünde die halbe Stadt in Flammen.

Ob wir gucken gehen dürften? Das war zwar gegen alle Regeln, jedoch war es die Alte selbst, die sich mit etwa einem Dutzend von uns in Bewegung setzte. Die anderen waren nicht in Stimmung, die wollten lieber singen und feiern, wir könnten ihnen dann ja hinterher alles erzählen. Im Eilmarsch gelangten wir vom Berg hinunter in die Innenstadt. Den Weg, den kannte ich, da ging es zur Schniedschen. Und zur Synagoge.

Mit Tatütata rasten Feuerwehrautos an uns vorbei. Mühsam bahnten wir uns einen Weg durch die Menschenmenge. Und endlich sahen wir, wo die Flammen herkamen.

Die Synagoge brannte.

Vor einigen Wochen hatte ich einen Brief bekommen, geschrieben von Frau Lange. Er war zwar durch die Hauszensur gegangen, mir aber ohne Kommentar ausgehändigt worden.

Das Berliner Ehepaar Walter und Irma Lange nebst deren Sohn Hanns hatten wir während unseres letzten Skiaufenthalts in den Dolomiten kennengelernt; sie wohnten im gleichen Hotel wie meine Mutter, der Dicke und ich. Später wurden ein paar Briefe gewechselt, und dann war aus der Ferienbekanntschaft langsam eine Freundschaft geworden. Ich wurde für ein Wochenende nach Rahnsdorf bei Berlin in das schöne Landhaus direkt an der Spree eingeladen. Es gab dort Pferde, die ich reiten durfte, ein Ruderboot und eine Menge Hunde.

Irma Lange war eine geborene Wienerin, und ich liebte sie bald fast so sehr wie Tante Ibchen. Ihr Mann besaß ein großes Pelzgeschäft am Lützowplatz und zählte den Herrn Göring sowie die *hohe Frau,* Emmy Göring, geborene Sonnemann, zu seinem illustren Kundenkreis. Wenn er seine sagenhaft kostbaren Pelze für die Dame als auch für den Herrn des Hauses in Karinhall ablieferte, wurde er manchmal in einem Anfall von Jovialität dazu eingeladen, zusammen mit dem Hausherrn die elektrische Spieleisenbahn laufen zu lassen. Die herablassende Güte des mit Brillanten geschmückten Oberschaffners hat dann Walter Lange eines Tages den Mut finden lassen, eine sehr kühne und entscheidende Bitte auszusprechen.

Und bei der ging es um Leben oder Tod.

Schließlich hatte Göring sich das Recht vorbehalten, zu bestimmen, wer arisch war und wer nicht.

Doch bis zu diesem Zeitpunkt sollte noch eine Gnadenfrist vergehen.

Meine Eltern pflegten selbst keinen gesellschaftlichen Verkehr mit Langes, Geschäftsleute paßten doch irgendwie nicht zu altem Adel – sozusagen in die »Kiste«. Aber ich durfte hinfahren, sooft ich eingeladen wurde. Der nächste Besuch stand schon fest: in den Weihnachtsferien. Und ganz, ganz vielleicht würde der einundzwanzigjährige Hanns in mir endlich nicht nur ein Kind sehen. Schließlich war ich jetzt fünfzehn, und geküßt hatte ich auch schon.

Den Anfang des Briefes begriff ich zuerst nicht so recht. Da stand nämlich, daß sie mir leider etwas mitzuteilen hätte, wovon sie nicht wüßte, wie ich es aufnehmen würde. Ich stockte beim Lesen. Hieß das etwa, daß ich wieder ausgeladen war? Das wäre ja entsetzlich! Dann las ich weiter: Sie sei nämlich Jüdin, und das müsse sie mir nun sagen, und sie verstünde, wenn ich jetzt nicht mehr käme. Lieb behalten wie eine Tochter würde sie mich aber in jedem Fall. Nur hinter das Licht wolle sie mich nicht führen und schon gar nicht in Gefahr bringen.

Wie vor den Kopf geschlagen kam ich mir vor. So heulte ich erst ein bißchen, und später schrieb ich ihr einen ziemlich langen Brief: Es wäre mir ganz egal, ob sie jüdisch sei oder nicht, und zu Weihnachten würde ich bestimmt kommen. Den Brief schickte ich ohne Absender, weil ich nicht wollte, daß die Schule Schwierigkeiten bekam.

Den Brief hat Frau Lange tatsächlich auch erhalten und sich aufgehoben. Sie hat ihn sogar mitgenommen in die Emigration, so gerührt war sie.

»Deutschland erwache! Juda verrecke!« Dieser Sprechchor übertönte das hysterische Geschrei der Gaffer und das Geheul der Feuerwehrsirenen.

Was Juden waren, das wußte ich ja nun so ungefähr, bloß wer in aller Welt aber war Juda?

Ich drängelte mich bis ganz vorn durch. Die Synagoge brannte lichterloh. So, als ob jemand Benzin hineingeschüttet hätte. Die Feuerwehrleute waren zwar sehr intensiv mit Löschen beschäftigt, aber irgend etwas stimmte nicht. Die Männer hielten ihre wasserspeienden Schläuche nämlich nicht auf die längst geborstenen Scheiben, auf den Brandherd, sondern links und rechts auf die danebenliegenden Häuser gerichtet. Warum denn? Die brannten doch überhaupt nicht. Ich fragte einen Mann mit Schiebermütze im Nacken, der mit aschfahlem Gesicht neben mir stand. »Na, siehste doch«, sagte er, »die Synagoge ham 'se anjezündet, die Juden räuchern 'se aus, aber nu sollen die Häuser daneben nich ooch noch abkokeln.«

Irgendein rauchender Gegenstand lag vorn im Hof, eine Art von großer Pergamentrolle, die war schon halb verbrannt. Darauf trampelten ein Dutzend Hitlerjungen herum und schrien im Takt – immer und immer wieder: »Gott sei Dank, nun ist's vorbei mit der Judentyrannei!«

Die Juden selber, die hätten sie schon mitgenommen, flüsterte mir der Mann neben mir ins Ohr. Mitgenommen? Meinte der vielleicht *abgeholt?* Was *das* hieß, wußte ich allerdings.

War jetzt der Moment gekommen, den mein Vater so gefürchtet hatte, als er sagte: »Dann, mein Kind? Dann gnade uns Gott!«

Der Weg zurück zur Schule führte über Glasscherben der zerbrochenen Schaufenster und durch eine grölende Menge. Die war jetzt fleißig am Plündern, alles wurde herausgeschleppt, ganze Stoffballen, Teppiche, Sessel, Matratzen, Kleider, Schuhe und Geschirr, Lampen und Radios. Ich hatte keine Ahnung, wie viele jüdische Geschäfte es hier in der Stadt noch gegeben haben muß. Was hatten sie bloß mit den Besitzern gemacht?

Auf dem ganzen Weg zurück sprach die Alte kein einziges Wort. Sie war sehr blaß und sah nur starr geradeaus.

Wir betraten eben das Haus, da hörten wir das Lied, zweistimmig:

»Kein schöner Land zu dieser Zeit
als hier das unsre weit und breit!«

Kein schöner Land?

Am nächsten Tag schrieb ich einen Brief an meine Eltern, den ich vorsichtshalber ebenfalls nicht durch die Hauszensur schickte: »Liebe Eltern, gestern abend haben sie die Synagoge angezündet und die jüdischen Läden geplündert. Die Menschen benahmen sich wie wilde Tiere ...«

Bei meinem nächsten Aufenthalt zu Hause berichtete mein Vater zutiefst erschüttert von seinem letzten Besuch in Doorn. Dort hatten sich Ende November die Söhne des Kaisers getroffen. Bei diesem Anlaß war es zu ernsthaften Auseinandersetzungen gekommen. August Wilhelm hatte seiner Zufriedenheit über die Ereignisse des 9. November Ausdruck verliehen. Der Kaiser selbst bezeichnete das Geschehen als ein Verbrechen, und das Wort »Gangster« war wohl gefallen. Vor den Brüdern rief er »Auwi« zur Ordnung, und erteilte ihm das kategorische und eindeutige Verbot, sich weiterhin in der Öffentlichkeit mit den Nazis zu zeigen und sich auf diese Weise solidarisch zu erklären.

Worauf Auwi sich nicht entblödete, dem Vater durch den Kronprinzen ausrichten zu lassen, er werde ihn bei Göring anzeigen. Diese Drohung hatte zur Folge, daß »Little Willy« sich schleunigst auf den Weg zum Papa begab und ihn so lange bearbeitete, bis dieser das Verbot, wenn auch zögerlich, aufhob. Zwar verurteilte der Kronprinz selbst, wie alle übrigen Brüder, das Vorgehen der Nazis gegen die Juden, aber schließlich und endlich war einem das Hemd näher als der Rock: Ein Thron, der da womöglich winkte, war letztlich wichtiger als zerstörte Synagogen und gemordete Menschen. Auf zwei Hochzeiten zu tanzen, hatte man im Laufe der Jahre gelernt und war nicht schlecht dabei gefahren.

Die Empörung meines Vaters kannte keine Grenzen. Und zwar weniger über das Verhalten von Auwi und dem Kronprinzen, die in Hermine eine treue Verbündete besaßen, als über die Charakterschwäche seines Herrn. Die tat ihm bitter weh!

Zum ersten Mal hörte ich ihn die Meinung äußern, daß er

fest mit einem von Hitler angezettelten Krieg in Europa rechne. Das alles wäre nur noch eine Frage der Zeit.

Als Walter Lange das nächste Mal, mit neuen Pelzen beladen, nach Karinhall fuhr, war es die nackte Angst, die ihm den Mut gab, den Allmächtigen zu bitten, seiner Frau und seinem Sohn die Ausreise nach England zu gestatten. Da der selbsternannte Herr über Leben und Tod sich gerade in besonders gottgleicher Stimmung befand, wurde die Bitte auf der Stelle erfüllt.

Rahnsdorf, das kleine Paradies an der Spree, das habe ich dann nie wieder gesehen. Ebenso wie Frau Lange und Hanns. Aber daß sie in England und später in Südafrika in Sicherheit waren, das tröstete mich.

Nur leider war es so schrecklich weit weg.

NÄCHTLICHES MÖBELRÜCKEN

Die Besuche zu Hause waren jetzt von Pastor Niemöllers Schicksal und den Ereignissen des 9. November überschattet, angesichts derer selbst der unentwegte Ärger meines armen Vaters in Doorn verblaßte.

Oft rief die Dora aus dem Pfarrhaus an und bat meine Mutter, doch schnell mal vorbeizukommen, die Frau fühle sich so schlecht. Sie wußte, daß das fröhliche Gemüt meiner Mutter wie ein Elixier auf Else Niemöller wirkte. Auch mein Vater stand ihr mit Rat und Tat zur Seite, und mit ihm andere aufrechte und treue Freunde. Einige unter ihnen sollten für diese Treue mit dem Preis ihres Lebens bezahlen.

Die Gestapo hatte meinem Vater in seinem Büro einen ziemlich ausführlichen Besuch abgestattet. Er sei Mitglied der Bekennenden Kirche? Ja! Aber nicht Mitglied der NSDAP? Nein! Im Prozeß gegen den Staatsfeind Martin Niemöller Zeuge gewesen und für ihn ausgesagt? Ja! Die Akten, die müsse man doch mal einsehen, die wären sicher interessant. Er solle sich jedenfalls ab sofort als zur Verfügung stehend betrachten. Was immer das bedeutete. Nach Holland dürfe er noch fahren, vorläufig wenigstens. Das Wiederkommen, das würde er ja wohl nicht vergessen? Die Familie, die bliebe doch in Dahlem? Beide Kinder in der Hitlerjugend? Nein? Tztztztztz!

Emigration! Mit diesem Gedanken hatte sich mein Vater in der Vergangenheit immer wieder beschäftigt und ihn immer wieder verworfen. Wohin sollten wir denn gehen? Holland, das sagte ihm der sichere Instinkt, war einfach nicht weit genug vom Schuß entfernt. Dazu gesellte sich die fester werdende Überzeugung, daß er an der Verrottung des Vaterlandes nur etwas ändern konnte, wenn er im Land bliebe. Vom Ausland her war ein effektiver Widerstand nicht möglich, das hatte schon Carl von Ossietzky treffend bemerkt.

Jetzt war auch Österreich kein Ausland mehr.

Heim ins Reich!

Wenn er an die jubelnden Wiener dachte, wurde ihm speiübel. Wo würde nun als nächstes gejubelt?

In der Tschechoslowakei! Da allerdings wesentlich verhaltener. Dies aber war nun wirklich des Führers garantiert allerletzte Gebietsforderung.

Ein Volk – ein Reich – ein Führer – ein Wort!

Und ein Krieg!

Bei einem meiner Besuche in Dahlem schaute ich wie immer auch bei Onkel Otto und Tante Edith vorbei. Die Greuel des 9. November 1938 waren vom Äußerlichen her spurlos an ihnen vorübergegangen. Sie waren keine Geschäftsleute. Aber wie würde es weitergehen? Was wäre beim nächsten Mal?

»Bei was für einem nächsten Mal?« fragte mich Onkel Otto treuherzig. Nun wäre es ja vorbei!

Der Sohn aus Tante Ediths erster Ehe hatte immer versucht, die Mutter und den Stiefvater zu sich nach Amerika zu holen. Sogar ein Visum, kostbarster Schatz in jenen Tagen, besaßen sie. Aber sein Flehen stieß auf taube Ohren.

Auch die eindringlichen Warnungen meines Vaters verhallten ungehört.

Wie kommen wir denn dazu? Unser schönes Heim einfach verlassen? Wir, die wir uns nie etwas zuschulden haben kommen lassen? *Niemals!*

Uns *können* sie ja gar nichts tun, uns *dürfen* sie nichts tun. Weltkriegsteilnehmer mit höchsten Auszeichnungen. Evangelisch bis in die Knochen! Und Deutsche!

Zwei Jahre später jagte man sie aber dennoch und dessenungeachtet aus dem geliebten Haus. Mitzunehmen gestattet war ihnen nur ein Bruchteil ihrer Habe. Zwangseingewiesen wurden sie in das obere Stockwerk eines kleinen Dahlemer Einfamilienhauses. Den in einer sogenannten privilegierten Mischehe lebenden Hausbesitzern beließ man das untere Stockwerk. Das geräumte Haus in der Schorlemer Allee requirierte die Gestapo als Wohnung für ihre Leute, was immerhin den Vorteil hatte, daß es einer Verwüstung entging.

Die zwei Alten fanden sich erstaunlich schnell mit ihrer neuen Situation zurecht. Hier, so konstatierten sie, würde man die Nazizeit ganz gut überstehen. Lange könnte es ja nun nicht mehr dauern.

Wenn es nicht schlimmer käme!

Es kam aber noch sehr viel schlimmer. Man verpflichtete die beiden zur Fabrikarbeit in Siemensstadt am anderen Ende Berlins. Den Weg zur Arbeit hatten sie zu Fuß zurückzulegen. Öffentliche Verkehrsmittel waren ja, Gott sei Dank, nun ebenso judenrein wie Parkbänke, Krankenhäuser, Schulen, Theater, Kinos und Restaurants.

Und natürlich auch die Philharmonie, die jahrzehntelang

durch die Vermittlung von Tante Ediths Mutter, der legendären »Königin Louise«, dem Berliner Publikum internationale Künstler präsentieren konnte. Louise Wolff war nach dem frühen Tod ihres Mannes, der einst der Impresario von Anton Rubinstein gewesen war, alleinige Inhaberin der Konzertagentur Wolff, denen Künstler von Brahms bis Menuhin ihre ersten großen Erfolge verdankten.

Unersetzliche Kunstdokumente, Briefe und Photographien wurden nur auf Drängen meines Vaters zu uns geschafft, wo er sie zwischen Buchseiten versteckte. Im Gegensatz zu ihrem Retter sollten sie die Katastrophe überleben.

Bald darauf stand jener SS-Mann vor der Tür, der dem Ehepaar Otto Israel und Edith Sarah Stargardt eröffnete, daß es sich am übernächsten Tag am Bahnhof Grunewald einzufinden hätte. Einen Handkoffer dürfte jeder von ihnen mitbringen. Die beiden kommenden Nächte könnten sie in der unteren Wohnung verbringen. Packen müßten sie auf der Stelle, denn die obere Wohnung würde danach von ihm versiegelt. *Nichts* dürfe dann mehr entnommen werden.

Deportation! Aber wohin?

Vom 22. Oktober 1941 an sollten es dann 50 000 Juden sein, die vom Bahnhof Grunewald aus in Richtung Osten verschleppt wurden. Für die meisten war es eine Reise ohne Wiederkehr.

Die Berliner, vor allem die im Umkreis des Bahnhofs Grunewald wohnenden, brachten tatsächlich das einmalige Kunststück fertig, die Transporte, von denen die meisten am hellichten Tag vor sich gingen, überhaupt nicht zu bemerken.

So jedenfalls wurde später immer wieder beteuert. Außerdem – man hatte damals ja wirklich andere Sorgen!

Durch nichts waren die beiden Stargardts zu bewegen, den Gedanken, unterzutauchen, auch nur in Erwägung zu ziehen. So waren es dann Fremde, die von meinen Eltern und vier Dahlemer Freunden von einer Familie zur nächsten geschleust wurden, bis man ein permanentes Obdach gefunden hatte. Oder bis die »Fänger« sie erwischten.

Das ginge doch nicht, meinte Onkel Otto mit gewohnter Naivität. Das sähe ja geradezu so aus, als hätten sie etwas zu verbergen! Im Gegenteil! Er sei der Meinung: je eher sie gingen, um so eher wären sie wieder zu Hause.

Seine Logik war geradezu umwerfend.

Dreiunddreißigtausend Juden sollten in Theresienstadt, dem zum Konzentrationslager umfunktionierten Ghetto bei Prag, an Krankheiten, Hunger und Kälte elend zugrunde gehen. Das tschechische Terezin galt als das Vorzeigelager des Führers, beileibe kein Gefängnis. Eher eine Art »Sanatorium« für besonders verdiente Juden. Achtundachtzigtausend gelangten allerdings von dort zur Vergasung.

Nur vierundzwanzig Stunden vor Antritt ihrer Todesreise sollten Otto und Edith Stargardt von der Roten Armee befreit werden. Sie gingen dann zunächst für einige Jahre nach Amerika – um dennoch später wieder heimzukehren – nach Berlin, in ihr Haus.

Am Abend vor der Deportation gelang es meiner Mutter, Tante Edith zu überreden, trotz der Drohung des SS-Mannes, die wertvollsten der ihnen verbliebenen privaten Wertgegenstände noch irgendwie aus der Wohnung und zu uns zu schaffen.

Aber wie denn nur? Die Wohnung war versiegelt worden!

Sie wolle einmal nachdenken, entgegnete meine einfallsreiche Mutter. Wie wäre es zum Beispiel oben mit der Balkontür? War die abgeschlossen? Nein? Na also, bemerkte meine Mutter kühl. Die kriminelle Ader in ihr hatte begonnen, sich zu regen. Alles was man brauchte, war eine Leiter, eine Taschenlampe und vor allem unser Bollerwagen, um das von der Gestapo beschlagnahmte Gut zurückzustehlen und im Schutze der Nacht zu unserem Haus zu karren. Das war ein Fußmarsch von zehn Minuten.

Verdunkelung und Neumond kamen ungemein gelegen, hoffentlich würde es keinen Fliegeralarm geben.

Nach Einbruch der Dunkelheit brachte meine Mutter hinten im Garten die Leiter am Balkon in Stellung. Tatsächlich ließ sich die Glastür mühelos von außen aufdrücken.

Was also sollte man mitnehmen?

Bei den Möbeln entschied man sich für ein kostbares kleines Gobelinsofa mit vier Stühlen und einen Tisch, ferner für den vergoldeten Schaukelstuhl und den venezianischen Spiegel aus dem Besitz der »Königin Louise«. Vorsichtig balancierten die beiden heimlichen Möbelpackerinnen die Sachen nacheinander über die Leiter auf den Wagen und dann in mehreren Fuhren zu unserem Haus.

Jede Sekunde konnte das Schicksal zuschlagen. Der Luftschutzwart würde die Polizei alarmieren. Was dies dann bedeuten würde, daran dachte man am besten nicht.

Stundenlang schleppten und karrten und karrten und schleppten die beiden bis in die frühen Morgenstunden. Und als alles in Sicherheit war, da setzten sich die zwei völlig erschöpften Frauen erst einmal in den Rinnstein und machten den Anspannungen der vergangenen Stunden dadurch Luft, daß sie in unkontrollierte hysterische Lachkrämpfe über die wahnwitzige Tragikomik ihrer Situation ausbrachen. Sie hielten sich aneinander fest und schrien einfach, bis ihnen die Tränen über die Wangen liefen.

Bombenalarm hat es in dieser Nacht nicht gegeben. Es war, als ob die alliierten Flieger ein Einsehen gehabt hätten.

Was wohl die Gestapo morgen angesichts der fast leeren Wohnung sagen würde?

Diese Angst war umsonst. Da vorher keine Bestandsaufnahme gemacht worden war, haben die Gauner nichts bemerkt.

Der persönliche Gefangene Adolf Hitlers

Else Niemöller durfte nun ihren Mann in Sachsenhausen wenigstens ab und zu besuchen, aber daraufhin folgte meist eine schwere Depression. Was hatte man mit ihm vor, der in einer elenden, feuchten und dunklen Zelle, mit der Nummer eins, im »Block« sich selbst überlassen war und fürchten mußte, sein Sehvermögen einzubüßen? Hörte er draußen seine Leidensgenossen, die er niemals zu Gesicht bekam, so versuchte er ihnen Mut zuzusprechen. Auf seinem Schemel stehend, rief er ihnen mit lauter Stimme durch die Fensterluke Bibelsprüche zu, wenn sie an seiner Zelle vorbeigetrieben wurden. Warnungen und selbst handfeste Gewaltandrohungen der SS-Schergen konnten ihn weder einschüchtern und schon gar nicht von seinem Tun abbringen. Dabei konnte er nicht ahnen, daß keiner seiner Bewacher einen Übergriff auf die Person des »persönlichen Gefangenen Adolf Hitlers« gewagt hätte.

Vom Kommandanten angefangen, hatte niemand irgendwelche verbindlichen Instruktionen erhalten, wie mit diesem Sonderhäftling Nummer 569, später 10606 nun eigentlich zu verfahren wäre. Das bereitete der Lagerleitung einige Kopfschmerzen. Behandelte man ihn wie die anderen, so zog man damit womöglich den Zorn des Führers auf sich. Gestattete man ihm aber, Extrawürste zu braten, konnte das unter Umständen ebenfalls sehr unangenehme Konsequenzen haben. Also ging der Kommandant auf Nummer Sicher und ließ den Mann einfach in Einzelhaft dahinvegetieren. Auf diese Weise, so spekulierte er, hatte er sich gegen alle Eventualitäten und wie immer gearteten Anschuldigungen abgesichert.

Die Nachricht von seiner Einlieferung im Lager hatte auf Seiten der Häftlinge zu großen Hoffnungen, ja fast Euphorie geführt. Nun, da ein so prominenter Gefangener unter ihnen weilte, müßten sich die Augen der Welt doch auf ihr Leid richten. Ganz bestimmt würde man versuchen, ihn zu befreien – und damit auch sie.

Mit aller Kraft versuchte der Sonderhäftling in der Zelle sein Gedächtnis mit dem Wiederholen von Bibelstellen, Gedichten und Liedern fit zu halten, um nicht womöglich noch den Verstand zu verlieren. In seinem einsamen Halbdunkel glaubte er, von der Außenwelt vergessen und abgeschrieben worden zu sein.

Als seine Frau erstmalig eine Besuchserlaubnis erhalten hatte, ließ er durch sie meinen Vater fragen, ob dieser ihm nicht einige neue Verse des Studentenliedes »Als die Römer frech geworden« mitteilen könnte. Sein Repertoire sei ausgeschöpft. Mein Vater konnte ihm zwar selbst nicht weiterhelfen, aber bei seinem nächsten Besuch in Doorn fragte er den Kaiser um Rat.

Der setzte sich auf seinem Sattelsitz vor dem Schreibpult zurecht, nahm seinen lila Kopierstift und schrieb schön und schnörkelig mit der Hand für den Staatsfeind Nummer eins und persönlichen Gefangenen Adolf Hitlers, Martin Niemöller, Verse auf. Mit dem Refrain:

»Herr Quintilius Varus ... wau-wau-wau-wau-wau-wau
Herr Quintilius Vaharus ...
Schnedderengteng-schnedderengteng-
schnedderengteng.«

Den Brief nahm Else Niemöller dann bei der nächsten sich bietenden Gelegenheit in das Konzentrationslager mit, und der Pastor hat sich sehr darüber gefreut. Die betreffende Strophe kannte er zwar schon, das aber brauchte der hohe Absender nicht zu wissen. Sein ehemaliger Kriegsherr, dem er sich nach wie vor durch den einzigen Eid seines Lebens bis zu dessen Tode verpflichtet fühlte, hatte die Mühe nicht gescheut, ihm eine Freude machen zu wollen.

Das war und blieb schließlich eine große Ehre.

In den Weihnachtsferien wurde ich zu Pfarrer Gollwitzer geschickt. Er sollte mich besser kennenlernen. Denn nun sah es doch so aus, als ob er und nicht Pastor Niemöller mich am Palmsonntag des kommenden Jahres konfirmieren würde.

Außer wenn ein Wunder geschah! Und darauf deutete nichts hin.

Die optimistische Inschrift auf unserer kleinen Hakenkreuzfahne war längst verblaßt, und meine Mutter war dazu übergegangen, ihre Prognosen vorsichtiger zu formulieren. Im Herbst verkündete sie: »Wenn die Kirschen blühen, dann sind wir sie los!«

Die Kirschen blühten und reiften, aber »sie« waren immer noch da, und alles wurde schlimmer und nicht besser.

Dann gab sie zögernd zu, sich geirrt zu haben oder mißverstanden worden zu sein. Was sie eigentlich gemeint hätte, wäre gewesen: Wenn die Blätter fallen!

Der Herbst kam, die Blätter fielen, aber leider wieder nicht die Verhaßten. Und im nächsten Jahr ging es dann mit den Kirschblüten wieder von vorne los.

Seit neuestem bemühte sie Wahrsagerinnen. Die entweder in die Sterne guckten, die Zukunft aus Karten oder Kaffeesatz voraussagten oder ihr streng verbotenes Pendel über Bildern von Hitlers Bürstenbart oder Görings Fettwanst zum Schwingen brachten. Natürlich wurden die Orakel-Adressen nur unter dem tiefsten Siegel der Geheimhaltung gehandelt, denn jede Art von Schwarzer Magie, zu der übrigens auch die von einem perversen Juden namens Freud erfundene Psychoanalyse gehörte, war von den Nazis als Zersetzung der Volksmoral unter drakonische Strafen gestellt worden. Woraus man schließen konnte, daß diese sich der rosigen Zukunft eines tausend Jahre währenden Reiches nicht so ganz hundertprozentig sicher waren.

Eine dieser Pythias, die Frau Karl, ist das Nichtbeachten gewisser Vorsichtsmaßnahmen im Zusammenhang mit diesem Verbot teuer zu stehen gekommen. Sie hatte gegenüber einer »Kundin« geäußert, daß in nicht zu ferner Zeit die Russen Berlin erobern würden.

Die Russen? Das bedeutete doch Krieg?

»Jenau«, meinte sie, »ick seh' se doch ieber mein Jartentor steijen!« Sie besaß ein kleines Haus in Machnow vor der Stadt; nur von der Richtigkeit ihrer Prophezeiung konnte sie sich sechs Jahre später selbst nicht mehr überzeugen. Man hatte sie einen Kopf kürzer gemacht, weil die »Klientin« schnurstracks zur Gestapo gerannt war.

Pastor Helmut Gollwitzer versah in der verwaisten Gemeinde das Amt eines vorläufigen Stellvertreters von Martin Niemöller. Er war ein glänzender und mutiger Prediger, ein hervorragender Seelsorger und ein bayerisches Urviech, das kein Blatt vor den Mund nahm. Unter seinen Konfirmanden erfreute er sich einer geradezu sagenhaften Beliebtheit. Es kam vor, daß er während des Unterrichts meisterhaft vorgetragene bayerische Jodler zum besten gab. Das war zumindest sehr ungewöhnlich. Auch ging die Fama, daß der achtundzwanzigjährige Junggeselle ab und zu eine Bar besuchte.

Eine Bar? Das klang irgendwie verrucht.

Wir konnten es kaum glauben! Die Ditte und ich beschlossen, auf unsere Art der Sache nachzugehen, indem wir ihn anriefen. Neben dem Telefon stand betriebsbereit mein beiges Luxusgrammophon mit Zarah Leanders Platte. Kaum meldete sich der Ahnungslose, sagte die Ditte mit verstellter Stimme: »Eine Frage, Herr Pfarrer.« Und noch ehe er reagieren konnte, klang ihm die bekannte rauchdunkle Stimme ins Ohr: »Kann denn Liebe Sünde sein?«

Dann nahmen wir die Nadel schnell von der Rille und lauschten gerade lange genug, um ihn lachen zu hören. Er wollte zu gern wissen, wer denn da dran wäre, aber wir haben uns nicht zu erkennen gegeben.

Nach den Weihnachtsferien kehrte ich ins Pensionat zurück, nicht ahnend, daß es das letzte Mal sein würde.

Am 27. Januar feierte der »Liebe Kaiser« in Doorn seinen achtzigsten Geburtstag, und mein Vater hatte alle Hände voll zu tun. Ganz ohne Krach würde die Festivität kaum abgehen. Und das tat sie dann ja auch nicht. Allein die Zugehörigkeit einiger Familienmitglieder zu Naziorganisationen lieferte ausreichende Gründe für sehr viel Verärgerung.

Sogar von einer Diamantbrosche in Form eines Hakenkreuzes, mit der eine verwandte Fürstlichkeit hatte auftreten wollen, erzählte er angewidert nach seiner Rückkehr. Da allerdings habe er sich in die Tür gestellt und unmißverständlich deren Entfernung verlangt. Allmählich, so meinte er dann daheim, könne man alle Hoffnung auf guten Geschmack und Takt wohl aufgeben!

Die Fotos, die mein Vater vom großen Geburtstag aus Doorn mitbrachte, waren atemberaubend. Sie zeigten den Kaiser in alten, mit Orden bespickten Prachtuniformen im Kreise seiner Familie und der Ehrengäste. Eines gefiel mir besonders: Er, mit der holländischen Kronprinzessin Juliana an seiner Seite, beim Diner. Das Gewicht seiner ganzen Ordenspracht schien ihn nämlich förmlich auf seinen Teller gezogen zu haben.

Einige Wochen später flatterte meinen Eltern ein Brief der Alten ins Haus. Darin wurde ihnen höflich, aber bestimmt nahegelegt, sich nach einem anderen Pensionat für mich umzusehen. Von Rausschmeißen war zwar nicht direkt die Rede, aber ich sei aufgrund meiner Verhaltensauffälligkeiten doch zu einer Art Risikofaktor geworden.

Eine Art Verein hätte ich gegründet, den Klub der Wühlmäuse, kurz KDW genannt. Sogar Aufzeichnungen über Aufnahmebedingungen habe man gefunden, und wir hätten uns offenbar zum Ziel gesetzt, alles zu boykottieren, was irgendwie mit den Nazis zusammenhing. Sogar eine Geheimsprache hätten wir entwickelt, in der wir uns vor den anderen unterhalten konnten, ohne verstanden zu werden.

Man fürchte, ganz klar ausgedrückt, so dies offenkundig werde, um das Weiterbestehen der Anstalt.

Also durfte ich zu Beginn der Osterferien meinen Krimskrams packen. Richtig in hohem Bogen rauszufliegen war mir nicht gelungen, man hatte mich mehr oder weniger hinauskomplimentiert, denn das Schreiben der allerhöchsten Vorsteherin hatte mit süßsauren Worten geschlossen, ich sei eben die Art von eigenständiger Persönlichkeit, welche sich in ihre Gemeinschaft jedenfalls nicht einzufügen vermocht hätte. Das wäre mit der Atmosphäre ihres Instituts doch nicht so recht in Einklang zu bringen.

Begriffe wie eigensinnig, widerborstig, aufsässig, dreist und renitent standen da irgendwo im Raum.

Das letzte Gespräch mit der Alten in ihrem Büro glich mehr einem Monolog ihrerseits. Also – nun mal ein bißchen zusammengerissen, sie könne mich ja irgendwo verstehen, politisch, ganz klar. Aber immer nur so Rädelsführer sein wollen, und dann die dauernde Widerrede? Nur wer parieren lerne, könne später befehlen. Erst mal was leisten! Das hatte ich doch schon mal gehört? Das Leben, das würde mich da noch ganz schön schleifen. Den Alten Fritz und Martin Luther im Auge behalten, ja? Elitär denken, klar? Doch nicht ganz umsonst gewesen, diese zwei Jahre, oder? Noblesse obliesch!

Was ich denn werden wollte?

Schauspielerin!

Ihren Blick hatte sie wohl nicht so ganz im Griff, der bewegte sich wie von allein an die Decke und dann zum Fenster hinaus. (O Gott – die armen Eltern!) Gegenüber im Vorgarten hampelte wieder der mongoloide Junge herum. Mit dessen Anderssein umzugehen, hatte man uns auch nicht beigebracht, erbarmungslos hatten wir ihn ausgelacht, den Krepel. Niemand hatte uns da Maßstäbe gesetzt, auch nicht Martin Luther oder der Alte Fritz.

Schwing den Bodel? Daran mußte ich plötzlich denken.

Nein – positive Erinnerungen an das Pensionat würden mein zukünftiges Leben nicht belasten. Gelernt hatte ich lediglich, daß, wer kuscht und sich anmeiert, bei weitem am besten, bequemsten und sichersten fährt. Hinter mir ließ ich eine stickige Atmosphäre von geistigem Hochmut, Standesdünkel und Überheblichkeit, in der Begriffe wie Toleranz und Fairneß nichts zu suchen hatten.

Die glückstrahlende Anna riß mich bei meiner Rückkehr in die Arme. Aber so ohne weiteres abknutschen ließ ich mich nun nicht mehr. Das klappte von nun an nur noch, wenn sie einen gutgeplanten Überraschungsangriff vornahm. Die Eva war leider nicht mehr bei uns, sie war nach Hause zurückgekehrt und konnte jetzt ihr eigenes Kind statt zweier fremder ans Herz drücken.

Ihre Nachfolgerin hieß Gerda. Sie war mit ihren kurzen Locken sehr niedlich anzusehen und besaß die Art von Schick, den man aus einem pommerschen oder westpreußischen Dorf nicht mitbrachte, woher bis dato alle unsere Mädchen gekommen waren. Gerda war Verkäuferin in Steglitz gewesen, und die Nazis hatten ihr ein »Pflichtjahr« in einem Haushalt verordnet. Der Anna ging sie mit viel Geschick um den Bart, so daß von der Seite wenigstens keine Probleme zu erwarten waren.

Diese hatte jetzt ihren Geschmack am Kino so richtig entdeckt und zog in Sonntagstracht mit Handtasche über dem Arm an ihren freien Nachmittagen zum Breitenbachplatz. Wo sie sich im »LIDA« alles ansah, was gut und billig war.

Möglichst Filme mit 'Ans Moser, Paul 'Örbiger, 'Ans Halbers oder Theo Lingen, die waren ja zum Dotlachen!

Und was zum Lachen, das brauchte sie jetzt mehr denn je.

Vor ein paar Jahren starb erst die Mutter und kurz danach der Vater in Werben. Zur Beerdigung war sie hingefahren, aber sie schien nicht allzu tief von dem Verlust berührt. Besonders was den Vater Fritz Troppa anging.

Den hatte ich mit der Ditte und ihrer Familie in seinen besseren Tagen einmal besuchen können. Im Spreewald waren wir bei einem Pfingstausflug mit dem Auto plötzlich in Annas Dorf angelangt und fragten uns zu Troppas Häuschen durch. Kaum, daß wir hielten, sahen wir jemanden bei unserem Erscheinen blitzschnell im Haus verschwinden. Wir stiegen aus, gingen durch den Vorgarten mit den Obstbäumen, und da trat uns Annas Vater entgegen. Seinen Kopf schmückte ein abgelegter Hut meines Vaters, und darunter saß ein hart-verfaltetes Bauerngesicht, das irgendwie einer Kartoffel ähnelte.

Erstaunt und hocherfreut lud er uns ein, näherzutreten, aber allzulange hielten wir uns nicht auf, wir mußten zurück nach Berlin. Etwas reichlich nervös rutschte er auf seinem Stuhl herum. Wahrscheinlich genierte er sich in unserer Gegenwart. Das zumindest dachten wir uns. Die wirkliche Erklärung dafür sollten wir später erst durch die Anna erhalten.

Die wollte sich über den Vater totlachen! 'Err Jesses!

Der hatte vor dem Haus gesessen und in der Bibel gelesen, als ein Auto vor seinem Haus hielt. Das war ihm noch nie passiert. Nur ein Gedanke durchzuckte ihn: Fremde Leute! Wohin jetzt in der Eile mit dem schönen Blechkuchen, den die Nachbarn ihm zum Pfingstfest gebacken hatten? Er hatte nämlich keine Lust, ihn mit irgend jemandem zu teilen. Also schob er ihn geistesgegenwärtig so weit wie möglich unter das Bett. Da war er sicher. Nun saßen wir, die Herrschaften, in der Stube, und für sein Leben gern hätte er uns etwas von dem Kuchen angeboten. Das ging aber nicht, denn dazu hätte er erst unter das Bett kriechen müssen. Jahrelang hat er sich dann noch Vorwürfe gemacht.

Kurz nach meiner Heimkehr kam ein Telegramm für die Anna.

Die Marie war ihrem Herzleiden erlegen. Wasser hatte sie gehabt: bis zum 'Als, das hatte mir die Anna erzählt. Und daraus konnte ich mir keinen Vers machen, immer sah ich die Marie bis zum Hals im Wasser stehen.

Stundenlang hatte die Anna geschrien – wie ein waidwund geschossenes Tier. Man hörte es noch Im Gehege. Dann war sie nach Hause gefahren und hatte die einzige Schwester beerdigt. Aber dort bleiben und den epileptischen Schwager versorgen, dazu hat sie sich dann doch nicht entschließen können. *Ihre* Familie verlassen?

Diese ehrte sie zu ihrem fünfzigsten Geburtstag mit einem Radioapparat. Wundern tat sie sich im geheimen zwar immer noch, wie aus einem so kleinen Kasten so laute Töne herauskamen. Von klassischer Musik hielt sie überhaupt nichts, mit Mozart sollte man ihr bloß vom Leibe bleiben: »Himmer nur C-Dur hund so weiter!« Ihn in Schutz nehmend, belehrte ich sie, daß dieser längst tot wäre. Worauf sie meinte, daß das bei der Musik hauch kein Wunder sei. Im übrigen pfiffe sie darauf, solange man ihr Marschmusik von Paul Lincke, Eduard Künneke und Walzer von Johann Strauß nicht vorenthielt. Die lebten doch wohl noch, oder?

In unserem Eßzimmer hatte ein großes Rundfunkgerät Einzug gehalten. Das erste, was wir lernten, war BBC London einzuschalten und vor dem Ausschalten sofort den Knopf auf einen deutschen Sender zurückzudrehen. Wie ein Reflex mußte das funktionieren – zackzack! Das Abhören von Feindsendern wurde nur wenig später unter schwere Strafe gestellt. »Feindsender«, so konstatierte mein Vater, seien für ihn logischerweise die deutschen.

Als am 25. Juli 1944 die Gestapo, vier Mann hoch, zu einer

achtstündigen Haussuchung bei uns einfiel, ging gleich einer von den Brüdern auf das Radio los und stellte es an. Er war richtig enttäuscht, als ihm der Deutschlandsender entgegenbrüllte.

Der Dicke, seit neuestem ohne seine süßen Hängebäckchen, strahlte ebenfalls über meine Rückkehr, etwas gemessener, etwas erwachsener, aber er freute sich, genau wie die Ditte. Er hatte jetzt Boxen gelernt und auch Jiu-Jitsu, und da war meinerseits Vorsicht geboten. Der ließ sich jetzt von mir nicht mehr alles gefallen. Bei meinem ersten Versuch, ihn »runterzukriegen«, pinnte er mich erst am Boden fest und schleifte mich anschließend im »Schwitzkasten« durch das ganze Haus. Über die Hackordnung müßte nun wohl ganz neu nachgedacht werden.

Er war jetzt dreizehn Jahre alt, und neben der Nase blühte der erste Pickel.

Mein Vater freute sich auch, aber das Strahlen war ihm schon lange vergangen. Gelächelt hat er, traurig war er über meine Heimkehr nicht.

Nur skeptisch!

Ich versprach also ebenso emphatisch wie leichtfertig, so artig und fleißig zu sein, daß allen noch Hören und Sehen vergehen würde.

Das mit dem Hören und Sehen sollte haarscharf zutreffen.

Meine Großmutter, nach wie vor an schwerem und unheilbarem Aristokratismus leidend, bedauerte, daß ich nun wieder all diesen fragwürdigen bürgerlichen Einflüssen ausgesetzt sein würde. Der Hieb zielte vor allem auf die Ditte und deren ganze Familie.

Die war eben dabei, sich von einem nicht sehr schönen Schreckschuß zu erholen.

Irgendwann nach der »Kristallnacht« hatte das Telefon geklingelt. Am anderen Ende der Leitung war die Stimme der Oberin des Pflegeheims zu hören gewesen, in dem sich Mamis

Mutter, die kleine alte Amama, nach einem Schlaganfall befand. »Holen Sie Ihre Mutter *sofort* ab«, hatte die Oberin aufgeregt geschrien. »Wir können für ihre Sicherheit hier nicht mehr garantieren. Manche werden schon ›abgeholt‹.« Ein »warum« erübrigte sich in diesem Falle. Buchstäblich binnen Stunden holten Dittes Eltern dann die Großmutter aus dem Heim und brachten sie in eine private katholische Institution, deren Ordensschwestern ebenso fromm wie hilfreich, diskret und in ihrer Zivilcourage beispielhaft waren. Die Amama selbst war streng katholisch und hat dann die ihr noch verbleibende kurze Zeitspanne bis zu ihrem natürlichen Tode an Menschenliebe und Sorgfalt alles genossen, was überhaupt vorstellbar war.

Nach meiner Rückkehr teilte mir der Pastor Gollwitzer mit, daß ich mich in Anbetracht meiner bevorstehenden Konfirmation nun einer Prüfung bei ihm unterziehen müßte. Er hatte mich ja schließlich nicht unterrichtet und keinen Begriff von meinen Bibelkenntnissen.

Der Pastor Reichard, ja, der sei ihm gut bekannt. Ein hervorragender Mensch, ein ausgezeichneter Religionslehrer. Nach wenigen Fragen entschied er, daß einer Konfirmation seiner Ansicht nach nichts im Wege stünde. Was es in diesen Tagen bedeutete, Mitglied der Bekennenden Kirche zu werden, das sei mir ja wohl bekannt. Den Spruch ließ er mich selbst aussuchen, und ich wählte, ohne lange zu zögern, Matthäus 16, Vers 26:

»Was hülfe es dem Menschen,
wenn er die ganze Welt gewönne
und nähme doch Schaden an seiner Seele?«

Danach wollte ich mich in Zukunft richten. Es wenigstens versuchen – ganz ehrlich!

Das beste wäre überhaupt, beschloß ich, wenn ich sehr, sehr fromm würde.

Die Konfirmation fand am Palmsonntag in der Jesus-

Christus-Kirche am Thielpark statt. Für diese Gelegenheit hatte ich ein rabenschwarzes Kleid erhalten, in dem ich wie eine vierzigjährige Fledermaus aussah. Ich gefiel mir ausnehmend in meiner Würde und schritt fromm, das Gesangbuch auf dem Bauch, zusammen mit etwa dreißig anderen Konfirmanden und Konfirmandinnen zum Altar.

Später gab man mir zu Hause ein großes Fest. Der Onkel Putzi mit seiner gottgläubigen Mischpoche, der fehlte zum Glück. Von den sieben Paten waren, wie bei der Taufe bereits zu ahnen, nur noch drei übrig beziehungsweise reisefähig. Die Gaben fielen aber im krassen Gegensatz zu den Taufgeschenken fast übermäßig großzügig aus. Der »Liebe Kaiser« schickte mir eine kleine Brosche mit einem Hirschzahn und Brillanten in Halbmondform. Von meinen Eltern bekam ich einen Mahagonischreibtisch auf zierlichen Beinen. Meinen alten würde nun die Cousine Juliane erben. Der neue würde mich doch ohne Zweifel förmlich dazu zwingen, Schularbeiten geradezu mit Lust zu verrichten?

Herrgott, Schularbeiten! Ich sah da schon viel weiter in die Zukunft und hatte Visionen von Autogrammbitten, die ich dann an eben diesem Schreibtisch als berühmter Bühnen- und Filmstar herablassend, aber unermüdlich erfüllen würde. Das schuldete ich schließlich meinen Bewunderern.

Einen sehr schönen Siegelring hatte ich ebenfalls erhalten. Ursprünglich hatte er meinem Großvater, dem »Mannchen«, gehört und war für mich umgearbeitet worden. Der ovale, hellblaue Stein glänzte und machte auf schwarzem Grund das Wappen, bestehend aus zwei ineinander verschlungenen gekrönten Schlangen, darüber die siebenzackige freiherrliche Krone, so richtig sichtbar.

Nie würde ich ihn ablegen, das schwor ich mir!

Einmal allerdings zwangen mich besondere Umstände zu einem Wortbruch.

Und zwar genau sechs Jahre später, angesichts der nahenden sowjetischen Truppen, die Anfang Mai 1945 auf das Haus an der Elbe losmarschierten, in dem ich auf meiner Flucht zu Pferde Unterschlupf gefunden hatte. Am 2. Mai war ich von einer Einheit der berühmten 82nd U.S. Airborne befreit worden. Die Annahme, daß nun für mich der Krieg zu Ende war, erwies sich leider als Fehlschluß, denn ich hatte mir ausgerechnet das historische Treffen der alliierten Truppen an der Elbe als Standort nach meiner Flucht aus der Schlacht von Berlin ausgesucht. Beim unerwarteten Herannahen der sowjetischen Truppen hatte ich nicht bemerkt, daß die amerikanische Einheit sich auf das Westufer des Flusses zurückgezogen hatte. Wie eine unübersehbare graue Schlange nahte nun in Tausenden von Panjewagen und zu Pferde die Rote Armee, bei deren Anblick ich in den Garten stürzte und den Siegelring, die Brosche des Kaisers und das kleine Brillantmedaillon meiner Großmutter, in ein Stück Papier gewickelt, in rasender Eile flach in der Erde unter einem Busch verscharrte.

Da ich keine Lust verspürte, mich durch die Russen ein zweites Mal befreien zu lassen, gelangte ich schließlich nach einigen Abenteuern über den Fluß auf die amerikanisch besetzte Seite. Ein junger Leutnant sollte seinen Rang für mich riskieren, denn im Dunkel der Nacht tat er das streng Verbotene und schlich mit mir zurück auf die sowjetische Seite.

Wenig später entdeckten wir die schneeweiße Stute, auf deren Rücken ich die vierzehn Nächte dauernde Flucht von Berlin zurückgelegt hatte. Wie eine Prinzessin stand sie ziemlich beleidigt und leuchtend inmitten all der struppigen dunklen Panjepferde. Sogar einen russischen Sattel hatte man ihr bereits aufgestülpt, den sie aber nicht mochte. Bei meinem Anblick scharrte sie freudig, aber ein wenig pikiert mit den Hufen.

Mein Schmuck aber blieb in der Erde. Charles und ich hatten ihn im Finstern nicht wiederfinden können. Am nächsten Tag fertigte ich dann eine Skizze an, und er ging noch einmal auf die russische Seite.

Nach einer halben Stunde war er wieder zurück. Betont lässig schlenderte er mir entgegen, grinste vergnügt und ließ mich erst ein bißchen zappeln. Dann streckte er mir die rechte, geschlossene Faust entgegen. Ich solle mal versuchen, sie aufzumachen. Darinnen sah ich dann meinen Ring. Nach einer Weile machte er auch die linke Faust auf, und in der lag die Brosche und das Medaillon.

Die Brosche habe ich später verloren. Das Medaillon und den Ring aber habe ich später wirklich nie wieder abgelegt.

Meinen Eltern sollte ein Fehler unterlaufen, der ohne weiteres die Bezeichnung Schildbürgerstreich verdiente. Sie hatten meinem Quengeln nachgegeben und erlaubt, daß ich in meine alte Schule zurückkehrte.

Die Katastrophe nahm ihren Lauf.

In die alte Klasse konnte ich natürlich nicht wieder, denn vor zwei Jahren war ich »zurückversetzt« worden; ich war klebengeblieben. Was man allerdings damit entschuldigen konnte, daß ich, durch nur drei Jahre Vorschule, um ein Jahr zu jung für die Klasse gewesen war. Nun war die Ditte bereits ein Jahr näher am Abitur als ich. Falls sie es überhaupt machen durfte. Bisher war sie dem BDM ebenfalls erfolgreich aus dem Weg gegangen.

Mein Lateinlehrer war nun leider Dr. Bach, ein für die Nazis Umgefallener. Im BDM sei ich ja wohl, fragte er gleich am ersten Tag in ziemlich provokativem Ton. Selbstverständlich – klar doch – natürlich im Internat.

Da müsse ich mich schleunigst ummelden, verstanden?

Den Blick seiner fischkalten Augen empfand ich als unangenehm. Würde meine Schwindelei ad infinitum weiter durchzuziehen sein?

Der Dicke hatte im Gymnasium auf diesem Gebiet auch seine Schwierigkeiten. Als die Luft einmal ganz dick und der Druck unerträglich wurde, dichtete ihm unser Hausarzt, der nach dem Blinddarmdebakel natürlich nicht mehr Doktor Bloch hieß, ein Leiden an, das seine sofortige Verbringung in die Charité nötig machte. Damit war er fürs erste aus der Schußlinie, der Druck würde sich dann vielleicht ja geben.

In unserer Schule hatte sich einiges verändert. Zwar schlich der Pedell Klitzke mit seinem Totenschädel und Nasenlöchern, in die es hineinregnen konnte, wie eh und je unhörbar und Böses verheißend, wie ein Gespenst durch die Gänge. Nur die Ketten fehlten, mit denen er hätte klirren können. Gutes führte er prinzipiell nicht im Schilde, und wehe allen Zuspätkommenden, die er erwischte. Mitleidslos verwaltete er jetzt den Tintenvorrat der Schule, den er wie den Schatz der Nibelungen bewachte. Nur ungern, wenn überhaupt, und nur gegen Beleg rückte er homöopathische Dosen davon raus. Mit der Kreide knauserte er ebenso. Wozu denn die viele Tinte und die schöne Kreide? Wir sollten damit nicht so aasen, das sei alles *Volkseigentum!*

Die meisten »Reichs«-Töchter schien der Erdboden verschluckt zu haben. Ein paar Nazis weniger, das war erfreulich. Ich erfuhr, daß zum mindesten die jüdischen Mädchen aus meiner ehemaligen Klasse, mit einer Ausnahme, sich in Sicherheit im Ausland befanden. Gott sei Dank, hatte es bei denen, die ich persönlich gekannt hatte, am nötigen Fluchtkapital nicht gefehlt.

Sylvias jüdischer Vater war in Amerika, und die Mutter hatte kaltblütig erklärt, das Kind sei nicht seine Tochter, so konnte sie überleben. Ursel Reuber, Mischling ersten Grades nach den Nürnberger Gesetzen, sollte dies nicht vergönnt sein. Sie wurden kein Opfer der Nazis, sondern eines englischen Bombenangriffs kurz vor der Befreiung, sie, die mit großem Erfolg und unter Einsatz ihres so schwer gefährdeten eigenen Lebens Verstecke und Lebensmittelkarten für untergetauchte Juden, wie auch wir sie beherbergten, besorgte.

Anita Frank aus meiner Klasse, Volljüdin in Hitlers Sprache, war immer noch in Berlin, zusammen mit ihrem kleinen Bruder. Die Mutter war in die Schweiz gelangt und hatte für sie ein Visum erwirken können. Nicht aber für den Jungen. Und den ließ Anita nicht allein.

Einige Jahre später sollte sie an unserer Tür erscheinen. Den Stern hatte sie sich abmontiert. Den glaubte ihr sowieso keiner, denn unter braunem Wuschelhaar lachten die blauen Augen und dicken roten Wangen eines pommerschen Mädchens vom Lande. Mehr, als ihr ein Paket mit Lebensmitteln mitzugeben, konnten wir nicht für sie tun. Die Gestapo war zu der Zeit ein ziemlich regelmäßiger und stets unangemeldet erscheinender Gast in unserem Haus. Der Anita sollte es nicht mehr gelingen, sich zu retten. Mit ihrem Bruder wurde sie nach Bergen-Belsen verschleppt, wo sie kurz vor der Befreiung an Typhus starb, worüber wir erst Jahre später durch einen sehr merkwürdigen Zufall Gewißheit erhielten. Ihr »kleiner« Bruder aber, den sie nicht allein lassen wollte, überlebte. So war ihr Opfer wenigstens nicht umsonst gebracht worden.

Sie liebte das Leben auf eine besondere Weise, anders als wir, darum hatte sie auch so gern Hebamme werden wollen.

Judenrein war die Schule nun, das wurde ab und an von einigen Lehrern lobend erwähnt. Stachelschwein war nicht unter ihnen. Leider war sie jetzt nicht mehr meine Klassenlehrerin, sondern Fräulein Bütow, und an der gab es nichts, was einen Spitznamen gerechtfertigt hätte. Nazi war sie bestimmt nicht, und ich merkte bald, daß sie meine Einstellung ahnte. Öfter nahm sie mich nach einer Stunde beiseite, um sich zum Beispiel mit leiser Stimme nach dem Ergehen des Kaisers zu erkundigen.

Meine Mathematikkenntnisse waren nicht ausreichend, und um vorauszusehen, daß ich deswegen das Klassenziel kaum erreichen würde, mußte man kein Prophet sein. Also kam ab sofort zweimal in der Woche Fräulein Hedwig Schlötke aus Schöneberg ins Haus, eine winzige energische Person, mit sportlichen Röcken, einem weit ausgreifenden Schritt, kleinen, harten, arthritischen Händen, etwas vorstehenden Zähnen und eindringlich-scharfen Raubvogelaugen. Mißtrauisch beäugten wir einander zunächst oben in meinem Zimmer. Zwar war sie von politisch zuverlässigen Freunden empfohlen worden, aber man konnte doch nie wissen!

Auf dem Tisch lag eine Ausgabe der Zeitschrift »Koralle« mit Hitlers Bild auf der Titelseite. Ich beschloß, aufs Ganze zu gehen, und drehte sie mit den Worten »Ich kann die Fresse nicht sehen«, einfach um, und damit waren die Weichen für den Beginn einer bis zu Hedwig Schlötkes Lebensende im fünfundneunzigsten Jahr währenden Freundschaft gestellt.

Die kleine eiserne Jungfrau war ebenso energisch wie mutig. Sie hat dann später ihrer jüdischen Nachbarin, als deren Deportation drohte, geraten, einen Abschiedsbrief zu verfassen, in dem sie der Polizei mitteilte, daß sie ins Wasser ginge, um der Verschleppung zu entgehen. Das war ein sehr weiser Ratschlag, denn wegen ertrunkener Juden suchte man weder die Spree noch die Seen ab. An denen bestand kein Interesse mehr. Dann hat die Hedwig sie in der eigenen Wohnung, die sie mit ihrer ebenfalls ledigen Schwester teilte, versteckt. Und sie blieb nicht die einzige, die ihr das Leben verdankte.

Durch unsere intensiven politischen Diskussionen kam dann natürlich die Mathematik zu kurz, denn ich hatte so meine eigene Weise, sie immer wieder von den Heften und Büchern abzulenken.

Wie mein Vater berichtete, kam es bei seinen Reisen nach Doorn nun immer öfter zu Schikanen seitens der Deutschen an der Grenze. Mehr als einmal hatte man ihn aus dem Zug geholt und durchsucht. Erst nach Stunden war ihm die Weiterfahrt gestattet worden.

Der Kaiser machte ihm nun wirkliche Sorgen. Ein plötzliches Unwohlsein, kleine Ohnmachten und Schwächeanfälle, die ihn ans Bett fesselten und es nötig machten, den Arzt kommen zu lassen. Gewisse Anzeichen, wie plötzlich auftretende Sprachschwierigkeiten, ließen Funktionsstörungen im Gehirn vermuten, von denen sich der hohe Patient allerdings immer wieder zu erholen schien.

Trotzdem war es, als ob der achtzigste Geburtstag ihn nicht um ein Jahr, sondern um ein Jahrzehnt hatte altern lassen. Seine Hoffnungen, jemals wieder den Thron zu besteigen, gehörten anscheinend endgültig der Vergangenheit an.

Mein Vater hatte von Hitlers Verärgerung darüber, daß der ehemalige Kaiser von keinem seiner Erfolge jemals Notiz nahm, Kenntnis erhalten. Dafür rächte sich nun der Führer und verbot seinen Offizieren, weiter in fürstlichen Häusern zu verkehren. Auch der Verkauf von Fotografien und Postkarten mit der kaiserlichen Familie wurde ab sofort untersagt.

Damit war ein neuer Ton angeschlagen worden, der zwar Seiner Majestät gleichgültig schien, ganz sicher aber nicht der ehrgeizigen Gemahlin.

Wahrscheinlich ist es ihrem unheilvollen Einfluß zuzuschreiben, daß ein Jahr später, wohlweislich in Abwesenheit meines Vaters, anläßlich der Kapitulation Frankreichs das folgende Telegramm aus Doorn an Hitler abging:

> »unter dem tiefen eindruck der waffenstreckung frankreichs beglückwünsche ich sie und die gesamte deutsche wehrmacht zu dem von gott geschenkten gewaltigen sieg mit den worten kaiser wilhelms des gro-

ßen: welch eine wendung durch gottes fügung. in allen deutschen herzen erklingt der choral von leuthen, den die sieger von leuthen, des großen königs, anstimmten: nun danket alle gott.

gez. wilhelm i.r.«

Eine Woche später hatte Adolf der Große dann die Gnade, diese unsägliche Botschaft einer Antwort zu würdigen:

»Euer Majestät danke ich, anläßlich der Kapitulation Frankreichs, für die der Deutschen Wehrmacht ausgesprochenen Glückwünsche. Ich hoffe, daß dieser Sieg bald eine Krönung findet, die dem Großdeutschen Reich die Möglichkeit der vollen Entfaltung aller Kräfte der deutschen Nation sichert. Adolf Hitler.«

Meinem Vater sträubten sich die Haare, er empfand diese unnötige und würdelose Unterwerfungsgeste als eine persönliche Beleidigung. Da sich sein Herr, einstiger und absoluter Monarch von Gottes Gnaden, jedoch nicht schämte, tat er es stellvertretend für ihn.

Diesmal war er nicht nur ratlos, sondern auch vollkommen hilflos, da die Gestapo seinen Reisen nach Doorn über Nacht einen Riegel vorgeschoben hatte. Alle seine Bemühungen so vieler Jahre konnte er jetzt in den Wind schreiben. Lebhaft malte er sich den Triumph »Ihrer Majestät« aus, die den Gemahl einst vor das Ultimatum gestellt hatte: »Entweder *er* oder *ich.*«

Er hatte unter dem Druck der äußeren Umstände gehen müssen. *Sie* war geblieben und konnte nun die abnehmenden Kräfte ihres Gemahls nach eigenem Gutdünken nützen.

Wenn mein Vater von nun an den Kaiser erwähnte, so hörte es sich an, als ob er von einem bereits Verstorbenen sprach.

Auf dem Friedhof der Annenkirche hatte eine Beerdigung stattgefunden, die insofern einmaligen Charakter besaß, als der kleine Trauerzug nicht nur einem einzigen Sarg, sondern deren dreien folgte.

Die Beisetzung ging unter scharfer Observierung seitens der Nazis vor sich, die jeden aufschrieben oder auch fotografierten, der es wagte, diesen Toten die letzte Ehre zu erweisen.

Der bekannte und ungeheuer beliebte Schauspieler Joachim Gottschalk hatte dem Druck der Nazis, sich von seiner jüdischen Frau scheiden zu lassen und sie und seinen kleinen Sohn damit der Willkür Hitlers auszuliefern, nicht nachgegeben, sondern seine eigenen Konsequenzen gezogen. Zusammen mit der Familie hatte er den Tod gewählt. Nur wenige unter den Kollegen wagten es, ihn, seine Frau und das Kind auf ihrem letzten Weg zu begleiten, aber deren Namen waren es wohl wert, daß man sie sich merkte.

Ein außerordentlich aufwendiger Kranz mit Kaskaden von weißen Rosen und einer breiten weißen Schleife erregte allgemeines Aufsehen: »GELIEBT UND UNVERGESSEN!« stand darauf. Der Name des Spenders aber fehlte. Später sollte er sich dann ganz leise herumsprechen.

Gegenüber der Annenkirche, auf dem Gelände der Domäne, hatte vor einiger Zeit ein Blumengeschäft aufgemacht, das von einer stämmigen Hochblondierten mittleren Alters geführt wurde. Hartnäckig hielt sich da ein Gerücht, daß es sich bei ihr um die abgelegte Geliebte (»Mätresse«, wie meine Mutter sich ausdrückte!) eines bekannten und sehr hochgestellten Nazibonzen handelte. Daher wurde ihr Laden von alteingesessenen Dahlemern nach Strich und Faden boykottiert.

Schwarze Limousinen mit Hakenkreuzstandarten, besetzt mit schwarz- und braungewandeten Parteichargen, fuhren bei ihr vor. Höchste Vorsicht schien angezeigt. Denn *die* sei nun mit Sicherheit gefährlich. Wir hatten uns sogar angewöhnt, in der Nähe des Ladens nur im Flüsterton zu reden.

Das ging nun eine Weile so, man gewöhnte sich an die Existenz des Geschäfts. Wenn man auch um keinen Preis jemals einen Grashalm dort kaufte. Das einzig erfreuliche Element im Zusammenhang mit der Person der Frau Barthel war ihr kleiner weißer Hund, dem sie ein ganz außergewöhnliches Kunststück beigebracht hatte. Sobald sie einen Blumenstrauß verkauft hatte, wies sie »Attchen« an, sich zu bedanken: »Attchen – sag danke schön und lach mal!«

Daraufhin setzte sich das kleine Knäuel auf die Hinterbeine, bellte einmal kurz, zog erst die Oberlippe hoch und grinste dann von einem Ohr zum anderen, daß man alle Zähne sah.

Das war gekonnt!

Es war kurz nach dem mißglückten Attentat vom 20. Juli 1944, als eine Bombe platzte, die allerdings nicht von der Art war, wie sie jetzt Tag und Nacht vom Himmel fielen.

Durch sie sollte meine Mutter zu der Einsicht gelangen, daß selbst sie nicht zu alt, zu klug oder zu hochgeboren war, um nicht festsitzende Vorurteile einer ganz gründlichen Prüfung unterziehen zu müssen.

Meinen Vater hatten *sie* fünf Tage nach dem fehlgeschlagenen Attentat auf Adolf Hitler abgeholt. Sein unfreiwilliger Aufenthaltsort war das Gefängnis in der Lehrter Straße, das er mit dem verbliebenen, noch nicht ermordeten Rest der preußischen Elite teilte und wo er, wie seine Leidensgenossen, den Prozeß vor dem Volksgerichtshof erwartete.

Später durften wir ihm ab und zu Lebensmittel bringen. Die Frage erhob sich, woher diese im sechsten Kriegsjahr zu nehmen und nicht zu stehlen waren. Nur der schwarze Markt mit seinen ungeheuren Preisen, aber dafür unbegrenzt fließenden Quellen kam da in Frage. Kaum, daß die Gestapo ihre Vernehmungen meiner Person, jedenfalls vorübergehend, als beendet betrachtete, rappelte ich mich wieder auf und stürzte mich kopfüber in das verbotene Geschäft.

Ich hatte von ziemlichem Glück sagen können, daß ich nach der letzten Vernehmung in der Französischen Straße noch in der Lage gewesen war, allein nach Hause zu gehen. Was ich auf das Pflaster gespuckt hatte, war zwar Blut gewesen, aber es war, gottlob, nur das linke Trommelfell, das man mir zerschlagen hatte. Dem sportlich-ehrgeizigen SS-Offizier hatten meine Antworten nicht gefallen. Immer nur mit ja oder nein antworten, hatte mir mein Vater eingebleut, niemals ein einziges freiwilliges Wort. Je freundlicher der Ton, so seine Warnung, um so mehr mußte man auf der Hut sein. Dann nämlich wurde es gefährlich.

Und er hatte recht behalten.

Zehn Monate später sah ich mich als Dolmetscherin der Engländer in einem Kriegsgefangenenlager in Holstein dem lagereigenen deutschen Dolmetscher gegenüber. Der ehemalige Gestaposchläger aus Berlin sah mich an wie eine Ratte in der Falle. Würde ich ihn anzeigen? Würde er seine Stellung verlieren?

Mit beiden Annahmen lag er goldrichtig. Mein Trommelfell kam ihn noch ziemlich teuer zu stehen. Das war sein Pech!

Keine Woche war nach der Verhaftung meines Vaters vergangen, als der Weg meiner Mutter sie am Blumenladen vorbeiführte. Hinter sich her zog sie unseren Bollerwagen, mit dem sie eben eine Fuhre Mist zum Düngen des Gartens von der Domäne geholt hatte. In Ermangelung einer Schaufel hatte sie die kostbare Last mit den Händen aufgeladen, die nun dementsprechend aussahen. Dabei dachte sie sich gar nichts. Das war ja furchtbar einfach und wurde eben gemacht.

Auf der Höhe des Blumenladens blickte sie gewohnheitsmäßig angestrengt in die andere Himmelsrichtung. Jetzt sogar noch ostentativer, denn wer wußte denn schon Genaueres über die Beziehungen der Gestapo zur Frau Bartel?

Letztere aber hatte ihr diesmal offenbar aufgelauert. Und ehe meine Mutter ihrem Gefährt eine andere Wendung geben konnte, hörte sie sich leise, aber eindringlich angesprochen. »Frau Baronin, bitte! Sie müssen mich anhören.«

Erstaunt horchte meine Mutter auf, und ihre Augen suchten nach einem geeigneten Fluchtweg. Jedoch umsonst.

»Ich habe gehört«, begann Frau Barthel leise, »der Herr Baron ist im Gefängnis! Das ist ja furchtbar! Bitte, bitte, nehmen Sie dies hier von mir – für ihn!« Mit diesen Worten drückte sie meiner Mutter ein ziemlich umfangreiches Paket in den Arm. Diese war zu verdutzt, um es von sich zu weisen.

Das war nun eine der sehr seltenen Gelegenheiten, die ihr die Sprache verschlugen.

An der nächsten Ecke hielt sie an. Sie hatte eben bemerkt, daß die größte Nazisse des Viertels, die Witwe Knorr, im Lebensmittelgeschäft verschwand. Die Ladeninhaberin, welche schon lange nicht mehr Frau Stemmler hieß und die meiner Mutter oft verbotenerweise Waren herbeizauberte, die es eigentlich nicht mehr gab, hatte ihr wütend kolportiert, daß die Witwe Knorr eine sehr üble Bemerkung über die Verhaftung meines Vaters gemacht hatte.

»Verhaftet? Geschieht ihm ganz recht! Er hat ja auch nie Heil Hitler gesagt!« Das sprach sie wie »Heitler« aus.

Meine Mutter ließ den Mistwagen stehen und betrat, vom Teufel geritten, das Geschäft.

Hoch erhob sie ihren rechten Arm mit der mistbraunen Hand und sagte laut und vernehmlich: »Heil Hitler, Frau Knorr!«

Frau Bernhard mußte ganz plötzlich unter dem Ladentisch verschwinden, ihr schien wohl etwas heruntergefallen zu sein.

Die Witwe Knorr erstarrte! Irgendwie ratlos stand sie da, mitsamt ihrem Hakenkreuz. Durfte sie das nun anzeigen? Oder mußte sie das sogar anzeigen? Darüber würde sie nun nachdenken! Ihr kinnloses Gesicht hatte sich verfärbt.

Zufrieden zog meine Mutter ihren Wagen nach Hause. Sie konnte es fast nicht erwarten, das Paket zu öffnen. Liebevoll verpackt, kamen ein halbes Pfund Kaffeebohnen, ein Viertelpfund echte gute Butter, Kakao, Schokolade, Zigaretten, ein Topfkuchen und ein Vanillepudding zum Vorschein. Für den folgenden Tag hatte sie eine Besuchserlaubnis und würde alles meinem Vater mitbringen.

Der hat übrigens alle für ihn bestimmten Lebensmittel erhalten. Nicht zuletzt durch den persönlichen Einsatz des SS-Sturmführers Knuth, der in unmenschlicher Uniform, in menschenverachtender Umgebung als eine besondere Art von Schutzengel die Interessen »seiner« Gefangenen wahrnahm. Er machte unter schwierigsten Umständen Unmögliches möglich, und das hat ihn dann kurz vor Toresschluß noch das Leben gekostet, durch die Hand der hauseigenen SS-Kameraden.

Wertvoller noch als die königlichen Gaben aber war für meine Mutter die Erkenntnis, daß der Schein trügen kann und es nicht zu spät für sie war, ihre Ansicht über einen Menschen gründlich zu überdenken. Das ganze Ausmaß der irrigen Meinung über Frau Barthel sollte erst nach dem Krieg ruchbar werden, als eine Frau Goldstein aus Amerika nach Berlin kam, um ihrer Lebensretterin zu danken. Sie erzählte allen, die es hören wollten, und auch denen, die es nicht hören wollten, daß Frau Barthel unter Einsatz ihres Lebens noch andere jüdische Frauen außer ihr versteckt beziehungsweise weitervermittelt hatte. Ein lebendes Beispiel dafür, daß, entgegen den Behauptungen fast aller Deutschen, ein Widerstand eben doch möglich gewesen war.

Ob sie wirklich jemals die Geliebte eines Nazis gewesen war, scherte nun niemanden mehr. Viel einleuchtender war die Vorstellung, daß sie ihre hohen Beziehungen gut und zum Wohl der Verfolgten auszunutzen verstanden hatte.

Den Kranz mit den weißen Rosen für die Familie Gottschalk, den hatte sie nicht in Auftrag geben müssen. Sie war ja schließlich Floristin und hatte ihn selbst gebunden.

Denunziant aus Sachsen

Kurze Zeit nach dieser denkwürdigen Beerdigung starb die Tante Grete, die älteste Schwester von Dittes Vater, die man allgemein, mit einem kleinen Seufzer begleitet, nur die »gute Grete« nannte. Sie war Französischlehrerin an einem Mädchenlyzeum, hatte den Altar wie das Standesamt zu ihrem Chagrin erfolgreich umschifft und lebte zusammen mit dem an Fettsucht leidenden Kater Peter in einer Steglitzer Mietwohnung. Ihr Gehalt war nicht eben üppig, so vermietete sie Zimmer an ledige Fräulein, mit ordentlich eingeteilter Küchen- und Badezimmerbenutzung sowie gleichfalls geteilten kleinen Sorgen und Freuden. Wie eine Königin von ihren Hofdamen, so sprach sie von ihren Untermieterinnen nie anders als von »ihren Damen«.

Jeden Sonntag, den Gott werden ließ, erschien die Tante Grete mit dem weißen Haar und den roten Wangen pünktlich wie der sprichwörtliche Maurer bei der Familie des Bruders in Dahlem. Wie sie selbst immer wieder gern berichtete, litt sie an »Schlacken« in den Knien, und das Laufen fiel ihr nicht so ganz leicht. Aus der Tiefe einer großen schwarzen Tragetasche förderte sie die Mitbringsel für die Nichten und den Neffen an das Licht des Tages: eine Tüte mit Cremehütchen und eine weitere mit sogenannten Kokoshäufchen. Letztere erfreuten sich Olafs uneingeschränkter Begeisterung. Er legte seinen Hundekopf schief, knickte ein Ohr um, was ihm zu einer gewissen Ähnlichkeit mit einem Matrosen verhalf, der einen Südwester trug. »Ach, wie isser sieß!« rief sie aus. Der Zweck war erreicht, denn schon langte sie in die Tüte. Das Ohr konnte wieder aufgestellt werden.

Sie kam vor dem Mittagessen, und erst nach dem Abendbrot begab sie sich mit der Elektrischen Nummer vierzig zu ihrem Peterle und ihren Damen nach Hause. Denen würde sie alles erzählen.

Schön war der Tag mit ihren Lieben wieder gewesen!

Kartoffelsalat aß sie übrigens sehr, sehr gern, aber »schön durchzogen« mußte er sein.

Als Weihnachtsüberraschung ließ sie den geliebten süßen kleinen Neffen mit seinen blonden Schäfchenlocken malen. Nach einer Fotografie wurde von einem ihr bekannten Kunstmaler ein Bild in lebensechten Farben angefertigt. Was den Nachteil hatte, daß es im Wohnzimmer immer dann an die Wand zu hängen war, wenn der Besuch der Tante ins Haus stand, soviel war man der guten Grete schuldig. Gottlob kam sie aber nie unangemeldet.

An einem schönen Sommerabend wurde sie am Rathaus Steglitz von einem plötzlichen Unwohlsein befallen. Passanten legten sie fürsorglich auf eine Bank. Beim Eintreffen ihrer eilig herbeigerufenen Naturärztin war sie bereits hinüber.

Von ihren Angehörigen ehrlich betrauert, wurde ihre Beerdigung auf dem Steglitzer Friedhof angesetzt.

Trotz strengster Vorsichtsmaßnahmen muß auf geheimnisvolle Weise der Herr Moretzki Wind von dem Trauerfall bekommen haben. Sein Entschluß stand fest: Ein solches Familienereignis durfte nicht ohne ihn stattfinden. Er hüllte sich also von Kopf bis Fuß in Schwarz, vergaß auch den Zylinder nicht, befahl seine Hühnerchen für die Dauer seiner Abwesenheit mit Stentorstimme dem Allmächtigen an und brachte es in der Kirchhofskapelle irgendwie fertig, während der Feier unentdeckt zu bleiben. Am ausgehobenen Grab jedoch schlug seine Stunde, er stürzte sich wie ein Sperber auf die nichts Böses ahnende Trauerfamilie, um denen, die sich schon in Sicherheit vor ihm gewiegt hatten, mit flackernden Augen sein ungebetenes Beileid auszudrücken.

Die waren allesamt so verdattert, daß sie umschichtig hinter hohen Grabsteinen verschwinden mußten, um sich ungestört Lachanfällen von geradezu hysterischen Ausmaßen hinzugeben.

Der Moretzki war zuviel für die ohnehin schon überstrapazierten Nerven.

Der letzte Kreuther Sommer vor dem Ausbruch des Krieges war schon reichlich überschattet. Dort wie überall hatten sich die Fronten zwischen politisch Andersdenkenden verhärtet. Das schlimmste war, daß einfache Leute sich an Leitbildern, wie einem ortsansässigen Akademiker, orientierten, der sich nicht schämte, in brauner Uniform seine Loyalität mit den Verbrechern auch nach dem 9. November 1938 noch öffentlich zu demonstrieren. Und das war in vieler Augen ein sehr, sehr gebildeter Mann, der sich doch nicht so irren konnte. Desgleichen ein bekannter, bullig aussehender Filmschauspieler, der in Rottach-Egern in SA-Uniform herumparadierte. Wenn solche Leute in der Partei oder in der SA waren, dann konnten die Nazis einfach nicht so übel sein, wie manche sie machten.

Was einer gewissen Logik nicht entbehrte.

Einzig dem Herrn Pfarrer war es zu verdanken, daß es zum Schlimmsten, zu gegenseitigen Denunziationen der Dorfbewohner wegen der unterschiedlichen politischen Meinungen, nicht kam. Der polterte allsonntäglich von der Kanzel auf seine Schäflein herunter und erreichte auf diese Weise ein gewisses Maß an zivilem Verhalten untereinander. Drohend stand nämlich ein Wort im Raum, und das hieß: »Exkommunikation«.

Und exkommuniziert werden wollte keiner. Inbegriffen waren auch jene, die längst nicht mehr im Gottesdienst erschienen. Denn es war ja bekannt, daß einen dann unverzüglich der Teifi holte.

Der Führer, der war ja schließlich auch katholisch, oder? Und von dessen Exkommunikation hatte noch niemand gehört. Auch Hochwürden nicht, und der mußte das schließlich wissen!

Eine schreckliche Nachricht hatte Kreuth in diesen Tagen erreicht, die von Haus zu Haus weitergeflüstert wurde: Der Erbprinz Albrecht war mit seiner gesamten Familie in Ungarn, auf der Flucht vor den Nazis, von der SS ergriffen und ins KZ gesteckt worden. Das schlug ein wie ein Blitz. Und zwar bei *allen*.

Für die Übeltaten von »Zug'roasten« erklärte man sich im Dorf weder für zuständig noch verantwortlich, und zu diesen zählten auch die Evakuierten und Ausgebombten aus den zerstörten Städten. Bis diese letztere Kategorie das Dorf erreichte, sollten jedoch noch einige Kriegsjahre vergehen.

Dann allerdings kam es zu einer Katastrophe.

Der Anderl und die Marie Strillinger wurden da in ihrem neuerbauten Haus mit einem vom Wohnungsamt zwangseingewiesenen, ausgebombten Ehepaar aus Sachsen im oberen Stock beglückt, das ihnen die Gastfreundschaft auf ihre eigene Weise heimzahlen würde.

Die Marie hatte einen Kiosk an der Brücke betrieben, in dem wir Kinder unsere Souvenirs, die damals noch Andenken hießen, mit Begeisterung kauften, soviel das Taschengeld nur hergab. Edelweißbemalte Tassen, silberne Stockbeschläge mit dem Leonhardstein, Taschenmesser, kleine, gefährlichhandliche Dolche mit Hirschhorngriffen sowie Bleistiftspitzer in Form von holzgeschnitzten Scotchterriern. Mit dem Bleistift zielte man direkt in den Popo des Hundes.

An antinazistischer Gesinnung überbot die Marie im Dorf so ungefähr alle, die wir kannten, und sie hatte große Schwierigkeiten, ihre Zunge im notwendigen Zaum zu halten.

Der Anderl, ihr Mann, war ein Schweigsamer. In aller Stille

rettete er mehrere jüdische Gräber in Kreuth vor den Zugriffen der Nazis, die die Ruhe der Toten hatten stören wollen. Die suchten vergebens, denn der Anderl hatte die Grabstätten einfach unter einem Rasenteppich versteckt und mit Blumen zugepflanzt, die er nach dem Krieg wieder entfernte.

Einen Sachsen mit Doktortitel, Ehefrau und Pleitegeier im Knopfloch hatte man bei ihnen im ersten Stock zwangseinquartiert. Dem Aussehen nach mußte ihn jemand aus einem Panoptikum entwendet haben. Der roch sofort den Braten. Schon der Herrgottswinkel in der Bauernstube unten paßte ihm nicht, vom »Grüß Gott« statt »Heil Hitler« gar nicht zu reden. Denn er war natürlich deutschgläubig.

Eines Tages war der Marie aus irgendeinem Anlaß der Kragen geplatzt. Durch ihre scharfe Brille hatten die schwarzen Stecknadelkopfaugen den Gegner ins Visier genommen, und sie hatte sich zu den Worten hinreißen lassen: »Ihr Goebbels is a Teifi!«

So schnell ihn seine Beine trugen, rannte der Akademiker mit seinem dreieckigen Kopf und dem schiefen Mund zum ebenfalls akademisch gebildeten Ortsgruppenleiter und zur Polizei. Die dicke, kräftig dauergekrauste Ehehälfte, regenschirmbewehrt, die Henkeltasche am Arm, ihm dicht auf den Fersen.

»Jo mei«, meinte der gutmütige alte Dorfgendarm. Sie hatten ihn aus der Versenkung der Pensionierung wieder hervorgeholt, als der junge Polizist eingezogen wurde. Er kannte die Marie.

Aber es half ihm nichts, dabei konnte man es nicht bewenden lassen. Unter den triumphierenden Augen des Denunzianten mußte er eine Anzeige schreiben. Der folgte bald eine Gerichtsverhandlung in Tegernsee, und da saßen ein paar ganz Scharfe.

Trotzdem konnte die überführte Staatsfeindin noch von Glück sagen, daß man sie nicht auf der Stelle nach Dachau schaffte. Dort saß jetzt auch der Pastor Niemöller, von dem die Marie schon oft gehört hatte. Dessen arme, arme Frau war ja oft genug in Kreuth zu Gast.

Die Strillinger Marie bekam ein Jahr Zuchthaus zudiktiert. Man schrieb bereits das vorletzte Kriegsjahr, als die schwer herzkranke Frau in Stadelheim zum Strafantritt eingeliefert wurde.

Das Dorf stand Kopf, und zwar einhellig, Nazis und Nichtnazis. Schließlich handelte es sich ja bei dem, der da Anzeige erstattet hatte, eindeutig um einen »Saupreißen«. Da konnte man sich Einigkeit schon mal leisten. Auch das Recht, zu denunzieren, behielt man sich als Einheimischer vor.

Während einer kleinen, exklusiv-geheimen Krisensitzung in der Küche des Kirchbauern-Hauses beschlossen wir eine konzertierte Aktion gegen den üblen Eindringling. Sogar die Burgl war dabei, die als Sennerin die Kühe zu hüten hatte. Was ihr als Bestrafung des Denunzianten vorschwebte, bewegte sich in beängstigender Nähe eines Lustmordes und mußte deshalb verworfen werden. Auch die Vorschläge vom Hansl, dem Knecht, ließen auf ungewöhnlichen Einfallsreichtum schließen, welcher mit der Phantasie eines Marquis de Sade ohne weiteres konkurrieren konnte.

Meine Idee, ihm zunächst einmal mit einem fürchterlichen Drohbrief den Arsch zum Kochen zu bringen, fand dann aber allgemeine Zustimmung. Natürlich anonym, denn ich war nicht lebensmüde. In Berlin verfaßte ich auf der uralten Reiseschreibmaschine meines Vaters – Remington, Baujahr 1923 – ein wahres Meisterstück. Absichtlich baute ich so viele wüste orthographische Schnitzer wie nur eben vertretbar ein. Dieses Schreiben steckte ich erst in einen Umschlag mit der Adresse des Empfängers, dann in einen zweiten, der einige Tage später der Kathi in Kreuth ins Haus flatterte. Mit der Reichspost. Natürlich war das reichlich riskant, denn mit Postkontrollen war zu rechnen. Aber die Wut siegte über die

Vorsicht. Die Kathi vertraute das innere Couvert samt Inhalt dann in Kreuth kaltblütig wiederum der deutschen Reichspost an. Der Stempel würde also Kreuth und nicht etwa Berlin als Absendeort ausweisen.

Bevor das Schreiben den Adressaten in Angst und Schrekken versetzen würde, machte sich am späten Abend im Schutz der Finsternis ein Racheengel auf seinen Weg. Der Brief war dem Hansl einfach zuwenig Strafe, und um den Spaß ließ er sich nicht bringen. So watete er das letzte Stück des Weges sogar durch die Weißach, die am Haus der Strillingers vorbeifloß. Mit dieser Vorsichtsmaßnahme wollte er etwaige Spuren, die zu ihm führen konnten, verwischen. Auf den Kopf gefallen war der Hansl nämlich nicht.

Aus der Weißach hob er einen schönen, dicken, runden Stein auf und warf ihn, sicher zielend, mitten ins Wohnzimmer des Denunzianten. Das Geschoß durchschlug ein Doppelfenster und verfehlte den Stiftekopf des Sachsen nur um Zentimeter.

Der hatte jetzt sein Fett weg und sollte sehr nachdrücklich erfahren, was es bedeutete, wenn einem der Allerwerteste vor Angst auf Grundeis ging.

Die Polizei erschien mit Verstärkung aus Tegernsee, konnte aber auch am nächsten Morgen, selbst mit Hilfe von Hunden, keine Spuren des Täters feststellen, und oben beim Kirchbauern lachte sich der Hansl ins Fäustchen.

Unten heulte der Sachse vor Wut: »Schbitzpupen verbüpschte, älände Pande! Saupauernback! Schteggn alle undr einr Degge! Eich wärchs zeichen! Gennlern solldr mich!«

Vorläufig aber lernte er erstmal etwas anderes kennen, die nächste Überraschung, die ihm der Briefträger mit der Morgenpost in den Kasten steckte. Dieser Brief wurde nun sofort ein Fall für die Gestapo, ein Schritt, den wir eiskalt einkalkuliert hatten. Genau wie erwartet, zogen wenig später Beamte im Dorf von Haus zu Haus, um alle Schreibmaschinen zu inspizieren. Die hatten nun die Hände voll zu tun, denn auf einer mußte ja der fürchterliche Drohbrief geschrieben worden sein. Und natürlich nahm die Suche den Verlauf des Hornberger Schießens. Da konnten die sich totsuchen, Schreibmaschinen waren in Kreuth sowieso etwas dünn gesät, und obendrein befand sich das heiß begehrte corpus delicti ja in Berlin. Wo es niemand fand, schon aus dem einfachen Grund, weil es dort niemand suchte.

Vollkommen hysterisch begehrte der gelackmeierte Doktor der Philosophie dann Leibwächter, allerdings ohne Erfolg, denn Männer waren nicht abkömmlich. Die kämpften weit weg von ihrer Heimat für Führer und Vaterland. Letztendlich auch für ihn, das müsse er doch einsehen? So blieb ihm ein tägliches Spießrutenlaufen nicht erspart.

Die Marie hat übrigens die schrecklichen Strapazen überlebt und war nach der Zuchthauszeit im Dorf wie Friedrich der Große nach der Schlacht von Leuthen empfangen worden. Als dann 1945 alles vorüber war, haben wir dem Denunzianten einige Jahre seines Lebens versalzen. Der mußte sich dann ein Gefängnis eine Weile von innen betrachten. Der Strillinger Marie war damit zwar Genugtuung verschafft, aber der gesundheitliche Schaden, den sie erlitt, der war nicht wiedergutzumachen.

Bis auf weiteres geschlossen

Nach der Rückkehr aus den letzten »Friedensferien« herrschte in Berlin nicht nur eine Affenhitze, sondern auch eine Art von Weltuntergangsstimmung, die bei uns im Hause allerdings schon viel, viel länger währte.

Bleischwer hing ein blauer Sommerhimmel über der Stadt, trotz seiner Wolkenlosigkeit irgendwie unheilträchtig.

In der Schule gab ich in diesem Sommer, der den Krieg

bringen sollte, nur noch Gastspiele. Nachmittags trieben wir uns, die Ditte und ich, mit unseren Rädern am Eisstand von Henleins an der Ecke Kronprinzenallee und Königin-Luise-Straße herum. Immer wieder in den letzten Jahren hatte uns die Mami das Versprechen abgenommen, um Himmels willen dort kein Eis zu verzehren. Garantiert wäre das im Nachttopf unter dem Bett angerührt worden. Davon war sie zwar selbst felsenfest überzeugt, uns aber schmeckte eben gerade dieses Nachttopfeis ganz besonders köstlich. Vanille, Erdbeer und Schokolade. Für fünf, zehn und zwanzig Pfennig. Schlemmerschalen gab es ab fünfzig Pfennig, und da ich im Gegensatz zur Ditte noch keinen einzigen Verehrer besaß, der mich mit einem solchen Luxus zu umgirren versuchte, blieben meine Portionen meist bescheiden.

»Na, du sieße kleene Puppe!« pflegte mich Herr Henlein mitunter zu begrüßen. Aber nur, wenn sich seine Ehehälfte außer Hörweite befand, die verstand da wenig Spaß und hielt gar nichts von seinem Kennerblick, der mich ihrer Meinung nach bereits so gut wie ausgezogen hatte.

Da, wo Dahlem und Schmargendorf aneinandergrenzten, direkt an der Straßenbahnhaltestelle, betrieb eine Frau ihren Kiosk mit Zeitungen und ebenso köstlichen wie verbotenen Erfrischungen. Im Volksmund war sie als »Pinkel-Paula« bekannt, weil sich unter demselben Dach ein Klo für Frauen und ein Pissoir befanden. Was zur Folge hatte, daß die Wohlgerüche Arabiens sich auf sehr harmonische Weise miteinander vermischten. Unser Besuch dieses sehr populären und von uns vielfrequentierten Etablissements stand nur aus einem einfachen Grund nicht auf dem Index: Unsere Eltern ahnten von dessen Existenz nichts. Irgendwann in den Kriegs- oder Nachkriegswirren ertrug Pinkel-Paula das Leben, so wie es war, nicht mehr und entleibte sich in ihrem Laden, und zwar auf ebenso makabre wie gründliche Weise.

Neben dem Eisstand des Ehepaars Henlein gab es übrigens noch eine größere Bude, bei der man damals noch Bier und Würstchen bekam. Besonders am Sonntag waren es die Ausflügler aus der Asphaltwüste, die dort ihren ersten Halt in der freien Gottesnatur am Rande des Grunewaldes machten. Sie fielen dann gewöhnlich entweder durch die Königin-Luise-Straße oder durch den Dol ein, wo der Zweiradverkehr, vor allem bei schöner Witterung, eine lebensgefährliche Verkehrsdichte bescherte. Einmal hatte die Mami hinter den Büschen ihres Vorgartens nolens volens folgende Kurzunterhaltung mit angehört, die kaum eines erklärenden Kommentares bedurfte. Ein Radler war es, der da offenbar seinen Kumpel informierte, daß seine Holde schon etwas schlapp wäre: »Ernas Popochen ist schon ganz müde!«

Nach einer kurzen Pause meinte eine andere Stimme: »Et schnarcht schon!«

Da war die Mami zwar etwas sprachlos, aber doch um einiges klüger.

Der dicke Berliner Bierbudenbesitzer hieß Herr Rasch. Wir nannten ihn Vater Rasch, und wenn man das schnell aussprach, so klang das wie: Vater Arsch. Vater Arsch trug im Sommer unter einem Bierbauch nichts als eine Dreiecksbadehose. Er hielt sich eine dänische Dogge, die genau wie er schon bessere Tage gesehen hatte. Steif-arthritisch herumstaksend, war diese, wie ihr Herrchen, mit einer Art Badehose bekleidet. Allerdings bedeckte die irgend eine gräßliche Räude, an der das Biest litt.

Beide waren auf ihre Art gleichermaßen unappetitlich anzusehen. Die Todesstrafe hatten sie allerdings nicht verdient, und alle waren schockiert, als wir nach der Schlacht von Berlin im Mai 1945 erfuhren, daß sich unter den Opfern beide Badehosenträger befunden hatten. Erstochen hat man sie im Gebüsch gefunden.

Einige Iwans mit langen Messern hatten die Zeit nicht abwarten können, die Vater Arsch gebraucht hatte, um eine

Kiste mit Schnaps aufzumachen. Die Badehosedogge wurde bei der Gelegenheit gleich mit erlegt, die hatte ihr Herrchen wohl verteidigen wollen.

Wenn ich nicht gerade die Schule schwänzte und am Rande der Eisbude herumlungerte, wo die Gefahr des Entdecktwerdens relativ gering war, trieb mich die Neugier immer wieder vor die Prachtvillen der Filmstars. Denen ging es, trotz aller gegenteiligen Beteuerungen nach dem Krieg, unter den Nazis vorzüglich. Natürlich waren sie alle, alle im Grunde dagegen gewesen! Wenn man es recht bedachte: So viele Juden, denen man angeblich damals so todesmutig und selbstlos geholfen hatte, gab es ja gar nicht.

Mutig und selbstlos half der Walter Franck. Er und seine Frau gehörten zu dem kleinen Kreis von fünf Dahlemer Familien, die, wie meine Eltern, sogenannten U-Booten, Juden auf der Flucht, Unterschlupf gewährten. Selbst das Haus von Dittes auf das schwerste gefährdeten Eltern stand für diesen lebensrettenden Zweck zur Verfügung. Im dortigen Luftschutzkeller überlebte die letzte Jüdin, Frau Wittenberg.

Bei der Einnahme Berlins durch die Rote Armee marschierten die Russen direkt in die Wohnung des ebenso beliebten wie berühmten Schauspielers, holten Walter Franck heraus, schleppten ihn ins Schmargendorfer Rathaus und setzten den Verdutzten auf den Stuhl des Bürgermeisters. Da regierte er, der auf so vielen Bühnenthronen gesessen hatte, für eine Weile in Wirklichkeit.

Unter vielen anderen Stars besaßen Zarah Leander, Willy Fritsch und René Deltgen Villen in Dahlem. Der protzigste Wohnsitz aber gehörte Leni Riefenstahl, der vertrauten Freundin des Führers, der sich seine Vorliebe für ihre Filme etwas kosten ließ. Vor lauter Begeisterung darüber war ihr Feudalheim in der Heydenstraße deshalb offensichtlich dem Baustil des Berghofs nachempfunden.

Nicht dem Berghof nachempfunden, und folglich auch nicht im Sinne Adolf Hitlers, waren die geheimen Aktivitäten, die sich im letzten Kriegsjahr dort abspielten.

Durch eine merkwürdige Zufallsbekanntschaft sollte ich da in eine ganz heiße Sache hineingeraten.

Das letzte Attentat auf das Leben des anscheinend Unsterblichen war vorbeigegangen, die Verurteilungs- und Hinrichtungswelle hielt an. Meinen geliebten Vetter Werner von Haeften hatten sie erschossen, seinen Bruder Hans-Bernd aufgehängt, und mein Vater saß im Gefängnis in der Lehrter Straße 3.

Und in diesen schicksalsträchtigen Tagen vor dem Ende gingen in Leni Riefenstahls Domizil beachtliche, unerlaubte und sehr staatsfeindliche Dinge vor sich.

Dort hatte die Filme drehende und daher stets abwesende Dame des Hauses buchstäblich einen Bock zum Gärtner und Hausmeister gemacht. Aber davon hat sie mit Sicherheit nicht nur nichts geahnt, sondern auch hinterher niemals etwas erfahren. Die Hauptakteure des Dramas im Gärtnerhaus der Riefenstahlschen Bonzenvilla sollten übrigens unentdeckt den Krieg und die Hitlerzeit überleben.

Paule und Ingelein hatten sich selbst zum Ehepaar ernannt. Das machte einen solideren Eindruck. Bei Paule handelte es sich um einen Deserteur, der sich mittels meisterhaft gefälschter Papiere diese einmalige Vertrauensstellung bei dem Liebling des Führers erschlichen hatte. In seinem Ausweis stand zu lesen, daß er durch eine schwere Kriegsverletzung nicht mehr frontfähig war. Die treue »Ehefrau« Ingelein hatte er sich irgendwo aufgelesen. Was die beiden dann gesucht und gefunden hatten, war ein absolut todsicheres Versteck für ihre mannigfaltigen illegalen Betätigungen.

Und was jeder wußte: Nirgends war man so sicher wie im Auge des Sturms.

Das kleine Haus vor dem großen Haus war zu einer Zentrale für Deserteure geworden. Rat und praktische Hilfe suchten dort solche Fahnenflüchtige, die von Hitlers totalem Krieg die Schnauze voll und sich auf irgendeine abenteuerliche Weise von der kämpfenden Truppe abgesetzt hatten. Nun brauchten sie ein Versteck und vor allen Dingen neue Papiere. Das alles beschaffte ihnen Paule auf ebenso geniale wie geheimnisvolle Weise.

Seine Verbindungen reichten bis ganz nach oben in die Spitzen der Parteihierarchie, und er war zu der Überzeugung gelangt, daß es niemanden auf der Welt gab, der nicht entweder bestechlich oder erpreßbar war. Wenn man Glück hatte, sogar beides.

Durch Hans, den gemeinsamen Freund und Druckspezialisten, der sich mit eindrucksvollen Papieren zu einem hohen, aber streng geheimen Nazibonzen hochstilisiert hatte, geriet ich in diese hochbrisante politische Lasterhöhle. Er galt als der »Materialbeschaffer« in der kleinen Gruppe, trug stets einen weißen Drogistenkittel über seinem Anzug und fuhr eine regelrechte Hitsche auf drei Rädern, die Benzin verbrauchte. Benzin gab es damals im letzten Kriegsjahr nicht. Jedenfalls nicht offiziell, und was der Hans in der Hitsche transportierte, durfte auch niemand wissen.

In seinen Hosentaschen fuhren die Diamanten lose herum, regelrechte Klunker, wie bei anderen Leuten die Bonbons. Ab und zu streute er sie auf den Tisch, und wenn einer herunterfiel, dann bückte er sich, wenn er Lust hatte. Oder auch nicht, es waren ja genug vorhanden.

»Kein Mensch muß müssen!« Wer Nathan der Weise gewesen war, wußte er zwar nicht, und es hätte ihn auch kaum interessiert. Nach dessen Ausspruch aber richtete er sein Leben aus. Er mußte nur, wenn er auch wollte.

In der Diele des Gärtnerhauses befand sich mitten im Boden eine Falltür, durch welche die »anfallenden« Flüchtlinge dann nach unten in den Keller kletterten, wenn Gefahr im Verzug schien.

Wir fühlten uns auf dem parteiabgesegneten Territorium so sicher, daß wir eines Tages von unserem Leichtsinn um ein Haar eingeholt worden wären. Vor dem Haus hatte plötzlich und mitten am Tag ein ziemlich bombastisches offenes Wehrmachtsauto gehalten. Und dem war in voller Montur, mit Orden und Ehrenzeichen, rote Generalstabsbiesen an den Hosen, eine höhere Offizierscharge entstiegen. Eilige Schritte näherten sich dem Gärtnerhaus.

Das also war das Ende! Ade Dahlem, ade Elternhaus! Willkommen Prinz-Albrecht-Straße – Volksgerichtshof – Sachsenhausen. Oder auch Schlimmeres! Das alles schnurrte mir in den mir verbleibenden Sekunden durch den Kopf.

Wir hatten uns gerade so gemütlich mit dem »Ehepaar«, Hans und drei »Neuzugängen« in der Küche an Schwarzmarktköstlichkeiten gelabt, als der ungebetene Besucher an die Tür bummerte. Die Klingel funktionierte schon lange nicht mehr. Jetzt umzingelten die Schergen das Haus!

Sicher hatte uns jemand angezeigt. Aber weder SS noch Feldjäger waren zu sehen. Paule zischte mir nur geistesgegenwärtig die Worte zu: »Bring ihn ins Schlafzimmer, halt ihn auf, bis ich komme. *Mit allen Mitteln!* Wie, das ist deine Sache!«

Paule bugsierte mich zur Tür und verschwand selbst in der Küche, deren Tür er schnell von innen schloß.

Ich öffnete, und vor mir stand ein Major, das Ritterkreuz, wenn ich nicht irrte, flatterte ihm irgendwie um den Hals. Deutsches Kreuz in Gold an der Heldenbrust!

Als ob er hier zu Hause wäre, wandte er sich zur Küche, und ich konnte ihn noch im letzten Moment ins Schlafzimmer dirigieren. In der Küche wäre der Boden gerade gewischt worden. Nur einmal nach dem Rechten sehen wolle er. Und wer ich denn wohl sei? Bevor ich antworten und mich erkundigen konnte, nach was für Rechtem er denn sehen wolle, stand Paule auch schon mit der grünen Schürze in der Tür und entschuldigte sich, daß er in der Küche heftig hätte aufräumen müssen. Jetzt wäre sie in Ordnung, und der Herr Major möge bitte entschuldigen. Wenn er bitte näher treten wollte? Die Spuren unseres Gelages hatte er wohl in den Schrank gewrummelt, während die drei Deserteure blitzschnell in den Keller getaucht waren.

Ein Konjäckchen? Klar! Das hier, mit einem Blick auf mich, sei übrigens seine Cousine, gerade im Wedding ausgebombt!

Das sei aber schlimm! Sonst alles in Ordnung?

Selbstverständlich, Herr Major, alles in bester Ordnung, wie Herr Major sich ja selbst überzeugen können! Kein Bombenschaden, kein gar nichts. Der Krieg, der sei nun wohl bald zu Ende, und den Endsieg, den hätten wir mit der neuen Wunderwaffe ja nun so gut wie in der Tasche. Was meinen der Herr Major? Und der Führer, eben dem schändlichen Anschlag dieser adligen Mordbuben entflohen, würde uns herrlichen Zeiten entgegenführen. Die Wu-Wa, die lehrte jetzt die Luft-Terroristen endlich mal das Fürchten. Gott strafe England!

Fabelhaft!

Ob der Herr Major auch noch ins Haupthaus wollte? Nein? Nun, auch da sei alles tipptopp! Klar doch!

Dann verabschiedete sich der Besucher. Er müsse nun rasch zurück an die Front. Die war ja jetzt so schön nah.

Er sprang in den Wagen. Der Motor heulte auf. Offenbar konnte der Krieg auf seine Mitwirkung nicht verzichten!

Ganz prächtige Menschen waren das, denen man da das Haus anvertraut hatte. Menschenkenntnis machte sich eben doch bezahlt. So dachte er noch im Abfahren!

Ja, um Gottes willen: *Wer war denn das?*

Mit freundlich gefletschten Zähnen dienerte Paule ihm nach, bis das Fahrzeug um die Ecke verschwunden war.

Zwischen den Verbeugungen murmelte er: »Rindvieh – Hornochse – Vollidiot!«

Dann wandte er sich mir zu: »Das hast du gut gemacht! Das war der Ehemann der Leni Riefenstahl, der allerneueste!«

Heiliger Kohlenklau!

Erst zu Hause fiel mir ein, woran mich irgend etwas in seinen Augen erinnert hatte: an den Stier damals auf der Kreuther Weide, der keiner gewesen war.

Mir wurde noch nachträglich übel, wenn ich daran dachte, daß bei einer wirklichen Razzia der kleine Ballermann in meiner Tasche – Ortgiess Patent, 6,5 Millimeter – kaum auf große Begeisterung der Gestapo gestoßen wäre. Den würde ich jetzt nicht mehr so sorglos mit mir herumschleppen wie der Hans seine Diamanten. Später sollte ich ihn gebrauchen. Allerdings in Notwehr und nur ein einziges Mal. Hans hatte in weiser Voraussicht jeden von uns mit einer Waffe versorgt.

In diesen Tagen lebte die Ditte in Heidelberg. Mit dem Abitur in der Tasche, im Gegensatz zu mir! Durch kühne, aber nicht ganz wahrheitsgemäß beantwortete Fragen über BDM-Zugehörigkeit und arische Abkunft auf dem Fragebogen hatte sie es tatsächlich geschafft, als Studentin immatrikuliert zu werden. Sie wußte, daß sie auf einem Vulkan tanzte, und ihr wurde noch später schlecht, wenn sie an das überstandene Risiko dachte. Was sich aber jetzt kurz vor Kriegsende auf ihrer Studentenbude abspielte, hatte mit Studium eigentlich nicht mehr viel zu tun. Dafür erforderte es Courage!

Zur gleichen Zeit, in der die Geschwister Scholl in München ihren vergeblichen Versuch, das Gewissen des deutschen Volkes durch Schriften aufzurütteln, mit ihrem Leben bezahlten, ließen sich in Dittes Heidelberger Bude kriegsmüde Soldaten von befreundeten und zuverlässigen Medizinstudenten die Knochen brechen, um nicht mehr für den Führer kämpfen zu müssen.

Das geschah dann jeweils, indem man dem betreffenden Soldaten in Ermangelung von Narkotika zunächst einen Vollrausch durch Fusel verpaßte, ihm dann den gewünschten Knochen knackte und ihn anschließend zum nächsten Polizeirevier oder Krankenhaus schleppte. Er sei gestürzt, stöhnte er dann, oder angefahren worden, und damit erübrigte sich ein weiterer Fronteinsatz.

Man mußte natürlich immer abwarten, bis die neugierige Zimmerwirtin aus dem Haus war, und erst dann wurde zur Tat geschritten. Während der eigentlichen Prozedur lief das Grammophon auf voller Lautstärke, um die Schmerzensschreie zu übertönen. »Mit Musik geht alles besser, mit Musik geht alles leicht.«

Die Passanten, die guckten dann schon einmal hoch: Herrgott, daß dieses Studentenvölkchen auch immer so laut sein mußte!

Das schlimmste außer der Angst, entdeckt zu werden, vertraute mir die unerschrockene Ditte später an, sei das Geräusch der brechenden Knochen gewesen. So sehr sie sich auch die Ohren zuhielt, das hörte sie doch!

Noch aber schrieb man den Sommer des Jahres 1939, und das Damoklesschwert, das seit einiger Zeit in der Schule über meinem Haupt schwebte, war im Begriff, sich auf mich niederzusenken. Den letzten Anlaß dazu gab eine Lateinarbeit.

Dr. Bach hatte in der Klasse Papierbögen verteilt. Das war ungewöhnlich, denn normalerweise schrieben wir unsere Klassenarbeiten in Hefte. Schon aus Gründen der Sparsamkeit.

Da saß ich nun und hatte zwei Stunden Zeit für die Antworten. Weder Abgucken noch Schwatzen wurde geduldet, andernfalls ...

Ich sah mich außerstande, auch nur eine einzige Antwort auf das Papier zu schreiben, und beschloß wenigstens konsequent zu sein, indem ich die Blätter von oben bis unten mit Fragezeichen versah und dann nach Hause ging. Was blieb mir schon anderes übrig?

Das war an einem Samstag gewesen.

Am Montag kam der Brief mit eingeschriebener Post an meinen Vater. Als Absender stand der Name von Dr. Bach hinten auf dem Umschlag.

»Sehr geehrter ...«

Und dann zog er gegen den Herrn Baron, den adligen Pinkel, mal so richtig vom Leder! Endlich, endlich sollte der mal erfahren, wer die Herren im Lande waren, zu denen sich der Parteigenosse zählen durfte. Zur Kenntnis möge der Freiherr nehmen, daß da eine Klassenarbeit von seiner feinen Tochter abgegeben worden war, die jeder Beschreibung spottete. Von einer bodenlosen Unverschämtheit war die Rede, die ihresgleichen suche. Dazu käme nun – und jetzt legte er sich dramatisch ins Zeug – daß ich es noch immer nicht für nötig gehalten hätte, dem BUNDE DEUTSCHER MÄDEL beizutreten. Mit immer neuen und fadenscheinigen Ausreden, ja faustdicken Lügen sei ich ihm gekommen, und er müsse meinen Eltern nun leider mitteilen, daß mein Beitritt zu diesem Zeitpunkt nun nicht mehr gestattet würde. Der Zutritt zur Volksgemeinschaft wie zur Schule sei mir ab sofort verwehrt. Auf Elemente wie mich könne man gut und gern verzichten. Im übrigen war noch von Schritten die Rede, die man sich vorbehielte, bis er dann mit Heil Hitler schloß.

Nun war mir ein Rausschmiß tatsächlich doch noch geglückt.

Erstaunlicherweise wurde ich von meiner Mutter wie von meinem Vater nur lauwarm beschimpft. Das schlimmste war, daß keine Schule mich mehr aufnehmen würde, denn für das braune Ehrenkleid des Führers wäre es jetzt auch zu spät.

Also ade Abitur. Jedenfalls zunächst einmal.

Eine brennende Frage tat sich jetzt unerbittlich auf: Wohin mit mir?

Mein Vater konnte es sich jedoch nicht verkneifen, noch einen letzten kleinen Triumphballon steigen zu lassen. Er schrieb dem fischäugigen Parteigenossen und Gestapodenunzianten Dr. Bach einen Brief, in dem er ihm mitteilte, daß sein Schreiben über meinen Rausschmiß leider zu spät käme: Er als Vater habe sich nämlich gestern entschlossen, mich von der Schule zu nehmen. Das entsprechende Einschreiben sei ja wohl schon eingetroffen!

Das würde ihn wenigstens ärgern.

Bevor der Versuch einer möglichen Umschulung überhaupt in Erwägung gezogen wurde, brach Adolf Hitler den Krieg gegen Polen vom Zaun.

Am 26. August war der Geburtstag meiner Mutter. Vom Fenster meines Zimmers sah ich meine Eltern im Garten auf und ab gehen. Mein Vater sah aus, als trüge er eine zentnerschwere Last. Sein Gesicht war grau vor Kummer und Sorgen. Heute morgen hatte er seinen Einberufungsbefehl erhalten. Natürlich war er durch seine Verwundung nicht frontfähig.

Fast unerträglich schwer dufteten die Blumen in diesem heißen Hochsommer, vor allem der Phlox. Die Dahlien waren groß und farbenprächtig wie noch nie.

Und dann kam der 1. September, und Adolf Hitler schrie die Worte: »Seit fünf Uhr fünfundvierzig wird jetzt zurückgeschossen!«

Einen Tag später trug meine gottesfürchtige Großmutter in Potsdam eine Notiz in ihr Tagebuch ein, die ich erst fünfzig Jahre später in all ihrer Fürchterlichkeit entdecken sollte: »2. 9. 1939 – England erklärt uns den Krieg! Was geht sie Polen an? Das ist der Juden Rache!«

Hieß das nun wirklich Krieg?

Ja, bestätigte mir meine vor Schreck kreidebleiche Mutter. Krieg! Wieder ein Krieg!

Was denn das nun bedeute, begehrte ich zu wissen. Hier in Dahlem würde doch der Krieg nicht stattfinden? Kriege fänden doch immer auf irgendwelchen Schlachtfeldern statt, oder?

Woran würde ich denn merken, daß Krieg ist?

Also zum Beispiel zunächst einmal daran, daß es wahrscheinlich wieder Lebensmittelkarten gäbe – wie im letzten Krieg.

Und Schokolade, Bonbons, Lutscher, Lakritze, Nappos? Alles auf Karten?

Nein, die würde es natürlich überhaupt nicht mehr geben. Das Schokoladengeschäft wäre sicher schon geschlossen.

Geschlossen?

Ich reiße mein Rad aus der Garage, gebe ihm unsichtbare Sporen und rase ab nach Dahlem-Dorf. Über den Asphalt, die Bürgersteige, die Bordsteine hinauf und hinunter fliege ich wie auf einem Pferd über die Hürden.

Quietschender Halt vor dem Lädchen, die Jalousien sind heruntergelassen. Kein Rütteln an der Tür hilft.

Dann sehe ich das Schild: »BIS AUF WEITERES GESCHLOSSEN«.

Bis auf weiteres?

Was sollte das heißen? Etwa für die Dauer des Krieges?

Das war ja fürchterlich! So ein Krieg, der konnte ja tagelang dauern, vielleicht Wochen!

Womöglich sogar Monate?

Rückschau

Am Dreikönigstag des Jahres 1961 war die Anna in ihrem Häuschen im Spreewald gestorben. Erst vierundsiebzigjährig, hatte eine heimtückische Krankheit sie geholt. Die unfaßliche Nachricht ihres Todes erreichte mich in New York, seit vielen Jahren meine neue Heimat.

Noch im Dezember war ein Brief von ihr gekommen, in dem sie mir für ein Paket dankte. Mit ihrer erstaunlich akkuraten, nur um eine Spur krakeliger gewordenen Schrift hatte sie mir mitgeteilt, daß sie sich dieses Jahr keinen Weihnachtsbaum hinstellen würde, es lohne sich ja für sie allein nicht: »Ich mach mir lieber in die Vase«, hatte sie erklärend hinzugefügt.

Mir das bildlich vorzustellen, blieb meiner Phantasie überlassen. So drückte sich eben die Anna aus und damit basta!

Neben ihrem Totenbett, auf dem man sie mit liebevollen Händen zur letzten Ruhe aufbahrte, lagen auf einem Tischchen alle meine Briefe. Wie auf einem kleinen Altar. Die hatte sie sich aufgehoben!

Jedes Jahr, wenn ich nach Europa reiste, um meine Mutter zu besuchen, war auch die Anna in Dahlem erschienen. Die letzte große Freude: Sie hatte noch einmal ein Baby bekommen – meinen Sohn, der selbstverständlich den Vornamen meines Vaters trug, dem er mit seinem schöngeformten Kopf auf fast unheimliche Weise gleichen sollte. Diesen kleinen Jungen teilte sie ebenso redlich mit mir, wie sie mich seinerzeit mit meinem Vater geteilt hatte. Voller Begeisterung sang sie ihm wendische Liedchen ins Ohr und bedachte ihn mit den gleichen Namen wie seinerzeit den Dicken, wenn er die Windeln recht voll hatte: »Du mein goldener 'Ammel, du sießer kleiner Schweinepriester, wart nur, die Hanna wird dir . . .!« Und Ulrich liebte sie!

Nun gab es nur noch ihr Grab, das wir von nun an bei jedem Aufenthalt in Deutschland besuchen würden.

Ihr »'Äuschen«, in dem sie gestorben war, hatte sie der Kirche vermachen wollen, aber die Gesetze der SED-Regierung schoben einer solchen unerhörten, ja staatsfeindlichen Aktion einen Riegel vor. Das wäre ja noch schöner! Statt dessen zog die Flüchtlingsfamilie Lehmann ein, die dem Neffen der Anna hoch und heilig in die Hand versprach, das Grab in Ordnung zu halten. Und so ein Handschlag bedeutete in einem Dorf mehr als ein notariell beglaubigter Vertrag. Wann immer ich erschien, stets glich das Grab einem Schmuckkästlein. »ICH LEBE UND IHR SOLLT AUCH LEBEN!«

Diesen Spruch hatte sie auf dem Grabstein, den ich für sie errichten ließ, haben wollen.

Fünfundzwanzig Jahre nach ihrem Tod, am 21. Juli 1986, konnte ich es eben noch verhindern, daß man ihre letzte Ruhestätte einebnete. Solange ich lebte, hatte ich mir geschworen, sollte die Anna ein Grab haben, und so kaufte ich es für weitere fünfundzwanzig Jahre.

Nach den Zeremonien zum Gedenken an den 20. Juli 1944 in West-Berlin war ich einen Tag später nach Werben gefahren. Mein jährlicher Aufenthalt war stets eine Sensation, eine Art kleiner Staatsbesuch, denn »West«-Besucher besaßen in dem abgelegenen kleinen Dorf Seltenheitswert. Es war für mich als amerikanische Staatsbürgerin relativ einfach, ein Visum zu erhalten. Und nach 1971, der Ehefrau von Martin Niemöller, von 1984 ab seiner Witwe gegenüber, legte sich der gottgleiche Herr Honecker direkt ins Zeug, um mir den Aufenthalt in seinem unvergleichlichen Arbeiter- und Bauernstaat so bequem wie irgend möglich zu gestalten.

Ich konnte praktisch ein- und ausreisen, wann es mir paßte. Ein Vorrecht, das ich hinterlistig nach Strich und Faden auszunützen lernte, über die Jahre schmuggelte ich tonnenweise verbotene Dinge in meinem Auto in die DDR sowie auch wieder heraus. Allerdings keine Menschen, das war zwar verlockend, aber zu riskant.

Ein Jahr vor der Wende gelang mir aber dann noch ein ziemlich unverschämter Streich: Ich ersuchte den Staatsratsvorsitzenden nämlich in einem artig formulierten Brief um die Ausreise einer mir persönlich unbekannten, aber vom Altbischof Scharf dringend anempfohlenen sechsköpfigen Familie. Der Mann war Chefarzt eines ziemlich großen Krankenhauses, seine Frau Zahnärztin, dazu drei Kinder und eine alte Mutter. Deren diverse Ausreisegesuche waren immer wieder übel vermerkt und abschlägig behandelt worden.

Der allmächtige SED-Häuptling muß zu perplex gewesen sein, um meine Bitte abzulehnen, denn er gab die Erlaubnis, und zwar postwendend. Allerdings glaubte er, mich für diese Forderung mit einem verschärften Tadel in sein Klassenbuch eintragen zu müssen, und schickte mir einen ziemlich unterkühlten, um nicht zu sagen tiefpikierten Brief, dessen Ton mir verriet, daß bei einem zweiten ähnlich gearteten Ansinnen mit seiner Unterstützung nicht mehr zu rechnen sei. Kurz, er war stocksauer, aber damit konnte ich ganz gut leben.

Am Nachmittag des 22. Juli 1986 war für mich die Zeit in Werben wieder zu Ende gegangen. Der Inhalt meines Kofferraums, auf der Hinfahrt mit Kaffee, Schokolade, Seife und anderen westlichen Selbstverständlichkeiten beladen, bestand nun aus Gurken und frischen Eiern.

Der Abschied fiel schwer wie immer. Erfüllt vom Erlebten trödelte ich auf der Landstraße nach Burg in Richtung Westen. Im Rückspiegel gelangte noch einmal der Kirchturm von Werben in Sicht.

Dann kam die Kreuzung: Links führte die Straße zur Autobahn nach Berlin. Rechts ... ins Unbekannte. Links mußte ich mich halten! Links, links, links! Aber ich tat es nicht.

DIE REISE INS UNBEKANNTE

Fahr *da* nicht hin!

Jahrelang hatte ich die warnenden Worte gehört – von jemandem, der *da* gewesen war, meinem Bruder. Fahr nicht – schon gar nicht allein – du wirst es schwer bereuen – keinen Ort zum Verweilen gibt es *dort*.

Dort?

Wenn man sich Cottbus, den etwa vierzig Kilometer nordwestlichen Ort Lieberose und die fast an der polnischen Grenze gelegene Wilhelm-Pieck-Stadt, das vormalige und heutige Guben, als ein auf dem Kopf stehendes Dreieck vorstellt, so liegt Lieberose am linken oberen Winkel dieses Dreiecks.

Ich wußte, daß ich trotz aller Warnungen, es nicht zu tun, *dorthin* mußte. Und zwar heute noch! Nicht nach Lieberose, noch ein wenig weiter nach Osten. Einundvierzig Jahre hatte ich die Entscheidung, diese Reise zu wagen, von mir geschoben. Länger ging es nun nicht mehr!

Es schien, als wüßte das Auto von allein, wie es zu fahren hatte, als zwänge es mich geradezu, dorthin zu gelangen, wo ich nicht hingehen wollte. Nach rechts war es eingebogen, nach Norden ging die Fahrt. Durch die Dörfer Straupitz, Butzen, Lassow und Lamsfeld. Friedliche und freundliche kleine Flecken, üppige Sommerblumenpracht in den Vorgärten.

Lieberose konnte nicht mehr weit sein.

Der Name allein erfüllte mich mit Schrecken. Dort hatten erst die Nazis ein Lager betrieben, die Russen hatten das »fertiggemachte Bett« vorgefunden und ihre Gefangenen hineingesteckt. Justus Delbrück, der Schwager Klaus Bonnhoeffers, war in dem dortigen KGB-Lager verhungert. »Endlich frei«, hatte er nach überstandener Nazihaft in Berlin seinem Tagebuch anvertraut. Dann waren *sie* gekommen, und auf die Frage des *warum* hatte es nie eine Antwort gegeben.

Plötzlich dunkelte der strahlend helle Tag ab, als ich durch einen dichten Wald fuhr. Wie schwarze Kulissenwände standen links und rechts die Bäume. Kein Auto weit und breit, keine Menschenseele in Sicht.

Urplötzlich steckte ich mitten in einer Kolonne sowjetischer Militärfahrzeuge. War ich etwa versehentlich in ein militärisches Sperrgebiet geraten? Das wohl nicht, aber offenbar in ein Manöver! Aus allen Richtungen schienen die unförmigen, graugrünen Kolosse zu kommen, inmitten deren ich nun eingekeilt war, ohne auch nur die entfernteste Möglichkeit zu haben, nach links oder rechts irgendwie auszuscheren. Wie in einer Falle saß ich da. Nolens volens mußte ich das Schneckentempo zwischen dem vor mir fahrenden Lastwagen und den hinter mir herrasselnden Panzern einhalten.

Auf der Pritsche des Lastwagens vor mir hockten zwei Dutzend Iwans, von denen einige verstohlen grinsten. Dann stießen sie einander mit dem Ellbogen an: Mein signalroter Mercedes mit dem Emblem des Sternenbanners rechts an der Windschutzscheibe nahm sich wie ein Paradiesvogel unter Krähen aus. Schließlich wollten die sich beinahe kaputtlachen. Das war ja wahnsinnig komisch, diese Matka da so allein im Wald! Ich grinste zurück, was das Zeug hielt. Das wurde nach einer Weile ziemlich anstrengend.

Wenn die dich jetzt hoppnehmen, so schoß es mir durch den Kopf, dann findet dich niemand jemals wieder, und wenn sie hundert Jahre nach dir suchen.

Der kleine Blonde da vorn hatte Ähnlichkeit mit Pawlik.

Pawlik hatte einer der etwa fünfundzwanzig russischen Kriegsgefangenen geheißen, die in der Reit- und Fahrschule, in der ich während der letzten Kriegsmonate Remonten zuritt, als Pferdepfleger arbeitete. Jeden Morgen brachte eine Wachmannschaft die Gruppe aus ihrem Lager zu uns, abends wurden sie dann wieder abgeholt.

Nachdem der Achtzehnjährige seine Furcht vor Mißhandlungen verloren hatte, grinste er mich immer öfter freundlich an. Er hatte einen runden blonden Stoppelkopf und eine chronische Lidrandentzündung zu einer ewig laufenden Nase. So glich er einem schlecht abgeschminkten Zirkusclown. Im Laufe der Zeit wurde er zutraulicher, als er nämlich spitzbekam, daß niemand von uns ihm Übles wollte. Er und seine Kameraden hatten bei uns das große Los gezogen, es war warm in den Ställen, und wir trieben sie nicht zur Arbeit an. Auch extra Brotrationen fielen da ab. Mein Ton mit ihm war leger, bald nannte ich ihn Päule. Seine Kameraden durften nicht wissen, daß er heimlich ein bißchen Deutsch lernte und obendrein, wie er mir anvertraute, an Gott glaubte.

»Päule, du Knallkopp«, sagte ich zu ihm, »putz mir das Pferd schön, sonst hau ich dich ...« Und dann ergänzte er jedesmal: »... zu Puppenlappen!« Nachdem ich ihm zu erklären versucht hatte, was Puppenlappen waren, wollte er sich dann vor Lachen immer ausschütten. Er als »Puppenlappen«! Verrickt Sprak – deitsch!

Eines Morgens hatte er eine Überraschung auf Lager. Ich sah schon von weitem, wie er an der Stalltür herumtrippelte. »Na Päule, du Knallkopp!« begrüßte ich ihn. Eine Rose hielt er in der Hand und sagte ganz leise, aber deutlich: »Meine Dame, ick liebe und verärre Sie!« Das hatte er sich so eingeübt.

Später, auf dem Treck von Krampnitz nach Westen führten die Kriegsgefangenen die Pferde. Pawlik und Fjodor waren mir zugeteilt worden. Wir zogen nachts. Am Tage waren die Straßen durch die Abertausende flüchtender Menschen noch verstopfter, und zudem hatten wir bessere Chancen, den Tieffliegern zu entgehen. Zwölf Nächte dauerte der Treck. In der dritten Nacht fiel ich im Schlaf vom Pferd. Unten angekommen, wachte ich auf und sah über mir zwei Pferdeaugen und links und rechts davon je zwei Paar zu Tode erschrockene Russenaugen. Herumgeklopft wurde an mir:

»Nix kapuut? Nix kapuut!« Und dann hievten sie mich wieder hinauf.

Am Morgen der letzten Fluchtnacht, es war noch stockfinster, und ich war eben auf dem Boden irgendeiner Mecklenburger Bauernstube vor Erschöpfung eingeschlafen, klopfte es nachdrücklich an das Fenster. Draußen grinsten Pawlik und Fjodor. Soweit ich sie verstehen konnte, hatten sie erfahren, daß die sowjetischen Brüderchen nicht weit entfernt waren. Und zu denen würden sie eben gern fliehen! Heimlich! Nur ohne mir auf Wiedersehen zu sagen, das hätten sie nicht fertiggebracht. Ob ich zum Abschied noch ein bißchen Brot für sie hätte? Na klar! Da war noch welches – direkt daneben mein Revolver. Aber schön teilen, jeder die Hälfte, ja? »Sonst haut du mich zu Puppenlappen«, ergänzte Päule begeistert. Zwei nasse Abschiedsküsse auf die Wange! Doswidanja. Dann hatte sie die Dunkelheit verschlungen.

Da fehlten doch zwei Russen, konstatierte später empört der einzige Nazioffizier, der unseren Treck mit seiner Anwesenheit zierte. Die Untermenschen hätte er gern noch abgeknallt! Wenige Tage später konnte ich ihn den Amerikanern zu treuen Händen übergeben: Er hatte zwei Bereiterinnen bei der Gestapo angezeigt.

Lebt wohl, ihr beiden – einer glücklichen Zukunft seid ihr kaum entgegengegangen. Denn wie die glorreiche Sowjetarmee ihre heimkehrenden Gefangenen behandelte, das erfuhren wir erst sehr viel später.

Weiter nach Osten

Irgendwann bog der Militärkonvoi in einen Waldweg ein. Dort stand an der Abzweigung ein finster aussehender Kalmücke, der die Fahrzeuge nach links einwies, wo sie dann vermutlich nach Herzenslust ungestörte »General«-proben für den Krieg gegen den abscheulichen Kapitalismus abhalten würden. Mich winkte der Verkehrsregler, ohne die Miene zu verziehen, an sich vorbei.

Dann lichtete sich der Wald so unvermittelt, wie er begonnen hatte, und ich sah vor einer Siedlung das Ortsschild: Jamlitz.

Eine einundvierzig Jahre währende Reise sollte hier zu Ende gehen.

Jamlitz machte nun wirklich einen ärmlichen, geradezu verkommenen Eindruck. Hie und da wurde seine graue Scheußlichkeit von den üblichen roten Fahnen und Spruchbänderparolen noch unterstrichen. Die kündeten von den großen, aber leider für das bloße Auge des Beschauers nicht ohne weiteres erkennbaren Errungenschaften des Sozialismus sowie der ewigwährenden Freundschaft mit dem sowjetischen Brudervolk. »DER SOZIALISMUS WIRD SIEGEN!«

Dann am Wege eine Tafel, auf der etwas von »Frauenförderation« stand. Die falsche Schreibweise deutete darauf hin, daß vermutlich sowieso keiner wußte, was das Wort bedeutete.

Bei der erstmöglichen Gelegenheit bog ich links in eine Straße ein und stellte mein Auto vor einem trostlosen Nachkriegssiedlungshaus ab. Hinten im Hof scharrten Hühner, vorn bleckte mir ein Köter an der Kette wütend seine Zähne entgegen. Am Zaun stand eine alte Frau mit Schürze und Babuschkakopftuch. Ihre altersblinden Augen schienen die Fremde wahrzunehmen. Ob ich sie etwas fragen dürfte? Hatte sie vielleicht schon 1945 hier gelebt? Ja? Wie denn das damals 1945 mit dem Lager hier in Jamlitz gewesen sei? Da hatten doch die Russen ein Lager betrieben! Ja! Wo es sich befunden habe? – Eigentlich erwartete ich von ihr keine Antwort. Schließlich und endlich waren nach dem alles vernichtenden

Feuersturm über vierzig Jahre ins Land gegangen. Wer war da noch, der Zeugnis ablegen könnte? Und wollte!

Zu meinem Erstaunen nickte sie und wies mit dem Arm stumm in eine Richtung. Da, da irgendwo, wo jetzt ein Feld war und ein paar Siedlungshäuser, da haben sie damals die Menschen zusammengepfercht. Den Feldweg hinauf sollte ich mal gehen, dann könnte ich mir vorstellen, wo das Lager gewesen war. Gleich nach dem Krieg, o ja, sie könnte sich noch erinnern, war ja eben selbst als »Flichtling« aus Schlesien gekommen. Dem Stacheldraht, dem durfte man damals nicht zu nahe kommen. Dann schossen die gleich, die Russen mit ihren umgehängten Maschinengewehren. Gern dächte sie nicht zurück. Schlimme Zeiten, ganz schlimme Zeiten. Verhungert und erfroren sind die da.

»Alle tot ... alle tot ... alle tot«, murmelte sie noch und schlurrte zum Haus zurück. Die Tür fiel hinter ihr zu.

Alle tot – ja, das wußte ich – und auch, daß unter den allen mein Vater hier irgendwo in der Erde lag, über die der Pflug gegangen war. Alle Spuren waren 1947 getilgt worden, so schnell es eben ging.

Ich entschloß mich, die Straße weiterzufahren, bis diese in einen Feldweg zum Wald hinauf überging. Auf dem Straßenschild stand: »Straße der Freiheit«. Welch grauenhafte Ironie! Von oben aus konnte ich das ganze Dorf überblicken. Dann stieg ich aus. Ein Baumstumpf war da. Zum Sitzen lud er nicht ein, hier lud nichts ein! Trotzdem setzte ich mich nieder.

Ich war am Ziel! Jetzt, und das sagte mir ein sicheres Gefühl, befand ich mich in unmittelbarer Nähe von dem, was da unter der Erde von meinem Vater noch übriggeblieben war. Vermutlich trennten uns keine hundert Meter voneinander, vielleicht nur fünfzig. Auf dem Baumstumpf konnte ich nicht nur – hier mußte ich verweilen, müde war ich von der Reise, die fast ein halbes Jahrhundert gedauert hatte.

Was sollte ich hier anderes tun als verweilen? Weinen konnte ich nicht, hier nicht.

»Der Schmerz wird neu, es wiederholt die Klage
des Lebens labyrinthisch irren Lauf
und nennt die Guten; die um schöne Stunden
vom Glück getäuscht vor uns hinweggeschwunden ...«

An diese Worte Goethes mußte ich jetzt denken.

Erst ein Jahr später, am Yom HaShoah – an Jerusalems Westmauer, von den Christen die Klagemauer genannt –, ist mir dann endlich die Gnade widerfahren, so viele Tränen zu weinen, wie sich in Jahrzehnten eben anzustauen vermocht hatten.

»At muchracha livkot, at muchracha livkot« – weinen mußt du, weinen, flüsterte die Frau neben mir, die mir das Kopftuch gegeben hatte. So, als wollte sie mich zum Weinen ermutigen. Vertraut klangen mir die Worte der Sprache, die ich in den letzten Jahren erlernt hatte. Hier fühlte ich mich zu Hause, bei den Steinen, die vom zerstörten Tempel übriggeblieben waren, und an die ich meinen Kopf lehnte. Die waren seit Tausenden von Jahren die Tränen der Menschen gewöhnt.

Das Attentat

Am 20. Juli 1944 war die vorletzte Seite im Leben meines Vaters aufgeschlagen worden.

Heiß und sonnig war dieser Tag des sechsten Kriegsjahres, an dem für den Bruchteil einer Sekunde eine winzige Hoffnung bestand, daß er ein Ende mit Schrecken nehmen würde, um ein Schrecken ohne Ende zu verhindern. So heiß war es, daß Adolf Hitler die Konferenz vom Bunker in eine Baracke verlegen ließ.

Diese Entscheidung rettete sein Leben.

Über die staubige Landstraße in Pommern lenkte ich am 20. Juli 1944 den Kastenwagen nach Iven zurück,den ich im Nachbardorf mit Holz hatte beladen lassen. Eine schnelle Fahrt war das nicht, denn im Vokabular des alten Zossen existierte dieser Begriff schon lange nicht mehr. So trottete er gemütlich durch die pommersche Landschaft, in der ich ein paar Sommertage auf dem Gut Iven verbrachte, wo meine Cousine Ilse Schwerin eine Handvoll Kinder allein großzog. Den Mann hatten sie ihr über England abgeschossen.

Der kleine Herr, der neben mir auf dem Bock thronte, und ich waren eigentlich bester Laune. Er lachte über meine Witze und wollte sich vor allem fast ausschütten, als ich zu ihm sagte: »Nun guck mal, Hans Werner Meise, ist das nun nicht ein herrlicher Tag mit Sonne und allen Schikanen?« »Mit allen Schikanen«, kreischte der vierjährige Sohn des ebenso berühmten wie in der Nazizeit nicht wohlgelittenen Kabarettisten Werner Fink. Er lachte über das Wort »Schikanen«, das klang so lustig und war ihm, im Gegensatz zu seinem Vater, noch unbekannt. Dessen Frau war von der Ilse mitsamt dem kleinen blonden Ebenbild seines Vaters bei sich aufgenommen worden. Anstatt Fink nannte ich ihn Meise, was er zum Totlachen fand.

Die Sonne stand schon tief, als wir mit dem Lied »Wir verkaufen unsrer Oma ihr klein Häuschen« vor dem Herrenhaus zum Stehen kamen, wo ich den Kleinen abliefern wollte, ehe ich zum Stall weiterfuhr.

Der Rest des Liedes blieb mir im Hals stecken, auf der Treppe stand die Ilse. Der Ausdruck auf ihrem Gesicht verhieß nichts Gutes.

»Der Hitler ist tot!« flüsterte sie. »Eben haben sie es im Radio gesagt. Oder doch wahrscheinlich tot. Ein Attentat oder so was Ähnliches.« Mein Herzschlag schien zu stocken.

Ein Attentat? *Das* Attentat!

»Sie morden«, hatte damals meine Mutter gesagt, als mein

Vater und Hans Oster da auf der Bank im Garten gesessen hatten. Und aus dem Mund Werner von Haeftens hatte ich letzthin Worte vernommen, die sich leicht zusammenreimen und mit den Abenden in Verbindung bringen ließen, an denen heimliche Besucher erst nach Einbruch der Dunkelheit ins Haus kamen und noch im Schutz der Nacht gingen.

Wie ein Mosaik fügte sich da blitzschnell Stein um Stein zu einem vollständigen, einem fürchterlichen Bild.

Werner? Mein Vater? Um Gottes willen!

Die Ilse nahm das Pferd beim Zügel und rief nach dem Kutscher. Ich rannte die Treppe hinauf in mein Zimmer, wo ich innerhalb von Minuten meinen Kram in einen Koffer warf. Den letzten Bus zum Kleinstadtbahnhof, den mußte ich erreichen, koste es, was es wolle.

Am nächsten Morgen kam ich in Berlin an. Gerüchte verschiedenster Art waren auf der Fahrt im Bummelzug an meine Ohren gedrungen. Tot! Gott sei Dank! Nein – lebendig! Entsetzlich! Zwei Angriffe hatte es in der Nacht gegeben. Die Reichshauptstadt schien sich auf ihren Tod vorzubereiten, sie legte sich zum Sterben hin.

Daheim, Am Hirschsprung, meine Mutter leichenblaß, aber gefaßt, wie nicht anders zu erwarten. Mein Vater sei zum alten Mackensen auf dessen Gut gefahren, kein Zufall, das wäre so geplant gewesen. Für den Fall, daß ... Daß was?

In der Tat hatte es ein Attentat gegeben, im Hauptquartier des Verbrechers, in der Wolfsschanze. Aber Hitler lebte, daran konnte kein Zweifel sein, nachdem er noch am Abend des 20. Juli mit eigener Stimme, die, wie Kurt Tucholsky behauptet hatte, nach Hosenboden klang, im Radio geschrien hatte, daß ein Klüngel ehrvergessener adeliger Offiziere, Verräter ... Das Wunder der Vorrrrsehung, die ihn seinem Volk erhalten hatte ... Rache! Rache!

Da konnten wir uns ja nun auf etwas gefaßt machen, meine Mutter und ich!

Der braune Vorhang hob sich zu seinem letzten, grauenhaften Akt.

Am 23. Juli kamen sie, vier Mann hoch, in langen Ledermänteln. Dem Anführer war die Laune bereits verdorben, als er das Radio anstellte und ihm der Deutschlandsender und nicht Radio London entgegenbläkte.

Haussuchung!

Mein Vater nicht zu Hause? Nein? Wo er denn sei? Aha, da lag ja eine mit Bleistift hingeschriebene Telefonnummer auf seinem Schreibtisch – die bedeutete doch sicher etwas, ja? Doch gleich mal nachprüfen ... Ja? Da sei er doch sicher zu erreichen, der Herr Baron, der dem Führer zu dienen schon seit über zwei Jahren als nicht würdig befunden worden war. Der jüdischversippte Leute – Vetternwirtschaft, ja? – in der Auslandsbriefprüfstelle versteckte hatte. Kein Parteigenosse! Tztztztztz!

Irgendwie hatte der Verbrechertruppführer seine Schularbeiten nicht richtig gemacht, denn er ließ sich von meiner Mutter den Zettel mit der Telefonnummer abluchsen.

Selbstverständlich würde sie diese Nummer gleich anrufen und versuchen, den Ehemann herbeizuzitieren. Die Herren sollten es sich inzwischen nur in all den Schränken, Schubladen und Regalen recht gemütlich machen.

Am oberen Telefon wolle sie es probieren, da klappten die Verbindungen immer besser als unten – irgendwie.

Oben radierte sie kaltblütig zwei Ziffern aus und ersetzte sie durch zwei andere.

Leider, leider, so sagte sie dann unten, bekäme sie immer einen fremden Anschluß. Dumm! Ja, hier bitte, der Zettel!

Bei der unradierten Nummer hatte es sich um die von Karl Goerdeler gehandelt. Wieso und warum, das haben wir dann nie mehr herausbekommen.

Das war nun furchtbar einfach gewesen und einfach furchtbar!

Bei der Haussuchung wurden sie nur insofern fündig, als sie Aktenberge des Niemöller-Prozesses entdeckten. Das war doch immerhin etwas. Nun könnten sie wohl gehen, erkundigte sich meine Mutter vorsichtig?

Nein, nein, man hätte gar keine Eile. Herumgetrödelt wurde, bis es dann offenkundig war, daß man noch auf etwas, oder auf jemanden, wartete. Jemanden sehr Verdächtigen!

Und das war der Moment, an dem meine Mutter zu ihrem zweiten Streich ausholte. Sie komplimentierte die Gauner auf die hintere Veranda. Da saßen sie nun stundenlang bei echtem Tee und noch aus Doorn bezogenen kaiserlichen Zigaretten, mit einem »W« verziert, und warteten darauf, daß die Türklingel ging.

Die konnte aber nicht gehen. Denn meine Mutter hatte mich hinter das Küchenfenster postiert, wo ich jedem, bevor er die Klingel betätigte, abwinkte.

Erst viel später erfuhren wir, daß der Mann, auf den die Gestapo wartete, Hans-Bernd Gisevius hieß. Und der war nicht so dumm, wie er groß war, und erschien natürlich gar nicht erst.

Schließlich gingen sie – aber mich nahmen sie mit. Gott sei Dank, nicht meine Mutter. Gestapoverhöre, die sollten ihr jedenfalls erspart bleiben.

Ich segnete die Tatsache, daß sich auch mein inzwischen achtzehn Jahre alter »kleiner« Bruder als Soldat in Dänemark befand, von wo er eines Tages sicher nach Berlin zurückgelangen sollte.

Tanz auf dem Vulkan

Bei den folgenden tagelangen Verhören in der Französischen Straße ging es weniger um meinen Vater, als um Werner von Haeften und meine Beziehung zu ihm. Und ich mußte mich sehr vorsehen, von ihm immer in der Gegenwart und nicht in der Vergangenheit zu reden. Offiziell war die Nachricht seines Todes und dem Stauffenbergs und der zwei anderen im Hof der Bendlerstraße ja nicht bekanntgegeben worden. Das durfte ich also nicht wissen.

Zu einem dreisten Coup ließ ich mich im Büro des Gestapobeamten Wipper hinreißen. Der war im Gegensatz zu dem später dazukommenden Schläger ein umgänglicher Mann. Als der einen Moment den Raum verließ, stahl ich blitzschnell von seinem Schreibtisch einige Bogen Briefpapier, das als Briefkopf »Geheime Staatspolizei« und auf dem Stempel »Reichsführer SS« aufwies. Ich schloß messerscharf, daß man mich, falls ich hier wieder herauskam, am Tor unten nicht durchsuchen würde, und wenn ich nicht freikäme, dann machte das den Kohl auch nicht mehr fett.

Das Papier erwies sich in der Tat als sehr nützlich. Ich schrieb später darauf eine dringend gewordene Reisebescheinigung für meine Mutter; darauf bekam sie anstandslos die Fahrkarte. »Augusta von Sell reist im Auftrag der Geheimen Staatspolizei.« Als sie das selber las, fiel sie beinahe in Ohnmacht, aber die Sache klappte großartig, und die Kontrolleure im Zug standen vor ihr stramm. Da mußte man sich ja direkt vorsehen! Aber bekanntlich heiligte der Zweck ja alle Mittel!

Am 25. Juli holten sie meinen Vater ab, der nach Hause zurückgekehrt war. Er wußte schon, was ihn erwartete. Aufrecht ging er zwischen den Lederbemantelten zum schwarzen Auto, seinem ungewissen Schicksal entgegen.

Zehn Tage vor dem allerletzten Versuch, die Welt mit Gewalt von einer Bestie zu befreien, hatte er bei einem Gang, gerade auf der Höhe des Friedhofs der Annenkirche, zu mir von dem Mordplan gesprochen. Leise und mit der ihm eigenen heiseren Stimme. Er glaube nicht an ein Gelingen, und er äußerte zudem die Meinung, daß der Tod Hitlers nebst Genossen das deutsche Volk nur sehr bedingt würde ändern können – zuviel Schuld hätte es auf sich geladen. Was immer auch mit ihm selbst geschähe, so solle ich ihm versprechen, wenn er nicht zurückkehrte, das Land zu verlassen und für mich und meine Kinder eine neue Heimat unter einem anderen Stern zu finden. Wie ein Vermächtnis sprach er diese Worte.

Ich sollte dann eines Tages sogar achtundvierzig Sterne finden, zu denen später noch zwei dazukamen, einer für Alaska, einer für Hawaii.

Sechs Wochen lang blieb mein Vater nach seiner Verhaftung verschwunden. Ich suchte in Berlins Gefängnissen und entdeckte, dank einer versehentlich offengelassenen Tür, seinen Namen unter vielen auf der Tafel an der Wand eines Raumes im Gefängnis Lehrter Straße 3. Dort schienen sie den Adel Deutschlands gefangenzuhalten. Aber nicht nur den, denn unter den Namen war auch der unseres Freundes Theo Haubach.

Ein Leidensweg ohnegleichen hatte für Ulrich von Sell, den man in eine »Wanzenzelle« steckte, begonnen. Eine Wanzenzelle sei »Routine« für alle die, die noch nicht »gestanden« hätten und auf ihren Prozeß warteten, meinte der Gestapomann lächelnd. Der SS-Mann Knuth verschaffte meinem Vater dann eine etwas bessere Unterkunft. Wenn es so etwas überhaupt gab.

Sein Prozeß? Roland Freisler badete in Blut, ganz in ihrem Element war diese Kreatur aus Dreck und Feuer – Folter – Galgen – die Guillotine. Hunderte von Malen.

Abgabe des Notwendigsten für die Gefangenen am kleinen Schiebefenster des schwarzen Engels Knuth – seltene Besuchserlaubnisse für meine Mutter und mich – sie waren fürchterlich. Gefolterte schleppte die SS an uns vorbei.

Während der Luftangriffe wurden die politischen Gefangenen in ihren eiskalten Zellen eingeschlossen. In denen brannte Tag und Nacht das Licht, nur während der Alarme wurde es ausgedreht. Im Dunklen saßen sie nur, solange die Bomben fielen.

Zwischen dem halbzerstörten Essen, wo ich seit dem 1. August als Schauspielerin engagiert war, und Berlin fuhr ich ohne Genehmigung des Theaters mit der Bahn hin und her. Abenteuerliche Fahrten.

Bis dann am 1. September 1944 der Führer Adolf Hitler die Theater schloß, so daß meine Karriere an den Essener Bühnen mit der Generalprobe des Stückes »Der Widerspenstigen Zähmung« abrupt endete.

Die folgenden Monate des Herbstes, Winters und frühen Frühjahrs verbrachte ich damit, in einer Wehrkreis-Reit- und Fahrschule nahe Berlin, Remonten zuzureiten. Dazu konnte man nicht eingezogen werden wie zur Flak oder in eine Munitionsfabrik. Dazu mußte man nämlich reiten können. Rohe Pferde, viel zu jung. Die sollten noch den Krieg gewinnen helfen.

Das Wunder

April 1945.

Immer lauter werdender Kanonendonner kündete von der näherrückenden Front im Osten. Kein Zweifel, die Sowjetarmee stand uns ins Haus. Falls das dann noch stehen sollte, angeschlagen wie es war.

Eine Rippenfellentzündung hatte meine Beurlaubung vom Militär zur Folge, ich war wieder in Dahlem.

Das große Warten schien seinem Ende entgegenzugehen.

Mein Vater?

Bei jedem Luftangriff verkrampfte sich mein Herz.

Und weil auch bis in die Tage der beginnenden Schlacht

um Berlin die Telefone bei uns immer noch funktionierten, geschah es, daß im April, an einem Freitag, ein Anruf kam: »Ich bin frei – bitte hole mich auf dem S-Bahnhof Lehrter Straße ab!«

Engelsflügel mußten mich wohl getragen haben, denn ich kam irgendwann wohlbehalten auf dem Bahnsteig an. Da stand er, mein schon verloren geglaubter Vater.

Hungerödeme hatten seine Züge entstellt und aufgeschwemmt. Frostbeulen an den Händen, Spuren von Wanzenstichen, fieberflackernde Augen. Aber er lebte, ich hatte ihn wieder. Er trug seine Habseligkeiten zu einem Bündel verschnürt. Noch während ich ihn umarmte, sah ich, daß da noch jemand war. Wie vom Donner gerührt, bemerkte ich den SS-Mann, der ihm beim Tragen seiner Sachen wohl geholfen hatte. Ein Jungchen, nicht älter als siebzehn Jahre, wahrscheinlich ein Eingezogener, kein Freiwilliger. Und dem liefen die dicken Tränen über die Wangen, er konnte es gar nicht fassen, dieses Wiedersehen zwischen Vater und Tochter, es schüttelte ihn förmlich.

Dieses als SS-Mann verkleidete Kind habe ich nie vergessen können.

Auf der Heimfahrt hielten wir uns aneinander fest. Zu Hause bei meiner Mutter dann brach alles aus ihm heraus, er konnte überhaupt nicht mehr aufhören, es war entsetzlich. Aber Schweigen wäre vermutlich noch schlimmer gewesen.

Im ersten Krieg hatte er die Brüder verloren – jetzt waren es alle seine Freunde, die er überlebt hatte. Oder überlebt zu haben schien.

Geholt hätten sie ihn heute morgen. Er sei frei, einfach so, das war alles. Hatte der letzte Gang meiner Mutter in die Höhle des Löwen, die des Herrn Kaltenbrunner, doch noch Erfolg gehabt? Wir sollten es nie erfahren.

Ganz gleich: Mut, Mut, Mut müßten wir nun alle für den

letzten, den allerletzten Akt fassen, das Ende stünde bevor, aber danach vielleicht doch noch ein neuer Anfang?

Am Mittag des 23. April 1945 verabschiedete ich mich von meinem Vater. Es war ein Montag, zugleich der 85. Geburtstag meiner Großmutter, die den Angriff auf Potsdam in ihrer Wohnung gut überstanden hatte.

Dieser 23. April war dann auch der Tag, an dem ich meinen Vater zum letzten Mal in meinem Leben sehen sollte. Er stand am Gartentor und winkte mir, die ich zum Schutz vor Bombensplittern zu meinen Uniformresten mitsamt Reitstiefeln den Stahlhelm trug, der bei Luftangriffen einst das Haupt der Anna geziert hatte, noch nach. Ich solle mich vorsehen und vor Dunkelheit wieder zu Hause sein. Bitte, ja? Er müsse nun seine Familie bei sich haben!

Dann radelte ich los. Nach meinem Pferd in Krampnitz wollte ich sehen und mich bei meiner alten Einheit abmelden.

Abenteuerlich genug war die Fahrt durch Trümmerhaufen, einst Berlins vornehmste Vororte. So weit das Auge sah, hatte der Tod reiche Ernte gehalten. Am Straßenrand vor einer Hausruine die aufgestapelten verbrannten Leichen, die wie schwarze Puppen aussahen, so klein waren sie durch die mörderische Hitze zusammengeschrumpft. An den Laternen in Zehlendorf hingen die Leichen von Soldaten, die man mit dem Schild um den Hals: »ICH BIN ES NICHT WERT, FÜR DEN FÜHRER ZU KÄMPFEN« dort gehenkt hatte. Überall Pferdekadaver, an denen die Hungrigen sich mit Messern zu schaffen machten. Als besondere Begleitmusik, zum Donner der Artillerie, jetzt noch das Geheul der sogenannten Stalinorgeln. Ströme von Flüchtlingen auf der Straße zwischen Wannsee und Potsdam.

Im zerstörten Potsdam besuchte ich noch schnell meine Großmutter. Irgendwie, wenn auch hellwach, schien sie die Katastrophe nicht so recht wahrzunehmen: Der letzte Sohn war zurückgekehrt, anderes zählte im Moment nicht mehr. Sie schenkte mir das kleine Brillantmedaillon, das ich nur Wochen später in der Erde vergraben und durch den persönlichen Einsatz eines jungen amerikanischen Offiziers wiedererhalten sollte.

Abends würde ich leicht wieder zurück in Berlin sein, sagte ich mir, als ich in Krampnitz anlangte. Wenn ich Glück hatte!

Und im gleichen Moment krachte es – und zwar von allen Seiten. Die Nazis hatten die Brücken um Potsdam gesprengt, die nach Berlin führten. Damit hofften sie, die Rote Armee, die die Reichshauptstadt bereits wie mit einer eisernen Zange umschlossen hatte, zurückzuschrecken.

Die ließen sich aber nicht aufhalten!

Nur ich – ich kam dann nicht wieder nach Berlin zurück. Und während einer wochenlang dauernden Flucht mit meiner ehemaligen Einheit trug mich die schneeweiße Trakehnerstute zunächst bis nach Mecklenburg und dann weiter nach Holstein. Und erst im Januar 1946 langte ich, festgebunden auf die Puffer eines Eisenbahnwagens, halb erfroren wieder in Berlin an.

Danach

Das Haus Am Hirschsprung stand noch, aus vielen offenen Wunden blutend und ohne Dach. Meine Mutter, tapfer wie immer, am Leben. Das Haus wird überleben, hatte sie immer wieder gesagt. Daß die Russen plünderten, hatte sie nicht immer verhindern können, aber gegen drohende Vergewaltigungen hatte sie sich einen fabelhaften Trick ausgedacht, der absolut sicher war und immer wieder erfolgreich angewandt wurde. Kaum nahte sich ihr, der außerordentlich gutaussehenden Fünfzigerin, ein lüsterner Iwan, schon ließ sie sich wie ein Stein zu Boden fallen, verdrehte die Augen und wand sich unter furchterregendem Gurgeln und Röcheln in sehr realistisch wirkenden epileptischen Krämpfen. Der war wohl größenwahnsinnig, sie und vergewaltigt werden! Angewidert wandte sich der verhinderte Wüstling dann jedesmal ab. Matka, komm! Frau, komm, hatte er geschrien, und nun so etwas! Das war ja direkt ekelhaft, so eine kranke Frau! Nichts wie raus, vielleicht hatte man nebenan mehr Glück!

Einmal hatte ihr ein Muschkote einen Pferdekopf zum Geschenk gebracht. Vielen Dank, wie aufmerksam! Der nächste schippte ihr einen Berg Grießbrei auf den Rasen, nun könnte sie schön essen. Wie reizend! Und ein anderer beglückte sie mit einem eben nebenan – zappzerapp – gestohlenen Korsett, das schon bessere Tage gesehen hatte. Das paßte aber leider nicht. Schade. Trotzdem, die Absicht war lobenswert.

Allein hatte sie die schweren Wochen bis zum Einmarsch der Westalliierten überstehen müssen.

Denn in den ersten Tagen nach der Befreiung von den Nazis war etwas Furchtbares passiert.

Meinen Vater hatten sie gut behandelt, die ersten Russen, die ins Haus kamen. Nun sei ja alles vorbei: Gitler tot! Ja? Nun alles gut. Ja? Kapuut, aber gut!

Nun schön Straße fegen, dawai, dawai!

Mit einer wahren Begeisterung hatte mein Vater den Besen ergriffen. Mehr als nur Straßendreck war da wegzufegen, wenn man wieder ein sauberes Land bekommen wollte.

Und dann war es geschehen.

In den ersten Tagen des Mai hielt ein Militärfahrzeug, die sowjetische Version eines Jeeps, vor dem Haus. Zwischen NKWD-Offizieren hatte der Herr P. gesessen, ein ehemaliger Mitarbeiter meines Vaters, ein biederer, ruhiger Mann, der sich nun im Zustand vollkommener Hysterie befand. »Um Gottes willen, Herr von Sell, retten Sie mich, ich habe keine Papiere mehr, und die Herren hier, die glauben mir nicht, daß ich bin, wer ich bin. Sie können es doch bezeugen!«

Aber selbstverständlich könne er das, versprach mein hilfsbereiter Vater. Ob er gleich mit zur Kommandantur mitkommen würde? Natürlich, klar, alles für einen alten Bekannten in solch einer schrecklichen Lage. Abends wäre er spätestens wieder zu Hause, nein, mitzunehmen brauche er nichts. Mit Mühe nötigte meine Mutter ihm noch eine Jacke auf, abends würde es kalt werden.

Und dann stieg mein Vater ins Auto. Das war das letzte, was meine Mutter von ihm sah.

Er kam am Abend nicht wieder. Auch am folgenden Tag nicht, nicht nach Wochen und Monaten. Anfragen blieben erfolglos, ebenso wie Interventionen durch die dänische Militärmission und den alten Freund, den amerikanischen AP-Korrespondenten Louis P. Lochner. Niemand hatte ihn gesehen, keiner war zuständig. Es war, als habe es ihn nie gegeben.

Und so blieb er verschwunden – verschollen nannte man das.

Bei dem Wort »verschollen« war es mir, als hörte ich Erdschollen auf einen Sarg poltern.

»Hilfe, Hilfe, sie holen mich!« hatte er in seinen grauenhaften Alpträumen geschrien – damals, als ich noch ganz klein war. Immer und immer wieder.

Sein Schicksal, sein Tod würde, so schien es, für immer ungeklärt bleiben, auf ewig unter dem Schleier eines Geheimnisses liegen.

Auf nicht zu ermittelnde Weise erreichten uns herzzerreißende, mit der Hand gekritzelte Kassiber, die eine unbekannte Hand in den Briefkasten gesteckt hatte.

Sie sind heute noch in meinem Besitz. In einem versiegelten Umschlag – kein Mensch soll sie vor meinem Tod lesen.

Die Zettel verrieten, daß auf der Kommandantur seine Verbindung zu Canaris, dem Chef der Abwehr, ruchbar geworden war. Canaris, der in letzter Minute von den Nazis in Flossenbürg hingerichtet worden war.

Abwehr? Und dann in Nazihaft? Selber wohl Spion, was?

ALS LEBTE ICH EINEN TRAUM …

Die Zeit, die keine Wunden heilt, ging weiter. Und dann kam eines Tages der Zufall, den man Fügung nennt.

Die Familie hatte erfahren, daß Gustaf Gründgens nach monatelanger Haft in einem sowjetischen Todeslager im Osten Deutschlands entlassen worden war, und irgendwann war da der Name meines Vaters gefallen. Bei seiner Entlassung hatte man Gründgens angedroht, man werde Mittel und Wege finden, ihn wieder abzuholen, falls er auch nur zu einer Menschenseele über seine Zeit im Lager Jamlitz spräche. Erst viel später, als er sich in Westdeutschland sicher fühlte, war er dann bereit, seine Erfahrungen mit uns zu teilen.

Die Russen hatten den ehemaligen Staatsrat und Generalintendanten des Preußischen Staatstheaters kurz nach Kriegsende verhaftet und nach Jamlitz gebracht. Sein Schicksal teilte er mit Hunderten von Leidensgenossen. Schuldige und Unschuldige, Nazis und Antinazis, Kommunisten, Juden, sogar Kinder, willkürlich zusammengetrieben. Sie alle waren dort hinter Stacheldraht gesperrt worden. Zum Teil waren es Menschen, die einfach von der Straße mitgeschleppt worden waren, damit die Sollzahl bei der Einlieferung stimmte. Zu denen gehörte auch mein Vater. Bereits auf dem Transport lernten Gründgens und er sich kennen.

Was sich in der Zeit zwischen der Verschleppung im Mai und dem Winter '45 abgespielt hat, ist nur bruchstückweise bekannt und kann in seiner unfaßbaren Grausamkeit nicht zu Papier gebracht werden.

Nur die Stärksten überlebten die Kälte, den Dreck und den Hunger. Gras und Baumrinde gehörten zur Nahrung. Folter und Schläge hatten die Russen nicht nötig, die Menschen wurden einfach dem Hunger und der Winterkälte überlassen.

Am 12. Dezember 1945 fand Gustaf Gründgens den Mann, dem nach neunmonatiger Nazihaft nur wenige Tage der Freiheit vergönnt gewesen waren, tot auf dem Boden neben der Pritsche.

Erfroren – verhungert – von unsäglichen Qualen erlöst.

Kein Massengrab, so beschloß Gründgens, sollte den Leidensgefährten aufnehmen, und er setzte es durch, daß ein paar Mitgefangene ihm ein einsames Grab gruben.

Vierzig Jahre sollten vergehen, bis ich fähig war, darüber zu sprechen. Wie viele, die geliebte Menschen auf grausamste Art verloren hatten, gab auch ich mich der Illusion hin, daß nicht geschehen sein konnte, was geschehen war, solange ich nicht darüber sprach. Selbst dem eigenen Sohn hatte ich auf seine Fragen immer nur ausweichend erzählt, der Großvater sei »im Zuge des 20. Juli umgekommen«. Auf diese Weise war die Last immer schwerer, immer unerträglicher geworden, bis ich schließlich das Gefühl hatte, daran zu ersticken.

Aus diesem Schweigen hat mich dann endlich Elie Wiesel, Überlebender von Auschwitz, Schriftsteller und Friedensnobelpreisträger, erlöst. Er wußte aus eigenen Erfahrungen, was in mir vorging, und zwang mich zum Sprechen und später zum Schreiben.

Hier saß ich nun – fast einundvierzig Jahre später – auf einem Baumstumpf, das Dorf Jamlitz zu meinen Füßen, und fühlte, daß mich nur wenige Meter von dem trennten, was einst mein Vater gewesen war, dem meine ganze Liebe gehört hatte.

Dieser Ort lud nicht zum Beten ein, Gott war sehr fern. Trotzdem mußte ich das Totengebet sprechen, für meinen niemals vergessenen Vater und alle, die dort mit ihm lagen:

›VERHERRLICHT UND GEHEILIGT WERDE SEIN ERHABENER NAME – IN DER WELT, DIE ER NACH SEINEM RATSCHLUSS GESCHAFFEN HAT ...‹

So viel hätte ich ihm zu sagen.

Das Wichtigste von allem: daß er einen schönen Enkelsohn hatte, der seine Züge trug, und, wie ich, Amerikaner war.

Und von dem unglaublichen Wunder, daß seine einzige Tochter – des Kaisers »kleiner Affe« – tatsächlich doch noch den Märchenprinzen ihrer Kindheit geheiratet hatte: Martin Niemöller. Seinen Freund Martin Niemöller.

In New York war ich nach einunddreißig Jahren dem einunddreißig Jahre älteren Helden meiner frühen Jugend wiederbegegnet. Er hatte seine Frau an den Tod, ich meinen Mann an das Leben verloren. Die sprichwörtliche Liebe auf den ersten Blick von meiner Seite konnte es aus dem einfachen Grunde nicht sein, weil dieser erste Blick vor Jahrzehnten stattgefunden hatte. In Wiesbaden lebten wir dann als Ehepaar, und es war so, als sei es nie anders gewesen. Gott, der mir meinen Vater nahm, schenkte mir dafür Martin Niemöller und gab uns in seiner Güte noch über ein Dutzend Jahre, bis wir am 6. März 1984 Abschied nehmen mußten.

In der ganzen Zeit unserer Ehe wurde ich den Gedanken niemals völlig los, alles sei so, als lebte ich einen Traum, in dem ich mit dem Pastor Niemöller verheiratet war.

Nur sieben Monate nach seinem Tode machte sich meine wundervolle und so unendlich tapfere Mutter auf ihre Reise in ein neues Leben. Den dreiundneunzigsten Geburtstag, von dem sie wußte, daß es ihr letzter war, hatte sie noch in großem Stil gefeiert. Und dann schloß sie am 12. Oktober ihre zum Schluß fast blinden Augen, nicht ohne ein Gefühl der tiefen Befriedigung, die schon fast einem Triumph glich: Sie hatte ihren nur fünf Monate jüngeren Schwiegersohn Martin Niemöller überlebt. Und genau das hatte sie schaffen wollen.

Furchtbar einfach, wird gemacht!

Maria Gräfin v. Maltzan

Schlage die Trommel und fürchte dich nicht

Ullstein Buch 20941

Ullstein

»Die Geschichte der Gräfin von Maltzan ist vieles zugleich: Zeitdokument über die Lebensart hochherrschaftlicher Familien, Zeugnis für die Möglichkeiten des alltäglichen Widerstands im Nationalsozialismus und Abenteuerbericht eines weiblichen Menschen, dem vornehme Geburt, Konventionen und äußerlich feines Benehmen nichts galten, alles aber Übereinstimmung mit sich selbst und Handeln nach eigenem Wissen und Gewissen . . . Erinnerungen einer Widerspenstigen, keine Dichtung, sondern widerspruchsvoll erzähltes Leben.« (Deutsches Allgemeines Sonntagsblatt)

Alexander Stahlberg

Die verdammte Pflicht

Erinnerungen 1932 bis 1945

Ullstein Buch 33129

»... Wer künftig über den historischen Rang Mansteins urteilen will, muß zuvörderst die Erinnerungen seines einstigen Persönlichen Ordonnanz-Offiziers lesen ... Stahlberg war Zeuge, als Stauffenberg den Feldmarschall in einer leidenschaftlichen Auseinandersetzung für den Aufstand gegen Hitler gewinnen wollte ... Stahlberg ist ein begnadeter Erzähler ...

(Die ZEIT)

»Das ganze Buch ist für mich von unschätzbarem Wert. Es schildert die Zeit, die mich geprägt hat. Es handelt von Menschen, die mir fast alle ein Begriff sind. Und doch enthält es gerade dadurch für mich eine Fülle von Beschreibungen und Einsichten, die mir neu und wichtig sind.«

Richard von Weizsäcker

Zeitgeschichte